R

Janina

Romanzo

Titolo | Janina
Autore | Riccardo Piana

ISBN | 979-12-20313-92-6

Avvertenza
La storia di Janina è pienamente vera e questo vale anche per la maggior parte dei personaggi del romanzo. Altri personaggi sono frutto della fantasia dell'autore e pertanto ogni riferimento a fatti realmente accaduti o persone realmente esistite è puramente casuale.

Youcanprint
Via Marco Biagi 6, 73100 Lecce
www.youcanprint.it
info@youcanprint.it

A Regina

I

“Ho avvertito la tua presenza. Ti ho sentita, sai? Che fai? Ti aggiri indecisa per la stanza, intorno al letto. Perché sei pensierosa? Non ci vedi al buio? Ti ho sempre immaginata determinata, sicura, a volte veloce, a volte molto lenta ma sempre decisa a svolgere il tuo compito senza incertezze. Che aspetti?”

“Sei Janina?”

“Sono Janina, Janina Strosberg.”

“Tu sai chi sono, vero?”

“Certamente che lo so, è un bel pezzo che ti aspetto.”

“E non hai paura?”

“Paura? No, sono curiosa.”

“Sono venuta per portarti via.”

“Sono pronta.”

“Tutti mi temono. Spesso devo entrare in punta di piedi nelle stanze o attendere che il prescelto si addormenti.”

“Non ho sonno: soffro d’insonnia. Che vuoi, che mi renda ben conto di ciò che sta per accadermi? Sono serena, in questa oscurità tengo gli occhi chiusi e attendo… con interesse.”

“Non ti sei accorta che ti ho restituito ogni facoltà di pensiero, il tuo pensiero ultimamente così incerto, confuso da non distinguere il sogno dalla realtà, incapace di inseguire un’idea, un fatto, un’opinione?”

“Perché l’hai fatto?”

“Desidero conoscerti.”

“Sicura di non aver sbagliato, come lo hai chiamato: prescelto? Grazie!… Ma tu vuoi essere ringraziata per ben altro. Allora grazie per quanto poco tu hai fatto, attorno a me, in questi ultimi lunghi decenni. Per quanto è accaduto prima probabilmente non sei stata nemmeno tu: penso che nemmeno ti abbiano consultata. Hanno fatto tutto da soli sostituendosi a Dio. Che presunzione, che ignoranza! Certo, Dio non c’entra, lo so che tu lavori da sola e di tua iniziativa, ma non ti sei accorta di quanto stava succedendo su tutta la terra? Ti hanno derubata del tuo compito e non è solo questo quel che hanno rubato. O forse hai delegato un compito per te troppo pesante quando ti hanno detto di mettere un po' di ordine nel creato. Ma c'è necessità di mettere ordine in tutta questa natura che vive così bene nel caos? Un diluvio universale per te o per chi ti manda deve esserci sempre."

"Diluvio universale! Hai detto bene. Forse ho incontrato la persona giusta."

"Posso solo annoiarti e tu avrai certo tanto altro lavoro da fare questa notte, io posso solo farti perder tempo."

"Il tempo non esiste. Posso dilatarlo a mio piacimento come fosse un elastico. Per questa notte, basta così. Ho lavorato sin troppo. Voglio riposarmi."

"Proprio adesso che sono così ben disposta ad assecondarti?"

"Lo faccio, sai? E' raro che io mi fermi al capezzale di qualcuno a lungo, ma lo faccio. Solitamente in pochi secondi eseguo il mio compito e vado presso un altro letto, o dovunque occorra la mia presenza: un campo, un ospedale, un automobile. La maggior parte delle persone non ha da raccontare qualcosa di interessante e non mi piace ascoltare le solite banalità, le solite paure. Ma, a volte, raramente, assai raramente, alcuni, mi onorano della loro compagnia. Allora mi piace sostare in una casa o, se ho più tempo, in una Rianimazione, ovunque ci sia qualcuno con una storia interessante o con qualche ragionamento che possa non solo alleggerire il mio compito ma anche fornirmi un insegnamento o meglio mi aiuti a capire il vostro animo, i vostri istinti, il contrasto tra le necessità e la virtù insito in voi, la genialità e la debolezza."

"In quanto a necessità e debolezze va bene, ma per la genialità hai sbagliato persona."

"Non cerco il genio, cerco di capirvi meglio: non faccio altro che interrogare alcuni di voi, quelli che vogliono dare ancora qualche cosa, per non morire completamente. Allora fornisco loro un'ultima perfetta lucidità che la mia collega, la Vecchiaia, ha tolto. Converso, faccio domande, chiacchiero insomma; non si può pensare soltanto al lavoro. La Vecchiaia è una sciocca senza interesse per la vita degli umani: pensa soltanto a togliere loro le forze e l'intelletto. E' fredda come il marmo, stolida come il gesso. E poi dicono che io sono cattiva."

"Con me sei stata molto cattiva! Troppo!"

"Tieni conto che anche il Caso fa la sua parte, ha il suo peso nelle vostre vicissitudini e che non è per nulla marginale."

"Caso, Vecchiaia, sei troppo filosofa!"

"Perché non ti accendi una sigaretta e non mi offri un Biancosarti? Ho voglia di fumare anch'io. Lascia stare, non ti alzare da letto, faccio io, prendo soltanto un po' di ghiaccio e un accendino. Tu sta attenta a non incendiare il materasso... Non posso salvarti la vita."

"Alla salute! Che vuoi sapere? Non sono diversa dagli altri."

"Sei differente. Mi hai rimproverato ma io non sono onnisciente. Fammi capire dove e quando ho sbagliato, ammesso che abbia sbagliato. Dov'è la mia responsabilità nel trattamento cui sei stata soggetta, nel tuo dolore. Fammi comprendere le tue accuse. Parlami di te."

II

"Vengo da Kielce, una cittadina polacca. Come ero emozionata quel giorno di settembre quando, a Varsavia, sono salita sul treno che mi avrebbe portato in Italia! Era persino la prima volta che avrei viaggiato in treno e con quell'enorme mezzo avrei lasciato la Polonia per la mia indipendenza, la mia impresa. Avrei studiato in Italia e sarei diventata medico, uno dei primi medici donna in Polonia e la prima a Kielce. Quanta incoscienza c'era in me e quanta spensieratezza! Quel giorno una sottile pioggerella impregnava l'aria fondendosi al fumo delle ciminiere delle locomotive offuscando debolmente la vista delle persone, degli ombrelli, dei convogli ferroviari. Erano gocce di pioggia quelle sul viso dei miei genitori e di mio fratello? Mio padre sempre serio con i suoi baffi scuri decisi, la bocca sottile ma sempre pronta alla cordialità ed all'ironia aveva un'espressione perplessa. Mia madre, nel suo cappotto scuro stretto attorno alla figura sottile e sotto il cappello ampio continuava a riempirmi di raccomandazioni quasi non me ne avesse mai fatte negli giorni precedenti. Queste ultime erano per il viaggio e riguardavano soprattutto il comportamento che dovevo tenere con gli estranei, l'attenzione per le due valigie e per i documenti, per il baule nel vagone merci e per i biglietti. Io ascoltavo e ritenevo nella mia mente la metà di ciò che mi diceva: ero troppo emozionata per ritenere tutto, ma ben decisa a non commettere errori che potessero compromettere il mio viaggio, quindi ero bene in guardia nei confronti di tutto e tutti.

Complessivamente si poteva riassumere quel che mi veniva detto in tre parole: non ti fidare. Ma gli occhi di mia madre, quegli occhi così piccoli da renderli impenetrabili, le sopracciglia così ben arcuate, il viso così dolce esprimevano ora preoccupazione e tristezza. Non me ne rendevo conto, lì sul predellino del vagone, di quanti potessero essere i motivi di ansietà negli occhi di mia madre nemmeno paragonabili a quelli che provai io trent'anni dopo quando, dall'aeroporto di Quito, misi mia figlia sull'aereo per l'Italia.

A Varsavia quel giorno un padre ed una madre ebrei mettevano sul treno una figlia diciassettenne diretta verso una nazione che allora era molto più lontana di quanto fosse l'America del sud negli anni sessanta. Una figlia educata alla responsabilità ma senza alcuna esperienza di vita. Un viaggio lungo, una distanza enorme, verso una nazione lontana, forse un poco più ricca, forse poco più colta, forse più ospitale ma non democratica come la Polonia. Non conoscevo la lingua, ero minorenne e resa diciottenne soltanto per un falso conseguito sui miei documenti da mio padre attraverso amicizie e corruzioni degli ufficiali dell'amministrazione cittadina. Così avevo un anno in più e la possibilità di iscrivermi all'università di una grande città sul mare, un mare che dicevano caldo in estate e che rendeva l'inverno gentile e tiepido.

Così il treno era partito e dal finestrino ora interpretavo meglio il viso di mia madre: non era pioggia. Il berretto azzurro levato al cielo del mio fratellino David sarebbe sempre rimasto nella mia memoria. Mio padre ora non aveva più quell'espressione perplessa, i suoi occhi indicavano tranquillità mista alla sicurezza dell'uomo che ha preso la decisione se non la più giusta almeno la più logica.

Non era stato facile convincere i miei ad assecondare il desiderio di proseguire i miei studi universitari in un'altra nazione. Eppure non era stato nemmeno difficilissimo: sulle prime mi avevano detto un no deciso, ma quando, in seguito, tornai sull'argomento non li trovai più così contrari. Certo non erano entusiasti di assecondare il mio desiderio ma forse ne avevano discusso tra loro, analizzato i pro e i contro ed si erano impegnati a studiarmi con altri sentimenti, sotto un punto di vista diverso, con gli occhi di chi vuol comprendere se la figlia sarebbe stata in grado di affrontare ostacoli di ogni sorta. Vedevo allora in essi lo sforzo di capire la mia capacità di essere all'altezza nel superare situazioni particolari o critiche. Mi sembrava che cercassero di comprendere se avessi raggiunto non tanto una completa maturità quanto una certa assennatezza. Era stato un periodo di tempo in cui mi sforzavo di essere diligente nello studio, giudiziosa nelle opinioni anche politiche, impegnata a intendere i problemi dell'umanità, saggia nelle decisioni. Quanto ero bambina!

Oramai il treno aveva lasciato la stazione, correva sopra la Vistola su un gran ponte di ferro: mi attendeva l'avventura come avevo sempre desiderato nelle mie letture. Finalmente anch'io avrei intrapreso qualche cosa di nuovo, di diverso, lasciandomi alle spalle la noia della vita quotidiana e mi sembrava di essere un personaggio dei romanzi di Dumas o di Stevenson o di Verne che leggevo sino a notte fonda alla luce di una candela nascosta sotto le coperte per non farmi scorgere dal fratello e dai genitori, rubando il tempo al sonno e di conseguenza alla scuola. I campi coltivati mostravano una terra bruno scura e si alternavano a prati verdi e boschi di betulle e poi di nuovo campi e casette di legno o fattorie che si perdevano nell'umidità di un paesaggio grigio e lattescente.

Lasciavo tutto e tutti alle mie spalle. Non voglio dirti che a Kielce stessi male, ma ormai, come dire, mi andava stretta. L'università di Varsavia o di Cracovia non erano male per quanto riguardava le facoltà letterarie, ma per medicina forse erano un po' carenti ed, inoltre, accoglievano un limitato numero di ebrei. Si diceva che questi ultimi subissero spesso violenze da parte degli studenti gentili. Tutto ciò ha contribuito alla decisione di lasciarmi partire. A casa stavo bene, forse non eravamo molto ricchi ma certo avevamo un tenore di vita agiato. La casa dove vivevamo era nostra ed era una bella casa ampia con un bel giardino tutt'intorno, forse un poco in periferia, ma sempre in una parte della città ove c'erano altre case eleganti ed ampi viali accompagnati da alti platani ed ippocastani. Nel giardino mia madre coltivava la sue piante nella bella stagione con l'aiuto della sola Elzbieta. Questa era una brava ragazza gentile: una ragazza polacca non ebrea che viveva con noi come domestica; simpatica, sempre sorridente che spronava mia madre a coltivare anche un piccolo orto perché, diceva:

- Io vengo dalla campagna e so come coltivare gli ortaggi, e poi, non si sa mai: potrebbero sempre essere indispensabili con i tempi che corrono. - Infatti non correvano tempi bellissimi. La Polonia stava finalmente godendo di un periodo abbastanza prospero o perlomeno senza guerre né con la Germania né con la Russia e la crisi economica non era particolarmente avvertita dalla popolazione sia ebraica che gentile. Sembrava quasi che fosse possibile un'integrazione tra i due popoli pur considerando le estreme diversità sociali e religiose e la povertà che tuttavia sembrava voler lentamente allontanarsi dalla nazione che era divenuta una vera repubblica.

I pogrom erano ricordi lontani nei racconti dei miei genitori scampati con i nonni chi dalla Russia chi dall'Austria e la nostra famiglia era ben inserita nelle due collettività che formavano la società di Kielce e della Polonia. Certo, non eravamo religiosi anche se spesso ho sentito mia madre appellarsi a Dio ma mio padre non frequentava rabbini o sinagoghe o biblioteche ebraiche e non obbligava mio fratello a frequentare le scuole Yddish. Anzi, idee socialistezzanti vagavano tra le pareti domestiche come d'altra parte cominciavano a girare tra la gioventù polacca. Mio fratello frequentava una scuola normale ed io mi ero appena diplomata presso un liceo frequentato da ebrei e polacchi gentili dai quali l'unico sgarbo che avevo ricevuto era stata una stoccata di punta di fioretto sullo zigomo sinistro portata dalla mia compagna di banco non appena avevo tolto la maschera protettiva dal volto. Era una stoccata di invidia nei confronti di chi l'aveva battuta, e non solo nella scherma, o era una rivalsa sull'ebrea che poco si considerava diversa e molto presumeva di essere polacca?

Non mi ero mai sospettata diversa, superiore, migliore, inferiore, più forte o intelligente. Ero piccolina di statura, castana con pelle chiarissima, con lineamenti regolari ed in naso regolare. Nella mia mente di ragazzina non c'era spazio per considerazioni circa le razze se non quelle dei cani, dei gatti o della galline. Allora non vedevo diversità tra gli esseri umani che mi sembravano tutti uguali come le cicogne che facevano il nido sui comignoli con grande disappunto di mio padre costretto a far cambiare loro le abitudini se voleva riscaldare casa. La maggior parte degli ebrei continuava a vestire abiti scuri, neri, lunghi, con cappelli a larghe tese e si sforzava di vivere in comunità chiuse seguendo quelle regole religiose che avrebbero dovuto salvaguardare l'identità della stirpe, abitando interi quartieri di Kielce senza permettere commistioni con la popolazione polacca, ucraina, lituana sia cattolica che ortodossa onde non rischiare l'inquinamento della razza. Noi non avevamo regole religiose e non avevamo necessità di salvaguardare la razza, vivevamo sfruttando quei momenti di calma e di benessere cercando di migliorare la nostra condizione e soltanto il nome della famiglia era impegnativo: Strosberg.

Chissà? Mi ero forse sollevata la maschera da fioretto troppo presto?

Non ti ho ancora annoiata? Hai ancora voglia di stare qui con questa vecchia che ha bisogno di un altro Biancosarti e un'altra sigaretta? Mi hai costretto a ricordare la mia prima famiglia ed allora dimmi: che ne è stato? Dove sono morti? Come sono morti? Parla tu!"

"Prendo altro ghiaccio ed un altro pacchetto di sigarette. Che stavi dicendomi del tuo viaggio verso l'Italia?"

"I treni erano lentissimi in quei tempi ed in quei paesi, i sedili di seconda classe scomodi. La mia emozione della partenza cedeva il posto ad una leggera malinconia favorita dal grigiore del paesaggio, dalla poetica dei contadini che aravano i campi sollecitando i buoi alla fatica e dietro ogni erpice una o due cicogne volavano basse cercando quel cibo nascosto che la terra rivoltata e sconvolta svelava. Nel mio scarso senso critico non vedevo le differenze fra la prima e la quarta classe di vagoni; per me era tutto nuovo, interessante e ripensavo alla casa da poco lasciata. Mio padre aveva messo su un commercio di tabacco con una piccola fabbrica di sigari e sigarette. Aveva iniziato già durante la guerra contro la Russia, nella quale mi diceva di aver combattuto, e tornato dal fronte aveva sfruttato i pochi risparmi investendoli in una piccola manifattura di tabacco per pipa. La materia prima gli era fornita dal suo amico e commilitone turco Sercan Aslan che si era trovato a combattere a fianco di mio padre e che aveva sempre mezzo zaino pieno di foglie di tabacco proveniente da Malatya ove la famiglia coltivava quattro o cinque specie diverse di piante. Sercan aveva insegnato al commilitone a fumare ed a fabbricare con le sole foglie, secche quanto basta, sigarette e sigari. Mio padre aveva imparato da lui ad intagliare pipe di ogni forma con il legname più comune e le radici più stagionate e persino con la pietra. Trovare un accordo con l'amico, non tornare a casa, andare in Turchia, ritornare a Kielce con un pacco enorme di foglie secche per riabbracciare moglie e figlia è stata le sua grande impresa. A Kielce, finita la guerra, nessuno mercanteggiava tabacco che era diventato quasi introvabile e giocoforza Ytzaac Strosberg in poco tempo era diventato il punto di riferimento dei fumatori della città con la sua piccola industria che importava, fabbricava, vendeva all'ingrosso ed al dettaglio. Nella casa di Poniatowskyego si eseguivano tutte le procedure necessarie alla produzione di sigarette dall'assaggio all' impacchettamento, dalla miscelazione delle foglie al trasporto alle rivendite. A me piaceva, tornata da scuola, valutare le diverse miscele che venivano sperimentate e soprattutto fumare le foglie più scure e, a volte, mi divertivo a confezionare i sigari e poi via a studiare. A mio fratello, dieci anni meno di me, era interdetto l'accesso nei locali di produzione. Anche mia madre dedicava qualche ora della giornata al lavoro nella piccola fabbrica dove erano impiegati anche due operai uno polacco e l'altro ebreo, amicissimi, che realizzavano le sigarette e le impacchettavano.

La nostra piccola industria ci aveva procurato un discreto benessere e mio padre continuava ad elaborare nuove tecniche di lavorazione o si impegnava ad acquistare macchine per un confezionamento più moderno sempre sforzandosi di ampliare l'attività. Perciò viaggiava sia per acquistare il tabacco che avrebbe importato sia per tenersi aggiornato sui migliori metodi di lavorazione. Le difficoltà maggiori venivano dagli ispettori fiscali polacchi sempre pronti a non credere ai libri contabili, sempre diffidenti nei confronti dell'ebreo, privi di una regolamentazione fiscale precisa, e comunque disposti a chiudere un occhio davanti ad un favore, ad un regalo. Questo era comprensibile, allora, in una nazione appena nata che iniziava a darsi una fisionomia, una legislazione e che non aveva ancora compreso quali fossero le problematiche interne e quali i nemici dentro e fuori i confini. Quando poi arrivò la legge sulla monopolizzazione statale di alcuni prodotti tra i quali il tabacco la maggior parte della nostra attività divenne clandestina. L'insieme di queste difficoltà incrinava la nostra serenità aggiungendo un sapore di precarietà alle nostre vite, inserendo un sentore di incertezza in tutti i nostri pensieri. I miei genitori sapevano bene che avrebbero dovuto sempre essere preparati a cambiare modo di vivere ed eventualmente anche cambiare occupazione. Aleggiava nelle stanze di casa una sensazione di preoccupazione che inevitabilmente portava a ricercare nuove amicizie e stringere quelle che già esistevano, ricreare cerchie che erano state tralasciate, ritrovare quelle persone che comunque, un domani, avrebbero potuto fornire un consiglio, un aiuto ricreando così quei vincoli di comunità che avrebbero contribuito a separare i polacchi dagli ebrei.

Certamente, l'esistenza ora era differente, si viveva con un agio considerevole confrontato a quello di pochi anni prima: ora in casa avevamo acqua corrente, bagno, elettricità e gas che erano cose impensabili e che molti a Kielce ancora ci invidiavano: novità che oggi paiono banali ma allora avevi solo paura di perdere. Non dovevo più, andare in giardino la mattina con il martello a rompere lo strato di ghiaccio nel secchio per potermi lavare il viso, non dovevamo più accendere decine di candele o di fiammelle a kerosene per guardarci in faccia o per leggere e studiare e mia madre cucinava su una magnifica stufa a gas e mio padre teneva sempre accese, nelle stagioni fredde, due stufe a carbone, una in maiolica e l'altra in acciaio che diveniva quasi rossa lasciandosi leggere sul grande portello la parola ILVA. Eppure si aveva sempre la sensazione di poter improvvisamente perdere tutto questo.

Screzi con i polacchi la comunità ebraica di Kielce aveva sempre dovuto sostenere ed affrontare ma si andava verso una reciproca comprensione ed anche se tra le due genti era esistita una fondamentale diffidenza eravamo disposti ad affrontare insieme il nemico esterno. Ed il nemico stava preparandosi. Nel mese precedente la mia partenza per l'Italia, in agosto, un austriaco piccolo, con i baffetti era riuscito, a furor di popolo, a diventare führer della Germania che si stava rianimando e riarmando mentre ad est un russo grande e grosso con grandi baffi neri continuava a scrutarci con le bave alla bocca. Tutti questi problemi, nella mia testa, non erano che vaghi fatti a cui non prestavo grande interesse ma non era così per i miei che, credo, non si erano lasciati convincere alla mia partenza verso l'Italia dalla sola mia dialettica.

Non andavo assolutamente alla ventura ma sarei stata ospitata dal fratello di mio padre, zio Adolfo che viveva a Genova con le due figlie gemelle e la seconda moglie. Mio padre diceva che lo zio era un simpaticone, sempre pronto alla battuta e alla risata. A Genova aveva cominciato a commerciare tessuti sino a diventare un solido grossista con importanti clienti in città ed in tutta Italia. Standa o Rinascente facevano capo a lui e zio Adolfo importava tessuti da Lodz o da tutta Europa per rivenderli sui mercati italiani. Era diventato ricco. Ci faceva sapere che in Italia, chi si dava da fare ed aveva un poco di iniziativa, avrebbe trovato il suo spazio e non avrebbe vissuto male. Problemi ce n'erano sì, ma la povertà si mescolava all'entusiasmo e lo sconforto si perdeva nell'esaltazione per la dittatura; i progressi della nazione facevano capolino come timide margherite in un prato alla fine dell'inverno. Lo zio invitava tutta la parentela a raggiungerlo così come oggi il marocchino o l'albanese richiamano la famiglia presso di sé dopo essersi installati in quella che era e rimane la più ospitale tra tutte le nazioni d'Europa.

Alcuni parenti, mia zia Jocheved ad esempio, stavano per compiere lo stesso mio viaggio insieme al marito e ad alcuni conoscenti di cui non saprei raccontarti.

- Perché non partire tutti assieme, stanno lasciando la Polonia moltissimi ebrei. - Avevo domandato a mia madre qualche giorno prima della partenza.

- Comincia a partire tu, poi vedremo. -

Il cambio di treno era avvenuto poco dopo l'ingresso in Cecoslovacchia: il controllore aveva esaminato attentamente i biglietti ed i gendarmi, tre giovanissimi ragazzi, si erano soffermati a lungo ad esaminare i documenti di viaggio senza tralasciare sorrisetti e commenti ironici per la ragazzina sola in viaggio attraverso l'Europa e avrebbero osato anche di più, forse fermarmi con qualche scusa incomprensibile per me o chissà che altro se non avessi affermato che non ero sola ma in compagnia di questo cugino seduto al mio fianco che in quel momento si era allontanato per non so che motivo. Quando questi tornò a sedere al suo posto, serio, sicuro di se, rivolse soltanto uno sguardo intenso dritto negli occhi dei militari che mi restituirono il passaporto, salutarono e passarono, con atteggiamento di ingenua professionalità, a controllare gli altri passeggeri.

- Da dove vieni? - Mi domandò lo sconosciuto che ora sedeva alla mia destra. Alto, bello, elegante nel vestito grigio chiaro con una cravatta di seta scura. Era salito in carrozza poco prima ed io ero ancora immersa nei miei pensieri per notarlo.

Il paesaggio si faceva collinare: di quelle colline ampie e basse visibili anche in lontananza che sembravano azzurre senza la pioggia che, cessando, aveva lasciato un'atmosfera grigia, triste. Il convoglio percorreva il fondovalle tra le colline con ampie curve che spesso premettevano la vista dell'interno degli altri vagoni che a me parevano eleganti con quel rivestimento di bel legno signorile di color bruno e lucido. Intravedevo le facce e le sagome dei passeggeri notando che non tutti i sedili erano occupati. Quando lo sconosciuto aveva considerato la mia difficoltà con i militari, che non parlavano un polacco comprensibile, si era avvicinato.

- Non vuoi rispondermi e fai bene. Meglio essere riservati con gli estranei. - Il solito non ti fidare, pensavo.

Aveva il viso lungo e sottile con lineamenti decisi ed una barba corta e nera. Aveva notato la mia reticenza dovuta ai consigli ricevuti e sembrava non voler insistere. Credevo di scorgere una leggera ironia nel suo sorriso ed anche una certa tristezza. Si era rivolto a me in un buon tedesco che era la seconda lingua di tutta l'Europa centrale. Un po' per le vicende storiche, un po' per i trasferimenti dei singoli individui o di intere popolazioni, per lo spostamento di confini, per necessità di comprensione tra tante nazioni, per l'egemonia dell'Impero Austroungarico, per l'influenza dei tedeschi la lingua di questi ultimi era diventata il mezzo di comprensione tra le genti.

- Una delle mie figlie ha pressapoco la tua età, ho tre figli: due maschi e una femmina di nome Nela. - Si era seduto di fronte a me ma non mi rivolgeva se non pochi sguardi: anch'egli osservava l'oscurità incipiente avvolgere le campagne e portarsele via.

- Vengo da Bohumin, un piccolo paese quasi di confine, ma sono di Bratislava. Sono ebreo. Me ne vado, vado via per sempre. - Io non sapevo se avrei dovuto rispondere ad una confidenza tanto intima rivolta ad una sconosciuta e non avevo intenzione di fornire un pretesto per una conversazione che mi era stata sconsigliata dai genitori e mi limitai a biascicare un ringraziamento per quanto aveva fatto con i gendarmi e le scuse per averlo coinvolto.

- Non mi ringraziare, è stato un episodio di nessuna importanza. Sono giovani, militari per dovere e lontani da casa, ignoranti, in gruppo possono anche diventare pericolosi ma ancora hanno qualche timore della borghesia. Non sanno che da un momento all'altro potrebbero essere coinvolti in avvenimenti più grandi di loro. - Più che voler apparire saggio con una certa conoscenza delle persone si mostrava come un padre esperto del comportamento umano.

- Ho mandato via la mia famiglia qualche mese fa ed ora mi appresto a raggiungerla. - Ero sempre più sbalordita ed intimidita dalle confidenze e non sapevo come interpretare questo desiderio di rendermi partecipe dei fatti suoi. Non sapevo che dire: dirgli di me non sarebbe stato privo di pericoli. Entrare in confidenza con un uomo non mi sembrava opportuno, mi rimproveravo per averlo in qualche modo fatto entrare nelle mie vicende, eppure mi sentivo in debito.

- Tra poche ore saremo in Austria ed anche qui abbiamo nemici: abbiamo nemici dappertutto, su tutti i nostri confini c'è qualcuno che rivendica proprietà ed interessi, persino voi polacchi volete qualche cosa, qualche lembo di terra cecoslovacca, un'industria, una miniera. I tedeschi vogliono addirittura quel territorio che chiamano Sudeti. Troppi nemici, ho deciso che ce ne saremmo andati e così è stato. - Non vedevo l'ora che terminasse il suo discorso visto che mi sentivo sempre più a disagio anche perché molti potevano udire ciò che stava dicendomi e non ero in grado di stabilire quale fosse la conoscenza della lingua tedesca dei viaggiatori intorno a noi: per la maggior parte sembravano contadini o piccoli commercianti innocui che eseguivano tratti brevi del percorso del treno.

- La mia famiglia è già in Argentina ed io presto mi imbarcherò per il Sud America. Ho svenduto tutto quello che avevamo per poche corone; tutto: casa, una fabbrica di birra, terreni dove coltivavo l'orzo. - Non cessava di parlare e continuava a descrivermi la sua famiglia ed il suo lavoro lasciato indietro, perso per sempre ciò che con fatica aveva costruito. Ciò che mi stupiva era l'atteggiamento sereno, quasi distaccato con cui mi esponeva la sua situazione, quasi senza rammarico e con la tranquillità di chi ammette non tanto la propria debolezza quanto la necessità di dover eludere le avversità con provvedimenti assai pesanti. La forza per affrontare il futuro forse non gli sarebbe mancata.

- Ho avuto paura e come me molti altri stanno facendo altrettanto diretti verso un destino che non conosciamo, verso paesi lontani ove non sappiamo come saremo accolti, che cosa troveremo, come dovremo vivere e con quali costumi. - Nessuno gli prestava attenzione e questo mi rassicurava ed al tempo stesso mi domandavo se le mie paure non fossero eccessive. Forse era soltanto uno sfogo rivolto ad una coetanea della figlia o forse era un trucco per farmi parlare, per fare in modo che svelassi i miei progetti. In ogni caso non erano ancora i tempi della caccia alle streghe e la mia attenzione doveva essere rivolta soltanto verso i malintenzionati e lui non sembrava tale ma in diverse ore di viaggio non gli rivolsi altro che qualche monosillabo.

Un altro confine, un altro cambio di treno, altri doganieri quelli austriaci: quelli non scherzavano. Investiti di un compito così importante, rigidi nelle loro strette uniformi volevano essere all'altezza di ogni situazione controllando tutti i bagagli e ispezionando attentamente i documenti, pretendendo precise risposte alle domande sullo scopo del mio viaggio, sulla durata di esso, sui miei studi e la mia famiglia. Il compagno di viaggio mi osservava con un accenno di sorriso mentre giudicava la sicurezza delle mie affermazioni e la disinvoltura del mio comportamento.

- E così ti chiami Janina Strosberg, di Kielce e sei diretta in Italia per studiare. E, di certo sei ebrea anche tu. - Mi ero sforzata di essere assolutamente riservata e la breve indagine dei doganieri aveva palesato quasi tutto ciò che mi ero tenuta dentro.

- Comportati sempre così: sicura, decisa, non abbassare mai lo sguardo, guarda in faccia il tuo interlocutore. E' una buona scelta quella dell'Italia, anch'io ci avevo pensato ma in Argentina ho degli amici e sebbene non parlo spagnolo penso che ce la caveremo bene. Ma tu conosci l'italiano? E poi vuoi studiare medicina che è materia lunga, impegnativa. - Quella era stata una domanda diretta, precisa, non potevo evitare di rispondere.

- Non lo parlo, ma ho disposizione per le lingue; certo, i primi tempi saranno difficili ma ho con me certi libri in tedesco di chimica, di fisica, di fisiologia che mi saranno d'aiuto nei primi mesi e per i primi esami. Conosco bene il latino e credo che questo potrà essermi d'aiuto con l'italiano. -

- Sta attenta: gli italiani sono bravi in medicina e così in fisica e nelle materie letterarie; ma in medicina sono davvero bravi. Molti miei amici vanno in Italia se hanno qualche problema di salute che non riescono a risolvere in Cecoslovacchia. Leggi i giornali, credo che anche sui quotidiani polacchi ci siano rubriche scientifiche che trattano problemi medici e chirurgici. Gli italiani costruiscono le migliori navi al mondo, hanno le migliori automobili, fanno certi ponti impossibili, non c'è costruzione al mondo dove non ci sia la partecipazione di un ingegnere italiano. - E poi piano, a bassa voce e chinandosi verso di me che gli stavo di fronte:

- Questi stupidi austriaci si sono tenuti l'alta Italia per decenni ed ora non vedono l'ora di diventare tedeschi. -

- E' per questo che ho scelto l'Italia. -

- Poi in Italia ci sono le terme, tantissime terme con stazioni di salute dove si guariscono tutte le malattie e dove l'umore diventa allegro. -

Trascorse circa un'ora, un'ora silenziosa mentre i viaggiatori sonnecchiavano o scambiavano brevi discorsi mentre il tempo, fuori dai finestrini, era sempre grigio ed il paesaggio monotono. All'improvviso il mio compagno di viaggio uscì dalle sue meditazioni e, interrompendo la mia lettura, sospirando, manifestò la sua malinconia:

- Sai, l'umanità è come questo paesaggio: tranquillo, noioso, sembra preda di una quiete infinita come quel covone di fieno secco vicino alla fattoria; poi una scintilla, una sciocca e piccola fiammella ed è subito tragedia, il fuoco che distrugge le cose e le persone, che cambia il paesaggio e gli animi sino a rendere irriconoscibile ciò che prima era così ben conosciuto da essere parte di te. -

Cominciarono apparire case sempre più vicine poi un fiume immenso ed il treno era sul ponte che lo valicava mentre l'emozione tornava a possedermi.

- Io mi fermo qui, a Vienna ho certi ultimi affari da sbrigare. - Intanto raccoglieva le sue cose e si infilava il soprabito beige molto elegante.

- Comunque, mi chiamo Leopold Grossman e sono contento di averti incontrata anche se non posso dire di aver fatto la tua conoscenza. Abbi una buona vita! - Aprì lo sportello situato tra i nostri sedili e, scaricando due piccole valigie di pelle, scese dalla carrozza.

- Abbi una buona vita anche tu. - Fu tutto quello che mi venne in mente per salutarlo e ne fui subito scontenta. Scontenta per non aver saputo trovare qualcosa di più espansivo nel dirgli addio. Delusa di non aver saputo, in quelle ore, trovare un argomento per discorrere, di non aver trovato il coraggio di parlare, anche se non di me stessa, di quei temi che lui aveva proposto. Mi riproposi, per il futuro, di essere più aperta, più espansiva anche perché quell'atteggiamento non mi si confaceva essendo sempre stata allegra e scanzonata; e poi ero sempre ricca di argomenti e di considerazioni che i miei insegnanti apprezzavano.

Il romanzo che stavo leggendo cominciava ad annoiarmi ed i viaggiatori non sembravano persone interessanti: rimpiangevo quel signore di Bratislava così comunicativo ed interessante. L'oscurità cominciava ad appropriarsi del paesaggio ed io mi sentivo sporca non avendo potuto che sciacquarmi la faccia nel bagno stretto; non vedevo l'ora di arrivare a Genova. Avevo anche sete e fame perché non avevo più voglia dei biscotti di mia madre e per bere dovevo recarmi presso il vagone dove vendevano alcune bibite calde o birra scadente. Decisi di dormire e non mi addormentai se non per piccoli spezzoni di sonno. Al momento delle prime luci il paesaggio cominciava a mutare dove non c'erano estesi campi ma pascoli di verde omogeneo senza sfumature separati da aree boscose che sembravano sopravanzare le radure e contendersi lo spazio. Il treno pareva impegnato seriamente a superare una salita continua anche se non faticosa. Quindi, con una luce migliore, mi accorsi di essere in montagna, con certe rocce in lontananza sotto scure macchie di conifere, greggi di bovini o di pecore con i cani e rarissime piccole case con le stalle; e in lontananza alte cime azzurre.

Avevo l'impressione di raggiungere Zacopane, meta di alcune nostre vacanze estive. Allora Zacopane era un paesino molto romantico e simpatico dove certi amici di famiglia andavano anche d'inverno per lo sci. Noi ci andavamo in estate in un grazioso alloggio tutto fabbricato di legno e di legno era tutto il paese circondato dal verde e da un'eccezionale quantità di fiori e colori. Ogni casa era linda e pulita con giardini fioriti ed arbusti. Andavamo in passeggiata tra le valli dei monti Tatra con un carro trasformato ad uso passeggeri dal contadino proprietario; era trainato da due cavalli. Oppure si andava a piedi per le uniche montagne della Polonia. La sera si parlava o si giocava a carte ed erano momenti di unità della famiglia o si guardavano le stelle e mio padre mi insegnava a riconoscere alcune costellazioni. Ricordo che un giorno a Zacopane ebbi il primo flusso mestruale e andai da mia madre a riferire quella che per me era una preoccupazione. Essa mi assestò sul viso una sberla che non sembrava tanto simbolica.

- Ricorda: ora sei tu la sola responsabile della tua persona.

- Allora non capii troppo ciò che intendesse ma sembrava proprio incontestabile.

Il convoglio proseguiva nel paesaggio montano ingrigito da una lieve pioggerella che si ostinava ad accompagnare i miei ricordi, quindi rallentò ed affrontò lentamente il buio di una galleria. Ed alla fine della galleria il sole!

III

Nunc est bibendum, nunc pede libero pulsanda tellus!
Ora bisogna brindare, ora bisogna ballare! Mi esclamai quasi a voce alta nel mormorio confuso delle molte lingue attorno da cui si indovinava la parola Italia. Come in un pezzo sinfonico in cui tutti gli strumenti si impegnano a gran volume eppure si avverte il violino che fa la sua parte e sussurra: Italia.

Anche se i luoghi che stavo attraversando erano perfettamente identici a quelli appena lasciati tuttavia erano italiani ed illuminati da una luce più chiara, da un sole più scintillante proprio come nei quadri del Canaletto. L'ultima frontiera, un altro treno, gli ultimi doganieri e questi erano addirittura cordiali anche se intendevo nella loro galanteria il corteggiamento destinato alla straniera. Nel loro perfetto tedesco, sempre scherzando, vollero sapere le solite cose e se portavo con me liquori o sigarette.

- Ma no, non per controllare, per noi! Per contraccambiare ti regaliamo, in ogni caso, questo mazzolino di fiori appena raccolti. -

- La bottiglia di vodka non ve la posso dare: è per mio zio da parte di suo fratello, ma questo pacchetto di sigarette fatte con le mie mani sì. -

- E vada per le sigarette, bella straniera! A una bella ragazza che viene in Italia questo sia il benvenuto! -

E che treno quello italiano! Comodo, veloce e con la trazione elettrica come mi disse il controllore, orgoglioso, gonfiandosi il petto. Come benvenuto non potevo aspettarmi di meglio: tornavo a sentirmi di nuovo a mio agio e l'entusiasmo continuava a crescere in me. Mi sentivo davvero bene."

"Vedo che ho fatto bene a fermarmi presso di te. Mi sembra di vederti: la piccola ragazzina che affronta la vita. Vuoi qualche cosa, bevi ancora? Credo che questa notte non morirà più nessuno. Mi sembra di capire che tu non sei troppo cambiata da allora."

"Cambiata? Forse non tanto. Esacerbata, nauseata, questo sì."

"Perché?"

"Sono invecchiata troppo e male, senza realizzare le mie ambizioni, le mie aspirazioni che erano quelle di avere una grande famiglia molto unita, molto vicina con frequenti incontri, scambi di pensieri e di affetti. Certo, a diciassette anni i sogni non erano questi; a quell'età è sufficiente il sogno più vicino, il primo gradino, il cambiamento. Poi arrivano altri sogni, poi cambiano e diventano talmente differenti che trasfigurano la vita, la trasformano ed io non mi soffermavo mai a domandarmi dove stessi andando e quali fossero le mie mete. Forse ad un certo punto non ebbi più un traguardo; forse mi fu sufficiente sapere di essere viva. Tu, piuttosto, non rispondi alle mie domande?.

"Sto bene così anche se tra fumo e alcool mi sento un po' frastornata, per ora preferisco ascoltarti. Continua, ti prego."

"Tu preghi me? Ma questo è scombussolamento delle posizioni, delle gerarchie! Sono sempre stata molto discreta nel narrare di me, nell'aprirmi, persino con le persone più vicine. Mi accendo una sigaretta.

Venezia, Verona, Milano, sempre tanto sole quanto bastava per ubriacarmi di luce; anche a Kielce c'erano belle giornate calde ma in Italia dovevano, per forza, essere più calde e luminose. Avrei voluto fermarmi in ogni città ma mi limitai a fare l'ultimo cambio nella stazione di Milano dove il treno per Genova era in orario puntuale. Speravo di riconoscere mio zio che avevo conosciuto in Polonia quando ancora ero troppo piccola per ricordarmelo. Lasciava moglie e figlie a Genova e viaggiava per affari ai quali mescolava parecchio diletto. Avevo però una sua fotografia ed egli aveva la mia, inviatagli recentemente affinché potesse riconoscermi. E mi riconobbe subito appena scesi dalla carrozza, e si impadronì di una valigia dicendomi:

- Non potevi che essere tu; come stai, come stanno i tuoi, e tuo fratello? - E continuava a riempirmi di domande senza attendere alcuna risposta mentre attraversavamo i binari, visto che non esistevano sottopassaggi, e caricò i bagagli su una grande automobile chiara continuando a parlare e senza che io potessi fargli sentire la mia voce. Sorridente, roseo, rotondetto compresa la testa con corti capelli biondi, ben sbarbato, nel suo sportivo abito di lino marrone guidava per le strade di Genova sempre gioviale e guardando me piuttosto che prestare attenzione alla strada.

- Hai fatto bene, hai preso la decisione giusta, ti troverai benissimo qui da noi in Italia e soprattutto a Genova. Guardati in giro, guarda quanto è bella; la conoscerai: hai tutto il tempo per conoscerla! È grande, sai? È grande come Varsavia su per giù. Devi promettermi che farai di tutto per portare qui i tuoi: non mi sento mai tranquillo sapendovi in quelle regioni barbare abitate ancora oggi da barbari. Adesso ci fermiamo qui all'ufficio postale di Piazza Fontane Marose e spediamo un bel telegramma a mio fratello per fargli sapere che sei qui. L'ufficio è aperto sino a tardi. Via Poniatowskiego 25 vero? -

E spedimmo il telegramma dall'ufficio postale di Fontane Marose dove si lavorava sino a tardi e, seppi poi, anche la domenica.

- Ora andiamo a casa dove le tue cuginette hanno preparato una specialità genovese per te. Lo sai che mi sono risposato? Certo che lo sai. Hanna è morta di tifo; qui tutti muoiono di tifo e quando non sanno di che è morto qualcuno ti dicono che è morto per tifo. Questa mia seconda moglie si chiama Anna senza acca, é brava, forse un poco noiosa, va sempre in chiesa, sempre a messa, ma vedrai che ti troverai bene a casa; ti abbiamo preparato la tua stanza, ti farai un bel bagno ed una bella dormita. Imparerai presto a parlare italiano: vedrai, Wanda e Liliana ti aiuteranno e per i primi tempi io sarò il vostro interprete. Qui si studia soltanto il francese, sempre francese. La tua preiscrizione alla facoltà è già pronta e non devi fare altro che presentarti in segreteria e pagare le tasse universitarie. In caso di problemi rivolgiti sempre a me senza cruccio; ecco casa, via Nizza 18, ricordalo. - E si fermò di fronte ad un palazzo con un grande portone di legno scuro.

Ero frastornata, dopo una breve conoscenza delle tre donne, la cena, un bagno mi ritrovai nella mia nuova camera per un sonno che stentava a venire. Vissi i primi giorni come in una favola: estasiata, fuori di me perché tutto era differente e, in primo luogo la luce, così intensa e penetrante con il cielo quasi sempre sereno con quelle minuscole nuvolette che si appoggiavano alle alture sopra la città che poi erano a soli due passi e sovrastavano Genova che si sforzava di raggiungere le nuvole con propaggini di costruzioni inframezzate dal verde di boschi e giardini. Il mare, che non avevo mai visto, era racchiuso, piatto e calmo, da lunghi moli di cemento e sembrava compiaciuto nel farsi ammirare dall'enorme anfiteatro che la città gli aveva costruito attorno. Che bei palazzi, e quanti! Dalla finestra della mia camera vedevo soltanto il palazzo di fronte con i suoi fregi chiari ad adornare angoli e finestre, ma dal balcone della sala, sopra l'ampia via Nizza, si vedeva tutta la città ed il sole che tramontava sul mare non lontano dai monti che si immergevano in esso.

L'appartamento, poi, era molto bello, signorile con alti soffitti dotati di stucchi e pavimenti disegnati a mosaico con fantasie di colori bruni e bianchi. Un lungo corridoio congiungeva l'ingresso alle porte delle camere e delle sale dotate di ampie finestre soprattutto quelle situate sugli angoli del palazzo.

- Vedi quante stanze ci sono qui, ci possono stare anche i tuoi, almeno per i primi tempi. - Mi diceva mio zio aprendo porte dove erano affastellati tessuti e tappeti di ogni tipo.

- Scegli un tessuto o due e fatti un vestitino, un cappottino, che ne so. Conosco dei sarti bravi. - Come avrei fatto a ripagarlo di tutti quei favori davvero non lo sapevo ed un giorno glielo dissi.

- Tutto torna indietro, ricorda, tutto ti viene in qualche modo restituito sia il bene che il male. Quel che darai domani a qualcuno è come tu lo dessi a me. - Era comunque ricchissimo ma la sua filosofia mi piaceva, mi divertiva.

- Qui comincia l'avventura del signor Bonaventura. - Usava dirmi, in italiano, nei primi giorni della mia permanenza, quando mi vedeva uscire per uffici o segreterie senza che io potessi capire la sua citazione.

I primi tempi furono veramente complicati a causa della lingua soprattutto quando ero in facoltà e tentavo di riepilogare il tutto e destreggiarmi tra orari delle lezioni, laboratori, testi, dispense e mi sforzai di ridurre al minimo gli acquisti di trattati scientifici in tedesco. La sera cercavo di ascoltare la radio italiana e con l'aiuto delle cugine iniziammo un gioco di indovinelli di traduzione italo-tedesca o italo-polacca. Nessuna di noi conosceva l'ebraico o l'yddish, nessuna era religiosa; in comune potevamo soltanto avere carta, matita e la radio che oltre a tante parole trasmetteva motivetti orecchiabili che imparavo a canticchiare e di cui le cugine mi disegnavano il testo. *Signorinella Pallida* diventava un fumetto romanzato, *La Spagnola* creava serie difficoltà alle matite. Mi piaceva *Tanto Pe' Cantà* ma mi dissero che non era italiano, che se volevo la potevo cantare ma non era italiano. *La spagnola sa amar cosi* dovevi disegnarlo cosà. Ma al momento di *Giovinezza giovinezza* si innalzava al soffitto un coro, un inno energico ed entusiasta che usciva in strada nell'etere lontano.

Le cugine avevano tre anni meno di me, erano gemelle e non potevano essere più diverse l'una dall'altra. Wanda era alta, con il viso lungo e bei capelli forti e neri, lisci e dritti, la sua ironia ed il suo umorismo erano mascherati da un portamento serio e posato; Liliana era meno alta, con viso tondo e capelli biondi fini e, a casa, sempre avvolti nei bigodini, sempre allegra e scanzonata non celava il suo carattere spensierato e sorrideva continuamente. Frequentavano un istituto per ragionieri e quindi si sarebbero iscritte alla facoltà di Economia e Commercio.

Nelle ore di svago mi portavano in giro per la città e, fattesi forza e coraggio in virtù della mia età, quasi maggiorenne a seconda delle nazioni, delle religioni e delle usanze, sfidavano quartieri che da sole non avrebbero mai percorso come l'enorme intrico di vicoli stretti, umidi, loschi ed affascinanti che sono l'antica Genova, dove ho condiviso con loro la trippa in brodo, la panna, i dolci. Ho visto le prostitute alla ricerca di lavoro ed i piccoli contrabbandieri con i loro traffici di sigarette, il porto e lì vicino la casa di Cristoforo Colombo. Della loro matrigna non saprei che dirti: stava sempre per conto suo: anonima, scontrosa. Vidi un giorno certi suoi oggetti, fracassati, sul marciapiedi di via Nizza ed al balcone zio Adolfo che gettava la roba di Anna senz'acca sulla via. Non la vedemmo mai più.

Zio Adolfo si assentava spesso a volte per pochi giorni, a volte per una settimana mai di più e noi eravamo affidate alle cure di Zoe la domestica tuttofare sempre presente.

- Questo per le mie tre grazie. - Diceva consegnandoci un regalo o un ricordo dal centro Europa o da Montecarlo dove andava a giocare al casinò.

- Hai scritto a mio fratello? Hai insistito che venisse qui da noi? Sai che forse io avrei bisogno di aiuto nei miei commerci? -

- Certo che scrivo e descrivo le mie esperienze e quanto si sta bene a Genova, ma il babbo mi risponde che per ora l'azienda lavora parecchio e comunque ancora per qualche tempo intende far rendere il lavoro. Poi penserà se vendere tutto e cambiare vita. Forse un giorno… Anzi, mi scrive che vorrebbe vedermi un giorno, laureata, tornare in Polonia. -

- Se non sono il più saggio dei tre fratelli sono almeno il più vecchio e se ho deciso, un giorno, di andare via è stato perché ho capito che non c'era e non c'è futuro vivibile nel centro Europa per noi. E' possibile che mi sia sbagliato ed in fondo non avevo nulla da perdere perché non possedevo nulla ma… Ma non ho sbagliato. -

Poi, ogni tanto, ci portava fuori a pranzo, la domenica, in automobile, magari a Nervi o a Sestri Ponente, in ristoranti con tavoli all'aperto per gustare il pesce appena pescato da certi suoi amici perché aveva amici dappertutto. E con questi amici e con altri chiacchierava, discuteva, trovava accordi, stabiliva prezzi e modalità ed infine radunava alcuni emigranti e li faceva partire come clandestini alla volta della Palestina, per mare, con documenti falsificati, con miseri bagagli restituiva a loro, senza compenso, la loro speranza smarrita. Ma questo lo seppi soltanto in seguito."

"Era un personaggio interessante, forse l'ho conosciuto, mi pare di avergli parlato. Sì, sì ricordo: dopo la guerra era ancora lì che imbarcava clandestini in barba agli inglesi."

"Brava, proprio lui, scherzava sempre, sempre divertente. Conosceva gli uomini. Una sera di pioggia, quando era passato poco tempo dal mio arrivo ma già iniziavo ad orientarmi sia nelle scelte che con la lingua entrò in camera mia mentre Lili e Wanda facevano i compiti.

- Allora, come stai, tutto bene. -

- Bene, sto bene; credo che me la caverò, piano piano, sia con l'italiano che con le lezioni, forse non riuscirò a tenermi in corso con gli esami ma recupererò, con gli anni. -

- Ti piace Genova ed il nostro modo di vivere, ti piace l'Italia? -

- Se mi trovo bene? Meravigliosamente! Ho dei compagni di studio gentili e simpatici, non li capisco sempre quando parlano ma ci sto bene insieme. -

- Gli italiani sono brava gente, imparerai a conoscerli; anche qui ci sono gli sciocchi ed i violenti, come in ogni paese, ma almeno sono stati inquadrati con una divisa e sono riconoscibili. L'italiano non è razzista: ha sempre condiviso la sua terra con altre razze ed egli stesso è il frutto di un miscuglio di genti diverse, provenienti da tutta l'Europa e dal Mediterraneo. L'Italia è sempre stata una preda ambita per le nazioni che la circondano, ha sempre dovuto difendersi dallo straniero ma se entri qui in pace e sai adeguarti ai costumi ti rispettano e, non solo, si mostrano grati per il tuo contributo al miglioramento che puoi portare. Gli ebrei sono pochi qui in Italia, non siamo così invadenti come nel resto dell'Europa, non diamo fastidio e l'apporto che diamo al progresso della nazione è apprezzato e riconosciuto. Siamo pochi e destinati non soltanto ad integrarci nella popolazione ma anche a fonderci ad essa. E credo che questo sia un bene. Noi, poi, non siamo religiosi, non siamo riconoscibili se non per il cognome e, comunque, pochi sanno attribuire un nome ad una gente e molti cognomi sono italianizzati da secoli. Tu non hai bisogno di manifestare le tue origini. *Chi fuor li maggior tui?* Dice un grande poeta italiano. Non te lo domanderanno se tu non ne darai motivo. Molti ebrei sono stati e sono al governo, molti possiedono industrie e molti come me lavorano mescolati al resto della popolazione in modo naturale.

Ci sono i fascisti, c'è Mussolini, che vuoi che ti dica: non è lui che comanda. Pensa che era socialista ed è riuscito a manomettere il socialismo in questa dottrina dittatoriale senza cardini, senza ideologia. Ma non è poi così cattivo: è una marionetta, un attore, un grande attore e piace, piace al popolino ignorante in attesa di riscatto e piace all'uomo colto. E piace anche ai politici europei ed americani! Tu non hai necessità di parlare di politica con nessuno poiché questo sì che può essere pericoloso. I fascisti sono pericolosi per questo siamo tutti iscritti al partito, come d'obbligo, e presto lo sarai anche tu come ospite straniera e non sarebbe male tu cominciassi a fare pratiche per chiedere la cittadinanza italiana.

La situazione europea è preoccupante ma Mussolini è tutto preso dal desiderio di fare un impero e forse lo farà; ma poi dovrà scegliere tra Francia, Inghilterra o Germania. Qualche mese fa ha costretto la Germania a rinunziare alle ambizioni sull'Austria: vedremo, speriamo bene. -

IV

"*Gallia est omnis divisa in partes tres quarum*... L'intera Gallia è divisa in tre parti delle quali... Abbi pazienza per le mie citazioni. Il latino è sempre stato la mia passione."

"Non ti preoccupare."

"I primi tempi trascorsi a Genova furono intensi, i giorni scorrevano veloci tra lezioni in facoltà ed apprendimento della lingua ma presto capii che non ce l'avrei fatta facilmente: giocoforza, ero destinata a non essere al passo con gli esami e con le lezioni. Il giochino di studiare su testi tedeschi avrebbe potuto essere utile per qualche esame meno importante ma le lezioni, quelle fondamentali, si tenevano in italiano e non ero in grado di comprendere granché. Stavo molto attenta, cercavo di seguire, le illustrazioni anatomiche o fisiologiche o le formule chimiche che venivano presentate con cura e professionalità da professori ed assistenti ma non sarei stata in grado di comprendere a fondo l'importanza di una struttura anatomica ed il suo funzionamento e di esporre con precisione, agli esami, quanto imparato. Avrei potuto dedicare il primo anno ad impadronirmi della lingua per dedicarmi successivamente alla medicina e un anno lo avrei perso in ogni caso. Tanto valeva imparare l'italiano durante lezioni universitarie e poi ripetere come fuori corso il primo anno o parte di esso. Wanda e Lilli mi aiutavano nei loro momenti liberi e la sera la dedicavo a studiare la lingua con l'aiuto dei testi latini con la traduzione italiana a fronte: Tacito, Livio, Cesare e Cicerone erano diventati i miei insegnanti e capii che lo studio del latino, lingua morta, non era stato inutile.

Al mattino prendevo il tram e andavo a San Martino a seguire le lezioni o la sala settoria dove i cadaveri non mancavano e dove compresi che non avevo alcuna ripugnanza per le sezioni anatomiche esposte ed esaminate e che anzi quello era l'unico approccio comprensibile allo studio: pratico e chiaro. I compagni erano gentili con le uniche due matricole femmine e soprattutto con me straniera e sperduta; si offrivano di insegnarmi l'italiano senza conoscere il polacco, di studiare con me, insomma di farmi la corte e comunque non sempre rifiutavo le loro attenzioni ma senza offrire loro occasione di approfittare della situazione. Gli insegnanti in genere si dimostrarono comprensivi, non tutti, ma quelli che notarono le difficoltà e la buona volontà seppero anche sfruttare la mia conoscenza del tedesco richiedendomi alcune traduzioni di articoli di riviste scientifiche o capitoli editi su testi tedeschi. Se non potevo considerarmi alla pari almeno sentivo, con sollievo, di essere ben accetta nell'ambiente universitario e sapevo che mi sarei sempre più integrata. Il fatto che ci fossero solo due studentesse al primo anno di medicina favoriva il mio inserimento e la mia unica compagna, con grande difficoltà, mi spiegò che il fascismo e la società borghese in genere non vedevano volentieri la donna nelle università e nemmeno nei luoghi di lavoro. C'erano situazioni di reale ostruzionismo familiare e di boicottaggio in fabbrica o in ufficio che allontanavano la donna dalle conquiste ottenute con la guerra mondiale. Mi domandavo se al ritorno in Polonia avrei potuto trovare una situazione simile quando avessi iniziato a lavorare ma non ci pensavo troppo: sei, o meglio, sette anni di studio non passano in un baleno: sono un tempo lunghissimo ed alla fine sarebbero cambiate tante di quelle cose!

- Sai che cosa mi hanno fatto i nostri cari compagni di corso? -Dissi allora alla mia collega esprimendomi un poco in latino, un poco in tedesco e molto a gesti.

- Mi hanno messo un *umanus oculus*, un occhio umano nella tasca del soprabito! - Lei mi fece capire che, essendo una matricola, avrei dovuto aspettarmi scherzi anche peggiori.

- E' soltanto uno *iocus*, uno scherzo e non un atto di *contemptionis,* di spregio. Ma bada bene non devi chiamarli *comites*, compagni: abituati a chiamarli camerati, ca-me-ra-ti. È meglio. -

Forse era uno iocus anche il suo. Certo che si erano complicati la vita questi italiani. Sempre meno, secondo me, di quanto se l'erano complicata gli ebrei polacchi con tutte le loro usanze religiose, gli studi del Talmud, i riti e gli obblighi che accompagnavano ed interrompevano le attività.

Anche Zoe, una sera alla settimana, mi aiutava con l'italiano. Zoe era nata, pochi anni prima di me, non lontano da Cracovia in una famiglia di contadini ebrei. Essendo contadini e poveri avevano ritenuto non opportuno far studiare la figlia che era cresciuta ignorante ed analfabeta tanto da non conoscere, con precisione, neppure la data di nascita. Aveva servito presso una famiglia di Cracovia, quindi mio zio, che conosceva la famiglia, l'aveva portata in Italia e messa al servizio della prima moglie.

- Che cosa te ne farai di questo fardello stupido? E' un animale e nient'altro. Non sa nemmeno lavarsi le mani, è un'inetta. - Lo avevano messo in guardia i padroni. Ma a Genova, in via Nizza, era diventata una persona normale, perdendo il pelo animale. Trattata con gentilezza, governava la casa, aiutava Hanna con le figlie, faceva la spesa, imparava l'italiano e restava analfabeta. Sempre seria, a volte ombrosa, sospettava che il mondo andava capito, ma non si concedeva di oltrepassare, se non di pochi passi, l'uscio del portone del palazzo. Mi insegnava i vocaboli italiani principali e le espressioni gergali più comuni ed io le facevo scrivere in polacco le stesse espressioni e continuammo così per alcuni anni sinché quasi imparò a scrivere correttamente a casa dalla quale non ebbe, comunque, mai risposta.

Zoe, Lilli, Wanda, zio Adolfo, i compagni camerati, le immagini anatomiche, Giulio Cesare tutto contribuì a fare in modo che imparassi l'italiano, approssimativamente, ma quanto bastava per fare in modo che a giugno dessi ben due esami: fisica e chimica, con voti bassini, ma il ghiaccio era rotto e la strada era quella. Forse mi aiutò anche un esagerato saluto fascista rivolto agli esaminatori accolto con un sorriso in cui riconobbi stupore e meraviglia. Poi sarebbe arrivata l'estate e le vacanze ed a novembre sarei stata pronta a ricominciare il primo anno. No, non mi sentivo in grado di tentare il colloquio di anatomia, meglio rifrequentare tutte le lezioni dall'inizio.

Ed arrivò l'estate e con l'estate un nuovo venticello di spensieratezza, di buonumore e di novità: il mare dentro il mare, come non lo avevo mai vissuto nelle sue onde nel suo sale su di me. Ora Lilli e Wanda avevano una cugina per compagnia e controllo ed in tre potevamo approfittare di una maggiore libertà di movimento. Le spiagge di Genova erano facilmente raggiungibili a piedi e noi volentieri noleggiavamo ombrellone e sedie a sdraio. Ai bagni Benvenuto si formavano compagnie di amici, a volte si ritrovavano i compagni d'università, si nuotava, si scherzava, qualcuno amoreggiava prontamente richiamato al rispetto dei costumi dal fischietto del bagnino. Insomma, vivevo per la prima volta in vita mia l'allegria di una giovane adulta senza pensieri e senza preoccupazioni. Tutto era una novità: dal costume da bagno, alla corte dei coetanei, i giochi sulla spiaggia, le canzonette italiane melodiose ed originali ben diverse dalle marcette che ascoltavo alla radio polacca. La sera poi si facevano passeggiate su Corso Italia ora verso Nervi, ora in direzione del centro città e qualche volta, dopo cena, uno stabilimento balneare chiamava un suonatore di fisarmonica ed una cantante ed allora si ballava sulla musica di *Violino Tzigano* o *Bambina Innamorata. Bambina Innamorata* era però troppo lenta e richiedeva una stretta troppo forte da parte del cavaliere, meglio una canzone più vivace.

Cominciavo così a conoscere l'altro sesso anche se per il momento non provavo particolari attrazioni: forse ero stordita da tutte quelle novità che più che novità erano vere e proprie rivoluzioni; cominciavo a gustare il sapore della libertà anche se non avevo piena coscienza di essere solo all'inizio. La corte maschile era costante e questo contribuiva a darmi coraggio. Mi era stato detto che i ragazzi italiani erano bruni e seduttori ma a me non sembrava così, i ragazzi italiani erano simpatici: con loro si stava in allegria.

Ogni tanto compariva sulle spiagge, sulle rotonde, e persino nelle aule universitarie qualche ragazzo troppo cresciuto con la camicia nera ed un berretto con una nappa pendente chiamato fez: avevano sempre le gambe divaricate ed i pugni sui fianchi, il mento portato in alto e con gli occhi scrutavano, con il naso indagavano che aria tirasse controllando chi studiava invece di pensare alle conquiste, chi ballava e non si curava dell'impero prossimo venturo. A Liliana non dispiacevano quei ragazzi così come apprezzava le uniformi in genere ma era comunque troppo giovane per accettare smancerie da parte loro: cercava soltanto lo svago e l'allegria, cose di cui gli squadristi, così li chiamava, non erano capaci.

- Quelli vanno nei casini. A quelli non interessano le ragazze come noi. - Mi diceva.

- Casini? Vanno nelle piccole case? -

- Casini, dove ci sono le donne a pagamento per i maschi. Quante cose ti devo insegnare! Questi ragazzi, e poi ci sono anche degli uomini adulti insieme a loro, una volta erano molto pericolosi, violenti. Poi Mussolini li ha messi in riga e li ha tranquillizzati. -

- Mesi in riga? -

- Vuol dire che li ha calmati, che li ha fatti ragionare. Non so in che modo abbia fatto, ma oggi sono meno violenti, meno pericolosi di tanta altra gente che pare per bene ma che è capace di riferire ai gerarchi un discorso, una critica al governo, al fascismo. -

- Per bene? -

- Gente educata. -

Di tutt'altra pasta Wanda. Sempre seria ma pronta alla battuta a volte sarcastica e detta con viso serio, costantemente di fretta e impegnata in qualcosa che sembrava importante. Le piacevano lo studio e lo sport e se la cavava molto bene in entrambi. Praticava l'atletica ed il nuoto ed a quindici anni era considerata una promessa. La sua costituzione, alta, sottile, energica, le era di aiuto e trascorreva molte ore in piscina a

Quarto o ad Albaro o sui campi di atletica. Cercò anche di insegnarmi a nuotare ma imparai soltanto a tenermi a galla, ci volle tanto mare, qualche estate e alcuni amici per farmi trovare confidenza con l'acqua. Mi diceva che la donna non era ben vista neanche nelle pratiche sportive.

- Non fa bella figura. - Bella figura? Ci misi molto tempo a comprendere il significato di *bella figura*.

Ma Wanda era caparbia ed al regime fascista era utile apparire moderno e mostrare al mondo che anche la femmina italiana era in grado di primeggiare negli sport. L'Italia aveva appena vinto, a Roma, la coppa Rimet del calcio suscitando un entusiasmo che aveva favorito la dittatura ed in qualche modo il fascismo volle appoggiare anche le future promesse femminili. Infatti, successivamente, Wanda si specializzò nei tuffi dal trampolino e negli ottanta metri a ostacoli sino a vincere, con questi ultimi, i campionati nazionali femminili giovanili ed essere prossima alla partecipazione alle Olimpiadi per ripetere il successo recente di Ondina Valla. La sua sezione femminile di Giovani Universitari Fascisti la sosteneva e la allenava riponendo in lei molte aspettative per la propaganda del regime in ambito internazionale. Wanda non lo deluse. Ne fu delusa.

Comunque furono anni molto belli, furono pieni e volarono via, furono brevi. Piano piano imparavo ad aprirmi al mondo e ad avere fiducia in me, sempre di più. In tre anni avevo imparato abbastanza bene la lingua e le richieste di traduzioni di articoli scientifici dal tedesco da parte dei professori erano frequenti; questo mi rendeva conosciuta in tutta la facoltà e mi inorgogliva oltre a favorirmi negli esami. Finalmente superai il colloquio di anatomia e l'anno successivo anatomia insieme a qualche esame importante come fisiologia e patologia generale, insomma, ero lanciata e nessuno poteva più fermarmi. I ragazzi sempre più mi cercavano per farmi la corte e non ero più il bersaglio dei loro scherzi universitari.

Le mie conoscenze e le amicizie erano sempre più vaste e cominciai a voler bene alla gente. Cominciavo a conoscere Genova e le cittadine ad essa vicine con le loro belle riviere, i piccoli centri antichi, i vasi di gerani alle finestre ed ai balconi, il pesce fresco e i pescatori con le reti, con il fritto a due passi dalle onde. A volte si facevano gite in automobile o in autobus con zio Adolfo o, di nascosto, con compagni ed amici ed inevitabilmente si ritardava per la foratura di un pneumatico o per un guasto meccanico. Si discuteva dei film più recenti o dei libri letti.

- Tu non te ne andrai mai più via dall'Italia! - Mi disse un giorno lo zio mentre si tornava in auto da una gita nel ponente ligure, ascoltando le sue tre grazie, le figlie e me, cantare in coro *Bella Abissina.* Intanto l'Italia si era costruita un impero e l'intenzione era quella di ampliarlo il più possibile nonostante le sanzioni, peraltro blande e discontinue, che la Società Delle Nazioni aveva imposto. Non voglio dirti che mi occupassi di politica o che mi interessassero le vicende politiche italiane o europee; ora potevo leggere i giornali ed ascoltare alla radio le notizie dal mondo ma i miei interessi erano altri e non percepivo particolari tensioni provenire dal mondo politico. Certo capivo che la Germania stava riarmandosi nonostante i divieti che le erano stati imposti, che stava diventando sempre più prepotente con i paesi confinanti ma sembrava che le altre potenze volessero tenerla a bada. Mi dicevano che il nemico secolare dell'Italia era l'impero austro-ungarico con tutti i suoi annessi di lingua tedesca ed io continuavo a vivere la mia vita con l'impegno della studentessa e la spensieratezza della ragazza che non vuole altri pensieri se non quello degli esami. Non voglio dire che i grossi problemi sociali di povertà e ricchezza non mi toccassero: voglio solo dire che stavo rimandandoli a tempi diversi, a quando avessi avuto tempo di rifletterci sopra, a quando il fascismo avesse permesso la discussione.

E poi seppi che una legge tedesca aveva privato i propri cittadini ebrei della cittadinanza germanica. Mi sembrò uno sproposito incomprensibile: come si può privare un cittadino che paga le tasse, che ha combattuto, dei diritti e farlo sentire straniero in patria. Volente o nolente sei sempre obbligato a farti un'opinione politica, ad occuparti delle vicende e delle decisioni dei governanti. In Italia ne fu data notizia in termini ironici nonostante la simpatia esistente tra le due nazioni.

Scrivevo spesso a casa informando i genitori dei miei progressi nello studio e di quanto apprezzassi la nuova vita, la terra italiana, le amicizie. Non mancavo di esprimere il mio invito a raggiungermi in quella che avrebbe potuto essere la nostra nuova esistenza. Mi rispondevano con brevi cartoline di colore grigio chiaro dove mi facevano sapere che stavano bene e che il loro lavoro andava a gonfie vele, che non dovevo preoccuparmi poiché il clima politico in Polonia era stabile ed all'orizzonte non apparivano pericoli imminenti. Chissà, forse un domani, vedremo. A volte anche il mio fratellino aggiungeva un saluto."

"Il mio bicchiere è vuoto. Me lo riempi, per favore?... Grazie. Ma dimmi un po': in che mondo viviamo, chi siamo? Tu sai darmi una risposta?"

"Io dovrei risponderti?"

"Voglio dire: va tutto bene, stiamo bene, è tutto tranquillo e all'improvviso c'è un aggressione, una violenza di un individuo su un altro. Oppure due fazioni iniziano a menarsi violentemente, così, senza motivo, senza uno scopo, senza un interesse economico, così, tanto per vedere il sangue dell'altro, per dimostrare una presunta superiorità sulla pochezza dell'altro. Le sofferenze del povero, le paure dei ricchi, l'ignoranza dell'arrogante mescolata alla volubilità del debole e tutti insieme a sentirsi forti e grandiosi nel groviglio in cui ci stavamo precipitando così, per puro, sciocco, vuoto desiderio di stravolgere la quotidianità.

Eppure i conti non tornano, non trovo una risposta tale da essere all'altezza della bassezza dell'ignominia in cui riusciamo a gettarci. Se ci penso! Quanta ignominia, quanta porcheria solleviamo così, all'improvviso, quanto letame per aria senza un fine! Poi, finché non c'è uno scopo o se questo è piccolo, il pandemonio è breve ma non appena interviene l'interesse, il lucro, allora la gazzarra non ha più fine e la violenza prosegue a lungo e quando finisce non finisce completamente, non sfocia nel mare tal che si può dire che il fiume finisce qui e qui comincia il mare, no, si perde in decine di fiumiciattoli e poi in migliaia di rigagnoli tutti con il loro carico di violenza, di vendetta, di faida. Insomma, non trovo una risposta adeguata."

"Non prendertela così. Forse, non hai impostato la tua vita nella ricerca delle domande giuste: hai dato alla tua vita altri scopi e quando la tue esperienze, le tue letture, gli studi ti hanno portato su una rotta vicina alle risposte non te ne sei accorta. Che cosa leggevi?"

"Da ragazza Verne, Dickens per esempio, poi Hugo, Dumas, Dostojevsky, Conrad."

"Vedi, allora, hai sfiorato tante risposte. Ti sei mai soffermata da sola, in riva al mare a contarne le onde? Forse lì avresti trovato le domande giuste... Che sigarette sono queste? MS International. Te ne ho fumate un sacco. E quanto ho bevuto! Mi verrà il cancro! Che fumavi una volta?"

"Da giovane mi arrotolavo il tabacco nelle cartine, poi in Italia le Serraglio, poi le Stop senza filtro. Adesso queste MS con il filtro perché mio figlio non vuole che fumi senza filtro. Quanto ho fumato!

Allora, dicevo, stavo bene, ero felice, non avrei mai pensato di dover cambiare ulteriormente la mia vita. Ma le cose cambiarono, lentamente, cambiarono quasi senza che ci si potesse accorgere dei mutamenti. L'Italia fortificava il suo impero, lo ampliava, l'imperatore era sempre più grande e inviava il suo esercito in Spagna a combattere contro la democrazia ed il socialismo. La Germania annetteva e si riappropriava di vaste aree in Europa ma non sembrava mirare alla Polonia. In Italia qualcuno iniziava a parlare di razza e di razze.

Eppure no, non mi piace! Gallia est tota divisa; omnis non è elegante, oppure non ci va nulla!"

V

“Amici ne avevo tanti, amiche anche, e con i miei vent’anni ero sempre più libera di frequentare chi volessi e quando volessi. All’amore non ci pensavo, non mi interessava, o almeno nessuno ancora aveva risvegliato in me un pensiero che si avvicinasse all’attrazione nei riguardi dell’altro sesso. Ero carina, piccolina ma sottile, ben proporzionata e con un bel viso, quindi i corteggiatori non mi mancavano. Due erano quelli più assidui, più insistenti ed erano due bei ragazzi! Uno era biondo, con capelli ricci, alto ed era in procinto di laurearsi in medicina. Aveva una bella automobile che non smetteva di magnificarmi.

- E’ una Lancia, sai? E’ potente, fa più di cento chilometri all’ora. Vieni, ti porto a fare un giro, conosco certe trattorie in riviera molto carine, poi ti riaccompagno a casa. - Una volta abbiamo fatto un breve giro sui monti dietro Genova, al Righi. Non mi ha mai chiesto di intrattenere rapporti più vicini ma lo avrebbe fatto presto. L’altro era ingegnere e l’avevo conosciuto al mare, ai bagni, dove la nostra compagnia si riuniva d’estate. Lavorava ai cantieri navali ma presto avrebbe dovuto partire per il militare e mi diceva sempre che nelle licenze sarebbe venuto a trovarmi. Era molto più romantico del biondo, molto tenero. Mi diceva che dovevo andare a casa sua a conoscere i familiari, che avremmo potuto fidanzarci. La mia risposta a simili approcci galanti era sempre la stessa:

- Prima devo laurearmi, poi ci penserò. -

Forse quel ragazzo aveva intenzioni veramente serie. Un pomeriggio andai con lui al cinema e fu in quell’occasione che sentii parlare per la prima volta di razza in maniera ufficiale: durante il cinegiornale dell’Istituto Luce, d’obbligo in ogni proiezione, un gerarca perentoriamente indicava la necessità di affermare la superiorità della razza italica, proprio con queste parole: razza italica. Il mio accompagnatore non commentò l'intervento del gerarca ma io cominciai a pensare alle parole appena udite e non riuscii più a prestare attenzione al film, peraltro insulso; Scipione L'Africano. Così venni a sapere che esisteva la razza italica. Superiorità su chi? Sui negretti eritrei, abissini, libici o sugli "ariani" del nord? Sugli ebrei? Erano gli ebrei una razza o soltanto una comunità, una religione? Avrei potuto avere problemi se si fosse continuato a parlare di razze in Italia? Nell'oscurità guardai il mio corteggiatore ed il suo viso non aveva mutato espressione, aveva ricambiato il mio sguardo con tenerezza senza mostrare di aver compreso i miei dubbi. Sì, avrei potuto avere dei problemi. Questo ragazzo comunque non mi dispiaceva con quel suo modo gentile, il viso sincero con i baffetti corti ed i lunghi capelli lisci di brillantina. Razza italica!

Continuavo a rinviare il mio viaggio in Polonia per rivedere i miei perché diventava sempre più complicato: i confini della repubblica Cecoslovacca erano sempre meno definiti e l'Austria stava per divenire tedesca. Cambiare itinerario passando per Svizzera e Germania forse sarebbe stato pericoloso con un simile cognome sul passaporto. Eppure dovevo rivedere i miei, volevo constatare quanto mio fratello fosse cresciuto ma non potevo neppure proporre loro di venirmi a trovare poiché li avrei presumibilmente esposti agli stessi sconosciuti pericoli di un viaggio, in quei frangenti, azzardato. Non c'era altro da fare: bisognava attendere e sperare che le cose cambiassero ben sapendo che ragionare sulla sola speranza vuole dire affidarsi all'ignoto. Non si poteva pensare ad altro che attendere che la situazione politica europea si assestasse.

Ormai conoscevo bene l'italiano: mi esprimevo in modo appropriato ed ascoltavo la radio o le lezioni senza difficoltà. Leggevo i giornali e capivo le parole che leggevo ma dovevo interpretare le notizie ed concetti: c'era ben poco da capire nella parola o nelle frasi, dovevo leggere tra le righe oppure tentare di tradurre in fatti reali quell'apologia retorica tronfia di linguaggio ridicolo. In questo mi furono d'aiuto lo zio Adolfo e gli amici che con fare segreto e circospetto mi suggerivano alcuni trucchi per comprendere i giornali e la radio quando non trasmetteva le canzonette. Le notizie con titoli grandi a sei colonne in grassetto andavano divise per tre mentre erano interessanti le notizie nelle pagine interne con titoli in corsivo non evidenti. La grande vittoria in Eritrea andava tradotto in vivace scaramuccia, la ritirata strategica in Abissinia era una importante battaglia persa con gravi perdite di vite, otto milioni di baionette andava senz'altro diviso e poi diviso e forse c'erano soltanto le baionette. Dovetti imparare a leggere o ascoltare le notizie che non c'erano e che non venivano trasmesse e questo era più difficile: si trattava di capire che se un tema non veniva trattato per un certo periodo c'era sotto qualcosa: qualcosa stava accadendo o forse era accaduto un fatto importante che veniva appena accennato alla radio; avrei dovuto porre attenzione alle piccole contraddizioni politiche o filosofiche o alle grandi campagne propagandistiche che all'improvviso cessavano per far posto al superlativismo su un campione dello sport o su un interprete lirico.

Comunque la faccenda era divertente. Sembrava che il fascismo quasi non vedesse di buon occhio le annessioni tedesche e che, sebbene esistessero continuamente manifestazioni di stima ed ammirazione reciproca, un'alleanza militare stretta con la dittatura germanica non fosse per nulla vicina anche se in Spagna le due nazioni combattevano insieme. Mi meravigliava l'estrema difficoltà a comprendere la direzione che il regime avrebbe intrapreso e se esistesse un percorso, almeno in termini ideali, che il fascismo italiano volesse intraprendere. Il regime era verosimilmente intenzionato ad apparire criptico o era decisamente indeciso circa la strada da percorrere? Oppure non c'era nessun obiettivo? Il popolino era entusiasta o almeno così sembrava: l'analfabeta dubbi non ne aveva: era soddisfatto di farsi guidare nell'affrontare i problemi quotidiani e non solo nella risoluzione dei problemi, nonostante la costante ingerenza nella vita privata. Tuttavia, anche in quello strato di popolazione, qualcuno teneva l'occhio fisso nel vuoto ed un sopracciglio dubitante e sospettoso nascondeva un pensiero, un'opinione. I borghesi erano i meno soddisfatti, quelli che avevano sperato in una vita diversa e si erano ritrovati con le solite difficoltà, le solite seccature senza una speranza di una miglioria culturale o di carriera. Gli studenti universitari, già per il fatto di essere universitari, erano quasi tutti benestanti, erano i più allegri tra tutti gli italiani: il passato era passato, il presente era allegria e goliardia, voglia di bere, scherzare, giocare e fare l'amore; il futuro di certo non sarebbe stato incerto e il poi sarebbe venuto poi, quel che valeva era il presente.

Defecatio meridiana neque bona neque sana.

La decifrazione delle intenzioni governative era diventato il passatempo più intrigante in alcune cerchie di amici, sempre attuato con la circospezione necessaria a causa della limitata possibilità di discutere di politica e di riunirsi in capannelli. Il gioco poi si allargava quando si tentava di decifrare la politica inglese, francese o americana: alcuni si domandavano perché mai queste nazioni non osteggiassero e non si contrapponessero in modo evidente e concreto alla politica delle dittature. Forse il gioco della decifrazione era troppo grande, troppo difficile per gente oramai disabituata alla critica, magari non si avevano tutte le notizie necessarie a comporre un quadro della situazione o non si teneva in considerazione il terrore che incuteva il comunismo dell'Unione Sovietica. In ogni caso grande era lo sbigottimento nei confronti della insipienza dei politici dell'Europa occidentale.

Così continuavo a rimandare un viaggio a Kielce ma ci si teneva in contatto con la corrispondenza essendo le telefonate difficili, laboriose e forse ascoltate. Io scrivevo spesso, almeno due volte al mese descrivendo come vivevo, i miei progressi, gli esami superati. I miei mi informavano circa la loro vita e mi facevano sapere le solite cose e soprattutto che stavano molto bene anche economicamente visto il denaro che continuavano ad inviarmi in discreta quantità.

Tra i corteggiatori di quel periodo felice ce ne era anche un altro che non corteggiava, almeno non in modo evidente. Era più avanti di me di tre anni nel corso di medicina ed era in pari con gli esami. A volte era presente a quelle lezioni di materie biennali che avrebbero potuto essere seguite da entrambi e mi sorpresi quando venni a sapere che quelle discipline già le aveva superate. A volte colsi il suo sguardo su di me ed infine un giorno trovò la solita scusa, in biblioteca, che consisteva nella richiesta della solita traduzione dal tedesco di un articolo pubblicato su una rivista scientifica. La pubblicazione era ordinaria, l'argomento trasudava banalità; era una scusa per rompere il ghiaccio da parte di uno studente che non apparteneva a nessuna delle cerchie di amici che si erano formate, che frequentava poco le lezioni e molto le corsie della clinica medica. Era di media statura, di capelli ondulati e rossicci con la fronte spaziosa ed un costante sorriso ironico su un bel viso dagli occhi azzurri. La sua timidezza era rude e smisurata, con la pretesa di nascondersi dietro un'apparenza di superiorità che lo costringeva ad approcci altezzosi lasciando poco spazio alla spontaneità e che avrebbero potuto essere scambiati per presunzione. Mi comportai nel modo più semplice possibile con lui, fingendo di prendere sul serio i suoi interessi scientifici ed avviando un serio dialogo su alcuni problemi di patologie e diagnosi cliniche. Devo dirti che le sue spiegazioni erano chiare e soprattutto ragionate. La medicina, allora, proseguiva quelli che erano ancora i primi passi per divenire una scienza avanzata, affannandosi con una diagnostica affidata alle percezioni della semeiotica, arrabattandosi nella ricerca delle cause, affaticandosi con l'anatomia patologica e perdendosi nella penuria delle terapie. Il medico era soprattutto uno Sherlock Holmes. Il mio nuovo corteggiatore nutriva invece tanta fiducia in un prossimo e vicino progresso.

- Ciò che oggi stiamo studiando e praticando è soltanto la base della costruzione futura, della medicina che verrà. - Mi diceva, e nell'ascoltare le sue spiegazioni mi si apriva la mente e mi accorsi che, frequentandolo, comprendevo meglio ciò che avevo studiato un po' pedestremente, che vedevo le malattie sotto un punto di vista più razionale. Che devo dirti, era nata un'amicizia in un certo modo interessata da entrambe le parti e con la scusa di una passeggiata in città, di un gelato nella Genova antica, di una escursione al bel cimitero di Staglieno, io apprezzavo meglio la città in cui era nato, rielaboravo i miei studi, rafforzavo il mio italiano e lui, oramai rilassato nel suo portamento rigido, apprendeva i costumi polacchi, imparava a chiacchierare con una ragazza, ed iniziava a fumare. Non era certamente un allegrone come la maggior parte dei miei compagni di corso o degli amici ed amiche ma aveva un'ironia divertente nei confronti della vita, della natura, dell'umanità in genere ed era un osservatore, molto migliore di me, di tutto ciò che lo circondava. Forse la critica ed il giudizio sul mondo in genere non era all'altezza dell'osservazione acuta e non sempre le nostre opinioni concordavano ma il beneficio della nostra frequentazione era soprattutto mio. Le sue descrizioni dell'Italia fascista e delle usanze italiane o genovesi erano curiose e sorridevo di tante stravaganze quotidiane. Ma ciò che avevamo soprattutto in comune era l'amore profondo per la lettura e per i libri. Io, come ti ho detto, leggevo un po' tutto senza mire particolari, per il solo gusto della lettura in se stessa, per sentirmi volare via dalla narrazione, a lui piacevano i romanzi storici, i classici dell'ottocento e gli autori moderni come Pirandello, Svevo ed un recente Simenon, ma anche autori italiani a me sconosciuti come Sabatini o Barrili.

Aveva pochi amici e forse non erano nemmeno intime amicizie bensì conoscenze o ex compagni di scuola, banali frequentazioni senza sentimenti particolari; impossibile chiedergli di frequentare insieme a me gruppi di compagni di studi o amici per trascorrere qualche ora in allegria magari anche al mare.

Una volta in compagnia rimaneva in disparte quasi immusonito. Niente allegria. Quando eravamo insieme da soli, mai in luoghi appartati, questo ragazzo si apriva e diventava quasi normale anche se non proprio spontaneo. Nemmeno lui, come me, era credente, anzi, era estremamente critico nei confronti della chiesa cattolica in cui individuava difetti e contraddizioni che le sue letture gli avevano rivelato. Di politica, come me, non si interessava ma era cresciuto insieme al fascismo di cui non apprezzava la retorica ed il fanatismo. Ma, come ti ho detto, era cresciuto dentro a quel regime che appariva, soprattutto ai giovani, connaturato all'essenza stessa della nazione. A me piaceva per la cultura; non voglio dire che fosse l'unico giovane colto che conobbi in quegli anni, anzi, tutti gli amici ed amiche che avevo allora provenivano, per lo più, da un liceo duro e zeppo di erudizione, infarcito di cultura classica in una nazione ricca di retaggi antichi e rinascimentali. Tuttavia il suo sapere andava oltre il programma scolastico aprendosi in approfondimenti storici e letterari destinati ad aumentare il piacere della conoscenza e volti ad una critica personale. Era un ragazzo unico.

- Penicillium chrysogenum: questo sarà il prossimo passo, dobbiamo sconfiggere le infezioni; infezioni e denutrizione. Quando si avrà il controllo su queste piaghe allora l'Italia potrà pensare alle guerre. Che ci andiamo a fare in Africa da affamati in paesi indigenti. - Così diceva Franco Siccardi. Intanto superava esami. Il nostro amore nacque poi velocemente nascondendoci con il suo vigore la velocità con cui mutavano le situazioni europee, occultandoci fatti importanti ai quali non davamo peso. Era tutto lontano, nulla aveva più interesse per noi, per la mia gioventù che mi regalava questa nuova emozione mai provata. Questo impeto senza respiro che sentivo nel petto, questa felicità diversa che confondeva il pensiero, i dubbi, le ansie e la voglia di trovare un mondo diverso, positivo e sorridente. C'erano soltanto gli esami dell'università e poi non c'era più nulla: non esisteva il mio solito Tram sul quale pur salivo, non c'era il letto nel quale dormivo, dov'erano le cugine e le amiche, i miei libri? Franco mi leggeva poesie italiane ed io tentavo di dedicargli quei pochi brani amorosi imparati al liceo. Mi teneva per mano e camminava pensoso sperando nel mio completo abbandono chiedendomi se lo amavo anch'io, se eravamo davvero fidanzati. Poi fermi dinanzi al portone a guardarci negli occhi per scrutare, per sincerarci l'un l'altro della forza del sentimento ed il bacio lunghissimo, forte, il mio primo bacio al primo amore. Poi le solite frasi, le solite carezze nascoste negli androni, le gambe che tremano e paiono non sorreggerti oltre ed il cervello in fiamme, il pensiero che svanisce, si perde e non sai chi sei e dove sei. Così la passione, il trasporto che lasciavano spazio soltanto al nulla, un'ubriacatura che celava la realtà sui difetti e volava delirando sui pregi nascondendo tutto ciò che avveniva intorno a noi. Quale cecità, quanta sordità ci ha nascosto per mesi e mesi gli avvenimenti del mondo! Per noi due non era successa Guernica, il nostro sonno aveva nascosto la Germania sempre più vicina dell'Italia, gli italiani contro gli italiani a Guadalajara, l'Austria che finiva la sua esistenza in un acclamazione di entusiasmo, le nuove città che nascevano sui terreni bonificati, le stragi degli etiopi e le buffonerie di Starace.

Intanto in Italia si parlava sempre più di razza. Questo stava diventando un argomento sempre più evidente sui giornali. Alla radio, dalla quale non si ascoltava più Faccetta Nera, vi erano gerarchi inneggianti all'arianesimo che diffidavano il soldato italiano ad intrattenere rapporti amorosi con le nere recentemente conquistate con le quali il matrimonio non sarebbe mai stato benvisto e, in futuro, proibito. Quindi si cominciò a parlare sempre più di razza ebraica con mille disquisizioni su chi era ebreo, chi quasi ebreo, chi poco, chi convertito, chi ebreo ma non troppo e quindi anche ammissibile ai luoghi ed alle istituzioni dedicate principalmente alla nobiltà della gloriosa, leggendaria, illustre razza italo-ariana. Avevo studiato con interesse storia e letteratura romana apprezzandone la bellezza della poesia e ammirando le capacità di trasformare quel piccolo villaggio in una grande nazione. Apprezzavo gli italiani per i loro pregi ma non tanto da considerarli una stirpe superiore.

Franco, tuttavia, era preoccupato, tanto preoccupato da farmi una proposta di matrimonio.

- Io credo che tu sia di origini ebraiche. -

- Che vuoi dire? -

- Che hai genitori ebrei, che discendono da ebrei e così via. Le origini. - Ci pensai un po', potevo fidarmi di quel ragazzo a cui ormai volevo bene, al quale mi sentivo legata sempre di più. Diffidare di lui avrebbe significato che non avrei mai più concesso fiducia a nulla e a nessuno.

- Ti interessa? -

Non rispose subito, continuava a passeggiare con me lungo l'ampio viale alberato che serpeggia sopra la città insinuandosi in quelli che un tempo erano rittani per poi riuscire su aperti belvedere. Volle sedersi su una panchina sovrastante Villetta Di Negro con i suoi romantici giardini, incastonati nella città come un prezioso diamante, più avanti il mare. Tolse il braccio dalla mia spalla e mi prese la mano. Mi stavo chiedendo che intenzioni avesse: se mi teneva la mano forse non aveva intenzione di dirmi addio, di dirmi che non se la sentiva di continuare una relazione con una straniera ebrea. Improvvisamente mi domandai quanto lo amavo, quanto mi sentivo legata a lui, quanto avrei potuto soffrire per la sua perdita. Non conoscevo l'amore, mi ero limitata a provarlo in uno slancio di sentimenti possenti che comportavano i baci, gli abbracci forti, qualche carezza un poco più appassionata ma non oltre. E se mai mi avesse chiesto l'oltre? Ancora non realizzavo che l'amore implica la carne, il sesso; lo vivevo come lo si legge nei romanzi, come lo si vede al cinema.

Si accese una sigaretta e me la offrì accendendone un'altra per sé.

- La situazione politica in Italia è tutt'altro che serena: io non mi stupirei se domani dovessero esserci grosse complicazioni per gli ebrei. Con un cognome come il tuo io non starei tranquillo e non sono tranquillo per te… e per me. -

La prima aria tiepida dell'imbrunire di inizio primavera si accordava con il verde pallido delle gemme e del primo fogliame dei platani. Lo sguardo di Franco si perdeva lontano, sul mare.

- Tra un anno e qualche mese sarò laureato, tu hai tre anni meno di me. Se tutto dipendesse soltanto da noi non ci sarebbe di che preoccuparsi ma… Ma c'è qualcosa che non mi piace. L'altro giorno parlavo con un amico, Fabio Pardo, ma sì, lo conosci anche tu, quello che vuole fare il chirurgo e che è molto indietro con gli esami, dovrebbe essere già laureato. Bene, si è messo a studiare duramente perché teme che qualcosa possa cambiare in peggio: che qualche ostacolo si frapponga allo studio, alla laurea. Mi ha detto di ebrei che sono andati via in fretta dalla Germania e di altri che fanno di tutto per andarsene. Mi ha parlato di come si stiano svuotando di ebrei i paesi ad est ed a sud della Germania. Il professor Falco ieri mi ha preso sottobraccio in corsia e al letto 12, quello di Momigliani, quello che ha il cancro ai polmoni, lo scrittore di racconti per ragazzi; si è fermato qualche minuto per visitarlo ed intanto mi parlava sottovoce: *Siccardi sbrigati a finire gli studi e quella ragazza, ci parli, no? Ebbene dì anche a lei di sbrigarsi e fa in modo che cambi cognome: il suo cognome com'è? Stros… Strosberg è troppo straniero, troppo riconoscibile. Momigliani, voi che dite?* E lo scrittore: *dico che questo dottorino ariano dai capelli rossi è il più fortunato di noi tre: di me perché non avrò il tempo di vedere come andrà a finire, di lei, professor Falco che si è troppo esposto con il manifestare le sue origini. Dottorino, grazie di tutto, ma faccia cambiare cittadinanza e nome alla fidanzata e poi via, via luntàn, lontani anche dall'Italia, più lontano possibile. Mi sun zeneize, sun nasciou chie, sono italiano, e per l'Italia ho lavorato, ho combattuto, e ci voglio bene, ma non è un posto da viverci, non mi piace più. E scusate entrambi se vi ho dato del lei ma questo voi proprio non mi entra.* E Falco: *hai capito, Siccardi? E non mi scuso se ti do del tu.*

- Ora, non voglio dire che mi sono fatto convincere da estranei, ma secondo me tu sei troppo esposta. Il burocrate italiano non sarà in intenditore di nomi e cognomi ma… - Fece una pausa e cominciò a sorridere. Io me ne stavo in silenzio, in attesa. Non ero né allarmata né preoccupata, volevo sentire dove voleva arrivare e come, con quella timidezza che gli condizionava l'esistenza quasi sino alla paralisi del gesto e della parola.

- Beh, è veramente difficile dirti ciò che voglio dirti. Non dovrei nemmeno dirlo in questa maniera. Avrei dovuto parlartene prima e magari insistere successivamente. Dobbiamo sposarci! - Non dissi nulla, non risposi: era una proposta di matrimonio quella? Elaborata con quali reali intenzioni, quanto recondito amore si celava dietro quella che non era una dichiarazione, ma una affermazione? Mi chiese una sigaretta delle mie.

- Te le manda sempre tuo padre? Mi piacciono, sono forti. - Quando lo conobbi non era un fumatore ed ora, per colpa mia, ne fumava tante che le dita gli si erano ingiallite.

- Lo so che una proposta di matrimonio non si fa così ma non ho mai avuto il coraggio di fartela prima. Con questo non devi pensare che altri mi abbiano convinto a chiederti di sposarmi. Che cosa avevo da offrirti ieri oppure oggi? Medico non lo sono ancora, vivo con la mia famiglia e non è un bel vivere con quei parenti, soldi non ne ho: mi mantengono agli studi con lo stretto necessario che quasi quasi non ho neppure le lire per il tram o le sigarette. Sono povero in una famiglia di ricchi. Che posso offrirti per una vita insieme decente? Eppure, sempre ammesso che tu mi voglia, dobbiamo sposarci ed al più presto. -

- Se volessi mai sposarmi mi piacerebbe farlo per amore e non per trovare una sicurezza di cui non sento la necessità. Mio zio è francamente deluso per certi orientamenti del governo italiano ma non è preoccupato oltremisura. Voglio dire che certi momenti della vita non devono essere condizionati dagli eventi esterni. Avrei voluto sentirti dire: ti amo, voglio sposarti.

- Dissi ammettendo implicitamente le mie origini.

- D'accordo: ho sbagliato. Devi capire. Avrei dovuto presentarmi a te con l'anello di fidanzamento, inginocchiarmi e chiederti la mano. Sono sempre in tempo? - E mentre parlava ridacchiava divertito.

- Non ho intenzione di scherzare. Voglio davvero sposarti perché non voglio perderti, perché ti amo. Non sappiamo che cosa ci riservi il domani, so solo che tu sei straniera in un paese che potrebbe anche diventare nemico del tuo; sei ebrea e questo, un domani, potrebbe causarti dei problemi. Hai ancora tre anni di studio davanti a te: devi dare ancora più della metà degli esami e poi la tesi e se qualcosa cambia potresti anche non riuscire a laurearti. Quanti condizionali ho usato! Il condizionale è difficile per te. Sarò molto più chiaro: io voglio vivere con te. - Fece una pausa, mi stringeva la mano, ora mi guardava negli occhi, cercava nel mio frastorno una risposta.

- Sposandomi potresti avere un nuovo cognome che nasconderà un poco il tuo, potresti chiedere una nuova cittadinanza, dimezzare eventuali grossi problemi. In questi tempi bisogna sbrigarsi, sbrigarsi in tutto: la nostra vita non è soltanto condizionata dalle nostre capacità, dalle nostre volontà, dalle possibilità economiche o intellettive; le nostre scelte sono ormai subordinate alle scelte di poche persone che pretendono di pilotarci. E comunque, se vorrai dirmi di sì, dovremo anche fare in fretta: i documenti necessari, le procedure, non saranno cose facili da ottenere. Il matrimonio è una burocrazia lunga. -

VI

"Devo continuare? Sono stanca di parlare. E tu non sei stanca di ascoltarmi? Ho sete, mi è venuta fame, ho voglia di morire. Quando ti deciderai a fare il tuo lavoro."

"Hai voglia di morire? Forse vuoi solo riposarti un poco. E' meglio che parli io, per un po'. Bevi ancora qualcosa insieme a me. Brindiamo al tuo primo amore così intenso. E' bello farsi raccontare di un amore, un innamoramento così intenso e profondo. Mi sembra di tornare ai tempi di Paolo e Francesca: *quel giorno più non vi leggemmo avante*. Franco non te la leggeva?"

"Oh sì che me la leggeva ed io ascoltavo rapita la melodia della sua voce. Mi fai diventare melensa."

"Certo che la sua proposta di matrimonio sapeva più di offerta di protezione che di trasporto amoroso."

"Non aveva un carattere espansivo, già tutte quelle parole gli erano costate fatica, ma era lungimirante: sapeva vedere e leggere negli avvenimenti più di tanti altri. E poi quale dichiarazione d'amore migliore di quella che contiene il desiderio di proteggere la persona amata!

Ma ora dimmi tu: qual è lo scopo di sovvertire tutta la bellezza del mondo per precipitarlo nel baratro?"

"Le risposte sono tante, le sfaccettature della verità sono infinite, le cause sono molte e quando un problema ha parecchie variabili il gioco diventa complicato."

"Sei ermetica!"

"Voi siete le variabili e siete in tanti. C'è la vostra natura con gli istinti, i desideri, la voglia d'allegria, di serenità ma anche d'avventura, di ricerca del nuovo. Nella vostra specie c'è sapienza ed inettitudine, c'è pigrizia e laboriosità, genialità ed ottusità e tutto questo è stato mescolato in ognuno di voi in misure diverse tale che non c'è individuo eguale ad un altro. Poi esiste l'istinto più forte: la paura. la paura di non trovare il proprio posto, di essere inadeguato, di essere sopraffatto; la paura della fame, del dolore, di non essere all'altezza, di perdere, di me."

"Comincio a capire."

"Poi ci sono variabili piccole, minime di importanza enorme come un solo essere, solitamente maschio, dotato di una dote che io denomino prepotenza e voi chiamate carisma.

Stammi bene a sentire. Voi esseri umani, avete un'istruzione lontana dalla realtà. Dall'infanzia vi forniscono a scuola le informazioni in modo errato. Da quando i genitori hanno il tempo di accudire i figli fornendo loro quell'educazione protettiva e paternalistica volta a proteggere le loro menti ancora innocenti, edulcorando la realtà e tacendo la crudeltà, gli uomini hanno iniziato a vivere senza difese, senza i necessari anticorpi. La scuola poi vi si insegna il fatto storico, il pensiero, la critica d'arte e di letteratura tralasciando i fatti cruenti, le pulsioni all'odio, all'ira, il desiderio di violenza nascondendo malvagità inaudite come se tutte queste non fossero caratteristiche peculiari della vostra specie. La maggior parte di voi nasce e vive senza corazza, priva di un esoscheletro e quando la violenza si impadronisce delle vostre vicende ne uscite storditi e principalmente stupiti. Non vi hanno insegnato che cosa è l'uomo. Ed anche oggi che la scienza si è evoluta e che alcuni biologi sanno interpretare la crudeltà della natura, chi ha la voglia ed l'interesse di ascoltarli? Ma non sono sufficienti due orecchie ed un cervello per ascoltare. Quando avverrà che la moltitudine imparerà ad ascoltare gli insegnamenti del singolo, a leggere? Credimi: è solo una questione di percentuali.

Quando poi l'essere carismatico incontra la grande percentuale ignorante avviene il matrimonio perfetto come quello tra il vento e la pioggia. Almeno sino a pochi secoli or sono al saggio, allo studioso veniva tappata la bocca affinché non dicesse, affinché non si sapesse; oggi non è più così, in gran parte della terra lo scienziato è libero di esprimersi nei confronti di una irrisoria percentuale di ascoltatori. Lo scienziato stesso, il gran saggio antico che hai studiato a scuola, quanto ha scritto di schiavi, di sofferenze, di fame; dimmi: Aristotele con il suo maestro Platone quanto hanno dissertato su povertà, necessità ed emarginazione? Quanti secoli avete dovuto attendere perché qualcuno si interessasse alle necessità dei meschini? Eppure è sufficiente pensare a quel simbolo così diffuso, così importante nei paesi nei quali hai vissuto: due modesti pezzi di legno tanto adorati e conosciuti da oscurare lo scopo per il quale furono costruiti, fabbricati per procurare sofferenza. Se voi pensaste a quei due pezzi di legno, estraniandovi dall'adorazione, capireste che sono il simbolo della vostra ferocia. Se non ne aveste mai realizzate simili atrocità, ma le avete realizzate, non si spiegherebbe la vostra storia. Voi avete queste capacità. ma voglio anche dirti che non siete i soli: tutta la natura che ti circonda è fatta della stessa pasta.

Basta! Quanto mi hai fatto parlare! E poi per dire soltanto banalità. Dimentica ciò che ho detto; è colpa dell'alcool che abbiamo bevuto."

"Mi ricordi una mia amica con la quale discutevamo sui problemi dell'esistenza. Bomba! La chiamavo Bomba! Chiacchieravamo su tutto ma Bomba insisteva sul migliorare l'insegnamento nella scuola. Affermava che la scuola e l'università non preparavano i giovani ad affrontare la vita. Mi criticava per la mia simpatia nei confronti dei libri di Jan Parandowski. Fammi accendere. Chissà perché fumare e bere chiacchierando è così piacevole. Quante cose mi fai tornare in mente! Bomba!"

"Mi stavi dicendo di questo matrimonio: vi siete poi sposati? Hai accettato quella singolare proposta?"

"Io non comprendevo o non volevo comprendere le ragioni di un matrimonio obbligato da ragioni diverse dall'amore. Non vedevo e forse non volevo vedere l'evolversi della situazione politica e sociale italiana. Non riuscivo ad ammettere che potessero intervenire mutamenti tali da obbligarmi a condurre una vita diversa da come mi si era sempre presentata, diversa da quella che nella mia mente mi attendevo. Era mai possibile pensare che la mia avventura sarebbe stata tradita da questi italiani così simpatici e intelligenti? Poi mi aspettavo una dichiarazione molto più romantica."

"Quindi gli dicesti di no."

"Volevo dirgli di sì, ma che unione sarebbe stata? Dove saremmo andati ad abitare? Come ci saremmo mantenuti? Come avremmo proseguito gli studi? Avrei voluto attendere almeno la sua laurea. Ma poi ci sarebbe stato il servizio militare. Insomma, i tempi erano davvero lunghi ed io ero talmente giovane e spensierata! Poi ero a Genova con uno scopo ben preciso che non prevedeva un matrimonio. Ma Franco insisteva, aveva fretta. Io lo volevo e capivo che il suo era, in ogni caso, vero amore. Decisi di condividere la mia avventura con lui a patto che avremmo subordinato ogni cosa ai nostri studi. Effettivamente già si dicevano prossime certe leggi riguardanti la razza che avrebbero potuto vietare i matrimoni cosiddetti misti. Mi persuasi che dovevo preparare i documenti necessari e scrissi ai miei di inviarmi alcuni certificati che, mentii, avrebbero dovuto essermi utili per l'università. Quanto è pesante una certa burocrazia specialmente quando ti costringe ad ottenere una traduzione certificata di documenti stranieri presso un'ambasciata o un consolato che non si trovano nella città in cui risiedi. Cominciarono così i viaggi a Milano, le ricerche di un impiegato comunale compiacente, di un prete comprensivo. Il tutto a spese dello studio e del profitto negli esami anche se devo ammettere che non mi impegnavo oltremodo nella predisposizione dei documenti utili poiché seguitavo a pensare che poi non fosse così necessaria quella gran fretta. Due difficoltà ponevano ostacoli seri al matrimonio: ero straniera e non ero battezzata: un matrimonio religioso era forse la soluzione migliore poiché forse sarebbe stato trascritto presso le istituzioni in modo automatico visto che avevamo trovato qualche difficoltà in municipio dove continuavano a richiedermi ulteriori documenti. Furono quindi necessari il concorso di più istituzioni come il GUF, al quale dovetti iscrivermi, come pure dovetti richiedere la tessera di appartenenza al partito fascista come simpatizzante-sostenitore ed amicizie che agevolassero tale iscrizione da parte di una straniera.

Diffidavo del prete che ci illustrava quali vie percorrere per affrettare il matrimonio. Don Calogero era alto, sempre serio, laconico, sosteneva di conoscere molto bene l'arcivescovo Pietro Boetto, anzi di esserne amico. Mi chiese:

- Perché vuoi sposarti? -

- Per amore, signor Calogero. - Mi ostinavo a qualificarlo signore.

- Sbagli: per ora devi soltanto metterti al sicuro, per l'amore avrai tempo tutta la vita. - Tutti, tranne me, si preoccupavano della mia sicurezza. Alla terza visita, finalmente, compresi quanto il signor Calogero fosse solerte nei nostri confronti e soprattutto quanto fosse amico disinteressato, stuzzicato dall'antifascismo, impaziente di mettere più al sicuro possibile una ragazza dal destino incerto, comprensivo nel superare cento difficoltà di ordine religioso senza pretendere false conversioni, concreto nella consapevolezza dell'inutilità di un battesimo forzato, di una comunione insincera. Mi accorgo soltanto adesso di non aver mai saputo giudicare obiettivamente le persone e forse non ho mai imparato.

Furono, comunque, necessari parecchi mesi per metterci in grado di stabilire una data per il matrimonio ed in autunno, piano piano, lentamente ma con regolarità furono promulgate le leggi razziali: vere e proprie leggi, leggine, regolamenti, disposizioni che andarono ad intralciare l'esistenza degli ebrei italiani e stranieri sino a rendere le loro vite impossibili. Io non ero ancora sposata, non ero ancora italiana e forse, dentro di me, andavo fiera della mia nazionalità. Ci furono momenti in cui sembrava che il matrimonio non si sarebbe potuto fare, che una volta fatto avrebbe potuto essere annullato; insomma, era necessario leggere tutti i giorni i giornali o certe pubblicazioni sulla razza che tentavano di render noto e chiaro ciò che per sua stessa natura chiaro non poteva essere: in una popolazione tale come era strutturata allora ed ora quella italiana si dovevano porre migliaia di distinguo e conseguentemente si dovevano creare diverse categorie di individui. Si potevano fare decine di ipotesi su ogni singolo individuo che avrebbe dovuto interrogarsi su tante variabili quante può contenerne un albero genealogico. Variabili, come dici tu: tantissime variabili. C'erano ebrei che non sapevano che potevano considerarsi italioti e c'erano ebrei che sapevano di potersi dire italiani ma di serie inferiore. C'erano italiani che non sapevano di essere ebrei! Il mescolamento degli italiani con ceppi etnici provenienti, nei millenni, da tutto il mondo aveva creato quel disordine razziale che ora si tentava maldestramente di riorganizzare. Il risultato era ridicolo. Soltanto quegli individui che professavano la religione, che frequentavano le sinagoghe e le società ebraiche, che si erano sempre definiti ebrei furono identificati facilmente e perseguiti con determinazione.

Ora avevo fretta anch'io: non ero riuscita a sposarmi in tempo e come straniera ero tenuta a lasciare la nazione ma essendo iscritta all'università potevo rimanere sino al termine degli studi; forse. Avevo rivolto la mia attenzione più agli esami che al matrimonio ed avevamo voluto tenere tutto segreto senza chiedere aiuto ai parenti. Franco era sempre più scoraggiato, smarrito. Un sabato di maggio, sempre sulla stessa panchina sopra Villetta Di Negro, mi aveva fatto ascoltare i boati lontani dell'adunata oceanica che accoglieva le parole del dittatore italiano. Una domenica di giugno mi aveva invitato in una trattoria all'aperto con un bel panorama sul mare e lui era ancora abbastanza sereno ma ad ottobre era avvilito per non essere riuscito a sposarmi. Mi disse che ci si poteva attendere qualunque cosa ed anche Don Calogero ribadì che era possibile che io ricevessi un ordine di espulsione in qualunque momento.

Zio Adolfo mi tranquillizzò a sufficienza.

- Per ora non accadrà nulla, non siamo conosciuti come ebrei o perlomeno non siamo identificabili con precisione. A noi non è stata chiesta alcuna dichiarazione di razza o di religione, per il momento. All'italiana, andranno avanti all'italiana, senza gran diligenza nell'applicare le varie leggi e disposizioni. Per il momento soltanto chi è esposto nelle istituzioni con cariche importanti o chi si professa ebreo rischia di perdere il lavoro o l'industria o la propria occupazione. Forse qualche sospetto su di me ce l'hanno ma ho troppe conoscenze, troppi favori ho fatto a gerarchi e prefetti e podestà. Tu sei comunque già iscritta al tuo anno di corso, hai già pagato le tasse universitarie, parla poco e continua così. Wanda e Liliana non hanno problemi, per ora. Quando e se ci saranno difficoltà vedremo che fare. Le tasse che io pago allo stato, le regalie alle case del fascio non sono cifre alle quali possano rinunciare facilmente. Gli italiani hanno da poco rivinto i mondiali di calcio, ora sono molto più malleabili. -

In effetti, immediati e grossi problemi non mi si presentarono, anzi, nella quotidianità della vita di tutti i giorni notai che l'italiano medio era perplesso nei confronti di una legge di cui non avvertiva il beneficio, preoccupato per amici e conoscenti o semplici bottegai, amareggiato per certi abbandoni da istituzioni che funzionavano bene con l'impiego degli ebrei, avvilito nell'avvertire sempre più la subordinazione al tedesco. Ed io tutta questa differenza tra ebrei ed ariani continuavo a non vederla e soprattutto a non capirla come non la capivano migliaia di onesti cittadini costretti a salutare il docente, il negoziante, il compagno di scuola. Ed in effetti dover rinunziare a certe lezioni universitarie così ben ragionate, così comprensibili era una perdita notevole per l'Università.

Quando mio padre venne a conoscenza delle leggi razziali italiane mi scrisse subito quasi intimandomi di tornare in Polonia dicendosi assai preoccupato per me. Avrei terminato gli studi in patria oppure in Russia o in Francia: ovunque volessi ma non in Italia. Impiegai molto tempo per elaborare una risposta adeguata che gli tranquillizzasse l'animo ed infine esposi decine di motivi che mi impedivano di lasciare l'università di Genova ma in verità avevo solo due ragioni per non andarmene: Franco e lo studio. Non menzionai il primo.

Nell'ansia che giorno dopo giorno cresceva, Don Calogero ci comunicò che il matrimonio sarebbe avvenuto nei primi giorni di novembre, che non ci sarebbero stati problemi nemmeno successivamente, che, anzi, in seguito, avrei potuto richiedere la nazionalità italiana. Insomma, mi ero assunta un bel po' di responsabilità, di scelte estranee agli scopi per i quali ero in Italia, di decisioni esagerate rispetto ai fini che mi ero proposta. Il matrimonio avrebbe potuto essere un errore tremendo, la cittadinanza italiana un errore ancora più grande anche se mi poneva in una situazione più favorevole. Infatti, con il passare del tempo, le condizioni di vita degli ebrei italiani e stranieri peggiorarono notevolmente: man mano che la macchina del razzismo oliava gli ingranaggi, sollecitava i burocrati, affinava i decreti, affilava le armi aumentava la disperazione di chi perdeva il lavoro, di chi non era più in grado di mantenere la famiglia, di chi si ritrovava isolato, derubato dei mezzi di sussistenza, impossibilitato a usufruire dei quotidiani servizi della società cosiddetta civile. La sola domanda di cittadinanza e la richiesta di modifica del cognome mi metteva in condizione di evitare certi obblighi ai quali doveva sottostare la maggioranza della popolazione ebraica che non si attendeva quei cambiamenti lenti ma inesorabili che la portarono all'isolamento e alla privazione di ogni possibilità di sussistenza: alla povertà. Il quadro che presentava la società mal si accordava all'indole italiana: c'era una stonatura, una stecca stridente nel contesto di una buona orchestra. La stecca era talmente acuta che gli italiani smisero di ascoltare la musica e di pensare alle leggi razziali ed alle difficoltà degli amici.

A casa di zio Adolfo e nel suo ufficio, situato in centro città, all'ultimo piano del primo grattacielo c'era una lenta ma inesorabile processione di amici e di sconosciuti via via più derelitti, più prostrati. Persino una vedova ariana, non potendo servire gli ebrei, venne a lamentarsi di aver perso il lavoro come donna di servizio presso la famiglia Caviglia; ora non sapeva come mantenere la sua bambina. Il signor Essinger era in difficoltà poiché aveva dovuto licenziare la maggior parte dei suoi operai ariani. In via Pastrengo, al terzo piano alloggiava la famiglia Goldberger in un bell'appartamento di proprietà. La famiglia era benestante, assai conosciuta in città, il capofamiglia frequentava personaggi dell'amministrazione cittadina di una certa importanza. Ma la portinaia dello stabile era di razza italiana. Fu chiesto alla portinaia di cambiare portineria e di trasferirsi altrove ma lei non ne volle sapere: avrebbe dovuto impegnarsi in un trasloco troppo faticoso per le sue forze e le sue abitudini. La famiglia Goldberger avrebbe dovuto traslocare, meglio se in un palazzo privo di portineria. Ma la famiglia, proprietaria dell'appartamento, fece sapere, a chi di dovere di non sapere come comportarsi: la famiglia sarebbe stata anche disposta a vendere la casa ma comunque non avrebbe mai potuto trovare un alloggio idoneo in affitto. La questione rimase in sospeso alcuni mesi, poi, man mano che decreti si aggiungevano a decreti, precisazioni a precisazioni, mentre il tempo trascorreva e le amicizie influenti si allentavano, l'importanza della famiglia scemava, l'avidità dei vicini di casa aumentava si giunse ad una soluzione: l'appartamento venne requisito dal municipio e messo in vendita all'asta. I Goldberger finirono in strada: dovettero arrangiarsi.

Il rammarico per il tempo sottratto allo studio ed agli esami per la preparazione dei documenti necessari al matrimonio era un sentimento meschino a confronto di certi patimenti. E le pene erano appena iniziate.

Le leggi razziali non sono leggi semplici: molto più facili da attuare sono leggi in difesa della fratellanza tra genti di diversa provenienza, anche perché non c'e necessità di alcuna legge: è sufficiente un vogliatevi bene. Ma se si impone a qualcuno, giudicandolo diverso, di non fare questo, di non avere quello, di non impegnarsi, di non lavorare, di non abitare, allora nasce un'infinità di problemi a risolvere i quali devono essere impegnate risorse che si potrebbero impiegare in modo più utile, restituendo ad un maggior numero di persone una vita migliore.

Queste erano le opinioni di mio zio Adolfo, abbandonato sulla poltrona della scrivania nel suo luminoso ufficio all'ultimo piano del grattacielo. Ammetteva altresì di essersi sbagliato: queste leggi non se le era aspettate.

I pavimenti di marmo scuro variegato riflettevano ora la lucentezza del mobilio lucido e delle scrivanie, ora la luce soffocata dalla nuvolaglia che, veloce, lasciava la montagna per raggiungere il mare. C'erano tanti impiegati in ufficio, troppi. Sapevo che non gli serviva tutto quel personale sottopagato, ma continuava ad assumere e continuava a cambiare segretarie, magazzinieri e ragionieri.

- Tu dovresti sposarti! Ti toglieresti molti pensieri. - Io rimanevo muta.

- E non immagini le complicazioni che queste leggi creano nel mondo dei soldi! Pensa alle banche, alle società per azioni. Pensa alle quote di azioni in tasca agli ebrei. Le compartecipazioni, le obbligazioni. Lo stato ha un unica soluzione: la confisca di tutti i beni ebraici con la perdita di credibilità e forse con una grave congiuntura. Ho iscritto Lilli e Wanda ad Economia e Commercio. Mi raccomando falle studiare. Divertitevi quanto volete ma studiate, studiate. Così, poi, potranno darmi una mano in ufficio. In ogni caso abbiamo una casetta in campagna presso Ovada dove, ci fossero mai problemi, potremo rifugiarci. Ha un bel giardino. Andrete a nascondervi là se sarà necessario. Ma tu, Janina, trovati qualcuno e sposati; mettiti più al sicuro che puoi. - Fece una pausa, guardò il soffitto.

- Ho sbagliato: non me l'aspettavo. Ora ho capito e non sbaglio più: non è finita qui… Questo è solo l'inizio. - Io sempre muta.

"*Defecatio matutina bona tam quam medicina*".

VII

Più che il coronamento di un sogno d'amore mi sembrò un complotto, una spedizione segreta. Franco venne a prendermi sotto casa dello zio un giovedì di novembre freddo e ventoso mentre continuavano a fioccare intorno a noi nuovi commi, disposizioni e divieti. Prendemmo il tram più per timore della pioggia che per necessità e poi anche per sentirci trasportati via. Don Calogero ci aveva avvertiti circa la data pochi giorni prima e il mio disappunto fu che accolsi la notizia più con grande sollievo che con grande gioia. Non mi sentivo neppure particolarmente eccitata: ormai, dopo tanta attesa e dopo altrettanta tensione non ero in grado di provare particolari emozioni. Franco abbozzava un timido sorriso con le sue labbra sottili ma si vedeva che era teso quasi presentisse l'ostacolo dell'ultimo momento. Scendemmo dal tram alle soglie della vecchia Genova e proseguimmo a piedi sino alla chiesetta di San Donato piccola, raccolta, intima, molto genovese. Ci attendevano quattro testimoni e Don Calogero l'antifascista, l'amico dell'arcivescovo. Mauro Palanca medico da una settimana, mai serio, sempre pronto a scherzare, riserva nella squadra di calcio Liguria, socialista sottovoce e Giovanni Alzona assistente universitario di patologia medica, ottimo medico, fascista, testimoniavano per franco; per me due signore proposte dal prete che preferì, in questo modo, non esporre a rischi persone che, a causa mia, avrebbero potuto avere problemi. Due donne cattoliche, bigotte, dedite al Salvatore ed alla sua chiesetta di San Donato, impegnate quotidianamente nell'esercizio di opere di carità, cercavano di assicurare una certa genuinità alla scarsa cerimonia e garantivano una migliore solidità amministrativa ad un contratto matrimoniale un po' tirato se non forzato. Giovanni Alzona era un grande amico di tutti e due e le sue convinzioni politiche non si erano scontrate con le idee di Don Calogero, anzi, il prete benediceva la firma di un rappresentante del fascio sul documento di matrimonio. L'unione avrebbe potuto essere annullata in qualunque momento ma ciò non avvenne mai.

Mauro Palanca scherzava con Franco e con Giovanni, scherzava in genovese accusando il primo di sposarsi per evitare la tassa sul celibato e invitando il secondo a trovarsi una donna per lo stesso motivo. Arrivò il momento dei sì, dello scambio degli anelli acquistati con risparmi sui testi universitari, con la vendita di trattati di anatomia e fisiologia, con i miei compensi per poche ripetizioni di latino e con le lire guadagnate da Franco per poche ore di lavoro presso i suoi parenti. Arrivò anche il momento delle firme. Chissà che cerimonia avrei desiderato se non si fossero verificate quelle congiunture particolari, chissà quali emozioni avrei provato e soprattutto quanta felicità ci sarebbe stata dentro di me se la situazione fosse stata normale. Ma era mai esistita una situazione normale? Quando ci sarebbe stato un momento tranquillo e godibile? In quei frangenti potevo soltanto dire a me stessa di essermi comportata nel migliore dei modi e di aver assunto le decisioni più consone ai tempi. Non mi restava che proseguire così, senza pretendere troppo, senza forzare i tempi, seguendo l'evolversi dei cambiamenti con attenzione, con cautela. Decisamente, l'adozione di tale cautela mi era pesante, opprimente come il non dire quando volevo rispondere, come il fare o non fare quando desideravo agire a modo mio. Mi riempivo di rabbia osservando la serenità dell'ometto e della donnetta perseveranti nelle loro vite giocate in un turbine di speranza, di entusiasmo e di ubbidienza.

Che non ci fosse amore in quel matrimonio non posso dirlo. L'amore c'era e tanto, l'infatuazione era grande per entrambi: lo vedevo negli occhi di quel ragazzo, lo sentivo nella mia mentre ormai smarrita nel desiderio di quell'uomo. La dissonanza stava proprio nella pienezza dei sentimenti confrontata con la semplicità della cerimonia e con la fretta imposta dalle circostanze.

Mauro Palanca continuava a canzonare tutti in genovese, persino Don Calogero, *u previ comuniscta.* Mauro sparì due anni più tardi su un convoglio diretto in Libia insieme a molti altri medici ed infermieri ed infermiere e carriarmati e mitragliatrici e munizioni e amici e navi e uomini silurati in mezzo al Mediterraneo.

Rapidi ed invisibili, partono i sommergibili
dritto e sicuro parte il siluro.

Una volta sposati ci congedammo da tutti e sempre con il tram andammo in un ristorante sul mare a Boccadasse. Finalmente vidi la serenità sul volto di Franco che, persino, sembrava euforico. Parlava addirittura di calcio perché il Liguria era primo in classifica. Ma il Bologna aveva esonerato l'allenatore Weisz per incompatibilità razziale. Mi diceva dell'esame di medicina legale e di come stesse preparando patologia chirurgica. Mi invitava ad un breve viaggio di nozze, di due o tre giorni, alle Cinque Terre. Insomma, nemmeno un piccolo programma per il futuro, nemmeno quello prossimo. Mi sentivo pienamente proprietaria del mio presente, sufficientemente soddisfatta del passato, completamente incapace di vedere il futuro. Che cosa avremmo fatto appena usciti dal ristorante, quale la nostra meta, a quale sogno potevamo ambire? Eravamo due ragazzini con qualche preoccupazione e senza opportunità, senza la possibilità di prevedere il futuro almeno nella sua forma approssimativa. La nostra principale risorsa diventava così il tentativo di ridurre al minimo l'ansia e i timori e vivere alla giornata. Continuare ad essere ragazzini senza cercare di crescere in fretta e senza pretendere nulla di più di ciò che la vita stava offrendoci. Non c'era, peraltro una grande offerta. Facemmo una lunga passeggiata attraverso Genova, belli, eleganti, almeno così credevamo di essere: io con il cappellino alla moda sulle ventitré sopra i capelli raccolti all'insù, Franco con il cappello a tese larghe molto americano sembravamo usciti da un film. Un fotografo ci scattò un'istantanea, molto spontanea e genuina che andammo a ritirare qualche giorno dopo: quella che vedi lì, sopra il comò. La vedi? Guardaci bene e svuota questi posacenere che non ne possono più.

Io sorrido, Franco ha un'espressione fiera. Mi stava dicendo della sua contentezza per il passo appena compiuto, della sua sicurezza per la nostra felicità, che avremmo avuto molti problemi in meno. Poi ognuno per la sua strada, ognuno a casa propria con il nostro segreto da custodire e con la nostra prima notte di nozze ciascuno nel proprio letto. Non riuscivo a dormire, continuavo a pensare alla giornata appena trascorsa, a fare il bilancio di tutta la mia vita. Sentivo la necessità di condividere quanto avevo fatto negli ultimi tempi: avrei scritto alla mia amica, le avrei raccontato tutto chiedendole di mantenere il segreto ma invitandola a darmi qualche consiglio; lei, così saggia, sempre pronta ad indirizzare il mio pensiero su temi più seri. Ma che cosa poteva sapere Bomba dell'Italia. Lei che viveva con i suoi libri di filosofia e di politica. In ogni caso le avrei scritto. Sentivo che era importante conoscere l'opinione di un'amica prima di rappresentarmi il bilancio della mia vita.

Ma il viaggio di nozze lo facemmo: se eravamo in corsa per fare pazzie dovevamo correre sino in fondo. Potevo ancora disporre di un po' di denaro che i miei genitori continuavano a farmi avere. Decisi che sarebbe stata la mia spesa voluttuaria, il mio lusso. Così due giorni dopo, dopo aver trovato giustificazioni di carattere clinico-universitario per i nostri familiari, prendemmo il treno per Corniglia dove Franco sapeva di un alberghetto situato in cima alla scogliera. Che vuoi che ti dica, amica mia, furono due giorni di quelli che ti rimangono per sempre, di quelli che se non li hai mai vissuti ti mancheranno sempre creando un vuoto in te che non potresti mai colmare non sapendo ciò che manca. Quei giorni ritornano e restano pochi minuti dentro me quel tanto che basta a farmi sentire pienamente felice, per farmi capire che la vita non è stata un sogno ma l'ho vissuta davvero, che davvero esistono certi momenti, certe emozioni tanto grandi da farti capire che c'è stato uno scopo per vivere. Quei due giorni tornano anche quando la mente è incerta, piena di nebbie tanto fitte da non riconoscermi; eppure, come la nebbia che da tempo mi molesta, ecco la foschia levarsi dal mare ed avvolgere l'alberghetto di Corniglia con poca pioggerella, poi con un lieve sole, poi un poco di vento, poi il sereno e quindi ancora la pioggia. Noi due, sulla Via Dell'Amore, ridendo con gli ombrelli ora chiusi, ora aperti, bagnati dal cielo e dalle onde, correre in camera non solo per asciugarci, tornare all'aperto con il sole basso sull'orizzonte e non pensare. Che grande sollievo è il non pensare! Che grande piacere è sentirsi sciocchi e svuotati di tutto quell'universo che vuole entrare in te e tu lo rigetti con l'allegria che straripa da te e non lascia posto a niente. La mia prima esperienza sessuale era completamente fusa alla ricchezza e alla perfezione delle sensazioni estatiche di quelle giornate. Non vorrai mica che ti racconti anche di quello? Potresti comprendermi? Sei mai stata innamorata?"

"Non essere sciocca: io non sono come te. Ma vedo bene intorno a me e capisco i sentimenti e le emozioni umane. E ho le mie conoscenze, le amicizie. Comunque anch'io ho la mia sessualità, così come te o almeno come sei stata. Guardami: non sono mica brutta, anch'io ho le mie avventure amorose. Certo, qualche anno fa, o meglio, qualche secolo fa ero più attiva, oggi mi sento un po' meno portata al sesso. Ma sta tranquilla: non voglio sentire da te i particolari della tua prima esperienza sessuale."

"Eh, eh, inesperienza, cara amica, grande inesperienza, vissuta con un ragazzo gentile, delicato, comprensivo e competente soltanto per precedenti pratiche prezzolate come, d'altronde, era obbligo, a quei tempi, per un maschio. Voglio dire che la donna, allora, non aveva facoltà di relazioni sociali tali da restituirle quella libertà, anche sessuale, di cui poteva approfittare il maschio. Maschio quasi costretto, dunque, all'amore pagato. Poi le pratiche anticoncezionali hanno restituito la libertà sociale alla donna e le stanno fornendo sempre più sicurezza, decisione, tranquillità, iniziativa. Qualità che sono sempre state prerogativa del maschio che non sempre e dappertutto è contento del cambiamento. Io ne so qualcosa!"

"Molto brava! Ti ho insegnato a filosofeggiare! Scusa per l'interruzione; continua pure il tuo racconto. Bevi ancora qualcosa?"

"Eh eh, sì, grazie. Bere, fumare, fumare, bere, parlare, raccontare: é una splendida nottata. Mi piacerebbe raccontarla a mia figlia Lidia; chissà che cosa direbbe."

"Adesso, non esagerare!"

"A proposito di mia figlia e mio figlio: ti sei informata se sono liberi in questi giorni? Non vorrei avessero impegni importanti di lavoro o vacanze già decise: non voglio disturbarli. Che giorno sarà domani?"

"Mercoledì. Mi sono informata: sapevo che dovevo venire da te che mi hai cercato così tanto e mi sono informata. Mia cara Janina, i tuoi figli sono entrambi pensionati; certo, hanno impegni di lavoro ma non tanto importanti da non poter essere rimandati. Fa freddo, ma le strade sono buone e gli aeroporti tutti aperti. Una tua nipote è però a Londra e non potrà venire: troppi impegni con lo studio ed il lavoro. I tuoi conoscenti di Savona e di Bormida, quelli rimasti, sono nelle loro abitazioni, non recherai disturbo a nessuno; il mese invita a stare in casa. Ieri è stato il compleanno di tuo figlio, gli hanno regalato un cane, e gli hai telefonato gli auguri; non ricordi?"

"E' vero! Era così contento del nuovo lavoro, quasi fosse un ragazzo al primo impiego! La mia badante non ricordava il numero di telefono, poi l'ha trovato. Poi ti ho cercato disperatamente, con le lacrime agli occhi! Volevo il tuo numero di telefono!"

"Ora mi stai facendo ridere! Ma è così fondamentale, per te, non recare disturbo ai figli?"

"Eh eh, con il tempo è diventato sempre più importante: una mania. Con mio figlio è stato sempre un imperativo tanto da urtare la sua pazienza. Con mia figlia molto meno, anzi cercavo spesso la sua compagnia tanto da urtare la sua suscettibilità."

"Perché?"

"Perché entrambi erano sempre lontani ma Davide ha una famiglia ed un lavoro impegnativo e non ho voluto in nessun modo ostacolare o infastidire la sua vita. Con Lidia è stato diverso: lei è sola come me, ho con lei più confidenza e più affinità di sentimenti anche se i nostri caratteri sono sostanzialmente diversi. Lidia è una donna difficile da trattare ma l'ho cercata di più, forse l'ho infastidita."

"*Est modus in rebus*, come diresti tu."

"Sono stata una sciocca!"

"Non ho detto questo!"

"Sciocca, scema, stupida, stupida, stupida. Me li sono allontanati. Me li sono alienati!"

"Ma non è vero! Sono i casi della Vita! La Vita. Io sono un essere determinato, sicuro. La Vita affida la sue vicende al Caso che voi, a volte, chiamate destino. Ma il destino non esiste, esiste l'imprevisto, la combinazione di congiunture strane ed inaspettate che mutano la vostra esistenza e vi portano a vivere lontano dai luoghi e dalle persone care e dai familiari. I tuoi figli hanno fatto scelte che alterne fortune hanno condizionato portandoli lontano da te. Tutto qui."

"Eh eh, grazie per queste parole di conforto. Comunque, quanto sono cambiata da allora! Ero una signorina di ventun anni quando mi sono sposata. Quanti cambiamenti sono avvenuti nella mia testa a causa di felicità e sofferenze, avvenimenti e sorprese, idealismi ed illusioni deluse. Ero assolutamente un'ingenua."

"E lo sei tuttora! Allora brindiamo al compleanno di tuo figlio con questo Liquore Strega!... Buono!"

"Brindiamo, auguri! Mi raccomando a te: non vorrai mica prenderti anche loro domani, già che ci sei?"

"Adesso sì che sei davvero sciocca, per chi mi prendi? Metti in dubbio la mia serietà?"

"Eh, eh, ormai ho paura di tutto, sempre, da sempre."

"Ma ciò che stai raccontando a me lo hai mai narrato ai tuoi figli?"

"Eh eh, a volte, a mia figlia Lidia di più, a Davide meno, a te sto dicendo tutto. Quasi tutto. Che due giorni meravigliosi! Ma il lunedì già eravamo a Genova con i nostri impegni e con il nostro segreto. Ma il segreto non durò a lungo: la settimana successiva vennero a casa dello zio, in via Nizza, due carabinieri; cercavano me e già che c'erano vollero informarsi su tutta la famiglia. Avevano un modo di fare molto serio e determinato. Vollero sapere dello zio Adolfo che non era a casa e nemmeno in ufficio perché non rispondeva al telefono. Era sera tardi.

- Sarà, certamente, a casa tra poco, se volete attenderlo… - Disse loro Wanda che rimaneva tranquilla.

- Se intanto volete controllare i nostri documenti… - Controllarono i loro documenti e quelli di Zoe, la domestica, che non sembrava per nulla intimorita mentre Liliana tentava di alleggerire l'atmosfera sfarfalleggiando per il salotto, sorridendo, offrendo da bere. Vollero visionare persino i nostri libretti d'iscrizione universitari.

- Ah, Wanda Strosberg, leggeremo di lei sui giornali alle prossime olimpiadi. Ci andrà, vero, alle olimpiadi? Ci faccia sognare! -

- Certamente, ci sarò! -

- E lei, signorina Liliana, oltre a studiare, non fa attività agonistiche? - Liliana proseguiva con il suo atteggiamento svenevole cercando di rendersi simpatica.

- Siete, comunque, tutti ebrei in questa casa. -

- Siamo cattoliche. -

- Ad ogni modo dovete recarvi, al più presto, in comune a fare denunzia di appartenenza alla razza ebraica. Quanto a lei signorina Janina Strosberg vediamo che è in regola con gli esami e con le tasse universitarie e quindi potrà terminare gli studi qui in Italia; ma evidentemente è ebrea anche lei essendo cugina delle signorine qui presenti. Anche lei deve fare al più presto questo censimento in comune. -

- Ero abbastanza tranquilla, notavo nei due carabinieri un comportamento più mite e comprensivo: ero soltanto invitata ad eseguire il cosiddetto censimento. Ma volevo chiarire per sempre ed in modo ufficiale la mia posizione presso le autorità italiane. Che cosa avevo da perdere e quale momento migliore per comunicare indirettamente alla famiglia il mio nuovo stato.

- Sono sposata da pochi giorni con un italiano, sicuramente non è stato ancora trascritto in comune, ma è in corso anche la mia naturalizzazione come italiana. - Mentre Wanda sbarrava gli occhi e Liliana spalancava la bocca uno dei due, forse il più anziano, mi disse:

- E naturalmente anche lei è cattolica! Ma, se è coniugata, che ci fa in questa casa? Non dovrebbe essere con suo marito? Lei, sappia, che deve risiedere con il coniuge e non in questo appartamento o almeno abitarci insieme a lui. Inoltre deve cambiare residenza anche sui documenti. Felicitazioni, comunque! - In quel momento giunse zio Adolfo che, toltisi cappotto e cappello, salutati romanamente i carabinieri se li condusse nel suo studiolo situato al fondo dell'appartamento. Le cugine mi saltarono letteralmente addosso: baci, abbracci, vollero sapere tutto, ogni circostanza, tutti i momenti, tutti i particolari.

- Ma chi è? Quello rossino, carino con cui ti abbiamo vista talvolta? Perché non ce l'hai detto. Ah, la santarellina. Janina, dicci tutto, portalo qui che vogliamo conoscerlo! Dove lavora? E' studente! Vive con i genitori! Ma siete pazzi, pazzi! Portalo qui! Brindiamo, beviamo qualcosa! Ah, Janina, sei fantastica. - Bevemmo, brindammo ma già la mia allegria era molestata da un nuovo pensiero, un nuovo condizionamento alla mia vita. Qualcuno era venuto a dirmi che dovevo vivere sotto lo stesso tetto: dovevo.

Lo zio congedò i militari.

- Così, ti sei sposata, che ti ho detto una volta? Sapevo che saresti rimasta in Italia per sempre! Ora diventerai italiana e...

- Lasciò in sospeso: neppure lui immaginava quali sarebbero state le sorti mie e delle sue figlie. Li pregai di non far sapere nulla ai miei genitori e dissi loro che sarei stata io ad informarli non appena mi fossi un po' ristabilita dallo stato stuporoso in cui ancora mi trovavo. Wanda domandò al padre se avesse fatto un regalo ai due militari e lui rispose di no, nessun regalo.

- Quelli sono ragazzi onesti. Che cosa vuoi fare, adesso, Janina? Conti di vivere sempre con noi insieme a tuo marito o ci lasci? -

- Mi hanno detto che dobbiamo vivere sotto lo stesso tetto. -

- Sulla tua nuova carta di identità, sì. Perché non chiedi consiglio ai tuoi genitori? - Scherzò.

Già, i miei genitori, chissà come avrebbero reagito alla notizia del mio matrimonio. Meglio sarebbe stato prepararli poco per volta. Così cominciai a scrivere loro che avevo una simpatia per uno studente di medicina che poi, nelle lettere successive, sarebbe diventato un amoretto e finalmente un marito. Ma prima di arrivare al marito trascorsero parecchie lettere mentre lo studente diventava un medico. I genitori. Quando li vidi per l'ultima volta mio padre aveva quarantaquattro anni e mia madre trentotto: chissà come erano cambiati! Dalle loro lettere non sembrava che avessero particolari preoccupazioni e certo la loro salute era buona. Mi scrivevano soprattutto di conoscenti e parenti che continuavano a litigare, della città che continuava a crescere ed abbellirsi ed ora era tutta illuminata da lampioni a gas ed elettrici anche se le fognature continuavano a funzionare male. Mi raccontavano di David, ormai undicenne, che frequentava scuola con grande profitto e componeva poesie ed una, in particolare, era stata premiata per la celebrazione dei vent'anni della riconquistata indipendenza della Polonia. David era anche componente di un coro scolastico. Piccolo mio fratellino, quanta tenerezza mi ispirava! Mia madre si lagnava per la sorte di tanti amici ebrei tedeschi costretti a subire costantemente i soprusi dalla gente, dalle camicie brune e dalla polizia in Germania, in Austria e nella vecchia Cecoslovacchia che non esisteva più; devastazioni di negozi, incendi di sinagoghe, omicidi impuniti, furti e malversazioni. *Sino a quando dovremo continuare a pagare,* mi scriveva, *perché tanta infelicità è ricaduta recentemente sulla triste nazione ebraica, la storia non l'ha ancora saputo. Ma non dobbiamo perdere il morale! Siamo sopravvissuti a tanta persecuzione, sopravviveremo oggi. Sopravviveremo anche oggi:* evidentemente era ottimista sulla stabilità degli equilibri territoriali che avrebbero dovuto saziare l'appetito della Germania. Le ingiustizie ed i furti sarebbero stati limitati ai paesi annessi? Come ripagare la fedeltà di austriaci e slovacchi se non con i beni degli ebrei?

Intanto il cugino Moshe di Berlino aveva subito la devastazione del negozio di ferramenta, non poteva lasciare la Germania e sua moglie Iloncia era incinta. Suo cognato Abraham non riscuoteva da mesi gli affitti dello stabile di sua proprietà e la sorella non poteva vendere la verdura sul suo banco al mercato per mancanza di compratori. I parenti di mia madre in Austria avevano visto declinare rapidamente le loro fortune ed ora stavano cercando di lasciare il paese. Una politica basata sulla propaganda di futuri destini luminosi e di ricchezza, condita di parole istiganti all'odio nei confronti dell'ebreo colpevole della povertà del popolo, nemico interno di una società di ignoranti, rendeva impossibile la vita di tanti parenti ed amici. Ah, quella maledetta mania di voler vivere tutti insieme nello stesso quartiere, quasi a creare una città nella città, una comunità dentro una società. Ciò che era per noi obbligatorio anni e secoli prima ora non era più necessario.

La sola zia Jocheved Strosberg, giunta in Italia pochi mesi dopo di me e stabilitasi a Roma, sembrava stesse bene, anzi, si era addirittura sposata ed era incinta. Regina Weiss, mia madre, con quanta cura e dolcezza aveva saputo crescere la sua famigliola cercando di proteggerci tutti dai rischi dell'ambiente circostante! Insieme a mio padre avevano saputo infondere, nella nostra educazione, principi moderni e sconosciuti alla mentalità del loro secolo e del loro ceto sociale. Mia madre si raccomandava sempre a Dio anche se non ci credeva o almeno non gli prestava attenzione e ci spronava al reale rispetto del prossimo e per l'emancipazione femminile. Mio padre ci stimolava a ricercare idee proprie originali, intraprendenza e coraggio. Me li immaginavo tutti e tre, con il freddo di novembre, al calore delle stufe, partecipare alle mansioni domestiche pensando e scrivendo alla figlia lontana. A quel punto mi apprestavo a mentire a loro o meglio a posporre una verità che forse non sarebbe stata accolta con letizia. Maritata. Ero diventata una donna sposata: Difficile rendersene conto sia per loro che per me.

VIII

- Non possiamo continuare a vederci nei bar, nelle latterie, nelle tripperie, nelle friggitorie della città. Ormai le conosciamo tutte. -

- Che male c'è. E poi la trippa in brodo è meravigliosa. - Scherzai con Franco.

- Qui a Genova, se non tira la tramontana, si sta bene fuori anche in inverno. -

- Dobbiamo vivere insieme: se devi prendere residenza presso tuo marito, che sono io, devi anche metterti in condizione di dimostrare che ci vivi assieme! - Aveva sempre sul viso quel suo sorriso ironico da prendingiro.

- E dove dovremmo andare a vivere insieme? In affitto? In albergo? I soldi che ricevo dai miei non sono sufficienti, tu non lavori ancora, io non posso più dare lezioni di latino ai ragazzi delle medie. -

- Andremo a vivere con la mia famiglia, in via Caffaro: la casa è grande, c'è anche più di una domestica… La famiglia non è un granché… Poi dovrò fare la denunzia di appartenenza alla razza ebraica di mia moglie. - E qui ridivenne serio con un'espressione umiliata.

- Comincia a darmi nausea l'essere italiano. Mi ha sempre dato un po' fastidio essere italiano. Adesso, poi… -

- Stiamo facendo di tutto per farmi diventare italiana! Polacchi, tedeschi, slavi, inglesi, Pensi che siano migliori? -

- Noi siamo piccini: piccini è diverso da piccolini. Piccino è un piccolo uomo vestito di prosopopea. Noi siamo… -

- Scusa ma… un'altra volta parleremo dei tuoi concittadini. Io nemmeno conosco la tua famiglia.

- Pochi giorni or sono ho detto loro che mi sono sposato. Apriti cielo! Sbigottiti, me ne hanno dette di tutti i colori: che sono solo un ragazzino sconsiderato ed immaturo, che sono ancora studente, che avrei dovuto informarli prima e cosi via.

Mio padre voleva addirittura cacciarmi. E poi le solite previsioni: mi sarei pentito presto, avrei pagato gli errori giovanili. Soltanto mia madre non diceva nulla, guardava in basso, ogni tanto mi rivolgeva lo sguardo e spalancava gli occhi con stupore. Infatti spiegavo loro le circostanze del nostro matrimonio. A quel punto avresti dovuto sentire le mie sorelle: ecco, ecco, lo immaginavamo, un ebrea, certo una socialista, ha voluto fare il grandioso il signorino, il generoso, il salvatore. -

- C'era anche tuo fratello? -

- No, Francesco non c'era. E' parecchio che non si fa vivo. Ha scritto dalla Spagna, stava combattendo con i nazionalisti di Franco ma non so, di preciso, dove si trovi ora. Sai, con il suo mestiere, è sempre in giro per il mondo. -

Il fratello di Franco era capitano di nave mercantile ed era spesso in viaggio sulle rotte per l'America del Sud. Con grande originalità i due fratelli avevano lo stesso nome.

- Alla fine mia madre ha detto che vuole conoscerti. -

- Com'è tua madre? -

- Mia madre è una signora posata e tranquilla sinché nessuno la fa arrabbiare. Quando si arrabbia è tremenda. Non bisogna contraddirla. Sa farsi rispettare da dipendenti e familiari anche senza alzare la voce. Sa farsi voler bene ma è malata e mese dopo mese è sempre più debole. Ha il diabete: deve fare attenzione a tavola ed a non stancarsi. Le mie sorelle tentano sempre di approfittarne. Da lei non avrai mai seccature, anzi. Mio padre dà l'idea di preoccuparsi del lavoro in ufficio e della famiglia, dei figli e di tutto. In pratica è un uomo che pensa solo a se stesso. Si occupa della casa soltanto per assentarsi per giorni alla ricerca di provviste: vino, frutta, verdura, salumi che compera nell'entroterra o in Piemonte e poi conserva in cantina della cui chiave è il solo possessore. Sul lavoro sembra severo e rigido con gli impiegati dell'ufficio postale e trascorre alcune ore a controllare i movimenti di tutti ma poi esce e se ne va in giro per la città. A volte lavora per un'oretta controllando i pacchi in spedizione o apponendo timbri e francobolli. Ma poi se ne va. Sempre assente nella vita dei figli: mai scambiate quattro parole, quattro idee, mai ricevuto una parola di conforto, un parere, una carezza. -

Si faceva tardi e la tripperia, rivestita di piastrelle bianche e lucide, si stava svuotando. Alcune donne, con certe gavette adatte, comperavano al bancone la cena da servire poi a tavola. Un anziano al tavolino leggeva la prima pagina del Secolo XIX sbuffando e mugugnando nervoso. Gli avventori lasciavano il locale e percorrevano in fretta i carruggi che andavano svuotandosi come potevo intravedere dalla porta-finestra appannata. I nostri abiti olezzavano di brodaglia. Io stavo bene: mi piaceva ascoltare la descrizione di Franco e mi ripromettevo di verificare in seguito l'accuratezza della sua descrizione del quadro famigliare.

- Mio fratello e le sorelle: che dire, l'età che ci separa è tanta; dieci anni da mio fratello, quasi quindici da Rosetta che è del mille novecento. Io sono l'ultimo e forse quello inaspettato e non desiderato. Mi sono sempre considerato solo in famiglia. Una famiglia un po' tetra, per nulla allegra. Mi sono sempre rifugiato nella lettura. Stravedono per il fascio. Mio padre, pian piano, ha aderito al fascismo un po' per necessità e poi, via via, è andato credendoci sino alla convinzione. I fratelli hanno visto nascere il partito fascista ed hanno combinato assieme la fortuna della famiglia all'ascesa del fascismo quasi che la prima fosse conseguenza della seconda. Essi vedono nella figura di quel pagliaccio il salvatore, l'uomo della provvidenza, forte ed intelligente che ha portato all'Italia quel benessere che appartiene solo alle persone che essi frequentano. Le sorelle ne sono certo innamorate, mio fratello è andato addirittura in Spagna come volontario. Chissà dove si trova mio fratello adesso. Non abbiamo notizie. Chissà se si è reimbarcato. Sembra si sia fidanzato con una donna ecuadoregna di Guayaquil ma di origini genovesi. Sulla sua nave mercantile possono viaggiare anche pochi passeggeri e sembra l'abbia conosciuta durante una traversata. Sai com'è: con la sua divisa da capitano… Prima o poi lo vedrai. Conoscerai le mie sorelle; cattolicissime, superdevote, baciapile diciamo qui da noi. Chissà quanto confondono il Cristo con il salvatore dell'Italia. Tranne mio fratello, lavorano tutti quanti all'ufficio postale di Piazza Fontane Marose, quello dal quale hai spedito il tuo primo telegramma alla tua famiglia. Ed ora ti aspettano per conoscerti. Dobbiamo decidere una data, spero di non averti spaventata troppo con questa mia descrizione. Breve, perché ti assicuro che di cose da raccontarti ne avrei da farti accapponare la pelle e non voglio affliggerti oltre. -

- Bene, facciamo una domenica dai tuoi ed una da mio zio e dalle cugine. - E fu così che ci lasciammo per l'ennesima volta ciascuno per tornare dai propri cari.

La domenica successiva, per l'ora di pranzo, accompagnata da Franco e munita di una generosa torta sacripantina feci il mio primo ingresso in casa Siccardi. La via dove abitavano, via Caffaro, si protendeva diritta e coraggiosamente in salita verso la sinuosa collina sovrastante la città. Il palazzo, signorile e autorevole come sanno esserlo quelli liguri costruiti nel primo novecento, si presentava impettito nonostante la pendenza della via mentre sulla destra perdeva quasi un piano rispetto alla sinistra. Per il resto, nulla di diverso rispetto a quello di via Nizza: il bel portone di foggia antica, il pavimento a mosaico con l'anno di costruzione in evidenza, le scale di pietra con la ringhiera in ferro battuto ed il corrimano di legno scuro. Al secondo piano abitava la famiglia nella quale avevo portato quello scompiglio che ora mi ripromettevo di riparare. Sapevo bene che non avevo fatto nulla di cui dovessi scusarmi e non era mia intenzione chiedere perdono se mi fossi resa conto che mi veniva richiesto. Avrei gradito di essere bene accolta ma se fosse avvenuto il contrario non avrei detto nulla per ingraziarmeli. Certo che per me era una prova nella quale avrei dovuto sapermi destreggiare e comportare, ma non avevo alcuna paura. Non avevo nulla da rimproverarmi e loro non dovevano rimproverarmi nulla. Avevo voglia di piacere a loro e di essere da loro bene accetta ma se ciò non fosse avvenuto non avrei, di certo, chiesto la carità di una buona accoglienza forzata. Senz'altro erano diventati miei parenti ma volevo far comprendere, con la massima cortesia, che non venivo a chiedere nulla. Chissà che intenzioni avevano. Franco, con intelligenza, si era astenuto dal darmi consigli su ciò che avrei o non avrei dovuto dire.

Ci ricevettero tutti e quattro, madre, padre e due sorelle nel piccolo ingresso del loro appartamento. Erano seri, scuri in volto e nelle parole che erano quelle banali di presentazione, borbottate con una certa sbrigativa sufficienza. Niente male come inizio: l'imbarazzo generale era sovrastante tanto da non permettermi di rendermi conto dell'ambiente, della casa, del momento. Soltanto la madre Maria abbozzava un timido sorriso e, con parole sussurrate, invitava tutti a recarsi in sala da pranzo, ma appoggiò leggermente la sua mano sul mio fianco nell'atto di condurmi fuori dall'entrata verso la sedia destinata a me.

- Venga Signora, si accomodi, ha sete, vuol bere qualcosa? La prego, non faccia complimenti. Janina, vero? Si sieda qui vicino a me ed a Franco. Abbia pazienza: non riceviamo spesso ospiti. Che cos'è, una sacripantina? E' il dolce preferito da tutti noi. Ma come è giovane! Davvero ha solo ventun'anni? Ne dimostra di meno. - Signora, mi aveva chiamato Signora. Non mi era mai accaduto. Forse l'imbarazzo iniziava ad incrinarsi.

- Che preferisce bere? - E questo era lui e si rivolgeva a me con parole ben scandite, adesso, come chi non è abituato a parlare in italiano.

- Questo è un bianco di Gavi, e questa è Barbera piemontese. Che cosa le verso? Avete vino in Polonia? -

- In Polonia il vino è venduto in farmacia, come un medicinale si dà ai malati con la febbre. E' costoso e a tavola beviamo birra o acqua. -

- In casa nostra la birra è cosa rara, ma se mio figlio me l'avesse detto l'avrei procurata. -

- Non deve preoccuparsi, da quando sono in Italia il vino ha preso il sopravvento nei miei gusti. Preferisco quello rosso, grazie. -

- Abbia pazienza, mi esprimo con una certa difficoltà in italiano: qui in casa e fuori parliamo genovese. Ma il suo italiano è ottimo e quasi non si avverte accento straniero nel suo parlare. -

Una domestica iniziò a servire il pranzo domenicale: cappelletti in brodo. Era piccola, con la divisa nera ed il colletto di pizzo bianco come la coroncina sul capo. Iniziavo a guardarmi intorno ed a percepire l'ambiente che mi circondava e che prima non avevo visto, concentrata e bloccata com'ero. Il bel servizio di ceramica inglese con disegni blu, l'argenteria della domenica, i cristalli che riflettevano la luce del grande lampadario sovrastante il tavolo apparecchiato con tovaglie e tovaglioli ricamati. Al secondo piatto, le galline che avevano fornito il brodo, il ghiaccio era rotto e soltanto le due sorelle restavano in silenzio scrutandomi da sopra i cucchiai e gli spessi occhiali da vista. Non mancavano gli argomenti di conversazione. Narrai della mia vita in Polonia, dei famigliari, delle esperienze scolastiche, insomma di tutte quelle cose che si raccontano a chi non immagina nulla di paesi allora lontani e di persone con costumi tanto diversi. Con grande tatto non fecero mai domande sulle mie credenze politiche o religiose e sull'appartenenza ad una razza diversa. Da essi venni a conoscenza del loro modo di vivere, del lavoro presso l'ufficio postale e delle brevi vacanze che si concedevano. Pian piano si aprivano sempre più con piccoli accenni a confidenze particolari della vita e lentamente imparavano a capire questa straniera che donna e sola era venuta in Italia a studiare una materia così difficile e aliena alla tradizione femminile. Grandi complimenti furono fatti ai miei genitori che osavano tanto ed erano in grado di sopportare ansie e spese per una figlia così giovane e così lontana.

Luigi Siccardi era anziano, vent'anni circa più di mio padre, di media statura, con i capelli ancora neri e le sopracciglia che spesso si aggrottavano in atteggiamento severo e poi si distendevano brevemente per poi ritornare accigliato a voler dimostrare tutto il suo carattere duro. Anche Maria aveva vent'anni più di mia madre, aveva folti capelli grigi con riflessi argentei, una figura snella e sinuosa nel vestito scuro attillato ed un viso benevolo. Lavoravano duramente in ufficio anche sino a tardi; l'ufficio restava aperto, a seconda della turnazione con gli altri a volte anche la domenica o nelle festività. A quel tempo le Poste Italiane erano affidate in gestione ai privati ai quali era fatto obbligo di condurre le operazioni con la massima competenza e celerità; come alle ferrovie era richiesta estrema puntualità così alle Poste era sollecitata grande rapidità. In cambio c'erano buoni guadagni che avevano permesso alla famiglia un ottimo tenore di vita ed alcuni acquisti immobiliari.

Al volgere del discorso sul lavoro di Piazza Fontane Marose le sorelle smisero di borbottare tra loro in dialetto e cominciarono a spiaccicare prima qualche breve assenso sulla gravosità delle loro incombenze, poi, vieppiù a voce normale, le considerazioni sui futuri miglioramenti da apportare all'ufficio, quindi, finalmente libere di esprimersi, palesarono le loro vite ed ambizioni. Rosetta e Clelia erano abbastanza soddisfatte della loro vita a Genova ma trascorrevano volentieri anche qualche giorno a Bormida, in campagna, ed anche nella proprietà di famiglia della Pissuta nell'entroterra di Savona, anch'essa in campagna. Nessun accenno ad amicizie o a compagnie maschili. Erano cicciottelle ed alte, entrambe con spessi occhiali e visi larghi. Le loro vesti scure abbottonate sino al collo e lunghe alla caviglia contribuivano a dichiarare la loro inosservanza per i piaceri frivoli di una gioventù che non avevano, forse, mai conosciuto. Avevano studiato alle magistrali e quindi insegnato per alcuni anni nelle scuole elementari di Bormida prima e di Genova poi, infine si erano dedicate all'Ufficio Postale. Rosetta era un poco più aperta della sorella ed era incline ad una lieve ironia nei confronti del padre. Clelia, più austera e severa, non rivolgeva mai lo sguardo verso la madre e tendeva a non esprimere mai opinioni ma soltanto verità assolute affermate con estrema decisione e brevità.

Il pranzo era terminato e fummo invitati tutti in salotto per il caffè. Lì erano in bell'evidenza un grammofono ed un apparecchio radiofonico. In una libreria erano conservati molti dischi. Le poltrone in velluto scuro e legno intarsiato Luigi XVI erano scomode ma si intonavano al lampadario di cristallo ed ai tendaggi pesanti così cari al secolo precedente. Un piacevole calore pervadeva l'ambiente ma l'atmosfera era resa opprimente dalla scarsa luminosità delle stanze debolmente illuminate da fioche lampadine e dai tendaggi che escludevano la luce naturale.

Luigi, mio suocero, era nato a Bormida piccolo comune di campagna dell'entroterra ligure ad ovest di Savona. Figlio di contadini, maestro di scuola aveva poi sposato Maria Ferrando di Genova e vi si era trasferito con lei e con il suo denaro aveva iniziato l'attività in un ufficio postale dapprima periferico ed infine in un gran bell'ufficio centrale. Avevano così avuto la possibilità di ristrutturare per bene la sua vecchia casa di Bormida fornendola di acqua corrente e rinforzandola con solide mura di pietra e cemento, mentre tutte le altre case, sparse anch'esse per le colline, erano in pietra e fango. Avevano quindi acquistato la proprietà della Pissuta a pochi chilometri da Savona dove avevano una bella casa circondata da un terreno pianeggiante, aperto e fertile nel fondovalle del Letimbro. Luigi mi descrisse con quale amore curava i frutteti.

- Abbiamo tutta la varietà di frutta possibile nei nostri terreni. Non rinnego le mie origini contadine; vedrà Signora Janina, verrà con noi, magari in primavera, a Bormida ed a Savona. Sono sicuro che le piacerà. - Il che equivaleva ad una sottintesa accoglienza. Mi dava del lei, le sorelle del voi, la madre mi disse che avrebbe avuto grande piacere se fossi andata a vivere presso di loro, che avrebbero aggiunto facilmente un letto in camera di Franco, che non sarei mai stata disturbata nelle mie attività e nel mio importante impegno di studio. Infine ci salutammo e Franco mi riaccompagnò a casa. Il sole era già tramontato, i lampioni cominciavano ad accendersi, il buio si faceva intenso, iniziava a piovigginare e poche famiglie passeggiavano per via XX Settembre protette dagli ampi portici. Rari tram e poche automobili percorrevano la via lastricata e lucente per la pioggerella. Passando vicino ad un bar elegante udimmo qualche verso di *Un'ora sola ti vorrei* cantata con intensità dalla Mingarelli. Mi stringevo a Franco, faceva freddo.

- Anche a Kielce fa freddo: mia madre mi ha scritto che a tratti nevischia. -

- Mi piacerebbe conoscerli i tuoi. Vorrei vedere la tua città, visitare i luoghi dove hai trascorso l'infanzia. -

- Sinché la situazione internazionale non migliora sarà meglio non muoversi da Genova. Mi piacerebbe tanto viaggiare e conoscere altri paesi. Forse un giorno potremmo andare in Etiopia, viaggiare attraverso l'impero. - Franco sorrise.

- Ho trascorso una bellissima giornata anche se sempre al buio. A me piace la luce del sole. I tuoi tengono sempre chiuse tende e persiane? -

- Sempre! Ciò che c'è fuori casa è considerato ostile o fonte di malattia o non ci si deve far guardare dalle finestre altrui. -

- Comunque non ci hanno mica mangiato, temevo di peggio, invece tua madre è stata amabilissima. Tuo padre poi non sembra così indisponente come l'hai descritto. -

- Persino Clelia e Rosetta ti hanno rivolto la parola! Non lo avrei mai detto! -

- Secondo me tu non li conosci abbastanza o forse non vi spiegate mai o forse… -

- E' una classica famiglia genovese con influenze contadine: chiusa, diffidente, che prima di mostrarsi cordiale esige tempo, che non fa mai il passo più lungo della gamba, poco incline alle novità ed ai mutamenti repentini. -

- Ora si aspettano che si vada a vivere da loro. -

- E' ciò che mi aspetto anch'io. -

- Hai idea di quanto tempo dovremo restare presso di loro? -

- Non lo so proprio, so anche che potrebbe essere una convivenza difficile. Vedremo, vivremo alla giornata, finché…-

IX

Qualche giorno dopo mi trasferii in casa dei genitori di Franco e lì trascorsi il mio primo Natale cristiano. Fu un Natale freddo e poco avvertito dagli italiani. Le luminarie erano scarse ed i negozi del centro stentavano a vendere le merci. Si avvertiva come un'aria di attesa, attesa di che cosa? Non si sapeva nemmeno che cosa ci si dovesse aspettare. In casa Siccardi, poi, il Natale era rappresentato da un piccolissimo presepe in sala da pranzo. La famiglia era costantemente al lavoro che triplicava in quel periodo. Franco ed io ne approfittavamo per avere qualche ora di intimità nonostante le domestiche sempre presenti. Mi aggiravo per quella che stava diventando la mia terza casa: bella, grande, spaziosa ma talmente lugubre e triste da condizionare il mio umore. C'era un bel mobilio che sapeva d'antico, le suppellettili, i soprammobili, le lampade erano di ottimo gusto ma la luce era costantemente accesa poiché il buio regnava in ogni stanza tanto da aggravare il già pesante cupo colore delle pareti tappezzate e dei rivestimenti dei mobili. Nel corridoio centrale, poi, nei pressi dell'ingresso, si trovava un pendolo alto ed imponente, anch'esso di legno scuro, che non solo indicava l'ora con rintocchi dal suono funereo ma oscillava il suo peso di ottone con un ticchettio lento e tetro. In fondo al corridoio si apriva la cucina tutta in muratura con il lavello di marmo finalmente chiaro. Dalla cucina si poteva accedere, tramite una passerella con ringhiere di ferro, ad un pianoro che la collina, a ridosso del palazzo, offriva all'appartamento quasi a ricordargli che la montagna era sempre presente, nonostante la città. In quell'ampia fascia di terreno mio suocero coltivava l'orto che gli offriva, quasi tutto l'anno, verdure fresche. In un angolo, poi, teneva anche un pollaio per galline ovaiole per il quale aveva dovuto chiedere un permesso al comune che glielo aveva concesso purché non tenesse anche il gallo. Quel pianoro era la parte dell'alloggio che preferivo.

Franco ed io trascorrevamo la maggior parte della giornata nella biblioteca universitaria o nelle corsie ospedaliere. Nonostante i nuovi impegni e le leggi razziali riuscivo a frequentare le lezioni ed a studiare con sufficiente profitto. Anzi, quello fu il periodo nel quale riuscii a dare il numero maggiore di esami: una vera raffica. Evidentemente il matrimonio mi aveva giovato: mi sentivo più responsabile e, in un certo modo, spronata a raggiungere gli scopi della mia avventura italiana proprio perché non volevo che la deviazione dal percorso si trasformasse in un dannoso sciupio di energie. Il matrimonio era stato un imprevisto benevolo e, con ogni evidenza, mi aveva sottratto a difficoltà che avrebbero potuto avere conseguenze gravi. Non mi soffermavo troppo, allora, su queste disquisizioni, sapevo che, in fondo, mi ero sposata non solo per amore. Mi ero appropriata di una libertà sconosciuta alle donne di quei tempi ma avevo dovuto benignamente pagarla, pagarla cedendo affettuosamente una fetta di libertà. Ma sempre pagando. Avevo imparato una delle lezioni basilari della vita: che non si può pretendere di avere tutta una passeggiata di rose e fiori ed era mia intenzione sottomettermi all'insegnamento. Il matrimonio aveva contribuito alla mia protezione ed il mio intento sarebbe stato quello di sfruttare nel migliore dei modi tale vantaggio. Avevo tutti i giorni sotto gli occhi le vicende di coloro che, meno fortunati di me, annaspavano cercando soluzioni complicate.

E poi ero felice: felice di essere innamorata, con la felicità dell'incoscienza, della giovinezza, delle nuove esperienze, delle intimità che trascorrevo con il mio uomo. Sì, stavo bene, nonostante i nuovi parenti un po' grigi e la loro casa malinconica, nonostante il Natale triste ed il Capodanno dagli auguri incerti trascorso in casa di zio Adolfo e delle cugine che avevano così conosciuto Franco e ne erano estasiate. Stavo bene anche se l'ambiente universitario era mutato e non era più pervaso di quello spirito goliardico e spregiudicato dei miei primi anni, vuoi perché cominciavano ad allontanarsi alcuni personaggi fondamentali all'insegnamento ed all'apprendimento, vuoi perché il pensiero studentesco era svilito dall'incertezza del domani, vuoi perché ero molto meno simpatica a molti.

Leggevo perplessità sui volti degli esaminatori che non sapevano se dovevano promuovermi o fare in modo che mi togliessi dalle loro scatole, perciò alcuni mi licenziavano con un voto basso, altri mi bocciavano per restituirmi un voto migliore più in là, altri, infine, con euforia fuori luogo mi davano in voto altissimo. Molti compagni di corso si erano allontanati da me ma altri, insieme alle amiche, li sentivo più calorosi di prima anche se meno divertenti. Gli spasimanti erano spariti.

"Sei stanca Janina? Hai parlato così tanto, senza interromperti. Lascia che ti rassetti le coperte ed i cuscini. Sei comoda? Stai bene?"

"Mai stata meglio! Sto proprio bene! Ricordare quei giorni così belli, così intensi mi ha dato vigore."

"Immagino che la convivenza con la famiglia Siccardi non sia stata molto gradevole."

"Immagini bene: c'era molto imbarazzo da parte mia e loro, ma solo per i primi giorni. Io non volevo recare disturbo, ma soprattutto non mi sentivo a casa. Avevo bisogno di convincermi che eravamo diventati parenti. Maria era una cara donna, comprensiva e desiderosa di vedermi serena. Era davvero malata e spesso la debolezza la rendeva apatica ed inerte di fronte alle continue pretese delle figlie."

"Che pretendevano le figlie?"

"Tutto e niente. Loro volevano comandare e decidere in casa ed in ufficio mentre non erano in grado di distinguere tra l'impiegato onesto e modesto e il collaboratore ozioso e adulatore che recitava la parte del lavoratore sicuro del fatto suo. Due anime candide che si aggrappavano ai propri pregiudizi per farsi forza l'una con l'altra. Due donne che si infatuavano, senza esserne coscienti, di chi si mostrava a loro compiacente.

Bada bene, non erano due sciocche, anzi erano intelligenti e di discreta cultura. Erano vittime dei pregiudizi che loro stesse avevano elaborati."

"Il pregiudizio è uno dei difetti più gravi, e frequenti del vostro pensare. Vuol dire distorcere il pensiero ed il ragionamento per dimostrare, a qualunque costo, un'idea, un concetto, un'opinione, persino un dato di fatto. In tal modo la realtà viene alterata e da qui nascono le incoerenze della vostra specie. Non dovete falsare un ragionamento per raggiungere la conclusione che ti sei proposto, che ti fa comodo, che ti piace. Le leggi razziali possono essere un esempio di pregiudizio: guarda come la scienza ha distorto le pur scarse conoscenze per arrivare ad una preconcetta e forzata conclusione politica. Il pregiudizio è una soluzione di comodo per coloro che decidono di non voler affaticare troppo la mente, è una soluzione per pigri."

"Ti ho fatto un quadro troppo nero delle mie cognate, non erano per nulla cattive o maligne: non appena si accorgevano di averla spuntata su un piccolo dissidio traspariva la loro bontà e sensibilità. Se mi vedevano triste o preoccupata avevano sempre una parola di conforto, soprattutto la più anziana: Rosetta. Non sarebbero mai riuscite ad essere prepotenti od offensive; la loro era una forma di autodifesa. Ma quando un impiegato entrava nelle loro grazie diventava il migliore del mondo! Quando decidevano che in casa si doveva spendere o risparmiare in un certo modo mia suocera era costretta a cedere, a volte dopo giorni di discussioni. Una volta ottenuta la vittoria la famiglia poteva anche ritornare sulle vecchie usanze. Nell'ufficio postale adottavano la stessa tecnica che regnava in casa esternandola con un monotono mugugno fatto di *telavevodettoio, lodicevoioche, noieravamosicureche* e quando non si borbottava erano sguardi di sfida o di sufficienza. Eppure, nonostante l'atmosfera eternamente polemica l'agenzia funzionava ed anche molto bene, anzi sempre meglio tanto che spesso qualcuno doveva fermarsi oltre l'orario o nelle festività per riordinare le tante scartoffie, i pacchi e le francobollature. Non senza far pesare sugli altri familiari, solo con l'espressione del viso, il proprio sacrificio.

Mio suocero, profondo ed inconfessato psicologo, evitava tutto ciò, e pertanto ne era riamato, ed affidava ad un risoluto matriarcato tutta la sua esistenza: poche le ore sul lavoro, molte quelle spese in relazioni pubbliche, moltissime quelle trascorse in campagna, nell'orto o in cantina.

Insomma, dopo qualche tempo imparammo a convivere tutti assieme e, pensaci bene, io fui senz'altro accettata sia dai suoceri che dalle cognate nonostante le loro idee religiose e politiche. Non era forse sintomo di intelligenza e di apertura mentale l'accogliere benevolmente una straniera ebrea ed atea proveniente da un paese potenzialmente nemico del loro? Avrebbero potuto tranquillamente evitare di conoscermi o di ospitarmi ed invece mi offrirono sostegno nelle difficoltà, conforto nella tristezza, spalle per il pianto, compagnia nella solitudine, addossandosi anche qualche rischio. Se non ci fossero stati loro probabilmente avremmo vissuto con mio zio, con una compagnia più allegra e forse il nostro futuro non sarebbe risultato diverso; chissà.

Ciò che mi turbava, in quel periodo, erano le lettere di mia madre. La corrispondenza con la famiglia era sempre stata regolare e senza interruzioni. Lettera dopo lettera capivo che le cose andavano deteriorandosi sia per le notizie che giungevano da parenti ed amici abitanti in altre città della Polonia e della Germania o dei paesi vicini. Mia madre mi informava circa le amiche che avevo a Kielce: chi aveva lasciato gli studi per il lavoro, chi era diventata mamma, Roma si era sposata ma con uno brutto, brutto, Bomba era diventata un'attivista socialista spesso in conflitto con la polizia, Hela, mia cugina, era riuscita a trasferirsi a Bologna per studiare ma una volta che era rientrata a Kielce non aveva più potuto ripartire. Roma voleva espatriare e non riusciva ad ottenere il passaporto. Certi inquilini non erano più in grado di pagarci l'affitto dovutoci o non ce lo volevano pagare.

Ma ciò che mi inquietava era il suo modo di espormi fatti ed emozioni ad ogni lettera più confuso e non sempre comprensibile, inframmezzato da frequenti invocazioni alla protezione celeste, con raccomandazioni per la mia salute e da preghiere perché finisse la maledizione gravante sulla nazione ebraica. Mi riempiva di lodi per il mio comportamento e si augurava che le scrivessi con maggior frequenza. *Mia cara bambina, tu non sai quanta forza ci dà saperti così forte e in salute. Io qui mi sento un vegetale ma forse è soltanto questione di nervi, forse sono malata di nervi. Siamo contenti che tu ora sia fidanzata. Che Dio voglia proteggere il tuo uomo e permettergli di avere la possibilità di mantenerti degnamente.*

Nelle lettere non riconoscevo più mia madre. Evidentemente qualche cosa era mutato in lei e nell'ambiente attorno ma, purtroppo, la possibilità di lasciare la Polonia e trasferire la famiglia in un altro paese sembrava ridotta. Sembrava. Se si fossero dati da fare, se avessero pagato qualche funzionario forse avrebbero potuto lasciare quel paese così ambito dai confinanti. Dovevo soltanto aspettare: sarei tornata a Kielce non appena la situazione politica lo avesse permesso.

Intanto Franco dovette fare le denunzia di appartenenza alla razza ebraica della moglie che ora era residente sotto lo stesso tetto ed in attesa di una nuova cittadinanza e di un nuovo cognome; insomma, ero un'altra persona che finalmente si era accorta di quello che non aveva mai saputo prima: di essere ebrea.

Cinque anni di felicità, cinque anni pieni, forti, godibili. In cinque anni ero diventata quasi una donna adulta: avevo lasciato indietro quella ragazza piena di voglia di avventura, avevo vissuto l'avventura e desideravo continuare a viverla. Quanta forza avevo dentro di me! Ora eravamo in due, ma innamorati come eravamo, continuavamo a non prestare attenzione ad eventi che sembravano accadere lontano da noi. Sarà stato l'amore, forse l'età, forse il disinteresse per la politica o l'affanno di laurearsi quanto prima, forse il modo di riportare le notizie, ora velate ora sbraitate, mai plausibili. A causa di tutti questi motivi non avevamo prestato l'attenzione dovuta agli eventi mondiali. Ti dico soltanto che ci eravamo sposati il mattino dopo la notte dei cristalli di cui venni a conoscenza solo dopo molti giorni da una lettera di mia madre scritta con grafia tremante e parole toccanti. Poi i tedeschi in Boemia, i nazionalisti in Spagna, gli italiani in Albania e noi due che ci arrotolavamo su un letto stretto e ci addormentavamo. Questa portata di avvenimenti veloci, terribili, odiosi, premonitori stava sovrastandoci mentre il nostro sonno proseguiva con quella dolcezza cullata dall'amore nuovo, appagante che escludeva ogni motivo di disappunto.

Ci svegliammo insieme un mezzogiorno di maggio seduti al tavolino di un bar all'aperto in corso Italia. Era una bellissima giornata calda ventilata da una piccola brezza dal mare calmo e infinito ornato lontano dalla sola Lanterna grigia e protettiva. Avevamo appena superato un esame in materie diverse ma Franco con la solita lode ed io con l'abituale venticinque: per me l'importante era andare avanti, la lode me la sarei conquistata successivamente, in corsa. Al momento non avevo necessità né di lodi né di incoraggiamenti e mi era più che sufficiente ciò che avevo. Ammiravo la mia gonna di seta a fiori verdi appena sotto al ginocchio, la camicetta bianca sotto il golfino nero, le calzine bianche e corte con le scarpe di vernice verde scuro sulle gambe ancora bianche. Franco, sempre con il vestito grigio e cravatta, sembrava già un medico fatto e in procinto di alzarsi dal tavolino per recarsi in ospedale o per una visita a domicilio. Sorrideva soddisfatto di se, di fronte alle due tazzine di caffè somalo, con quegli occhi azzurri rivolti al mare che gli davano un'espressione indecifrabile, lontana. La sua mano sinistra si allacciava alla mia destra stringendomi le dita a significarmi: sei mia, sto bene. Ancora sei mesi, circa, e poi si sarebbe laureato. Attendevamo Sergio De Ferrari, suo compagno di corso, che era in attesa di sostenere lo stesso esame che Franco aveva dato al mattino.

- *Chi te crédde de ese, Siccardi, l'a aciapòu mi ascì a lode*! - Chi ti credi di essere, l'ho presa anch'io la lode.

- *Belinùn*, fate tutti la corsa su di me ma non ce la farete mai a prendermi. -

Sergio teneva sotto braccio una copia del Secolo XIX.

- *Belinùn saiae ti*, la corsa su di te: la corsa sopra di te! Presto ci faremo tutti una bella corsa ad ostacoli; e vedrai quanto andremo veloci a scappare. Qui ci conviene ritardare gli esami, ritardare la laurea, prendere tempo. Leggete qui cosa scrive il Secolo! - E ci fece leggere i titoloni di prima pagina: FIRMATO IL PATTO D'ACCIAIO CON LA GERMANIA.

- *Da nu crèdde*. Chi l'avrebbe mai detto? Con la Germania, *cou i tedeschi*! Come potevamo sospettarlo: *u l'è antiscturicou*! Offrimi il caffè Franco! O disturbo gli sposini? *Couscie rumantici*. -

Il cameriere ricevette il nuovo ordine e si allontanò all'interno del locale dopo un convinto saluto con il braccio destro teso. Si poteva nuovamente riprendere a parlare, sottovoce. O eravamo già capannello?

- E che alleanza, con fiocchi e controfiocchi! Saremo legati *sctrèiti, sctrèiti* stretti, stretti qualunque cosa succeda: sia che si venga attaccati sia che uno dei due decida di fare guerra! Ora possiamo soltanto sperare che tutti e due vogliano stare buoni e tranquilli ma tira una brutta aria. Quello la non vede l'ora di mangiare la terra tutt'intorno a sé e quest'altro *l'è un leccapè*. Fortuna che ci siamo dissanguati in Africa altrimenti le nostre lauree andremmo ad esercitarle sui feriti. *Mah, mi nu sou còsse di, mi vaddu a cà. Grascie* per il caffè. *Se vedemmu dumàn* in ospedale. Il professor Fieschi vuole parlarci. - Si alzò e con un sorriso accennò il saluto fascista battendo i tacchi e se ne andò.

Il caffè lo avevamo preso ed il risveglio era stato brusco; finalmente mi ero svegliata, ci eravamo svegliati. Da quel giorno non avremmo più potuto smettere di pensare, di considerare il mondo esterno, di ignorare gli avvenimenti ed un peso gravoso si era sostituito, nel mio petto, alla leggerezza dei sentimenti affettuosi che, sino a mezz'ora prima, avvertivo.

- Che succederà ora? - Dissi.

- E' difficile prevedere il futuro. Può darsi che non succeda più nulla ma è anche possibile che si vada incontro a grossi guai. -

- Voglio andare a casa, se c'è mio zio gli chiederò che pensa di tutto questo. Accompagnami, per favore. -

- No, aspetta, non ho voglia di tornare a casa anch'io. A casa no, è già abbastanza tetra, e poi con la famiglia che mi ritrovo! Tu ormai conosci che allegria! Andrò in biblioteca a studiare. Forse la cosa migliore da fare è quella di sbrigarci a finire gli studi quanto prima perché dopo potrebbe essere tardi. -

- Vieni a casa dallo zio Adolfo, almeno là c'è più allegria, forse a quest'ora ci saranno anche le mie cuginette: hanno sempre voglia di vederti. -

- Ci verrò uno di questi giorni, ma aspetta, fammi respirare un momento, stiamo qui ancora un poco: devo riprendermi, la notizia mi sembra drammatica. -

- Comunque avrei dovuto aspettarmela qualche brutta notizia, avrei dovuto… -

- Avresti dovuto che cosa; che cosa avresti fatto in alternativa a quello che hai fatto? Prendi un altro caffè, dammi una sigaretta delle tue che sono davvero buone, forti. Te le manda sempre tuo padre? - Il cameriere tornò, prese l'ordine e nuovamente salutò con il braccio sempre più teso.

- Vuole la mancia. -

- Devo correre a casa, voglio scrivere ai miei, devo informarli di quanto accade qui, devo sapere che pensano di fare; forse vogliono qualche cosa da me; non mi sento tranquilla. -

- Aspetta. Io so quello che devo fare: terminare gli studi e cominciare a lavorare, specializzarmi, forse; ma lavorare e andarmene da casa mia, indipendente, è il mio obiettivo più vicino… Eccetto te. Ci sei tu e questa è l'unica cosa che mi ha cambiato la vita. L'unica cosa bella che mi poteva accadere. -

- Voglio andare a casa, voglio andare a casa. Ho freddo. -

- Non fa freddo. Ti accompagno. -

Non faceva freddo, ma avevo freddo.

Salutammo romanamente lasciando una piccola mancia al cameriere e ci incamminammo verso casa dello zio.

Gli tenevo il braccio stringendolo con forza, appoggiandomi con tutto il peso, con la testa sul suo petto, camminavamo lenti, silenziosi, mentre continuavo a guardarmi le calzine bianche sulle gambe bianche avanzare passo dopo passo lungo il breve itinerario. Venne anche Franco nella casa di via Nizza. Il sole faceva risplendere i cristalli della sala di una luce intensa. Tutto era luminoso, il mobilio luccicava a cera, le tende di lino esile sventolavano verso l'interno portando l'odore del mare. Dal balcone c'era lo stesso panorama che avevamo dalla terrazza del bar. La Lanterna continuava a scrutare il mare severa.

Vedemmo zio Adolfo percorrere il marciapiede e fermarsi davanti al portone. Guardò in alto ed agitò la stessa copia del quotidiano quasi a volercela mostrare. Entrò in casa con un viso triste e scoraggiato.

- Zio, hai letto i giornali? -

- Li ho letti, li ho letti. -

- Che ne pensi? -

- Penso che ci sarà la guerra e l'Italia ci sarà trascinata dentro. -

Defecatio vespertina ducit hominem ad ruina."

X

“Adesso sono veramente stanca, esausta. Quest’ultimo ricordo mi ha fatto venir nausea. E’ stato come un pugno nello stomaco. Mi ha disgustato.”

“Quella notizia ti ha così sconvolto?”

“Ho bisogno di bere, passami qualunque cosa basta che sia forte, che faccia, non dico dimenticare, almeno alleviare il disgusto per quell’atto insano, che poi è stato soltanto il primo di una sequela di imprese obbrobriose, di notizie allarmanti, di dispiaceri, di preoccupazioni.”

“Eccoti servita. Bevi! Vedrai che starai meglio. La questione è che voi umani avete la capacità di deteriorare ogni cosa buona. Mi sembra che abbiate un dono particolare nel sotterrare i momenti migliori, nel convertire i fiori in letame, il benessere in povertà, nell’inciampare alla ricerca della sovrabbondanza. Stavi proprio parlandomene tu poco fa quando volevi da me una risposta.”

“Secondo me è l’interesse che scredita ogni cosa positiva.”

“Non è soltanto l’interesse. Anche gli animali ed i vegetali agiscono secondo l’interesse, persino economico. Oh, ma non arriveremo mai a capo di questa discussione! Queste sono domande alle quali i filosofi si ingegnano a rispondere da millenni e, malauguratamente e risibilmente, alcuni hanno avuto la presunzione di dare una risposta. Non arriverete mai ad una conclusione. Gli animali agiscono solo secondo natura, con le facoltà che sono state date a loro. Voi aggiungete al vostro agire quel pizzico di ingegno in più che tutto trasforma. Ma quel pizzico lo adoperate spesso in modo sconsiderato, tanto da rendervi gli essere viventi più irrazionali”.

“Ho sempre considerato l’uomo l’essere più razionale, più intelligente”.

"Ti sei già data una risposta da sola: pensa al pugno nello stomaco che hai appena ricevuto; ti è stato dato con razionalità? Ti è stato dato con intelligenza? Quel pizzico di razionalità in più che avete lo usate soltanto per farvi del male."

"Mi è stato inferto da esseri spregevoli."

"Tu ancora dividi l'umanità in buoni e cattivi. E' una visione semplicistica. Io credo che voi sappiate usare quel pizzico di intelletto in più che vi è stato donato per ritorcerlo contro voi stessi o almeno contro altri esseri umani."

"E' una visione astratta la tua."

"Milioni di anni or sono una vostra antenata, un poco più intelligente dei suoi simili, si accorse delle grandi proprietà che aveva la selce scheggiata e ne fece partecipi tutti i componenti della tribù. Quale sarebbe stato il destino degli australopitechi senza la selce lavorata? C'era la possibilità di estinzione ed invece, anche grazie alla selce, non vi siete estinti. Io c'ero, non ne sono soltanto una testimone: mi portai via la piccola uccisa da un suo simile con una pietra di selce."

"*Quis fuit, horrendos primus qui protulit enses?* Chi fu il primo ad inventare le orrende armi."

"Dunque hai compreso ciò che intendo?"

"L'ho capito, credo, ma allora il nostro sconforto è stato notevole. Come il dolore fisico acuto che avverti quando subisci una ferita: immediatamente non avverti dolore talmente improvviso è stato il trauma poi, pian piano, il dolore aumenta sino a divenire lancinante, poi si cronicizza e diventa insopportabile. Così quella notizia ci ha colti impreparati, poi è diventata dolorosa, poi fastidiosa. Nessuno ci credeva, nemmeno i più fanatici tra gli italiani, nemmeno gli esaltati. Tantomeno i polacchi si attendevano sviluppi negativi dalla situazione europea con le alleanze recentemente attuate. Certamente non vi era la necessaria tranquillità per far prosperare le popolazioni che stavano allontanandosi dalla depressione degli anni precedenti ma non si pensava che la lezione, impartita dalla guerra precedente, sarebbe stata dimenticata così in fretta. Che cosa sia a guidare i destini del genere umano è un'altra questione che mi piacerebbe porti ma tu incominceresti a portarmi sulle tue argomentazioni così astratte mentre a me piace restare con i piedi per terra, con la concretezza del materialismo."

"Comprendo il tuo punto di vista."

"Tu mi comprendi ora, ma pensami allora, pensa a come vivevo, come pensavo, come studiavo alla vista di quell'opacità lontana che era la buia galleria nella quale stavo per entrare."

"E' il motivo che mi fa stare qua ad ascoltarti."

"Non ci rimase altro da fare che continuare a studiare con impegno ancora maggiore e raggiungere la laurea al più presto poiché ora era evidente che una guerra ci sarebbe stata prima o poi. Quali forme avrebbe assunto una guerra nessuno poteva immaginarlo e tantomeno quanto sarebbe durata, dunque era importante togliersi almeno l'impegno dello studio. Per me era ancora più importante raggiungere la laurea sia per non rendere vani tutti gli sforzi che sino a quel momento avevo impiegati, sia per dare ai miei genitori quella soddisfazione che meritavano. Alcuni miei compagni sostenevano, invece, che fosse meglio ritardare gli studi con un fuori corso di uno o due anni quel tanto fosse sufficiente a ritardare il servizio militare e di conseguenza evitare la guerra combattuta; ragionamento che si dimostrò errato.

In ogni caso la speranza regnava sovrana su tutta l'Europa. Tutti speravano anche quelli che credevano di fare previsioni. Chi sperava che la guerra non ci sarebbe stata, chi sperava che sarebbe stata breve, chi di vincerla, chi diceva che sarebbe rimasta fuori dai confini, chi con poche migliaia di morti, chi sperava di arricchirsi, chi di poter continuare, senza troppi scossoni, la propria esistenza. Mia madre e mio padre speravano che la loro figlia non dovesse subire traumi o danni, speravano nella sua incolumità, nel suo benessere, speravano che gli ebrei europei non dovessero subire nuove angherie, di riunire presto la famiglia, di ritrovare al più presto la serenità di un tempo e di veder svanire tutti quei cupi nuvoloni, carichi di tempesta, che si andavano addensando. La speranza dà forza ma ottenebra l'intelletto: così come il vino dà fiducia ma fa sbagliar strada.

La posta funzionava bene anche se qualche lettera si perdeva e vi era un sospetto abbastanza fondato che vi fosse un controllo dei contenuti da parte di qualcuno. A quel punto si rendeva necessario non entrare troppo nei particolari dell'esposizione di fatti potenzialmente compromettenti poiché si trattava sempre di una corrispondenza tra paesi non allineati, non alleati, sulle difensive e diffidenti. Si trattava di evitare riferimenti troppo precisi a fatti, luoghi, strategie di comportamento attuate per ottenere un modus vivendi ottimale, per proseguire la vita nel modo più regolare. E' veramente difficile mascherare nelle parole e tra le righe scritte i fatti ed i sentimenti affinché il lettore possa intendere e lo spione non possa capire. In questo modo la scrittura diviene sdolcinata e noiosa. Difficile intendersi: feci capire che non dovevano scrivere di genti e di persecuzioni e che avrebbero dovuto impegnarsi a riempire le pagine senza espormi e tantomeno esporsi a sospetti. Controproducente una crittografia quale la crittolalia che con Wanda e Lilly usavamo a mo' di gioco per non far intendere i nostri commenti agli amici. Forse la scrittura di mia madre era confusa ed incomprensibile perché non sapevo che avrei dovuto decifrare certi riferimenti a persone o fatti talmente particolari da sembrare senza importanza. Quale importanza avrei dovuto attribuire alla notizia che stavano bruciando segatura nelle stufe al posto del carbone o della legna? Come avrei dovuto interpretare il fatto che stavano pagando un sacco di segatura 70 centesimi? Un amico aveva insegnato loro a giocare a 1000 e 66: che significato poteva avere? O forse ero io a crearmi troppe fisime nella testa. L'inverno era stato notevolmente freddo dato che nella pausa scolastica avevano avuto anche meno venti gradi sotto zero e trascorrevano le serate in cucina, dove faceva meno freddo, a giocare a carte o a domino.

Mio padre era diventato nervoso ed intransigente e mio fratello dava l'impressione di avere la medesima indole. Mia madre stava addirittura cercando un lavoro perché aveva a noia la mentalità gretta e borghese dei filistei. Crittografia a parte, il gusto che mia madre cercava di insaporire, nelle sue lettere, era sempre più amaro e denunziava che molto era cambiato a Kielce.

Franco aveva scritto una lettera a mio fratello ed aveva messo nella busta molti francobolli che avevano reso felice David che gli aveva risposto con una cartolina adorabile in italiano tradotto con il vocabolario. Gli faceva sapere che sarebbe diventato il ragazzo più fortunato di Kielce con una tale raccolta di francobolli.

Amici. Che voglia di un bagno in mare, quattro chiacchiere sul bagnasciuga, *Maramaoperchéseimorto*, un tramonto romantico. Trascorrevo pochi pomeriggi con Liliana e Wanda e c'erano sempre meno amici. Non avevo proprio il tempo per una giornata al mare a raccontare sciocchezze. Non mi pareva giusto tenere per me anche solo poche ore serali o pomeridiane senza contribuire all'andamento della famiglia Siccardi e della loro casa. Mi sentivo ancora un'ospite. Non era mio desiderio l'approfondire la conoscenza della famiglia ma non potevo tornare a casa e dire che ero stata al mare. Trascorsi così l'estate a studiare in biblioteca o in via Caffaro o in via Nizza quando le cugine, lo zio e Zoe si allontanavano per la loro casa di Ovada.

Spesso Franco ed io trascorrevamo la mattina nelle corsie di San Martino per la nostra frequenza in Clinica Medica ed il pomeriggio in biblioteca, quando non andavamo in via Nizza per un'ora o due d'amore in solitudine. Ore rubate un po' a tutto ed a tutti nelle quali ci sentivamo finalmente liberi. Liberi dalle famiglie, dai fatti e dagli avvenimenti politici, dagli obblighi e dalle preoccupazioni, imparavamo a conoscerci spiritualmente e fisicamente, anche se, con attenzione, eravamo costretti ad evitare una mia gravidanza. Iniziò così il motivo di una nuova ansia: quella di attendere il flusso mensile poiché non sempre l'utilizzo del profilattico assecondava la nostra voglia di sentirci uniti.

Tornando a casa, in via Caffaro, conversavamo della giornata trascorsa ricordando i casi clinici più interessanti, i commenti dei colleghi e dei professori, le opinioni della gente incontrata, le notizie dei giornali: *tifo e tubercolosi erano ancora una minaccia grave, la battaglia contro la malaria non era ancora vinta, quel tale giovane assistente era troppo presuntuoso ed il prof lo difendeva solo perché gli faceva comodo, l'anestesia in corso di intervento chirurgico era un atto ancora troppo pericoloso.* La guerra ci sarebbe stata ma non prima di tre o quattro anni. La guerra sarebbe poi stata brevissima e quasi senza disagi per l'Italia.

La sera, una volta a casa, a volte si era accolti con musi lunghi e scontrosi e dovevamo quasi giustificare queste assenze così lunghe che non portavano profitto. Mai un rimprovero diretto, solo far capire con il silenzio o parlando a Tizio perché sentisse Caio. Ma altre sere, dopo cena, ci si radunava in salotto e si ascoltava la radio o il grammofono perché entrava in scena la grande passione della famiglia: l'opera. Erano due o tre ore trascorse in totale armonia e rapimento; cessavano disaccordi e conflitti, regnavano le note e la melodia. Al mio iniziale disagio, dovuto alla assoluta carenza culturale, fu presto posto rimedio con la fornitura di libretti di testo con cui potevo seguire lo sviluppo delle vicende cantate da coloro che appassionavano le sere dei Siccardi. A fine serata riprendevano cordiali disaccordi sulle preferenze accordate ai tenori o alle soprano, agli autori delle opere o ai direttori d'orchestra. Le dispute su Mascagni o Rossini, su Schipa o Gigli ricongiungevano il più giovane al più anziano della famiglia che conosceva a memoria la maggior parte di quei libretti. Ero ammirata dalle loro capacità critiche che sottintendevano risorse culturali notevoli nella ricerca di riferimenti storici, musicali, artistici.

Quell'estate ebbi anche modo di trascorrere pochi giorni a Bormida ed al Santuario di Savona con Franco e con i suoi genitori o con le sorelle perché tutti insieme non potevano allontanarsi dall'ufficio postale. Con noi avevamo sempre i testi per studiare. Bormida era più lontana e difficile da raggiungersi e, dato che i Siccardi non avevano automobile, dovevamo prendere il treno sino a Savona, poi con l'autobus arrivare ad un piccolo borgo sulle prime colline, quindi con un tassì a Bormida ed infine una passeggiata di mezzora in salita per giungere a casa. Il posto pareva rustico e primitivo, completamente lontano dalla civiltà e da ogni forma di comodità. La casa era grande a due piani, isolata nel verde. La notte piombava con un silenzio assoluto nel buio senza corrente elettrica. Due cipressi solitari si innalzavano di fronte la casa al bordo del breve piazzale che aveva due aiuole circondate da sassifraghe. Un fico ed un pero altissimo dai frutti subito molto maturi completavano gli immediati dintorni. Alla sinistra dell'edificio semplice e rettangolare, c'era un piccolo pergolato, che mio suocero chiamava toppia, coperta dalle foglie di vite americana, e il grande orto. A me pareva proprio un ottimo rifugio per dannati in fuga, un nascondiglio per malintenzionati. Il silenzio notturno era inquietante.

La proprietà al Santuario di Savona era molto meno insolita: la valle era più aperta, la casa in fondovalle vicino al torrente e circondata da terreni erbosi e pianeggianti adibiti qua a frutteto, la ad orto, più in la a pascolo. Le colline circostanti erano basse e di un verde meno acceso. La casa, non troppo grande, era circondata da altre piccole costruzioni quasi a figurare l'effetto di un piccolo borgo. Erano le abitazioni di affittuari o mezzadri che custodivano la casa padronale che comunque non aveva pretese di dominio feudale. C'erano stalle, pollai e rimesse per attrezzi. La città non era distante ed il mare di Savona facilmente raggiungibile per mezzo di una strada di terra battuta larga a sufficienza per un piccolo bus. Cortile e giardino erano illuminati da lampade elettriche e la notte si percepiva lo sciacquio del torrentello, il belare di una pecora, il raglio dell'asino che non prendeva sonno. Oggi la proprietà avrebbe potuto essere trasformata facilmente in un agriturismo: non si usa forse così? O forse è già stata trasformata in un bed and breakfast!

Ma, tra le due, preferivo quella di Bormida con il suo bosco di castagni, il suo piazzale dal bel panorama, la sua complicata inaccessibilità, il temperamento selvatico, l'originalità, la solitudine. E poi la casa di Bormida non aveva ancora persiane alle finestre e tantomeno le tende e la luce estiva permeava ogni angolo! Ricordo che stavo preparando l'esame di clinica otorinolaringoiatrica per settembre mentre Franco e suo padre erano intenti in certi lavori nell'orto. Ero seduta al tavolo in cucina con il libro e gli appunti ben esposti alla luce mentre Maria pelava le patate e metteva a bollire i fagiolini, appena raccolti, per la cena. *Otite media cronica colesteatomatosa*, come suonava bene il nome di quella malattia: sembrava avere la metrica di un verso di Virgilio. Bene, me la sarei ricordata facilmente. Come studiavo bene otorino, come era semplice preparare le cliniche e studiare le malattie. Materie pratiche, definizioni, sintomi, terapie. Avrei potuto fare l'otorino un giorno. Se avessi trovato una suora molto brava nell'anestesia avrei potuto anche fare delle operazioni.

Maria era attenta a non disturbare il mio impegno e si muoveva con cautela ma mentre studiavo mi studiava, mi guardava, la sentivo serena. In famiglia c'era una certa letizia dato che pochi mesi prima erano venuti a sapere che anche Francesco, il fratello di Franco, si era sposato a Guayaquil proprio il mese successivo a quello del mio matrimonio. La moglie, Clara, in fotografia sembrava molto bella e lavorava nella fabbrica di legnami da costruzione del padre, ma già aveva in mente di fondare un'altra fabbrica per conto proprio; attendeva il ritorno di Francesco dall'ultimo viaggio sulla sua nave. Di venire in Italia non ne parlavano, per il momento, ed attendevano che la situazione politica si stabilizzasse sperando che ciò potesse avvenire quanto prima. Anch'essi speravano. Maria si ritrovava due figli maschi sposati e due figlie femmine zitellone e non bellissime. Rosetta e Clelia avevano un buon lavoro, sicuro, avrebbero proseguito su una strada già ben definita e, anche se la loro vista era debole, erano dotate di una gran forza d'animo, di un carattere forte. I due fratelli avevano altre risorse, si avviavano su strade diverse e sembravano felici; prima o poi le avrebbero regalato dei nipoti.

- Com'è andato il tuo ultimo esame, Janka? - Mi chiamava con il diminutivo da qualche tempo. -

- Bene, non benissimo ma mi accontento: ventuno, farmacologia. Forse meritavo di più ma il professore mi ha detto che andava bene così: che era meglio per me. E' stata una situazione un po' mesta. -

- Mesta? -

- Era il professor Angelo Rabbeno. Mi diceva che era venuto in Università soltanto per gli esami: aveva dovuto lasciare l'incarico. Allora ho pensato: Rabbeno-Rabbino ma forse mi sbagliavo, non osavo chiedergli chiarimenti, ma, dato che eravamo rimasti un momento soli in aula, mi disse che un voto superiore avrebbe potuto far nascere sospetti, invidie o altro; che era meglio così, per me, signora Siccardi ma pur sempre Strosberg. Lei pensi, Signora Maria, (non osavo darle del tu) che la facoltà lo aveva cercato, anni prima, perché ritenuto un importante scienziato. Ha persino una medaglia al valore ottenuta la scorsa guerra!-

- Che tempi, che tempi! Speriamo passino presto. Fammi il favore: chiama a tavola i nostri uomini che la cena è pronta. Poi a letto presto che domani torniamo a Genova. -

Anche Maria sperava.

XI

"Ora devi dirmi, tu che sai tutto, che senso aveva tutto quello scombussolamento."

"Io so tutto? Io so molto, non tutto."

"Che senso ha avuto, che logica c'era nel privarsi di risorse umane valide che avrebbero potuto dimostrarsi di grande aiuto all'approssimarsi di tempi difficili e complicati come quelli di una guerra."

"Posso pensare che il fascismo doveva compiacere l'alleato."

"Che intelligenza c'era ad impiegare risorse che avrebbero potuto essere dirette a scopi molto più utili che non quello di dare la caccia all'ebreo?"

"Janina, un nemico è sempre utile quando vuoi farti degli amici. Poco fa ti parlavo di stupidità o mancanza di razionalità, non ricordo bene ma è quasi la stessa cosa; ah sì, dicevo che non siete poi così intelligenti."

"Pensala come ti pare ma che c'è di più stolto del fascismo? Il fascismo non è un'ideologia è una patologia psichiatrica è un rifugio per deboli. Il fascismo, come pure il nazismo, è un'accozzaglia di idee espresse con la retorica pomposa dell'ignorante. E' il covo del prepotente al servizio del potente davanti a una platea di fanatici. Non un'idea di economia, non una via per risolvere i problemi sociali, non un'aspirazione alla cultura. Il fascismo è la patria dei bulli e dei codardi, il posto dove possono sentirsi all'altezza e forti. E dietro al sipario si nascondono i potenti che non si fanno vedere ma che sfruttano questi poveri stupidi e li mandano allo sbaraglio salvo poi pentirsi ed addirittura ricredersi ma sempre in privato, sempre tra di loro."

"Sei piena di rancore!"

"Sono piena di dolore. E comunque ogni fascismo passa, poi prova a tornare, crede di farcela ma poi cede, si accorge che la società è cambiata e allora cerca di assecondarla, muta le parole, ricerca una strategia diversa, ma non ne ha la forza e più si indebolisce più diventa violento, con piccole violenze, sempre più grandi sempre più frequenti, infine crolla. Ma se hai vissuto quel periodo d'auge del violento sei sfortunato, hai sacrificato una fetta della vita ed hai perso i tuoi anni, quando la perdita è piccola, quando non hai perso di più. Perché il fascismo è anche invidioso: non gli piace la tua serenità; esso è incapace di felicità. Ma poi crolla e finisce sempre in modo ridicolo."

"Ma puoi provare ciò che affermi così vigorosamente?"

"Come posso provare qualcosa che non c'è, che non è concreta? Te l'ho detto: esiste un'animo fascista, c'è una malattia fascista dentro il cervello. Ma una malattia psichiatrica non la puoi vedere; non le puoi fare un'autopsia, non c'è anatomia patologica, non c'è concretezza, nemmeno al microscopio. Non è una polmonite, esiste e basta come la malattia psichiatrica che puoi solo descrivere nei comportamenti a negli atteggiamenti dei malati. Bene ora ti ho annoiato io con le mie elucubrazioni."

"Nessuna noia, anche se preferisco il racconto alle dissertazioni di psicostoria medica. Comunque devi provarmi le tue affermazioni."

"Oh, certamente! Passo, passo te le illustrerò tutte.

A Genova, a fine agosto, tutto era tranquillo. Io studiavo in casa, Franco frequentava le corsie ospedaliere e preparava la tesi di laurea in radiologia e gli ultimi due esami. Gli domandai se una tesi in radiologia non sarebbe risultata troppo avveniristica e quindi di difficile comprensione ma mi rispose di avere grande fiducia nel futuro dei raggi x. Le sorelle lavoravano nell'ufficio postale ed al ritorno capitava mi portassero un pacco proveniente da Kielce ed allora, curiose, collaboravano all'apertura dell'imballaggio contenente qualche conserva, soprattutto di cetrioli, ma anche pesce essiccato, Rugelach, pane azimo e volevano assaggiare subito ogni novità temendo che non avrei portato in tavola, la sera, ogni ben di Dio proveniente dalla Polonia. Allora mi invitavano nella loro camera dove, sotto giuramento di segretezza, aprivano i cassetti dei comò dove custodivano ogni tipo di golosità che tenevano chiuse a chiave. Oppure mi facevano vedere il loro album di figurine Buitoni-Perugina al quale mancavano ormai pochissimi esemplari per completare la raccolta tra i quali l'introvabile *feroce saladino*. A volte cercavano di introdurmi nel loro mondo scherzoso fatto di giochi di parole infantili come *La Gerusalata Liberemme* o di saggezza proverbiale genovese come il *sciüscià e sciürbì non se peù* (soffiare e succhiare non si può).

- Così impari un po' di *zeneize*. -

Anche Franco aveva, in camera, la sua raccolta di soldatini di carta che non erano solo una reminiscenza infantile.

Me ne stavo in camera nostra con persiane e tendaggi aperti a favorire l'ingresso del sole che faticava ormai ad insinuarsi tra il mobilio, ostacolato dalla vicina collina. Mi capitava di chiudere il libro di studio per rileggere le lettere ricevute; mi mancavano moltissimo, avevo dei momenti di nostalgia acuti e dolorosi ed allora i ricordi si affacciavano prepotenti come le passeggiate per la città sulla slitta trainata dal cavallo. Mio fratello che rideva e si sporgeva trascinandomi via la coperta di piume che mi avvolgevo sino al collo. O arrivavano ricordi ancora più lontani, di quando ero bambina e rivedevo mio nonno Baruch, ebreo sempre gioioso. Ballava sempre. Una volta, forse in occasione della Pasqua, eravamo riuniti, parenti ed amici, in una grande stanza quando Baruch si tolse la giacca e iniziò a ballare. La gente osservava con grande meraviglia. Si voltò come un fuoco; non era una danza rituale o conosciuta. Ricordo che nonno Baruch posizionava quattro bottiglie sui quattro lati della stanza e danzava attorno alle bottiglie senza mai toccarle. Era stato uno spettacolo guardarlo. E quanta gente c'era! Sia in quella sala che fuori, in strada, tutti in allegria. Avevamo anche tante feste e la gioia era ovunque: nelle case, nelle vie, nelle piazze si ballava e cantava. Chi poteva spendere offriva la porzione d'agnello a chi non poteva permetterselo, il cibo non doveva essere negato a nessuno, tantomeno il vino. Eravamo sempre in tanti nelle feste ed eravamo in tanti in Polonia. Suscitavamo invidia. C'erano i poveri anche tra di noi, come in ogni società, ma molti stavano bene, alcuni erano ricchi mentre la popolazione gentile polacca a malapena stava uscendo dalla crisi e la sua economia restava confinata all'agricoltura. Gli ebrei erano una grossa fetta della popolazione e contavano pochissimi analfabeti, conoscevano più lingue, avevano vissuto esperienze più stimolanti in diversi paesi, erano più avvezzi al rischio e ciò era sufficiente a dar loro quel vantaggio sul contadino polacco che era costretto ad un'attività prevalentemente estiva.

Quante feste! Alla festa di Hanukkà c'erano Chassidim allegri che incontravano i Rebbe già bevuti: *e che cosa posso offrirti, dimmi che cosa hai, guarda che belle donne, beviamo ancora, ti servono dei formaggi? Certo, vuoi delle pellicce d'ermellino? Ne hai anche di visone? Quanto vuoi?* Intraprendenza, coraggio, si fanno affari, nascono nuovi negozi, i mercati si allargano, il benessere aumenta e così l'invidia feroce e la voglia di rivalsa da parte dei polacchi. Ai bordi delle strade donne polacche seminude non per il caldo estivo né per esibizione, solo a causa della povertà. Lo ammetto: davamo fastidio, ci rendevamo odiosi ed invisi alla maggior parte della popolazione. Perché a noi le cose ci riuscivano, se non sempre, almeno quasi sempre. Figurati in Germania dove l'odio contro di noi era fomentato quotidianamente.

Fu mio zio Adolfo (che poi Il suo nome era *Moshe*: Mosè e Adolfo era il nome italiano che lui stesso si era scelto) a ridestarmi dai ricordi e dallo studio con una telefonata dal suo ufficio. Mi avvertì una domestica.

- Signora, vostro zio vi cerca al telefono. - L'apparecchio si trovava nell'ingresso, fissato al muro, all'altezza del viso per poter parlare direttamente nel microfono; sembrava di parlare con il muro.

- Janka, ho ricevuto poco fa una telefonata da un amico che lavora al ministero degli esteri a Roma. La Germania ha attaccato la Polonia! Sembra che soldati polacchi abbiano fatto un'incursione in un presidio tedesco di confine e i tedeschi abbiano risposto alla grande: attaccano su tutto il confine diretti su Varsavia e Danzica. -

- E il nostro esercito che fa, ha reagito? -

- Non si hanno notizie precise, si sa poco, quel che è certo è che la guerra è cominciata. Se mio fratello mi avesse dato retta! E' guerra, capisci? E' guerra. Che non ti salti in mente di partire o di prendere iniziative di nessun genere. Non possiamo fare nulla se non sperare che si tratti di una iniziativa solo dimostrativa: che i tedeschi abbiano solo voglia di mostrare la loro forza. - Io non sapevo che dire lì al buio, in piedi davanti al muro.

- Che potrei fare? -

- Non fare nulla, cerca di proseguire la tua vita come se niente fosse; non c'è niente che tu possa o debba fare. Se hai bisogno di qualche cosa fammelo sapere. Leggi i giornali, domani. Tieniti informata anche se in guerra i giornali non riportano notizie precise. Mi dispiace averti dato brutte notizie. -

- Tu, voi che farete? -

- Non farmi parlare al telefono. Vedrò che potrò fare con i miei commerci dalla Polonia. Vedrò di… Ciao Janka, studia, vienici a trovare quando vuoi. Non ti abbattere, sta vicino a tuo marito. Non hai alcuna colpa di ciò che succede. -

Mi stesi sul letto, le gambe non mi reggevano. Speravo, come zio Adolfo, che l'aggressione si sarebbe risolta con un nulla di fatto: che i tedeschi non avrebbero avuto il coraggio di sfidare un alleato degli inglesi e dei francesi. Ma se anche lo zio sperava era un brutto segno.

Stesa sopra il copriletto tenevo gli occhi chiusi tentando di calmarmi e concentrarmi, ma non riuscivo a pensare razionalmente. L'Italia, alleata della Germania, avrebbe dovuto dare il suo contributo immediatamente? Che stavano facendo i miei, che stavano pensando, che intenzioni avevano, che cosa avrebbero potuto ancora fare? Kielce era abbastanza vicina ai confini occidentali. Una guerra ci sarebbe stata, ormai tutti ce lo aspettavamo; moralmente eravamo pronti ma una cosa è essere preparati nell'animo, un'altra essere pronti fisicamente ad accettare ogni disagio ed ogni dramma. Forse era guerra davvero.

Anche mia madre si attendeva la guerra, anch'essa era, forse, preparata; mi scriveva infatti stupendosi che la gente continuasse a sposarsi, a fare figli, a gioire in ogni occasione festiva mentre pareva imminente una sciagura immane. Ma mio padre, che scriveva raramente, limitandosi a poche righe affettuose, era diventato nervoso. Forse quel giovane uomo aveva compreso di essersi intestardito troppo, di aver commesso un errore imperdonabile, di aver messo a rischio la sua famiglia perché stavano arrivando i tedeschi che facevano dell'antisemitismo la loro missione. A quel pensiero la mia ansia si fece tanto acuta che mi resi conto che non ero in grado di... Stavo perdendomi. Ero paralizzata su quel letto.

La sera a cena non toccai cibo e non spiccicai parola. Solo mio suocero Luigi tentò alcune frasi di conforto e di circostanza, quasi che un lutto si fosse abbattuto su di me. Poi, aiutata da Franco, scrissi una lettera pregando i miei di rispondere al più presto. La mattina mi alzai per tempo per consegnare la lettera alle cognate perché la spedissero e mi avviai verso la biblioteca della facoltà. Quale contrasto tra l'afflizione del mio animo ed il tempo: caldo, bello, ancora estivo. le persone per strada continuavano le loro occupazioni quasi che nulla stesse accadendo e, comunque, stava accadendo lontano. Le segretarie si recavano al lavoro affollando i tram, gli uomini erano diretti alle loro fabbriche sulle biciclette, alcuni sedevano ai bar intenti a prendere il caffè ed a leggere le notizie del mattino. Forse molti miei compagni di corso sarebbero andati al Lido a studiare sotto l'ombrellone.

In biblioteca aprii il Corriere Della Sera che, nonostante il titolone a tutta pagina, non specificava più di ciò che lo zio mi aveva anticipato: l'aggressione si sviluppava su tutto il confine e le colpe della Polonia risultavano gravi nel non aver accettato le proposte di mediazione italiana sulla questione di Danzica. *Superior stabat lupus longeque inferior agnus.* L'Italia, comunque, non avrebbe partecipato al conflitto.

Non riuscivo a studiare, non potevo concentrarmi. Laringiti, croup, per quanto di facile comprensione data la frequenza nelle corsie pediatriche, non attechivano nella mia memoria. Insomma, se poi era tutto vero, i polacchi, noi polacchi ci saremmo difesi e avremmo anche magari respinto l'attacco. Magari avremmo anche vinto facendo fare una figuraccia ai tedeschi come, in fondo, tutti speravano, persino una gran parte di italiani che poi avrebbero cambiato alleanza come era già successo vent'anni prima.

Forse che le tasse, che stavano svenando i miei genitori, sulla casa, sul lavoro, sui guadagni, sulle proprietà, sugli affitti compreso quello del palazzo dello zio Adolfo a Kielce, non erano servite alla difesa, al riarmo contro chi ci stava minacciando ed ora invadendo? Questi zloty, talmente sacrificati, sarebbero stati sufficienti a vincere? Forse sì. Erano alcuni mesi che mi arrivavano meno mezzi di sostentamento dai miei che mi facevano sapere di dover pagare un sacco di tasse, che la congiuntura era notevole ed il paese tutto stava impoverendosi, che era necessario pensare all'esercito ed all'acquisto di armamenti dai paesi neutrali come la Svezia.

Anche l'Italia stava impoverendosi ed il benessere iniziava a tossire con un croup evidente e già i principali generi alimentari rincaravano, nonostante i calmieri imposti, a causa della spesa africana. L'Italia non poteva partecipare alla guerra in alcun modo: si era anch'essa svenata in Etiopia, in Libia, in Albania. Forza! Forse non era poi così grave. Aspettiamo, devo dare ai miei la soddisfazione che si aspettano!

Chissà se era passata la tosse di mio fratello, chissà se era stata una laringite, chissà se erano state utili le gocce che gli avevo inviato. Chissà se la mia amica Roma aveva smesso di divertirsi tutte le notti al Versal, il locale alla moda di Kielce dove si beveva, si ballava, si flirtava con i ragazzi. Quelli erano locali vietati a me ed a Roma quando eravamo compagne di liceo, anche perché erano frequentati da giovani di estrazione sociale diversa, ebrei e gentili, ricchi e benestanti, socialisti ed anarchici, intellettuali e rivoluzionari. La nostra aspirazione massima era la futura scoperta dei segreti nascosti in quei posti di cui noi ragazzine favoleggiavamo le conoscenze che avremmo potuto fare e le avventure misteriose in cui saremmo incappate. Oggi Roma frequentava il Versal, abbandonando il marito da poco sposato, frequentando uomini e mio padre l'aveva vista, a notte fonda, in compagnia di un gentile mentre discorrevano (mia madre si era limitata a questo verbo) vicino al cancello di casa di lui. Sembrava che i giovanotti abbienti di Kielce conoscessero tutti Roma che in fondo cercava soltanto un passaporto e che nella ricerca ci spendeva un sacco di zloty inutilmente. Chissà se Roma continuava a frequentare la scuola per pedagogisti o se sarebbe mai riuscita ad arrivare in Belgio per un corso di conciatura di pelli. Chissà che ne sarebbe stato di me se fossi rimasta a casa. Forse Roma era il riflesso di quello che sarei stata: insofferente, vogliosa, disperata, perennemente alla ricerca di un'uscita da una cella che diveniva ogni giorno più stretta e soffocante mentre il mondo tutto intorno faceva finta di aprirsi, di mostrare orizzonti nuovi ed invece si intrappolava in un errore spietato.

Basta! Una risposta mi sarebbe arrivata nei giorni successivi. La Germania avrebbe fatto la sua dimostrazione di potenza, la Polonia avrebbe resistito. Qualcuno non avrebbe osato sfidare le grandi potenze e tutto si sarebbe risolto in breve tempo. Io avevo il dovere di risollevarmi e di resistere, di dare esami e proseguire la strada intrapresa. Non potevo fare nulla per mio fratello e per i miei genitori: loro avrebbero trovato una soluzione da soli e non erano soli. Potevo e dovevo pensare a me stessa e già avevo di che preoccuparmi. Se non avessi più ricevuto denaro da Kielce, cosa molto probabile, le mie risorse economiche sarebbero finite in pochi giorni e non avrei potuto neppure iscrivermi all'anno di corso successivo; questo mi avrebbe reso dipendente da mio zio che già cominciava ad avere qualche preoccupazione, o da Franco che stava preoccupandosi di laurearsi. Non potevo più dare lezioni private di latino anche perché ormai nessuno pensava a rimediare alle insufficienze scolastiche dei figli. Svolgere un lavoro infermieristico nelle corsie che frequentavo con tutt'altro intento mi era precluso e forse sarebbe stato controproducente. Attendevo ancora la mia nuova carta d'identità dalla quale sarebbe risultata la nuova cittadinanza ma non una diversa appartenenza razziale ed il foglio provvisorio era utile solo per sbrigare le faccende più ordinarie. Dipendere da qualcuno che non sono i genitori, da qualcuno che non ti deve nulla è cosa realmente penosa.

L'offensiva tedesca non si fermò, la resistenza della cavalleria polacca fu travolta e non fu abbastanza: la Russia invase il paese da est, certamente per difenderlo o almeno per non lasciare tutto il territorio alla Germania; ma comunque la Polonia non esisteva più, in meno di un mese. Kielce e Varsavia finirono sotto il dominio tedesco, Francia ed Inghilterra dichiararono guerra alla Germania e tutto finì lì. Forse era tutto concluso, non rimaneva che attendere. Le notizie dalle zone di guerra, sui giornali, erano scarse e parziali: in prima pagina c'era sempre una mappa che tentava di descrivere i movimenti prima di un fronte poi di due. Della gente che viveva in zona di guerra si sapeva ancora meno: zio Adolfo veniva a sapere qualcosa di riportato, di riferito da chi aveva parenti o amici in quelle zone che meno avevano visto azioni di guerra, che erano riusciti a far pervenire un messaggio tramite i consolati, che avevano telefonato dalla Boemia ciò che erano venuti a sapere da conoscenti ubicati sulla zona di confine. Dei miei non avevamo nessuna informazione, di Kielce nemmeno ma sembrava che non ci fossero state particolari azioni violente.

Io sapevo che avrei dovuto abituarmi presto a quello stato di cose. Non frequentavo più le corsie, mi limitavo ad seguire le lezioni, studiare ed a pensare. Franco sapeva starmi vicino senza scontate, odiose frasi di circostanza e acquisiva per se l'affetto legittimo e quello spettante ai miei famigliari. Con il mio sconforto stavo offuscando i suoi momenti di gloria che ormai erano prossimi ed era vanitoso e fiero di sé che stava per raggiungere le sue ambizioni. Era riuscito a sposare la ragazza che voleva e nello stesso tempo la stava proteggendo in circostanze difficili e pericolose. Aveva sostenuto l'ultimo esame di clinica e si avviava a discutere la tesi; lo sentivo fiero, soddisfatto e sicuro di aver agito per il meglio. Avremmo soltanto voluto intravvedere un piccolo pezzo di futuro, magari un pezzetto non dico di felicità, ma almeno di serenità. Tantomeno potevo far pesare il mio stato d'animo sulla famiglia Siccardi che, in effetti, stava mantenendomi e sostenendo grande parte del peso della situazione che avrebbe potuto anche parere comica se si pensa con quanto ardore le cognate e il suocero avevano sostenuto le scelte del regime che contrastavano con la sventura della ragazza che si erano presi in casa. Per forza di cose si trovavano a caldeggiare meno apertamente i successi politici del fascio, quotidianamente esaltati alla radio, e forse iniziavano a pensarci su.

Ma un fatto fu quello che maggiormente contribuì, non certo a farmi superare l'angoscia, ma almeno a ridarmi fiducia e coraggio. Una sera, dopo cena, Clelia, la più austera delle due sorelle, quando tutti si erano già allontanati dalla tavola ed io ancora stavo fissando il mio piatto pensando se in quel momento anche i miei in Polonia avessero davanti a sé del cibo da consumare, si avvicinò a me e mi posò una mano sulla spalla. Non mi aveva mai toccato prima.

- Janina, per favore, non sentirti come un'estranea in famiglia. Siamo tutti insieme, facciamo parte tutti della stessa famiglia, tu sei una di noi. Non farti dire che dove mangiano in quattro possono mangiare in cinque. Non sentirti in debito nei nostri confronti. Conosci i tre moschettieri? Come dicevano? Uno per tutti… Vero? A giorni cominceranno a cadere le castagne: sapessi come sono buone le castagne di Bormida, scommetto che tu non le hai mai assaggiate. Andrò a Bormida e te le porterò, le arrostiremo qui fuori nell'orto di papà… *Utta*! - E si sollevò con fatica dalla sedia.

XII

Assaggiai le caldarroste di Bormida, dolci, buone, soprattutto quelle che Clelia chiamava *gabiane*. Mai assaporate in vita mia le castagne, specialmente se offerte ed arrostite su un fuoco di inaspettata solidarietà. Stavo un po' meglio e l'unica cosa che potevo fare era scrivere ogni due o tre giorni a mia madre o a mia cugina Hela o all'amica Roma. Non ricevevo risposte, non un telegramma, non una lettera, nulla. Era possibile pensare che le comunicazioni fossero state devastate o che fossero state rese inservibili di proposito. L'aviazione si era accanita non solo sulle difese polacche ma anche sui centri urbani più importanti. In che stato era ridotta Kielce?

Mi aggiravo per Genova con la mente in stato stuporoso attraverso percorsi prestabiliti, sempre quelli: casa, casa di Liliana e Wanda, San Martino, ufficio dello zio, per la maggior parte a piedi per risparmiare i soldi del tram. I miei risparmi si stavano riducendo e forse avrei potuto accettare piccoli prestiti dallo zio; ma non mi aveva scritto mia madre che gli inquilini della casa di Adolfo a Kielce non erano più in grado di pagargli l'affitto? Quella era stata la mia principale risorsa finanziaria e da poco avevo sborsato quattrocento lire di iscrizione universitaria, più centoventicinque di sovrattasse varie, più avrei dovuto pagare qualche decina di lire per ogni esame che intendevo sostenere; il risparmio del biglietto del tram non avrebbe giovato granché. Avrei accettato qualcosa dallo zio e poi come lo avrei restituito? In ogni caso sarei rimasta senza una lira in breve tempo e forse per un lunghissimo tempo. Forse avrei dovuto cercarmi un lavoro e fare la studentessa lavoratrice, come facevano alcuni compagni di corso non particolarmente abbienti ma un lavoro non lo avrei mai trovato. Avevo comunque una famiglia che avrebbe potuto, se non mantenermi, almeno aiutarmi ma non avevo nessuna voglia di chiedere, e poi, chiedere che cosa? Già mi sfamavano e mi alloggiavano; avrebbero dovuto anche vestirmi e lavarmi? Non mi è mai piaciuto chiedere. Forse ingigantivo il problema finanziario, forse non sarebbero stati parsimoniosi nei miei confronti.

Che fossero risparmiatori oculati non c'era dubbio, molto genovesi insomma, addirittura tirchi secondo Franco che un giorno mi aveva raccontato di aver avuto i buchi nelle suole negli anni del liceo. Certamente il suo moderato antifascismo era dettato anche dalla contestazione delle idee del padre e delle sorelle e tanto valeva per il suo energico anticlericalismo.

Sempre nel mio stato stuporoso mi presentai all'esame di otorino.

- Signora Siccardi, o Strosberg, come volete che vi chiami, ma che dite? Ma perché non vi fate aiutare da vostro marito! Si vede che avete studiato ma vi rendete conto che, un domani, avrete davanti un paziente e non un docente? Più di diciotto non posso darvi. Che dite, accettate? Vi rovinate la media! Diciotto. - Tre giorni dopo superai anche un altro esame: venti. Non mi importava per niente, anzi, come si diceva allora: me ne fregavo. A quel tempo si trattava di andare avanti senza scrupoli. Detto tra noi, cara amica, l'importanza di avere un ottimo voto di laurea per riuscire nel lavoro e nella vita è una gran baggianata.

Intanto Franco, dopo l'ultimo esame, si apprestava a discutere la tesi. Quanto stavo avvelenandogli il momento di gloria! Proprio io che ero sempre sorridente ed allegra, pronta a cogliere il lato umoristico delle situazioni, con i piedi sempre pronti ad esprimersi con un passetto di danza, con le labbra che rivelavano, con un motivetto in voga, la cordialità del pensiero: *se potessi avere... mille lire al mese.* Insieme a Wanda e Liliana avevamo creato il trio *Le Tre Grazie* che si esibiva in casa, persino in presenza di amici, con il sottofondo dei dischi delle Lescano: *l'insalata era nell'orto...*

Franco apprezzava questa mia cordialità talmente discordante dalla riservatezza sua e dei suoi famigliari. Io non riuscivo più a manifestare tutta la spontaneità e l'entusiasmo che un evento, come la sua laurea, avrebbe richiesto.

E dopo la laurea avrebbe dovuto sostenere l'esame di stato, poi il lungo servizio militare, infine avrebbe cominciato a lavorare chissà come o dove. Questo era l'importante: il lavoro che avrebbe risolto gran parte dei nostri problemi e ci avrebbe dato l'opportunità di essere finalmente una coppia, finalmente soli e depositari del nostro futuro. Avrei dovuto studiare ancora per due o tre anni ma infine saremmo diventati una cospicua forza economica indipendente. Ma l'ansietà del periodo non mi permetteva neppure qualche castello in aria; ero diventata seria e pensierosa; triste come quell'autunno oramai inoltrato nel quale, due giorni dopo il primo anniversario del nostro matrimonio, Franco discusse la tesi di laurea. Non ci furono festeggiamenti vuoi per la ristrettezza economica, vuoi per la scarsità di disposizione d'animo mia e dei pochi laureandi amici di Franco. Come interpretare l'assenza dei signori Siccardi alla consegna del diploma al figlio? Si trattava di una certa voglia di interpretare con ricercata indifferenza una soddisfazione che pure provavano? Disinteresse? Era pur sempre il primo laureato nella famiglia, avrebbe potuto essere motivo di orgoglio per tutti. Nulla. Eppure per loro rappresentava anche il sollevarsi dal sostenere una spesa importante. Nulla. Quasi che niente fosse accaduto: Bravo, complimenti. E tutto finì lì. Oppure ero io che non capivo gli italiani ed, in specie, i genovesi."

"E' vero, Janina, é proprio così. Pensa che, a volte, a me capita di non comprendere i miei compari. Certe volte non comprendo il Caso, a volte la Vecchiaia e nemmeno la dea Fortuna e tantomeno gli altri. Sarà perché io sono, in un certo modo, superiore a loro essendo il mio compito molto più importante. Per voi è ancora peggio: non vi bastano le lingue ed i dialetti con i quali vi siete immersi in un labirinto inestricabile, è sufficiente una piccola distanza, una differenza di usi, un diverso modo di vedere le cose e già non riuscite a comprendevi. E questo è ancora niente. Quanti sono i coniugi che non si comprendono tra loro ed i figli con i genitori, i collaboratori sul lavoro, gli studenti con gli insegnanti. Io penso che ciò avvenga perché non sappiamo metterci nei panni dell'altro: non sappiamo come l'altro vede se stesso, quali siano le sue mire e le sue paure. Non sappiamo interpretare il nostro prossimo, figurati quello lontano che possiede un altro modus vivendi, un'altra mentalità. E' in questo modo che nascono i sospetti e poi gli odi. Ma il fatto peggiore è quando si stende una coperta su tutte le incomprensioni e si prosegue con finta indifferenza ma sempre coltivando un astio latente. Siamo, ma soprattutto voi siete, monadi che non hanno capacità di comunicare. Finché esiste tra di voi una comunione di entusiasmi o di passioni state bene l'uno con l'altro ma non appena il fuoco si affievolisce tornate a non capirvi."

"Insomma, secondo te, siamo pieni di difetti."

"Difetti, non saprei, siete fatti così. Voi sapete di non essere perfetti ma avete anche avuto la presunzione di considerarvi la maggior espressione di un disegno nobilissimo, mentre non siete altro che mattoncini in una costruzione che costantemente si distrugge e si ricostruisce diversa. Comunque uno dei difetti vostri che non riesco a digerire è la banalità. E' per questo che mi sto attardando presso di te.

Ancora due parole, poi ti lascio continuare il racconto. Voglio farmi capire meglio. Hai presente la neve che cade e che in breve ricopre ogni cosa e trasforma il paesaggio?"

"Eh, eh, certo che conosco la neve, quanta ne ho vista in vita mia, quanta poesia e fantasticheria mi metteva dentro!"

"Vedi dunque, la neve che cade ha la capacità di mutare il tuo animo, il tuo sentire. Ma hai mai provato a domandarti come la neve vede se stessa, come si autopercepisce, che cosa prova? Che cosa pensa la neve di te che la guardi e di tutto ciò che ricopre. Voi siete sempre soggettivi, in ogni occasione siete voi che vi ponete al centro dimenticando di immedesimarvi negli altri e nelle altre cose anche se inanimate. Forse la neve pensa anch'essa o forse sa tutto senza necessità di pensiero e, in ogni modo, perché non sovvertire il tuo modo di vedere partendo dal punto di vista della neve che ti considera? Tu pensi. E se il pensiero fosse materia? In fondo il pensiero umano nasce dalla materia anche se organizzata in modo complesso."

"Mi stai facendo venire mal di testa."

"Era per farmi capire, invece ti ho confusa. Mi fermo qui. Volevo soltanto farti capire quanto è difficile comprendere gli altri e le altre cose perché noi non siamo gli altri."

"Ora mi sono letteralmente persa, ah, sì. La laurea. Franco. Povero ragazzo. Provo adesso, come mi insegni tu, a mettermi nei suoi panni di allora. La sua mogliettina che non riusciva a festeggiarlo e che lo coinvolgeva nelle sue tristezze. Ma, in fondo, non perdeva quel suo sorriso azzurro che contribuiva a risollevarmi.

Finalmente Lilly mi telefonò, un mattino di pioggia, verso le dieci, pochi giorni dopo la laurea di Franco. Per caso ero con Franco nell'ufficio postale e lì le cugine erano riuscite a trovarmi.

- Janka, corri qua da noi, è arrivata posta dai tuoi! -

- Che dici? Ripeti! Mi hanno scritto, sono vivi? -

- C'è la firma di tutti e tre. E' un biglietto postale, una cartolina postale, ma non riusciamo a leggero: è scritto in polacco e papà non è in casa. Comprendiamo soltanto la data: quindici novembre millenovecentotrentanove. Vieni subito! -

Andammo di corsa Franco ed io, dimenticando gli ombrelli e passando sotto i portici di via XX Settembre per evitare la pioggia. Arrivammo in via Nizza zuppi d'acqua, ma non avvertivo il disagio del freddo, tanta era l'emozione di avere in mano la prova dell'esistenza della mia famiglia.

- Non è polacco, è tedesco. Ha scritto in tedesco. -

- Perché? -

- Non lo so. Ve la leggo: *Amatissima figlia, ieri abbiamo ricevuto il tuo biglietto. Cara bambina, non ti preoccupare, grazie a Dio siamo tutti in salute e ce la passiamo ancora bene. Abbiamo da magiare e anche il riscaldamento. Ti bacio dal profondo del cuore. Tua madre Regina. Tanti baci di cuore da tuo fratello David.* Poi c'è la firma di mio padre… Tutto qui. -

- Probabilmente c'è una censura tedesca sulla posta in uscita. - Volle precisare Franco.

- Vedrai che tutto finirà bene, Janina. - Mi disse Wanda.

- Forza, tirati su, tra qualche mese sarà tutto risolto. -

Ora faceva freddo in casa delle cugine. Il riscaldamento non era in funzione, la caldaia era spenta poiché il carbone era razionato e non potevamo neppure asciugarci presso i termosifoni. Ci portarono asciugamani ed abiti asciutti. Bevemmo anche qualcosa di forte che ci mettesse in grado di affrontare la rilettura del biglietto e trarre qualche conclusione. Perché mi avevano spedito soltanto una cartolina e non una lettera con relativa busta?

- Sempre a causa della censura. E' più semplice e veloce controllare delle cartoline che dover aprire la posta. - Mi rispose Franco.

- E perché è così breve? -

- Forse te ne hanno scritte molte sperando che almeno una riuscisse ad arrivare. Può darsi che sia arrivata a destinazione perché indirizzata in Italia, paese alleato. Le calligrafie le riconosci, vero? -

- Certo, sono proprio loro, guarda, la cartolina è tedesca, vedi? Le didascalie sono in tedesco: absender vuol dire mittente e i francobolli sono tedeschi. Che significa? - Franco non rispose subito, forse si aspettava che mi rispondessi da sola. Da sola dovevo capire che le cose erano definitivamente cambiate in Polonia. In meno di un mese la Germania aveva costretto il nemico alla resa ed aveva già imposto le sue regole. Se vuoi scrivere usi la mia carta e la mia lingua che io possa sapere che cosa scrivi, a chi e dove. Avevo anch'io fatto la stessa cosa scrivendo più volte lettere brevi sperando che almeno una arrivasse ed una l'avevano ricevuta. Avevano da mangiare e di che scaldarsi ed anch'io cominciai a sentire che il caldo stava ritornando dentro di me. Bene, erano vivi. Sicuramente la situazione si andava stabilizzando ed essi stavano già brigando per emigrare. Non avevano voluto informarmi dei loro progressi per non incorrere nella censura.

Ce la passiamo ancora bene: stavo tentando di interpretare ogni particolare. Che intendevano affermare? Che, nonostante tutto, se l'erano cavata o che prevedevano peggioramenti?

L'inverno era arrivato sotto tutti gli aspetti. I Siccardi non si recavano in campagna nella brutta stagione ed erano sempre più occupati nel loro ufficio dove il lavoro aumentava in prossimità delle feste natalizie. Franco continuava a studiare ancora con maggior impegno in vista dell'esame di stato che non era per nulla facile. Si trattava di una serie di esami che richiamavano un po' tutto il percorso di studio dall'anatomia alle cliniche e si teneva soltanto in due o tre sedi in Italia e quella vicina a Genova era Milano. Si poteva fallire l'esame soltanto una volta: alla seconda dovevi assolutamente superarlo pena l'esclusione dall'esercizio della professione a vita. Se poi non l'avesse superato al primo tentativo era in obbligo per il servizio militare. Le statistiche non erano per nulla rallegranti: si bocciava con estrema facilità alla prima prova e alcuni non superavano l'esame nemmeno al secondo tentativo. Gli esaminatori erano professori esimi provenienti dalle facoltà di tutta Italia che non conoscevano né le capacità né le competenze dei neo dottori. Insomma, senza quell'esame, che impegnava più giornate tra prove scritte e pratiche, non si aveva la possibilità di esercitare la professione.

Compito mio era quello di stare vicino a Franco e di evitargli ogni sorta di seccature con la famiglia. Decidemmo di non frequentare troppo la corsia ospedaliera e di dedicarci assiduamente alla biblioteca universitaria dove avremmo trovato un ambiente tranquillo, silenzioso ed anche abbastanza caldo. Se il tempo lo permetteva, potevamo uscire per una breve passeggiata, un caffè, una sigaretta o scambiare qualche paura con altri neo laureati. Si poteva fumare anche all'interno della biblioteca ma avevamo deciso di fumare all'aria aperta per risparmiare un po' di soldi. Stavo preparando patologia speciale medica, l'insegnamento cardine della medicina, e con Franco vicino era utile per entrambi scambiare nozioni ed opinioni.

L'aver ricevuto notizie dai miei mi aveva relativamente rassicurata: Sapevo che stavano bene, che la casa non era stata distrutta (almeno così desumevo), che avevano ricevuto una mia cartolina tra le tante spedite, che a Kielce erano arrivati i tedeschi e non i russi. Dunque esisteva la possibilità di rimanere in contatto. Come realmente stavano? Come vivevano? Come trascorrevano la giornata? Altre notizie non si avevano: quei pochi che erano erano stati in grado di uscire dalla Polonia erano genti di confine, fuggite, tra mille difficoltà, prima di vedere i soldati stranieri e riportavano notizie per sentito dire anche se quel sentito dire era un brutto dire, un racconto di incendi e uccisioni, di città in fiamme, di fucilazioni e di strette di mano tra soldati tedeschi e russi. I quotidiani avevano ormai altri argomenti più importanti della Polonia ove la vicenda era da considerarsi conclusa. Era in atto un'altra guerra non guerreggiata tra la Germania e gli alleati dell'ovest; in Polonia c'era la pace!

Avrei quindi potuto persino iniziare a pensare di organizzare un viaggio per rivedere i miei genitori ed il fratellino ma tale pensiero, al momento, lo tenevo solo per me. Sapevo invece che per me stava per iniziare un lungo ed estenuante periodo in attesa di lettere, di notizie, in una costante apprensione di non ricevere più nessuna informazione. Ma chissà, se quel Dio che mia madre invocava fosse stato tanto bravo, chissà se una telefonata di Lilly sarebbe mai potuta arrivare per annunciarmi la migliore notizia: - Janina, corri, sono qui! Sono arrivati! -

Lo vedevo, Franco, preoccupato anzi terrorizzato dal lungo esame che stava per affrontare; lo avevo sempre percepito sicuro di sé ma allora, con i giorni che trascorrevano e l'esame che si avvicinava, mi confidava le sue paure e la tensione traspariva dai dubbi e dall'inquietudine di dover mettere in conto un eventuale fallimento. A poco servivano le mie parole di conforto, gli incoraggiamenti e le lodi sperticate che gli tributavo per infondergli fiducia.

- Ti rendi conto che, se domani fallisco, il nostro futuro sarà irrimediabilmente compromesso? -

- Ti rendi conto che un vero uomo si dimostra tale di fronte alle difficoltà? -

Cominciò così per me un periodo di intenso sostegno psicologico con cui non avevo alcuna dimestichezza; dapprima a parole poi con arzigogolati ragionamenti scritti nelle lettere che gli spedivo a Milano quando egli vi si trasferì per l'esame. Erano lettere d'amore e di incoraggiamento, di sprone e di dolcezza quasi come un cavaliere che ammaestra un cavallo o un generale che conduce un esercito. Franco era giovane e le sue uniche traversie erano state le discordie familiari o le tribolazioni scolastiche. Io avevo vissuto già di più, nel mio passato c'erano più vicende anche se trascorse per la maggior parte in armonia con me stessa e con il mondo. Franco avrebbe imparato a crescere ed io mi sarei specializzata in psichiatria. Forza Franco, forza amore mio, così gli scrivevo, un nuovo decennio è appena iniziato: saranno i nostri anni felici!

La madre di Franco, la signora Maria Siccardi, si sentiva sempre più debole, sempre più spesso aveva necessità di recarsi presso l'ospedale Galliera per visite ed analisi e sempre meno si sentiva in grado di recarvisi da sola dal momento che una caduta dal predellino del tram o dal marciapiede avrebbe potuto causarle ferite di difficile guarigione. Le figlie erano occupate con il lavoro, Franco non poteva essere distratto dallo studio o si trovava a Milano, il marito spesso aveva impegni inderogabili, le domestiche non osavano assumersi responsabilità. Io fui ben felice di sottrarre qualche ora allo studio per rendermi utile. In questo modo avrei dato una distrazione alla mia giornata ed alle preoccupazioni. Non potendo prendermi cura dei miei genitori trasferivo su altri genitori attenzioni ed affetti.

- Mi spiace disturbarti così tanto, Janina. Tu hai un obbligo importante per te stessa e per la tua famiglia, sei veramente una cara persona. Ma io proprio non me la sento di fare il percorso da sola. Poi, tu puoi capire meglio di me quello che mi dicono i medici, sei quasi un medico anche tu. - Mi piaceva la sua cantilena genovese.

- Purtroppo no: non sono ancora un medico. Sapessi, Maria, quanto mi piacerebbe essere oggi con Franco a Milano a fare l'esame di stato. Ma ho paura che quest'esame non me lo lascerebbero sostenere. Non sono ancora italiana. -

- Vedrai, Janina, vedrai: si risolverà tutto. Andrà tutto bene. Anche per i tuoi. Tu comincia a dargli la soddisfazione di diventare medico. - Ed io cominciavo davvero a pensare di dare ai miei la soddisfazione che attendevano.

I medici del Galliera non erano contenti della loro paziente: il diabete non era sufficientemente controllato dalla dieta e si rendeva necessario aumentare la dose giornaliera di insulina con tre somministrazioni al giorno sottocute.

- Provvederete certamente voi, signora Siccardi, oramai siete quasi un medico. Intanto, signora Maria, vedete di lavorare meno possibile, non affaticatevi. -

- Meglio così, Janina, non me la sento più di andare in ufficio a lottare con le pretese della gente, a crucciarmi con impiegati e fattorini e anche a subire le critiche delle mie figlie che, io voglio loro un gran bene, ma, a volte, sono così dure, così pesanti! Io spero che Franco sia delicato con te perché anche lui ha dei momenti... Tu, invece, eri così allegra e tranquilla. Vorrei che Franco ti aiutasse a superare questi giorni difficili. Sono tutte care persone, buone e generose, anche il fratello di Franco, vedrai, un giorno lo conoscerai, e anche Luigi, papà, è una pasta d'uomo ma quando si chiudono in se stessi... Lo so che avrebbero tutti una gran voglia di far sapere che sono capaci di voler bene ma non sanno come fare. -

XIII

Patologia speciale medica non è materia difficile; è lo studio delle malattie. Ogni malattia ha una definizione precisa, poi vi si descrive l'eziologia, la patogenesi, eccetera, eccetera. Bisogna prepararsi bene anche se ci vuole tempo ma la disciplina è interessante e si ricorda con facilità. Conseguentemente non è semplice chiudere il libro, il quaderno degli appunti, posare la matita e rispondere ad una richiesta di aiuto ma si fa, si deve fare e non si può fare malvolentieri poiché c'è della gratitudine che deve, in ogni modo, essere restituita. Quel giorno era Rosetta che aveva necessità di essere accompagnata in clinica oculistica.

- *Ti deivi avei pasieinsa*, Janina, scusa tanto, *ma mi ghe veddu seimpre meno*. Poi tu capirai meglio di me quel che dirà il professore. Io non me la sento proprio di andare da sola in clinica, non ci vedo bene. Franco non c'è e papà nemmeno. Vedo che stai studiando, ti causo un pesante inconveniente, ma in un'oretta ce la caviamo. - Vi era un'intonazione sufficientemente autoritaria nella sua richiesta anche se Rosetta era la più affabile ed amabile delle due sorelle.

Non fu sufficiente un oretta, ma perdemmo tutto il pomeriggio tra attese, visite e ricettazioni. Il professore, alto e con un lunghissimo camice bianco sembrava una colonna, mi riconobbe e si mostrò cordiale ma per nulla fiducioso su una diagnosi benigna della diminuzione della vista di Rosetta.

- Non si tratta soltanto di miopia, signora Strosberg, c'è una neurite ottica, ma sarò più preciso nel corso delle prossime visite. Deve assumere, intanto, del cortisone; poi devo rivederla. Ah, se ha fratelli o sorelle devo vedere anch'essi. E come sta il dottor Siccardi? E' già abilitato? Me lo saluti e, senta, non si faccia scrupoli: frequenti, frequenti le lezioni. Ascoltare le lezioni vale più di studiare e per ora non dica nulla a sua cognata. Ci rivediamo la settimana prossima. -

Il secchio delle preoccupazioni non è mai pieno.

Va da se' che mi ritrovai a chiudere il tomo di patologia parecchie volte e parecchie volte dovetti rinunziare a frequentare le lezioni in facoltà poiché Maria aveva necessità di una certa assistenza e non si recava quasi più in ufficio dove l'assenza, anche se sporadica, delle sorelle si faceva sentire. Il freddo di febbraio fece ammalare qualche dipendente e per mio suocero divenne sempre più difficile dimostrare la maggiore utilità del suo andirivieni in cerca di generi alimentari o di pubbliche relazioni rispetto all'insano lavoro eseguito al lume delle lampade verdi dell'ufficio postale.

Va da se' che dovetti apporre un vistoso segnalibro quando arrivai a studiare la polmonite tra diagnosi e terapia e mi recai sempre più frequentemente in ufficio, dapprima con mansioni elementari, poi via via con compiti di maggior responsabilità. Ma la postina sì, fare la postina non soltanto mi piaceva ma mi costringeva a ragionare per risparmiare tempo e fatica; mi insegnava a conoscere meglio il quartiere e stimolava il mio senso di orientamento. Il lavoro diventò una salutare distrazione. Lo studio sui libri è faticoso e si lascia facilmente distrarre dai pensieri molesti, il lavoro è spesso impegnativo ma alleggerisce gli affanni. Devo anche dire che non avevo mai lavorato prima di allora e c'era la curiosità di scoprire un nuovo modo di vivere, le giornate trascorrevano più veloci ed esperienze diverse si accumulavano nel mio bagaglio.

Purtroppo persi il ritmo, quella cadenza giusta di studio e lezioni che tappa dopo tappa porta ad arrivare al traguardo. Come diceva Franco, quando leggeva del giro d'Italia (mai sulla Gazzetta che era giornale per perditempo): il ciclista che fora una volta e poi magari un'altra volta perde il ritmo, perde la pedalata giusta e non raggiunge più i fuggitivi. Ma come potevo pedalarla giusta la mia strada tra iniezioni di insulina, accompagnamenti nelle cliniche, controlli e spedizioni di pacchi, discussioni con gli impiegati, sostituzioni degli assenti. Terminavo la mia giornata stanca ed indispettita per non aver rispettato la mia unica, vera incombenza che continuavo a rimandare in attesa che tutto tornasse a posto, in attesa di non forare ancora, in attesa di Franco di ritorno da Milano o in licenza da Firenze, in attesa di notizie da Kielce; se i mesi precedenti erano stati di speranza quello in corso fu un inverno di attesa e non soltanto l'inverno, ma anche la primavera e non solo per me ma per tutti quanti che cominciavano a spendere il tempo in attesa in fila davanti ai negozi di alimentari.

Soldi da casa non ne ricevevo ma non era un problema che mi assillasse particolarmente sia perché il mio lavoro presso l'ufficio postale, anche se non stipendiato, era definito come utile da Clelia, la più intransigente delle cognate, sia perché non vi erano molte occasioni di spesa nei negozi cittadini. Quindi, potevo tranquillamente pagarmi le corse sui tram, prendere ogni tanto un caffè nei bar dove leggevo i giornali, comprarmi le sigarette meno costose. L'autunno era ancora lontano ed al momento di pagare le tasse universitarie avrei chiesto alla famiglia Siccardi il tangibile riconoscimento per l'opera prestata in casa ed in ufficio. Zio Adolfo continuava a sostenermi con piccole cifre di cui tenevo il conto e che intendevo restituire non appena ne avessi avuto la possibilità anche perché avevo intuito che i suoi commerci non erano più tanto floridi. La gente non comprava volentieri tessuti per vestirsi o per casa, preferiva rivoltare vestiti, giacche e cappotti devolvendo la spesa in generi alimentari che erano rincarati nonostante il calmieramento imposto d'autorità. Era ricco, zio Adolfo, ed era per me una sicurezza, ma aveva anche lui i suoi problemi di razza nonostante la capacità di destreggiarsi tra i suoi fasci di amicizie e di conoscenze. Inoltre presumevo, anzi, ben sapevo che gran parte delle sue risorse si indirizzavano al sostentamento ed ai viatici di famiglie in transito da Genova. Sosteneva ora anche me che mi sentivo un po' profuga anch'io.

Scrivevo, scrivevo tanto. In ufficio battevo anche a macchina ogni richiesta indirizzata dai cittadini alla burocrazia comunale e statale. A casa scrivevo brevi lettere ai miei genitori e lunghe a Franco. Ai genitori in tedesco e spesso su semplici cartoline postali, senza busta, facilmente controllabili dalla censura e, forse, dalla polizia. Ero molto attenta a ciò che scrivevo perché non sapevo da chi effettivamente sarebbe stata controllata la cartolina: italiani, polacchi, tedeschi? Il contenuto di quelli che posso chiamare spogli messaggi informativi era una semplice manifestazione di figliale affetto. In essi descrivevo la meravigliosa vita nuova che mi ero conquistata dopo aver conosciuto un giovane ma certamente futuro valido professionista proveniente da una famiglia di ottima gente perbene. Evitavo di addentrarmi a descrivere particolari familiari più interessanti per gli eventuali spioni e ponevo l'accento sulla mia rinnovata felicità sopportabilmente offuscata da un impercettibile turbamento riguardante la situazione di due genitori ed un fratello abitanti in un paese appena conquistato.

La menzogna, come la calunnia, è un venticello che inizia flebile, flebile e poi si fa più forte, quindi diviene violento e quando si riduce, perché non cessa mai completamente, ha disperso tutte le foglie, ha messo disordine dappertutto tale che non riconosci più il tuo giardino devastato. E, oltre al vento, favorito dalla consapevolezza di essere certamente letta da estranei, era ormai nata in me la necessità di dare ai reali destinatari delle mie lettere il conforto di non aver agito invano: di aver osato mandare una figlia lontano per una valida ragione. Nelle mie cartoline postali ero quindi felice ed i progressi nello studio notevoli ed ininterrotti, anzi, fatti i conti degli anni di studio della facoltà di medicina, non ero lontana dalla laurea. Nelle mie lettere, poi, economicamente non stavo male: zio Adolfo, (Adolfo, che nome si era scelto), non mancava di sostenermi ed il mio lavoro presso le corsie dell'ospedale universitario mi permetteva di vivere senza preoccupazioni. Presto, come medico, sarei stata indipendente. L'Italia era bella, ci vivevo assai bene, qui non manca nulla ed il freddo dell'inverno è sopportabilissimo. Le sole affermazioni sull'inverno erano veritiere. In realtà la mia serenità era limitata alle ore in cui, se non c'era tramontana, giravo spedita per un bel quartiere centrale per recapitare la posta. Il tempo era prevedibile in quella stagione: tre giorni di brutto tempo, ma non di più, e poi il sole. Le altre ore di felicità erano quelle, sempre più rare, che trascorrevo con Franco.

Franco, superato l'esame di stato, si era trasferito a vivere a Firenze per il corso allievi ufficiali del Regio Esercito. Le licenze erano rare, brevi e non sempre aveva la possibilità di rientrare a Genova. Quando vi rientrava non era sempre possibile avere per noi quell'intimità che si fa pressante per due ventenni sposati da poco e che si ritrovano ogni due o tre settimane. Ogni volta che si allontanava erano quindi fiumi di lettere intense di una lunghezza degna del miglior Dostoevskij, scritte la notte, in camera, al lume di candela per risparmiare l'elettricità che spesso veniva tolta. Erano vere e proprie lettere scritte in italiano, con busta sigillata, senza cruccio di censura se non quella dettata da un personale pudore nel ricordare i momenti più passionali del nostro ultimo incontro descritti con velati sottintesi. Per la nostra tranquillità gli comunicavo, in linguaggio cifrato, l'avvenimento atteso mascherandolo con una parola: grammofono, è arrivato il grammofono, essendo la parola mestruazioni sconveniente.

Una giorno di marzo, quando già la sera arrivava più tardi ed ero indaffarata con certi scatoloni da spedire con un furgoncino FIAT e quasi litigavo con il conducente che non voleva caricare più di tanto l'automezzo, vidi comparire Liliana e Wanda.

- E' arrivata posta per te! - Erano bellissime. Lilly con tacchi alti, calze di nylon e gonna ampia appena sotto il ginocchio, bionda, colma di riccioli ad ampie volute con due fiocchetti rossi tra i capelli, sorridente, gioviale; Wanda, alta, bruna, un lieve sorriso sugli occhi, cappellino a tesa corta clericale, scarpe basse, cappottino stretto stretto. Liquidai immediatamente l'autista ed entrai di corsa in ufficio dicendogli:

- Ve la siete cercata voi, adesso vi mando mia cognata! -

- Ma non posso rompere le balestre! -

Andammo al bar della piazza che aveva già messo fuori sedie e tavolini. Ci sedemmo ed ordinammo tre the, all'inglese, *alla faccia*. Alla *facciaccia* disse Lilly. Ci fu un brevissimo momento di disagio tra *Le Tre Grazie*, ma solo in breve attimo: erano molto più eleganti di me anche se i loro abiti li avevo già visti indossati l'anno precedente. La sciatteria del mio abbigliamento era però evidente: calzini corti un po' sfilacciati ma soltanto un po', scarpe logore, vestito troppo lungo, fuori moda, con disegni indistinguibili e banali, capo scoperto. E poi mi avevano sorpresa al lavoro. Ma fu solo un attimo.

- Dai, leggi, traduci! -

- È scritta in polacco questa. Diciotto febbraio quaranta… -

- Se non vuoi farci sapere ciò che ti scrivono, Janina… -

Disse Wanda sollevando le sopracciglia con uno sguardo indulgente.

- Oh, Wanda, dai, che vuoi che ci sia scritto che debba tener segreto. Se trovo una frase troppo, come dire, compromettente tralascerò di tradurre, diciotto febbraio, siamo a fine marzo… Quanto tempo per un biglietto! Eppoi due cartoline in tre mesi: quante non ne saranno arrivate nel frattempo! Chi lo sa? Sperse, cestinate, buttate, censurate. Non è giusto! Comunque scrivono da via Poniatowskiego venticinque. *Mia cara bambina! Abbiamo ricevuto la tua cartolina.* Come sarebbe la mia cartolina con tutte quelle che ho scritto! *Grazie a Dio siamo tutti sani. Siamo molto felici che presto riceverai il tuo diploma di medico.*

- Davvero, Janina, allora stai per laurearti! - Me lo aveva appena proposto, Wanda, di non leggere le frasi compromettenti!

- Che Dio sia con noi, così che possiamo sopravvivere a questi tempi critici. Qua fa un freddo terribile che va avanti da oltre due mesi. David non va più a scuola, frequenta lezioni private nell'orfanotrofio. In più, ti volevo dire che l'orfanotrofio e la casa di riposo sono stati trasferiti nel nostro palazzo e si trovano nel locale in cui prima c'era il ginnasio. Da agosto nessuno paga l'affitto e la casa comporta i costi come le tasse e altre spese. -

- Scusa, Janina, che palazzo? -

- E' una bella costruzione grande, non così bella come i palazzi italiani. Non è molto lontana da casa mia: cinque minuti a piedi. Vostro padre ne possiede circa i due terzi, il resto è nostro; così mi hanno sempre detto. Ma mio fratello non frequenta più la sua scuola! -

- Caro amore mio! Mi manchi tantissimo. Prego Dio di poterti vedere di nuovo. Solo Dio sa se vedremo la fine di questi tempo durissimi.
Capito? tempi durissimi, scrive proprio così: durissimi; e quante volte nomina il nome di Dio! A casa era raro sentirla invocare Dio. *Cara bambina mia, scrivici di più su di te. Penso che tu possa scrivere in polacco. -*

- Allora sono i polacchi che esaminano la posta, forse per conto dei tedeschi! -

- Moltissimi tedeschi parlano polacco e viceversa. *Come ho già sottolineato, David sta studiando nell'orfanotrofio e l'apprendimento non ci costa nulla. Le studentesse delle scuole superiori danno lezioni lì. Hanno creato dei gruppi analoghi alle classi della scuola. Ciò vuol dire che se la scuola funzionasse, sarebbe meglio, ma come dicono: meglio la rossella che un pugno di mosche. Ti bacio calorosamente tua madre.*

Cara Janka, ti saluto caramente tuo fratello, David

- C'è anche la firma di mio padre. -

- Che cos'è la rossella? -

- Forse vuole dire la volpe. È un proverbio, come dite voi genovesi? *Megiu de ninte* (meglio di niente). -

- Che abbia voluto dire qualcosa per non farsi capire? -

- Nessun codice: hanno in mano un pugno di mosche. -

- Forza, Janina, forza; vedrai che ora tutto si sistemerà, non ti resta che aspettare, la prossima lettera ti porterà notizie migliori.-

- Quasi, quasi non vorrei leggere la prossima lettera. -

Terminammo il nostro the *alla faccia* e continuammo a commentare, per qualche minuto, quanto traspariva da ciò che avevo tradotto. In primo luogo era evidente la brevità e la scarsità di notizie rilevanti, proprio come nel primo biglietto. Mia madre non diceva che stavano vivendo come prima della guerra o quasi come prima. Eppure la guerra era finita anche se persa. Che voleva ancora il vincitore? Dove c'era una scuola adesso c'era un orfanotrofio ed un gerontocomio dove studentesse delle superiori davano lezioni ai ragazzi più giovani.

- Basta, parliamo di voi, tutto bene all'università? Come vi trovate? Avete già dato esami? -

- Certamente! Quasi, quasi, li diamo in coppia. Ma Wanda è molto triste. -

- Che succede Wanda? -

- Succede che probabilmente non ci saranno le olimpiadi quest'anno. Succede che, per colpa di questi stupidi politicanti, per colpa di queste inutili guerre i giochi verranno rinviati e forse per altri quattro anni. Quattro anni, capisci? Proprio adesso che mi ero preparata così bene! Pensa, dieci giorni fa ho fatto, in allenamento, gli ottanta ostacoli in undici e sette; lo stesso tempo della Valla quattro anni or sono! E, non solo, nell'ultimo concorso del GUF di trampolino sono arrivata prima con un tuffo tutto nuovo di mia invenzione! Io spero ancora, io mi vedo già ad Helsinki con la medaglia d'oro al collo. -

- Ma nessuno ha tirato fuori questioni razziali? Sei sicura di voler correre dei rischi? -

- Qualcuno ha protestato, certamente, tanti rivali, ma tra che non c'è prova certa di appartenenza, tra che sono italiana ed iscritta al GUF, tra che una medaglia olimpica fa onore a qualunque società, fanno presto a chiudere un occhio. -

- C'è la guerra in Finlandia, anche gli italiani volevano andare come volontari. -

- Troppo tardi, è già finita, da poco. -

- E dovrai aspettare altri quattro anni? -

- Non è ancora detta l'ultima parola ma se cancellano i giochi aspetterò. E tu che fai qui nell'ufficio postale dei suoceri, lavori? -

- Aiuto, hanno bisogno di aiuto, faccio quel che posso. -

- Vieni a trovarci più spesso, ora che tutto è più tranquillo; scusa se te lo dico ma Lilly ha due o tre gonne che sono della tua misura, sai com'è, di questi tempi! -

- Sì, sì è vero possiamo continuare a scambiarci qualche abitino. Però, Janina, smettila con quei calzini corti da bambina, ormai sei una donna sposata! Non dico le calze di nylon che sono introvabili e costano uno sproposito ma piuttosto non mettere nulla. -

- Non sta bene, non è elegante. -

- Allora fingi di avere le calze. -

- Eh, come? -

- Devi disegnare la cucitura delle calze dietro il polpaccio: cominci dal tallone, dove è ancora coperto dalla scarpa e poi vieni su con la matita del trucco un po' inumidita fino a dietro la coscia… Insomma fino dove si riesce a vedere. Quegli uomini là, vedi come ci guardano: fin dove potrebbero vedere una gamba coperta dalla gonna. Non di più, altrimenti quando ti siedi combini un pasticcio. - Ed intanto segnava, chinandosi sulla sedia, la linea che avrei dovuto percorrere con la matita copiativa. Gli uomini continuavano a guardarci scambiandosi occhiate di intesa.

- Lilly, ne hai di corteggiatori? -

- Oh, tanti, dieci o dodici. Wanda si è fatta un fidanzatino! -

- Non è vero, è un amico, uno sportivo, ci vediamo solo durante gli allenamenti. -

- Sì, sì, durante gli allenamenti in piscina. Janina, dovresti vedere che tuffi! E come si scambiano i complimenti! -

- Zitta Liliana. Sta zitta e ricomponiti. Non farci fare brutta figura! Non vedi che ci guardano? -

- Di nuovo! Di nuovo con questa brutta figura! -

XIV

Non era ancora iniziata l'estate che venne l'ora delle decisioni irrevocabili. Il tempo delle attese era finalmente terminato.

Ora nessuno doveva più aspettare nulla: il Rubicone era stato varcato, indietro non si poteva tornare. Ciascuno aveva la propria posizione sulla scacchiera e si iniziava a giocare, tutti dovevano stare al gioco: privati cittadini, studenti, politici, eserciti, neonati, generali, duci, impiegati, nazioni, animali, palazzi, alberi, donne, uomini, tutti avevano ancora un brevissimo tempo per ottenere di migliorare la propria situazione sinché i dadi non si sarebbero fermati ma già i dadi stavano smettendo di saltellare sul tappeto verde, già non si urtavano più tra di loro, già colpivano i bordi, tornavano indietro e si fermavano. La cifra era quella. Nessuno tra i tutti era più padrone assoluto del proprio futuro. Ognuno ed ogni cosa avrebbero visto il gioco cambiare poco a causa di scelte personali e cambiare molto a causa della sorte, del caso e delle scelte degli altri e delle altre cose. Gli appetiti erano stati stimolati, le suscettibilità erano state irritate, le rabbie provocate, le sfide raccolte ed il gioco non si poteva fermare: il pulsante poteva soltanto essere acceso.

L'Italia aveva deciso di giocare con le pedine pensando di avere le dame, la Polonia aveva giocato con le pedine pensando di giocare per mesi e perdendole in pochi giorni, la Germania giocava con gli assi, i paesi dell'est giocavano insieme con la Germania *un po' per celia un po' per non morir al primo incontro*. Per i paesi dell'ovest il gioco era iniziato male ma non per quelli d'oltreoceano che grazie al gioco stavano uscendo dalla crisi economica.

Anch'io giocavo. Giocavo a fare la signora italiana sposata con un medico in procinto di diventare sottotenente. Giocavo a fare all'amore, raramente ma intensamente, con il sottufficiale che indossava quella bella divisa grigioverde con la visiera del cappello che nascondeva l'occhio destro. Giocavo a fare l'infermiera ed il medico di casa, la paciera tra i componenti della famiglia, l'impiegata dell'ufficio postale di piazza Fontane Marose, la scrittrice di lettere d'amore. Molto meno giocavo a fare la studentessa di medicina.

Ogni tanto facevo le mie mosse tattiche: andavo, per pochi giorni e con un familiare di Franco, a Bormida o alla Pissuta sia per portare a Genova i generi alimentari coltivati in quelle campagne, sia per evitare certi controlli che venivano ancora eseguiti dalla polizia ligia alle leggi razziali. Giocavo in difesa, per il momento, e per quel momento non c'era tutta quella furia purificatrice della stirpe di Giulio Cesare alla quale ero ormai prossima ad appartenere persino come moglie di soldato. Era, comunque, salutare non esporsi troppo alle suscettibilità dei puristi della razza. Persino zio Adolfo, con le cugine, in certi momenti, facevano baracche e burattini (non sapevo che volesse dire ma Liliana e Wanda lo dicevano come dicevano brutta figura), e se ne andavano qualche giorno nella casa di campagna nell'ovadese. Quando le acque si erano calmate a sufficienza zio Adolfo tornava a Genova e ritornava al suo gioco spesso in attacco, spesso di nascosto. Ciò che era sicuro è che non si dovevano commettere errori. E' anche vero che l'italiano aveva ben altre preoccupazioni che pensare alla propria razza.

Le vivande provenienti dalla campagna, come quelle coltivate nell'orticello di via Caffaro, erano, via via, sempre più utili finché divennero indispensabili. Da Bormida portavamo pere, mele e patate; dalla Pissuta ortaggi, uova, ciliegie e carni; l'orticello casalingo era la riserva per l'emergenza. Durante il ritorno dalle gite forzate dovevo subire le lagne ora del suocero ora delle cognate. Il signor Luigi si lagnava dei fattori, degli affittuari e dei confinanti:

- Vedi, ci danno la frutta peggiore, le mele bacate, le patatine, e forse questo non è coniglio è *na levre di cuppi*, un gatto! Sono ladri, se ne approfittano che abitiamo lontano. -

- Non se la prenda, Luigi, si farà venire l'ulcera e poi non potrà controllare il lavoro e le campagne quando si ammalerà. I contadini sono poveri ed hanno figli che temono di dover affrontare la guerra, tentano di accumulare la maggior quantità possibile dei prodotti della terra, ma la terra, a lei, non gliela ruberà nessuno. - Il piccolo, vecchio tassì procedeva lentamente sul terreno stradale sconnesso solcato dalla memoria dei passaggi precedenti dei carri tirati da cavalli. In grembo avevamo i nostri bagagli: cestini in vimini con i prodotti della stagione. Poco prima avevamo spedito, con la posta, il cestone pesante.

- Ladri, sono tutti ladri. E' vero, Principe, che siete tutti dei farabutti? - Disse Luigi rivolgendosi, bonariamente anche se pesantemente, all'autista che come tutti i bormidesi veniva interpellato con il soprannome.

- Zitto, *Diavulott*, zitto *che tei d'Burgna ti meiscmu:* che sei di Bormida pure tu. I tuoi ci hanno insegnato a rubare. -

- E' meglio che parliamo italiano che altrimenti la signora di mio figlio Franco non ci capisce. Lei viene da lontano. -

- Da dove viene, signora? Dal Veneto? C'ho fatto il soldato in Veneto e c'ho fatto anche la guerra. -

- Previdenza, previdenza è la parola d'ordine. Se non mi fossi preoccupato di coltivare la terra che cosa mangeremmo oggi? -

- State così male in città? -

- Male? Dovresti vedere che code davanti ai negozi. Anche se hanno tirato fuori delle tessere che *ciammun* annonarie. Ci hai diritto a comprare nei negozi quel tanto che ti dice la tessera e non di più. E nei negozi non c'è manco quello. *L'ouri*: l'olio, in-tro-va-bi-le, in Liguria, poi! Pane, pasta: razionati, come la carne se la trovi. Le verdure: non ci fossero queste… -

- *Nuiotri sctemmu* più bene di prima: viene su la gente da Savona a comprare. Abbiamo fatto gli orti più grandi, i pollai. Ammazziamo il porco senza chiedere al vicino se lo ammazza anche lui. -

- Mia nuora non può capire se non le dici che le famiglie, in questi posti, macellano una per volta l'animale grosso, mucca o maiale, per poter dividere tra vicini la carne che non puoi conservare se no marcisce. *Gnurant*... Lo scatolame: non esiste più. Le conserve: finite! Dove? Tutto partito oltremare: in Africa, in Albania e quel che è peggio è che sembra che nemmeno arrivi nelle gavette. Si perde prima, durante il viaggio o prima di partire. I soldati scrivono a casa delle belle scancellature nere, nere di censura così non si sa nemmeno quanto mangiano. Un mio conoscente, uno dentro questi affari con l'Africa, uno dei direttori, uno che viene nell'ufficio postale a spedire ed a ricevere mi ha detto che c'è tanto spreco di roba da mangiare e da vestire. Spreco e ruberie. Noi ci stiamo dissanguando con quest'Africa, ma abbiamo il buon caffè! E il ferro? Le cancellate che mandiamo alle fabbriche ed all'ILVA per fare cannoni? E la cosa peggiore? Che c'è chi si approfitta della situazione delicata: compra tutto quello che può mettere in cantina, aspetta e poi rivende a dieci volte di più, a venti volte di più! -

- Luigi, signor Luigi, questo è antifascismo. -

- Il fascismo non ne ha colpa! Sono gli italiani che se ne approfittano. Tu sei troppo giovane, tu non conosci gli italiani, i terroni e i bormidesi. Tu sei ingenua ma imparerai. I bormidesi sono i peggio di tutti! Ed io sono da solo: mia moglie è sempre malata, il maggiore è in Sudamerica e non si fa più vedere, Franco si diverte a fare il soldato e chiede sempre soldi, e quelle due sempre con i loro rosari in mano e a sputar sentenze... Tu sei gentile. Spero che Franco ti tratti bene, sei servizievole e lavori tanto, anche troppo. Un po' di questa roba regalala alle tue cugine e a tuo zio che è un galantuomo. -

- Luigi, lei dovrebbe comperarsi un'automobile. Guardi un poco come siamo messi. Tra poco dovremo prendere l'autobus, poi il treno, poi andare a casa. Con l'automobile non faremmo tutti questi trasbordi e porteremmo più roba. -

- Un 'automobile, ma sai quanto costa? Non ne fabbricano quasi più. Solo autoblindo fabbricano. Per quel che servono. Questa guerra finirà in pochi giorni. Ancora pochi mesi e tutto sarà a posto. Hai visto come è bella Bormida, vedrai che belle castagne ci saranno ad ottobre, vero Principe? -

La notte non era ancora scomparsa del tutto quel mattino del quarto giorno dopo le decisioni irrevocabili che fummo svegliati da tuoni lontani e ci riaddormentammo tranquillamente, delusi, perché forse non ci sarebbe stato bel tempo. Al contrario era una giornata di sole. Mentre stavo recandomi al lavoro in ufficio notai che la gente in strada era particolarmente agitata e nervosa: C'era fretta mista ad ansia nelle madri che attendevano davanti alle scuole chiuse, fretta mista ad incertezza nei negozianti che aprivano e richiudevano le porte dei negozi, fretta mista a paura nei lavoratori incerti se prendere i mezzi per recarsi al lavoro. Poi in ufficio cominciarono ad arrivare le prime notizie: Sestri, Sestri Ponente è stata bombardata! Anche Savona è stata bombardata all'alba, ci sono morti e feriti, ma il nemico è stato messo in fuga dai nostri eroi. Tradimento! Man mano arrivavano notizie sempre più precise riportate dai clienti dell'ufficio: sono stati i francesi con le loro navi, sono arrivati davanti a Genova e davanti a Savona ed hanno sparato persino sui cimiteri. A Savona hanno colpito l'ILVA. Qui a Genova abbiamo pochi danni, quasi nulla. Li abbiamo fatti scappare e li abbiamo inseguiti.

La guerra era già finita, vinta.

La sera successiva a cena la famiglia era tutta riunita. C'era anche il sottotenente medico Franco Siccardi appena giunto in licenza da Alessandria dove svolgeva il suo servizio militare, bellissimo e marziale nella sua divisa nuova. Le domestiche avevano servito il minestrone genovese fatto autarchicamente con quindici verdure che mi erano costate una pesante sfacchinata. La conversazione riguardava la meravigliosa opera di difesa svolta dalle forze costiere italiane contro la preponderante flotta francese e gli atti di eroismo compiuti dai marinai italiani.

- Hai visto, Franco, che lezione abbiamo dato ai nemici? Presto toccherà anche a te coprirti di gloria. - Disse Luigi al figlio.

- La Francia e l'Inghilterra sono praticamente finite, si arrenderanno in poco tempo. - Disse Clelia al fratello.

- Forse tu non andrai nemmeno in guerra quando avrai finito il servizio militare. - Dissi io a mio marito.

- La guerra finirà prima del servizio militare. - Replicò Luigi.

Ma Franco non aveva voglia di rispondere, non se la sentiva di replicare, probabilmente era un po' stanco del viaggio o frastornato dall'assalto dei familiari. Faceva sempre così quando diversi pareri gonfiavano una discussione, poi sgonfiate le acque interveniva con calma.

- La flotta francese si è avvicinata alle coste, ha aperto il fuoco e si è allontanata quasi indisturbata. Da parte nostra non c'è stato allarme o avvistamento. Sono arrivati a due passi da due grosse città industriali senza intralcio. Torino è stata bombardata due giorni or sono dall'aviazione. -

- Sei il solito disfattista, vuoi vedere tutto nero per fare il bastian contrario, non ti meriti la bella vita stai conducendo. -

- Ti rendi conto che stiamo già muovendoci in Africa orientale ed in Libia e che presto non dovremo più preoccuparci delle sanzioni contro di noi? -

- Bene, ora basta così, gustiamoci la cena e smettiamo di guastare lo stato d'animo di Janina. Non vedete che è sempre in ansia per la sua famiglia? - Intervenne la signora Maria.

- Sai Franco? Ha scritto tuo fratello Baci dall'Ecuador. Dice che, insieme alla moglie, sta cercando di metter su un'impresa, una fabbrica. Ha lasciato il comando della nave. Chissà che riusciranno a combinare in quel paese lontano. -

- Fratello Baci? -

- Non avevi mai capito? - Intervenne Rosetta premurosa.

- Per noi sono sempre stati Chicchi e Baci e Chicchi è tuo marito! -

Ed io pensavo che avrei avuto il mio Chicchi tutto per me e non sarei andata in ufficio per due giorni sfidando i musi lunghi delle cognate. Due giorni erano un lasso di tempo brevissimo, erano un gioiello prezioso che cercavamo di vivere intensamente allontanando da noi i disappunti e gli assilli di una famiglia pesante e di preoccupazioni. Nei rossi crepuscoli oltre i monti sul mare scrutavamo il nostro futuro senza riuscire a decifrarlo considerando quel periodo solo come un tempo provvisorio. Quando Franco ripartiva riversavamo tutti i nostri sentimenti, la nostra poesia, la voglia di vivere, le ambizioni sulla carta da lettere. Era allora che mi rendevo conto di essere sola. A volte, prima di addormentarmi e ad occhi chiusi, tentavo di estraniarmi, di uscire da me stessa, di vedermi dal di fuori ed allora certi sopiti sensi di colpa si risvegliavano e ingrandivano. Oppure, galleggiando nel buio di una dimensione lontana, mi guardavo senza riconoscermi chiedendomi che cosa stessi facendo, che ci facessi io lì dentro ad una casa sconosciuta vivendo una vita che non era la mia, facendo cose che non mi interessavano e che non erano nei miei scopi. In fondo non avevo ancora combinato nulla in quella mia avventura: erano successe tante cose, avevo vissuto una vita assolutamente diversa da quella di migliaia di ragazze, avevo intrapreso tanto, ottenuto alcuni risultati, ma non ero arrivata ad un risultato definitivo. Ero rimasta così, sola con me stessa, tra altra gente diversa da me, talmente diversa che, a stento, riuscivo a capire ed a stento capivo la loro terra, la loro nazione e i suoi modi. Certe notti mi sembrava di muovermi su un pianeta lontano tra esseri particolari, incomprensibili e mi appariva futile qualunque sforzo fatto per capirli. Se vano era lo sforzo, quanto tempo avevo sprecato nel tentativo di nuotare nella loro stessa acqua, di respirare la loro stessa aria. Arrivavo così al bilancio della vita che avevo trascorso e, fortunatamente, con pensiero inconsapevole, avvertivo la provvisorietà delle cifre in negativo e la concretezza di quelle in positivo. Il risultato era tuttavia un malinconico senso di colpa anche se non deprimente.

Ma Franco, inevitabilmente, se ne andava interrompendo il tempo migliore per la nostra intesa e sospendendo il proprio arricchimento professionale nel momento in cui avrebbe dovuto costruirsi un'esperienza solida. Andava ad apprendere come danneggiare un organismo sano e come valutare la salute brillante di chi non aveva necessità di cure o come scovare la fortuna di colui che con un soffio al cuore sarebbe tornato alla zappa ed ai pascoli. Andava ad apprendere come valutare un ferito senza ferite, come medicare una grave ferita senza lesione, come inneggiare alla teoria strisciando abilmente una goccia di sangue tra due vetrini per verificare un'anemia.

Io restavo nel nostro letto solitaria ripercorrendo a memoria il sesso che, prepotente, era esploso nella mia realtà e che non aveva mai trovato un lungo periodo di continuità, frustrato dalle frequenti lontananze, inibito da ambienti virtuosi, ed ora inaspettatamente preteso quotidianamente dal corpo e dal pensiero. Ed era stata una grande fortuna dover subire tale prepotenza non soltanto per la scoperta straordinaria ma anche per il diversivo, per la fuga che l'erotismo mi procurava nelle sue estasi, per il rilassato appagamento che lasciava nell'anima. Come futuro medico sapevo quanto fosse utile assecondare la fisiologia umana senza forzarla con inibizioni morali o religiose anche se la medicina di allora non caldeggiava apertamente la sessualità. Io, in qualsiasi modo, stavo meglio ed il mio organismo pretendeva la salute mentale che le regole dello stato concedevano solo dopo attese lunghissime ed antiscientifiche. Insomma, vicina ai ventitré anni stavo diventando una donna anche se in quei tentativi di addormentamento, nei quali cercavo di scrutarmi dal di fuori, non mi identificavo come un adulta matura quasi che la crisi adolescenziale non fosse trascorsa.

Quanto mi hai lasciato parlare! Ma che ora abbiamo fatto? Ormai sarà mattino!"

"E' ancora presto, non è molto che siamo insieme, il tempo, quando sei con me, è un concetto relativo. Non posso spiegartelo con parole semplici, ti dirò solo che mi è data la facoltà di fermare il tempo, di rallentarlo. Io ho molte facoltà."

"Mia cognata Clelia usava dire: io, asino primo."

"Sei stanca, ti ho spremuto l'anima. Non posso farci nulla se ho delle prerogative importanti, non tante quante la Fortuna di cui ti ho già parlato. Ma quella è quasi una dea e sapessi quante arie si dà. A volte la incontro ed è noiosissima con quei suoi atteggiamenti divini: ed io ho fatto questo, ho messo a posto Tizio, ho regalato a Caio, ho tolto a Sulpicio… E non si accorge di nulla: non vede ciò che le capita attorno, è sbadata. Ma se sei stanca, tra un cicchetto e l'altro, tra una MS e l'altra, posso parlare un poco io, da asina, s'intende! Che vuoi che ti dica? Non farmi domande alle quali non posso rispondere!"

"Non ho domande su argomenti elevati: ho già avuto modo di rispondermi da sola, nella mia presunzione da cui non sono immune. Rimango immersa nel mio materialismo e continuo a domandarmi il perché di tanta stoltezza nella specie umana."

"Ed io ti ho già dato una delle risposte: siete irrazionali."

"Michelangelo, Cristoforo Colombo ti sembrano esseri irrazionali? Gli animali hanno un Einstein, adoperano l'elettricità o i treni?"

"Colombo, Einstein e altri sono soltanto eccellenze di cui molti altri si avvalgono con un certo giudizio; ma quando le grandi idee e le realizzazioni di costoro sono messe alla portata delle masse e degli affaristi, dei potenti in genere, i risultati possono essere deprecabili e fonte di tragedie. Te l'ho già detto: è questione di percentuali. L'enorme percentuale degli esseri umani si avvale. Capisci? Si avvale dell'intelligenza di una minima minoranza di esseri pensanti. Quanto tempo avete impiegato per sconfiggere l'analfabetismo? Millenni. Ed ancora ci sono posti in cui la maggioranza non sa leggere. Quanto tempo per sconfiggere la fame? E non avete ancora vinto. E potrei andare avanti per ore. Siete intelligenti? Siete più intelligenti degli animali? Siete più interessanti degli animali e di tutte quelle mie colleghe barbose e pedanti.

Un animale, una pianta non ha coscienza di se stesso, voi sì. Tu puoi soffermarti a considerare te stessa e concepirti con la consapevolezza di essere unica. Tu puoi sentirti in te stessa, avvertirti, sapere che sei irripetibile in ogni istante. Puoi guardarti dal di fuori, spere che sei pensante, sapere che esisti che vuole solo dire che sai di esserci. Eppure lo fai raramente. Chissà se tu lo facessi più spesso forse aumenterebbe la tua capacità di conoscerti e di essere maggiormente comprensiva nei confronti di chi, come te, ha poca coscienza di se stesso.

Un'altra differenza della vostra mente confrontata a quella degli animali è quella che permette al vostro cervello di avere delle abilità sottintese. Questa è una capacità che consente alla vostra mente di eseguire lavori, funzioni, gesti in genere anche in soprappensiero. Un gatto non è capace di sbucciare le patate o di zappare un campo mentre la vostra testa permette ai vostri arti di eseguire questi gesti o particolari lavori o determinati esercizi senza pensarli. E qui voi siete maestri. Siete abili nel reiterare con le vostre mani azioni impossibili agli altri esseri viventi ma è tutto qui, nulla di più che muovervi in un certo modo o adoperare utensili che altri hanno concepito. Nulla di più avvilente di guardare una massaia o un operaio o un arrotino ripercorrere le solite movenze, i gesti comuni.

E quindi c'è la terza ed ultima differenza: il pensiero superiore, la creatività, l'astrazione. E qui voi zoppicate. Zoppicate perché è difficile, è faticoso, i più preferiscono delegarlo ai pochi. Vi è stato fatto un regalo immenso migliaia e migliaia di anni fa quando avete iniziato a ragionare ed ecco che invece di tuffarvi audacemente tra gli affanni ed i gorghi del riflettere avete preferito astenervi spaventati. Piuttosto che dissetarvi a questa fonte meravigliosa siete divenuti astemi o almeno la maggior parte di voi non ha sete. Il pensiero: quello che ti fa chiudere il libro per farti meditare, quello che ti fa aprire il libro.

Il pensiero speculativo che ti invita alla ricerca delle molte facce della verità. Il pensiero critico che ti vaccina contro gli indottrinamenti dei falsi tribuni. Il pensiero è faticoso anche perché si nutre di nozioni costose, di studi intensi, talora difficili, con interfacce non sempre evidenti. La capacità di giudizio obiettivo su cose, fatti, uomini è difficoltoso ma è sempre stato alla vostra portata; perché rinunziarvi, perché non sforzarsi?"

"Forse qualcuno ci ha spaventato, forse qualcuno ci vuole spaventare, forse qualcuno ha paura che noi ci mettiamo a pensare".

XV

Ogni lettera che ricevevo da mia madre era ormai diventata un supplizio. Ogni lettera strappava qualche cosa dentro di me che non sapevo che parte fosse ma faceva male. Male e rabbia. Ogni lettura perdevo qualcosa che non potevo recuperare in nessun modo: non con il sesso o con l'affetto di Franco sempre lontano e che nei brevi e rari giorni di licenza mi colmava di ogni affettuosità nonostante la mia tristezza pensierosa. Il lavoro nell'ufficio postale mi distraeva solo quando un particolare problema mi costringeva ad una attenta concentrazione.

Mi accorsi, tuttavia, che stavo diventando brava nella risoluzione di difficoltà organizzative, nella gestione della burocrazia, nel recepire ed appianare i dubbi del cliente; non adottavo, sul lavoro, il *digghe de sci e scigua* (digli di sì e fischia) di certuni. Questo aveva la sua importanza nel restituirmi un poco di fiducia nelle mie capacità. Ma non studiavo quasi più e leggevo sino a tarda notte se non scrivevo. Studiare proprio non mi andava, era impossibile mantenere una concentrazione ed un'attenzione adatte a memorizzare quello che, in quel periodo, mi sembrava un oceano di nozioni. Come hai appena detto: studiare è difficile, è faticoso. E allora scrivevo. Scrivevo tanto che quasi diventò una mania oltre che una consolazione, una sublimazione. Scrivevo ora con penna, pennino e calamaio, ora con la stilografica, ora con la matita se mi ritrovavo senza inchiostro. Scrivevo al lume di candela e la piccola luce concentrata sulla mano radunava l'immaginazione e mi restituiva il romanticismo con Franco e l'affetto con mia madre.

Franco non era per nulla un risparmiatore e, al contrario della famiglia, tendeva facilmente a spendere. Ora che aveva per sé una donna sulla quale riversare protezione e premure non mancava di portarmi un piccolo dono se tornava a Genova oppure continuava a spedire francobolli a mio fratello, accompagnati da brevi lettere in italiano. Lettere che i miei faticavano a fare tradurre e che lui spediva dalle varie città dove il dovere lo portava: Roma, Firenze, Alessandria ed i francobolli che David preferiva erano quelli della Città Del Vaticano. Ma io non mancavo di fargli sapere di non portarmi regalini perché poi in famiglia ci sarebbero state discussioni e polemiche.

Con mia madre era tutt'altra faccenda: le mie erano brevi cartoline postali così da poter inviare più posta con il minor numero di bugie ed il maggior numero di notizie tranquillizzanti possibile. Che stessi bene, senza grosse preoccupazioni economiche era una notizia quasi vera ma che stessi per laurearmi e che Franco fosse soltanto un fidanzatino erano informazioni ben lontane dalla verità. Eppure sentivo che non stavo mentendo troppo sforzandomi di portare un conforto, un sostegno morale al grave periodo che i miei stavano sopportando. Certo, se avessi studiato con più impegno, se fossi riuscita a recuperare quel primo anno impiegato ad impratichirmi con la lingua italiana, adesso avrei potuto comunicare a casa che ero un medico e che, compiuto il dovere di figlia, stavo per sposarmi, alla *facciaccia* di tutto il resto, come avrebbe detto Liliana. Invece avevo ingarbugliato tutte le informazioni con quelle *stramaledette* (Liliana) leggi razziali. Con che parole avrei potuto comunicare ai miei che stavano liquidando tutti i non ariani e che ero, realmente, nella necessità di sposarmi per non rischiare di dover mandare a monte ciò che avevo combinato sino ad allora. Ma che lo amavo, in ogni caso, quel ragazzo. Si chiama bugia a fin di bene. No, non dirmi niente, so bene quel che stai per dire, so bene che sono tutte a fin di bene: il proprio bene. Andò così e basta: scrissi di aver ottenuto la laurea, poi di un futuro e probabile matrimonio (rito cattolico), poi di non avere altre difficoltà, né finanziarie né politiche e soltanto l'ultima asserzione era una mezza verità. Poi arrivò un dubbio perfido: se avessi scritto per tempo *mi sposo, venite per il matrimonio.*

Al lume della candela, con il biglietto postale a metà, seguitavo a passarmi tra le mani le cartoline postali ricevute dai miei e sempre indirizzate in via Nizza, presso lo zio, perché non li avevo informati di troppe cose. Francobolli nuovi che avrebbero arricchito la collezione di Franco, ma con la svastica e con una dicitura nuova: *General Gouvernement* Governatorato Generale. Trenta zloty per una cartolina, per dirmi che sono già sei anni che manco da casa, che sono ancora vivi, che sono felici perché sto diventando un medico e che questo è motivo di grande conforto. *Ci rivedremo un giorno? Sopravviveremo a questi tempi terribili? Tuo fratello ora prende lezioni private ed ha ricevuto i francobolli dal dottor Siccardi. Per favore, dimmi di più su quest'uomo. Vuoi che legga soltanto io? Allora allegami notizie in un'altra busta nella prossima lettera solo per me che sono anche la tua amica onesta e leale. E' un miracolo che siamo ancora vivi: mesi fa abbiamo avuto centosettanta zloty dalla mia famiglia di Cracovia, da Jola mia sorella, che tuttavia non se la passa bene perché la struttura del marito è stata sequestrata ed ora i figli li stanno aiutando.*

Coltellate! Erano per me coltellate nei fianchi. Avevo un unico desiderio: ricevere notizie migliori, fossero anche menzogne come le mie e forse non c'erano soltanto frottole ma anche omissioni. E ancora: *Abbiamo ricevuto la tua cartolina. Eravamo così felici di leggerla! Ci congratuliamo con te per la tua laurea. Siamo orgogliosi. Per quanto riguarda i pacchi con gli alimenti che ci hai mandato e che purtroppo non sono mai arrivati, amore, non preoccuparti. A casa non è così male come immagini. Siamo tutti, grazie a Dio, sani e viviamo nella speranza che un giorno sarà meglio. Pensare a te, cara Janka, ci rassicura molto. Chiunque abbia una figlia come te, tesoro, non può sentirsi infelice.*

Oppure: *Da noi niente di nuovo, siamo tutti sani. Non ci lascia in pace, però, la paura per quello che abbiamo letto nei giornali. Hanno scritto che c'erano stati dei bombardamenti a Genova. La nostra unica richiesta a Dio è che ti mantenga in salute.*

XVI

La Grecia è un paese caldo, immerso nel mediterraneo, aspro, arduo per il contadino. Ogni volta che penso alla Grecia mi viene in mente quella favola di Esopo nella quale il contadino vecchio, in punto di morire, racconta ai figli di aver sepolto un tesoro nel campo. E mi figuro quei poveracci a zappare tra le rocce e le pietre su un terreno scosceso. Non sono mai stata in Grecia e non so pensarla in altro modo se non in quello. Pensare di far guerra alla Grecia a fine ottobre e passando dall'Albania deve essere sembrata un'idea molto originale. A che erano servite le umilianti esperienze precedenti del signor Dario e del signor Serse che ci avevano provato duemilacinquecento anni prima? Ecco, mi piacerebbe sapere se hai parlato anche con loro. Queste sono le domande che mi piacerebbe rivolgerti! Se non hai fatto parlare Serse che interesse hai a chiacchierare con me?

L'impresa appariva facile come bere un bicchiere d'acqua poi sarebbe stato sufficiente occupare un centinaio di isole. Cose da bambini. Impossibile sbagliare. Intanto rombavano tuoni su Genova che subiva i primi assaggi di tritolo dal cielo. Proditori e vili attacchi. Non osavo lamentarmi immaginando ciò che avevano dovuto subire i miei genitori, ma una bomba dal cielo è una faccenda che atterrisce; il boato immenso, il fragore terribile; lo sfascio abissale di un palazzo che crolla bruciando tolgono il coraggio a chiunque. Poi rimane addosso dolore e rabbia e la rabbia la rivolgi a chi ha sganciato le bombe.

Allora ci capivo poco e per spiegarmi devo adoperare i convincimenti di oggi. Ti ho già detto che di politica non mi ero mai interessata. Le stesse leggi razziali per me non erano politica ma il reiterarsi di persecuzioni ai danni di una popolazione che sentiva dentro di sé, da sempre, i sintomi della vessazione.

Questi sintomi sono latenti e congeniti ed affiorano non appena si manifesta una nuova ondata di intolleranza. Ma ci si abitua a tutto soprattutto se disponi già degli anticorpi necessari ed io, evidentemente, ero vaccinata dalla nascita e i miei simili sono nelle stesse mie condizioni. Certe armature si tramandano da secoli da padre in figlio ed ogni figlio è sempre più difeso del padre.

Se la guerra fa parte della politica, dunque, non ci avevo capito nulla. La guerra era arrivata, preannunciata, sì, ma così velocemente da non permettere ad una ragazzina di rendersi conto di quello che le stava capitando intorno negli ultimi tempi. Tempi che per me erano carichi di esperienze nuove e frastornanti. Se fossi andata a studiare in un altro paese che non fosse l'Italia come si sarebbe modificato il mio atteggiamento, la mia considerazione nei confronti della politica di guerra? Per chi avrei parteggiato? Perché da una parte dovevi ben stare! Ero diventata italiana ed ero ben contenta di esserlo e non mi rendevo conto di essere finita dalla parte sbagliata! Erano gli inglesi a tirarci addosso le bombe e ce l'avevo contro gli inglesi che stavano distruggendo la mia città così come ce l'avevo contro i tedeschi che avevano portato la guerra a Kielce. Ma inglesi e tedeschi si stavano combattendo e, se fossi andata a studiare a Coventry, quante bombe tedesche mi sarei presa sulla testa? Lo so, sono discorsi oziosi, basati sui se, ma ciò che mi preme farti capire è il mio estremo disorientamento di allora. Io, che non avevo neppure opinioni sul fascismo anche perché non mi interessava e non perché non lo ritenessi degno della mia attenzione, ma perché avevo altro a cui pensare. Oggi è diverso, ma quanti errori di valutazione ho commesso in vita mia!

Nemmeno Franco era ferrato in politica e non gli interessava granché. Il suo antifascismo era soprattutto contrapposizione ai suoi famigliari. Sapeva avere un giudizio critico che nasceva dall'avversione per la pomposa retorica di regime, che nasceva dalla sua cultura storica, dalla convinzione di dover analizzare le verità che venivano inculcate a forza nelle menti dei cittadini. Tuttavia le ambizioni italiane, le velleità di prestigio, l'orgoglio nazionale non lo lasciavano del tutto indifferente. Una certa smania di grandezza internazionale, forse raggiungibile attraverso il fascismo, ce l'aveva anche lui nell'animo. Era un patriota che amava il suo paese e che criticava certe assurde decisioni dei responsabili del regime. Amareggiato da certe evidenti deformità insite nella politica del suo paese, temeva la guerra e soprattutto temeva la smania, di gran parte dei compatrioti, di voler guerreggiare. Ad ogni modo, anch'egli era un ragazzino di soli tre anni più di me e le sue piccole considerazioni politiche naufragavano nell'oceano delle fantasie di una casa, di un lavoro, di un focolare domestico sereno.

E poi devi pensare all'ambiente che ci circondava: era una propaganda costante e martellante sui meriti del regime, un'esortazione forte all'orgoglio nazionale, una spinta potente ad ottenere quel posto influente tra le nazioni che l'Italia desiderava. Non c'era nessun'altra voce da ascoltare, non altre opinioni da considerare e soppesare.

Socialismo, nazionalismo, democrazia. Da ignorante e da persona che ha altro a cui badare, a quel tempo avrebbe potuto andarmi bene anche il fascismo se si fosse comportato bene e questo era già un controsenso ma l'avrei capito solo in seguito. Ma le leggi razziali, l'alleanza con il nazismo, la volontà di guerra a tutti i costi tentando di spendere il meno possibile mi avevano reso scettica circa la bontà e l'intelligenza del regime. Soprattutto l'intelligenza. Ma le bombe stavano tirandocele gli inglesi. Sulla mia città, sulla mia nuova nazione. Ero indignata e la stessa indignazione la leggevo in faccia ai miei concittadini. Indignazione e fierezza: come osavano colpire Genova! Si era appena agli inizi e gli inglesi volevano farci capire che se volevamo la guerra: eccola, è questa! Avevamo dichiarato guerra a mezzo mondo e questa si stava presentando: eccomi, mi avete cercato? Sono qui da voi. Ma questa era diversa dalle precedenti, i suoi modi erano completamente inconsueti!"

"E' vero, Janina. Una volta combattevate con pietre e bastoni, poi con il ferro ed il fuoco. Il progresso esiste anche per la guerra, anzi, è vero il contrario: la guerra fa progredire più in fretta la vostra tecnologia. Credimi, io sono una specialista della guerra. Dove c'è lei ci sono anch'io. L'ultima l'avevate combattuta nelle trincee, lontano dalle città e dai civili; c'era persino un'aura romantica che avvolgeva i biplani che disegnavano in cielo ampie volute leggere. I carri armati erano grandi, lenti e poco difesi dalla corazza. C'era stata una importante accelerazione del progresso, dovevate aspettarvela una guerra differente!"

"Non so che dirti. Non mi intendevo e non mi interessava neppure la guerra e posso parlare pure al presente, ma allora non me l'aspettavo: pensavo ancora alle battaglie come quelle di Maratona o di Waterloo e non al bombardamento di Genova dal cielo. E non bastava neppure tutto il cielo! Sono tornati dal mare, un febbraio, ed hanno colpito un po' dappertutto distruggendo case e palazzi, colpendo l'ospedale dove portavo Maria per le visite e non rispettando nemmeno il duomo che è un'autentica bellezza. Poi se ne sono andati indisturbati. Insomma, da perfetta indifferente, iniziavo a diventare antifascista anche per queste ragioni: se affermi di essere sicuro di poter proteggere la famiglia del cittadino che hai mandato a combattere all'estero e poi vieni smentito clamorosamente dimostri di non essere all'altezza del compito che ti sei prefisso, o che hai mirato troppo in alto; in ogni caso sei uno sciocco. Ma allora erano sottintese tra le righe della stampa o nelle parole della radio che le responsabilità non erano tanto del regime quanto di quei cittadini o di quei soldati ai quali erano deputate le difese del patrio suolo. Vale a dire: italiani, non siete all'altezza dei compiti, non vi meritate questo fascismo. E, allora, se l'italiano non è all'altezza hai fatto male ad imporglielo. Errore umano, oggi si usa dire così: errore umano, ma è sempre così, è sempre umano. Oppure: tradimento! E tu non metterti in condizioni di farti tradire! Ti parlo con le parole e con le riflessioni di oggi che allora non ero all'altezza di pensare: non si deve cercare di realizzare un progetto ambizioso con la collaborazione di individui scelti in virtù dell'appoggio che hanno fornito un tempo ma che non sono all'altezza del compito. Chi è arrivato al potere ha ricevuto appoggi ed ha concesso, in cambio, posti di responsabilità ad amici e parenti dei sostenitori creando un'architettura debole. I collaboratori vanno scelti in base al merito e non in base ad una raccomandazione. Anche per questo il fascismo è stupido."

"Non sono d'accordo con te, Janina. Quella che hai esposto è una caratteristica comune a molti sistemi politici compresa la democrazia. Considera pure ciò che sta avvenendo oggi in Italia governata da amministratori che si dicono di sinistra."

"Purtroppo devo darti ragione. Me ne parlava già da tempo… Oh, lasciamo perdere. Che amarezza! Ma quello che voglio sottolinearti è che tante cose venni a saperle soltanto dopo, a volte molto tempo dopo. Le notizie dei giornali e della radio miravano solo a ingrandire una serie di vittorie alle quali non sapevi mai se dovevi prestar fede. Radio Londra rovesciava le notizie in senso contrario. Farsi un'opinione personale era estremamente difficile ed io ero così sciocca. Ero giovane e sciocca. Pensa che un giorno stavo recapitando, con un furgone ed il suo conducente, alcuni pacchi raccomandati fuori dal solito quartiere centrale. Eravamo costretti a frequenti deviazioni dal percorso più logico per evitare i lavori di sgombero delle macerie dovute ai bombardamenti. Il giro era abbastanza lungo e stava diventando davvero faticoso: Marassi, Staglieno, Boccadasse, Foce, Albaro. Le distruzioni non erano numerose, ma alcuni palazzi erano stati devastati crudelmente e dentro di me sentivo ribollire una rabbia feroce. Poi il conducente, un vecchietto genovese dall'aria triste e dimessa, mi fece notare alcuni rottami metallici anneriti dal fuoco, ritorti ed aggrovigliati dall'urto subito sulle stesse macerie, identificabili, mi disse, come aerei inglesi abbattuti dalla contraerea. Forse fu l'ira, forse la stupidità, forse la pena che provavo per i miei concittadini così duramente colpiti, morti, uccisi, senza più la loro casa, a farmi sentire una buona dose di soddisfazione nel vedere quei grovigli metallici, due, tre o di più caduti dal cielo mentre portavano lo strazio sulla città. Ero giovane ed in quel momento mi sentii addosso tutto il vigore che la propaganda del regime era riuscita a penetrarmi. Vinceremo, dissi al vecchietto alla mia destra, vinceremo lo stesso, mentre questo mi guardava con aria dubitante e perplessa da sotto la visiera del berretto.

Descrissi a Franco, in una lettera, queste mie emozioni, questi miei slanci nei confronti della mia nuova patria. Lui si guardò bene dal rispondermi per iscritto, ma, alla prima occasione, durante una licenza, con molto tatto e comprensione, mi illustrò il suo stato d'animo:

- Vedi, Janka, l'Italia si è cacciata in una gran brutta situazione. A me piacerebbe camminare a testa alta, orgoglioso del comportamento del mio paese. Abbiamo attaccato la Francia quando questa era ormai sconfitta dalla Germania e i tedeschi hanno vinto per noi. Abbiamo attaccato la Grecia e non stiamo vincendo. Ci stiamo impegnando in imprese facili eppure non ne veniamo a capo. Ci stiamo impantanando in bruttissimo affare che sta diventando sempre più grande, assai sproporzionato alle reali capacità del paese, del mio paese. Non sono orgoglioso di quello che stiamo combinando e non tanto per le mancate fulminee vittorie quanto per la vigliaccheria di queste aggressioni. Ad Alessandria, ogni volta che intendo che c'è stato un bombardamento su Genova, divento pazzo dalla paura che possa capitarti qualcosa. Certamente, sono contento che gli aerei vengano abbattuti prima di recarti un danno, ma siamo noi che non avremmo dovuto metterci in questa situazione. Rimango italiano e se dovrò affrontare la guerra anch'io la affronterò con tutto l'impegno possibile ma forse senza convinzione. E questa non è una bella cosa, credimi. Con che coraggio affronti un nemico senza la necessaria convinzione. Per chi dovrò combattere? Per l'Italia o per l'Italia del fascio? Io vorrei combattere per l'Italia. Preferirei non combattere. E poi dove,

dove mi manderanno? Africa, Grecia, Libia? Qui qualcuno si è messo in testa di fare guerre facili e brevi con vittorie veloci. Fosse almeno vero! Io lo spero ma ho paura che non sarà tutto tanto semplice. Mi dici che sono antifascista per contrapposizione alla mia famiglia ed io ringrazio la faciloneria di mio padre e l'infatuazione di Rosetta, Clelia e mio fratello per aver indirizzato le mie opinioni in una direzione più critica. -

- Tu non pensi che vinceremo? -

- Stai parlando come se tu fossi sempre stata italiana! Vincere. Certo che spero nella vittoria ma vorrei che questa arrivasse al più presto, così come dicono che dovrà succedere. Però, in tutto questo c'è qualcosa che stona: vincere in questa maniera mi pare non sia troppo nobile. Non voglio dire che sia nobile il comportamento degli inglesi che sganciano bombe sulle città e sui civili: questo è un modo vigliacco di fare la guerra. Io voglio che tutto questo finisca prima della fine del mio servizio militare, prima di essere mandato a combattere. C'era necessità di tutto questo bordello? Desidero costruirmi la mia vita insieme con te senza altre preoccupazioni che i bambini che avremo. Un giorno vorrei avere una condotta in un un paese di campagna ed abitare in una casa con tanto terreno attorno. Tu mi aiuterai nel lavoro e nelle altre faccende. Mi hai detto che vuoi tanti bambini ed allora avremo una grande casa con un caminetto e, la notte faremo l'amore di nascosto, come adesso, dopo aver messo a dormire i bambini. Davanti al fuoco. -

E giù a fare l'amore, ancora una volta, con un'attenzione silenziosa, con il proposito di non offendere le altere sensibilità di ambienti consacrati alla castità, con una cautela approssimativa fatta di interruzioni e di spugnette imbevute d'aceto, con un'intensità desiderosa di oblio, di estasi.

- Hai mai ascoltato radio Londra? -

- Una sola volta. Ho dovuto costringere le tue sorelle a cercarla alla radio con la scusa di sapere se si dicesse qualcosa della

Polonia. Ma loro non vogliono assolutamente sentire quella trasmissione. Sono più ligie agli ordini che paurose di incorrere nelle sanzioni. C'è un colonnello che parla con l'accento di Stanlio ed Ollio. Diceva che in Grecia l'Italia è stata battuta e ricacciata indietro. -

- Io non l'ho mai sentita, ma in caserma, di nascosto, qualche soldato, sottovoce, in confidenza, riferisce di familiari che ascoltano la radio. Mi sembra di aver capito che molti l'ascoltano. Pare che nemmeno in Africa le cose stiano andando per il verso giusto ma è possibile che sia propaganda anche quella. -

- L'altra notte l'ho combinata grossa: faceva caldo e tenevo la finestra di camera aperta e ti stavo scrivendo con la luce accesa, avevo finito tutte le candele. Alle due sento suonare alla porta, pensavo fossi tu. Corro ad aprire ed era un tizio, un controllore di quartiere che mi ha fatto notare che si vedeva la luce dalla strada. Stavo violando l'oscuramento antiaereo! Meno male che in casa nessuno si è accorto di niente. -

- Sono frequenti gli allarmi? -

- Macché, però ti costringono a una vitaccia d'inferno. Devo sempre premunirmi di tutto l'occorrente, avere a portata di mano scarpe, sigarette, acqua, eccetera. Quando poi suona di giorno in ufficio è il caos e mi ritrovo sempre ultima a chiudere le serrande. Dovrà ben finire prima o poi! -

- Non sarà la guerra dei trent'anni ma non è neppure un conflitto lampo. Quando penso a quelle moltitudini di scriteriati che inneggiano alla guerra! Ma si rendono conto di che cosa è la guerra? Vorrò vederli un giorno maledire ed imprecare contro coloro che adesso osannano. -

XVII

Serse per l'Ellesponto si fuggia recitò Franco, in licenza, alla cena di Capodanno in famiglia, citando un poeta che neppure gli piaceva molto perché lo riteneva troppo lagnoso e suscitando, questa volta, solo timidi dissensi e mugugni. E non era neppure l'Ellesponto bensì una regione aspra e montuosa. Aveva ragione radio Londra: la Grecia non era stata soltanto una sconfitta bruciante, era stata un'umiliazione vergognosa. La campagna si era risolta in un viaggio fangoso corso e ripercorso avanti ed indietro nella pioggia e nella neve, nel freddo e nel ghiaccio dove il mulo, ancora una volta, aveva dimostrato la sua superiorità nei confronti del motore. E non erano state nemmeno poche migliaia di morti, come si voleva, ma erano morti lontane che soltanto i parenti piangevano ma lontani gli uni dagli altri, sparsi per tutta l'Italia e chissà quanto ancora convinti della sicura vittoria e di aver volentieri sacrificato un eroe, un marito od un figlio alla patria.

Intanto gli allarmi antiaereo si erano fatti più frequenti e a volte erano veritieri. Altro che Grecia: la guerra ce l'avevamo in casa! E quando dico casa intendo che le battaglie iniziavano in cucina con le domestiche, proseguivano in sala da pranzo tra le sorelle e non finivano sulla porta ma continuavano nell'ufficio postale. Era ormai un tutti contro tutti con labili alleanze, furenti scontri verbali, pericolosi lanci di suppellettili di Rosetta contro la madre e di Maria che, racimolate le sfiancate ultime energie, scagliava quanto poteva sulla figlia meno agressiva. Volavano non tanto insulti quanto concetti, accuse, denunce di colpe gravi contro la famiglia ed il suo capo e minacce di futuri ammutinamenti, di prossime defezioni. Battaglie talmente vigorose che mi provocavano un severo malessere dell'animo poco meno di un bombardamento sulla città, malessere che non faceva altro che peggiorare la mia confusione interiore.

L'anima della città era mutata. I genovesi mi sembravano diversi da come li avevo conosciuti: sempre un po' introversi, certo, ma ora certi visi fieri e determinati mi apparivano irosi e sospettosi. La loro fretta contrastava con le file, ogni giorno più lunghe, sui marciapiedi dei negozi. Sui tram o nelle ore in coda la gente si scambiava opinioni sui rifugi antiaereo più accoglienti e meno umidi. Le canzoncine in voga come *Amapola* o *ba ba baciami piccina* venivano strimpellate anche nei rifugi tanto per stemperare la tensione e la paura ma non riuscivano a riportare in alto il morale dei rifugiati mentre qualche anno prima, altre canzoni, le bellissime canzonette italiane, contribuivano a mantenere la serenità nelle vie e nelle abitazioni. Qualcosa si era rotto.

Ma era in ufficio che, nonostante il mio disorientamento, mi rendevo conto che la situazione stava assumendo aspetti preoccupanti che avrebbero potuto scompaginare l'organizzazione del lavoro se questa fosse sfuggita di mano ai gestori. I gestori, ma chi era il capo? Luigi Siccardi quasi sempre assente? Sua moglie sempre più debole e contrastata dalle figlie? Le figlie sempre pronte a rispondere per le rime e con eccessiva stizza a tutta l'utenza sempre più esasperata dalle attese e dalle code? Chi avrebbe sovrinteso a quelle tre impiegate il cui lavoro, in quei giorni, era diventato sempre meno produttivo, vuoi per i frequenti avvicendamenti, vuoi per le assenze per malattia o per assistenza ai familiari, vuoi perché di impiegati maschi non se ne trovavano facilmente e forse una figura maschile avrebbe portato un atteggiamento meno matriarcale nell'ufficio postale nel quale, data l'atmosfera pesante, tutti si respirava a fatica e tutta l'energia necessaria al lavoro era sparita, come se si volatilizzasse dalle porte e dalle finestre durante gli allarmi.

Mi sembrò di aver capito una cosa che per me risultava fondamentale: la gente aveva perso fiducia. Le persone, ormai abituate da tempo a mugugnare meno, a non protestare quasi mai, a farsi indicare la retta via dagli altri, adesso, in presenza di un indefinibile dubbio, di un iniziale presentimento di veder crollare, come palazzi bombardati, le proprie aspirazioni cominciavano ad avere timore e perdevano fiducia. La gente avvertiva il deterioramento nella vita di tutti i giorni, il peggioramento negli apparati burocratici, notava i ritardi nella posta o nel pacco spedito o temeva per i propri risparmi o per lo stipendio. La gente entrava nell'ufficio lasciandosi alle spalle le prime macerie, il saluto al parente o all'amico che partiva per un fronte, la speranza di ritrovare la propria casa intatta. Quale luogo si dimostrava più adatto di un ufficio postale per esternare la propria sfiducia al minimo inconveniente? Un ufficio postale, gestito poi privatamente come si usava allora, non era da considerarsi un'espressione dello stato o delle istituzioni bensì un servizio reso al cittadino e garantito dal regno con la sua affrancatura. Eppure, quell'ufficio di Piazza Fontane Marose, che spesso era aperto anche la domenica e che non rispettava mai orari rigidi, diventava tutti i giorni un terreno di scontro dove la litigiosità del cittadino metteva a dura prova le capacità delle responsabili che spesso contrastavano certe pretese insolite con giustificazioni inadeguate e irose per poi ritirarsi sgranando il rosario. Poi le solite frasi: io non ne posso più. Io me ne vado a Bormida o al Santuario per quattro giorni. Poi partivano per davvero, ma una per volta, perché insieme stavano bene ma fino ad un certo punto e poi perché non potevano sguarnire l'ufficio. Queste fughe in campagna avevano così parecchie utilità: stemperavano gli animi, allontanavano dai pericoli delle bombe, rifornivano la famiglia, ma disarmavano l'ufficio nelle sue battaglie.

Sfiducia e litigiosità. Una bella ed esaltante prova per una ragazza che in fondo doveva a tutti i costi lavorare per potersi mantenere senza parassitare i parenti così poco propensi alla generosità. *Uno per tutti, tutti per uno* mi era stato detto una volta ed ora pretendevo di essere considerata alla pari di chiunque in famiglia, anche perché ormai ero diventata veramente indispensabile in ufficio. Il mio operato era tacitamente riconosciuto come valido, il mio stile cordiale e comprensivo con l'utente litigioso era efficace, i miei modi con le impiegate erano garbati e fraterni e non sapevo che volesse dire stanchezza. Non pretesi l'ufficializzazione della mia presenza e neppure uno stipendio garantito, ma i soldi che mi stavo guadagnando li chiesi e la famiglia si trovò costretta a concedermi una piccola cifra anche perché, grazie a me, essi potevano assentarsi e provvedere alle loro necessità contando su una persona di fiducia in un periodo veramente complicato. Di lire ne giravano parecchie in quell'attività anche se né a me né a Franco fu mai data la possibilità di quantificare il benessere che l'ufficio era in grado di produrre. Non desidero sembrarti vanitosa ma te lo voglio dire: ero diventata insostituibile, indispensabile in quell'ufficio e ne sentivo addosso la responsabilità e questo fatto mi procurava piacere, moltiplicava le mie forze.

Avevo un gran bisogno di denaro. Ho sempre avuto necessità di denaro, ma ormai era diventata un'esigenza vitale. Dovevo vestirmi, sì, proprio così, volevo essere all'altezza di ogni situazione vestita in modo opportuno, senza lussi, ma ben vestita con un piccolo guardaroba che mi facesse risaltare agli occhi degli estranei e di mio marito. Ero stufa di quella biancheria strausata e sfilacciata. Ero stanca di quei vestitini vecchi e delle scarpe sformate. Il vestiario era davvero costoso e perciò ricorrevo a qualche scampolo recuperato presso zio Adolfo ed all'aiuto di una sartina o di Olimpia, impiegata in ufficio, che aveva la sua macchina da cucire. Ma quando mi presentai un giorno in ufficio con un bel vestitino verde lungo giusto cinque dita sotto al ginocchio e le maniche corte tre dita sopra i polsi Clelia, acidamente mi disse:

- Chi di verde si veste troppo di sua beltà si fida. - E ben voleva intendere che non approvava né la spesa, né il colore.

Avevo bisogno di denaro per Franco. La famiglia Siccardi non si capacitava di dover mantenere un figlio così a lungo, finanche dopo l'abilitazione e per tutto il servizio militare, nemmeno per patriottismo; tanto la guerra sarebbe stata brevissima, una guerra lampo. Al contrario l'addestramento militare di un sottufficiale era pagato simbolicamente e la mensa era spesso chiusa o il vitto insufficiente. Inoltre Franco avrebbe dovuto spesso spostarsi a proprie spese: da Firenze a Roma per gli esami, da Alessandria o da Ovada a Genova per le licenze e se domandavo alle sorelle qualche lira per il fratello mi rispondevano che poteva benissimo starsene in caserma durante le licenze. Allora dovevo alzare la voce, come mi aveva consigliato Franco, e pretendere perché erano certamente intransigenti e severi in famiglia ma se alzavi la voce e replicavi con energia presto abbassavano la cresta. Ottenni che gli inviassero settimanalmente una cinquantina di lire o poco più, cifra che spesso veniva da loro dimenticata e da me sollecitata senza ricatto ma sempre rammentando il lavoro da me svolto in seno alla famiglia. Ma, per carità, che non mi inviasse regalini perché avrebbe scatenato un putiferio astioso: *eccolo, fa il grandioso con i nostri soldi, con il nostro lavoro!* E dal putiferio alle recriminazioni gli uni contro gli altri il passo sarebbe stato breve: da affare di famiglia ad affare di stato.

Franco mi scriveva che la vita era cara: un caffè una lira e venti, una cena in trattoria dieci lire. Più tardi mi scrisse che aveva dei debiti importanti: cento ottanta lire con una trattoria e con il dentista, che in famiglia erano soltanto egoisti, che fortunatamente il dentista era un mio amico ed ammiratore avendomi conosciuta ai bagni Benvenuto di Genova quando cantavo con Lilly e Wanda (*Le Tre Grazie*). Il dentista avrebbe atteso i suoi soldi. Ma dove erano finite quelle splendide giornate estive in riva al mare?

Franco mi implorava, per lettera, di andarlo a trovare non appena aveva il sentore di avere qualche ora o un giorno di libertà. A Milano, in vista dell'esamone difficile, per conforto. Nelle altre sedi per doveri e piaceri coniugali. Poche volte, in più di due anni, lo raggiunsi per la reciproca felicità; anch'egli doveva capire che ormai non appartenevo soltanto a lui ma che il mio lavoro nell'ufficio era divenuto il nostro sostentamento.

Lo raggiunsi a Milano per l'esamone di stato e feci bene perché aveva il morale a terra ed il panico rischiava di compromettere sei anni di studio. I bocciati furono tantissimi ed alcuni si erano laureati con lode. A Franco era capitato un caso di trombosi cerebrale da stenosi mitralica e se l'era cavata bene. Superata la prova più difficile il resto non l'avrebbe spaventato troppo e non ebbe problemi a superare tutto l'esame ma subito dopo si allontanò per Firenze e poi fu sempre lontano ed io non avevo la possibilità di assentarmi da Genova. Non c'erano soltanto gli obblighi verso il lavoro ma anche quelli verso la famiglia.

Mi avevano detto che Maria era una donna forte, sicura, determinata ed anche bella. Quando l'avevo conosciuta aveva già più di sessant'anni e la sua bellezza e severità erano scemate, il suo sguardo dagli occhi azzurri che intimidiva chiunque si era addolcito e le spalle incurvate. Poteva anche capitare che tentasse di iniziare un litigio con me ma presto lasciava correre e non replicava alle mie argomentazioni. Il diabete le stava togliendo energie e volontà. Aveva spesso bisogno di me e delle mie scarse conoscenze mediche che si limitavano a frequenti controlli del cuore e del suo soffietto, iniezioni di insulina o accompagnamenti in ospedale. Sempre più raro vederla in ufficio.

Rosetta invece stava diventando sempre più irosa ed aggressiva e ci vedeva sempre meno. Quella giovane donna con le trecce lunghe che teneva raccolte sopra il capo, con la dolcezza e la tranquillità di chi vive con un lavoro sicuro ed appagante, con una buona cultura alle spalle era diventata scorbutica ed irascibile, pronta a scagliarsi, con crudeltà, sul più piccolo errore di un'impiegata. Aveva fiducia in me e da me si faceva accompagnare dagli specialisti oculisti che le praticavano odiose infiltrazioni peribulbari nel tentativo di allontanare, almeno nel tempo, una cecità che, dicevano, sarebbe intervenuta di sicuro.

Spesso, la sera, chiudevamo l'ufficio assieme e ci accompagnavamo a casa perché lei, sebbene ancora autonoma, non si sentiva sicura di muoversi da sola.

Stessa diagnosi per la sorella Clelia che, più giovane, era meno grave e molto di più si affidava al rosario ed alla preghiera quasi con fanatismo. Stessi occhi azzurri. Stesso accompagnamento presso gli specialisti. Stessa terapia sperimentale, inutile con il senno del poi. Utile, secondo me, un corso preventivo di lettura Braille al quale le costrinsi alcuni mesi dopo. Utile, certamente, l'astensione dal lavoro per entrambe, quanto più possibile. Nascevano in questo modo le necessità per frequenti e rinfrancanti viaggetti a Bormida o alla Pissuta che inoltre evitavano alla fortunata di turno il pericolo delle bombe dal cielo. Non che le sorelle Siccardi avessero paura dei bombardamenti, anzi, a volte erano esse stesse a farmi coraggio perché, ti assicuro, i bombardamenti mi terrorizzavano.

Papà, ormai lo chiamavo così, stava sempre bene ed accompagnava in campagna ora una figlia ora l'altra e quando si trovava a Genova frequentava tutte le cantine che trovava sulla sua strada di casa e poi la cantina di casa. Mai visto brillo però.

Avevo bisogno di denaro per la mia famiglia in Polonia. Tentavo di pensarli il meno possibile e quanto più possibile cercavo nel lavoro e nelle occupazioni genovesi la distrazione necessaria per non averli di continuo in mente. Subito, però, subentrava il senso di colpa: cercare di non pensarli era da un lato un sollievo, dall'altro l'avvertivo come una mancanza di coraggio, una facile, vigliacca fuga dalla mia responsabilità di figlia e sorella. Chissà quale vita stavano portando avanti. Succedeva così che tendevo a riversare sui Siccardi le attenzioni e gli affetti che non potevo rendere agli Strosberg di Kielce. Mandavo pacchi con viveri e medicine al mio vecchio indirizzo Poniatowskiego venticinque. Ormai ero diventata una specialista di pacchi e di spedizioni, almeno avevo la fortuna di lavorare in un ufficio postale. Nei pacchi mettevo un poco di tutto: dal cioccolato al tè, dallo zucchero alle conserve, insomma tutti quei viveri che avrebbero potuto alleviare le loro sofferenze, con l'auspicio che non ci fossero grandi sofferenze ma, semplicemente, lievi crucci di gente che ha perso la guerra e che si appresta a vivere sotto il dominio del vincitore. Spedire un pacco, caricarlo personalmente sul furgone mi rendeva immediatamente più serena così come accade al peccatore davanti al perdono o come avveniva nell'antichità in occasione dei sacrifici di animali sulle are sacre. Riempire un pacco di viveri era, in quel periodo, un triplice sacrificio sia per la difficoltà di reperire certi generi, sia per il loro costo, sia per il lavoro che richiedevano tali acquisti. Soltanto questi pacchi alleviavano il mio senso di colpa. Purtroppo non avevo grandi possibilità e come mi scrisse mia madre a volte i pacchi non arrivavano oppure erano stati aperti e parte del contenuto asportato. Non mi sentivo in colpa, però, di aver comunicato loro la mia laurea, almeno avrebbero avuto un motivo di soddisfazione.

Come puoi ben capire di tempo per studiare non ne avevo. Se la mia giornata fosse stata di quarantotto ore non sarebbe stata lunga a sufficienza. Rarissimamente aprivo un libro per studiare e non mi facevo più vedere nelle corsie ospedaliere ma volli provare a sostenere l'esame di patologia medica ugualmente. Non dico che feci scena muta: mi difesi con tutta la forza e con tutta la logica possibile ma, se le malattie non le conosci e ne hai viste solo poche nelle cliniche, il diciotto non lo prendi. Decisi allora di sospendere ogni impegno universitario per tutto il tempo che sarebbe stato necessario a riacquistare la tranquillità d'animo necessaria.

Franco continuava a scrivermi di andarlo a trovare nelle varie sedi ove continuava a svolgere il suo servizio sia per avermi con sé, sia per sottrarmi, per il maggior tempo possibile, ai pericoli che quella importante città sul mare si attirava. Ogni volta che veniva a conoscenza di un attacco sulla sua città era preda di un'ansietà incontrollabile e pretendeva che gli telegrafassi immediatamente che stavo bene, vista l'impossibilità di usare il telefono. Pretendeva che mi allontanassi da Genova definitivamente e sino al termine della guerra che tanto stava per finire, perché la Francia era già stata battuta e gli inglesi si sarebbero arresi in breve tempo, e mi stabilissi a Bormida, in un entroterra spopolato ed inutile al nemico, piuttosto che al Santuario di Savona, troppo vicino alla città industriale. Mi scongiurava, ma doveva capire che, se volevamo stare un poco insieme, doveva trascorrere le sue poche e brevi licenze contemporaneamente ai miei turni di soggiorno a Bormida o alla cascina del Santuario. Il nostro amore avrebbe facilmente sfidato il caldo estivo o il gelo invernale, anzi, il freddo ci avrebbe obbligato ad una vicinanza più stretta ed intima, ma allontanarmi da Genova per la sola ragione di mettermi al sicuro era cosa da non prendersi in considerazione per tanti motivi: l'efficienza dell'ufficio postale ne avrebbe risentito notevolmente ed eravamo tutti legati alla sua produttività e poi, che fine avrebbe fatto il mio senso di responsabilità, che considerazione avrei potuto avere di me stessa di fronte ad una fuga dai pericoli e dai doveri. Infine: quei pochi soldi che pretendevo in cambio dell'opera prestata mi erano indispensabili soprattutto per i viveri che spedivo a Kielce e non era il caso che arrivasse mai qualcuno a rinfacciare di dover mantenere, insieme a me, anche un'altra famiglia. Voglio comunque dirti che mai mi è stata rivolta una simile recriminazione. Posso anche aggiungere che ero fermamente convinta dell'importanza delle comunicazioni, con i suoi uffici e le sue strutture, in un periodo difficile come quello che stavamo attraversando.

A causa delle frequenti interruzioni del lavoro dovute alle bombe del cielo decidemmo di tenere aperto l'ufficio postale tutte le domeniche e di interrompere il lavoro alle nove di sera… tanto la guerra sarebbe stata breve; era solo questione di avere un po' di pazienza, di tener duro e fermo l'animo ed il coraggio ancora per qualche tempo e poi tutto si sarebbe risolto con nuove e diverse prospettive, con orizzonti sereni e limpidi e rinnovate aspettative di benessere. Presto i bombardamenti sulle città italiane sarebbero cessati e la vita avrebbe potuto riprendere a scorrere regolarmente, i cibi sarebbero tornati nei negozi, la gente avrebbe smesso di rifugiarsi nelle campagne, il lavoro e lo studio non avrebbero più subito quelle interruzioni così inopportune.

Invece i bombardamenti si facevano via via più frequenti e spietati. Crudele quello di cui ti ho accennato poco fa, quello di febbraio, senza aerei nei cieli, senza contraerea, senza la possibilità di capire da dove venissero le bombe che erano enormi e che quando non esplodevano tiravano giù una casa e quando esplodevano facevano crollare tre palazzi insieme; di giorno, che si potesse vedere bene tutto lo strazio che si moltiplicava edificio dopo edificio, incendio dopo incendio, maceria su maceria, macerie su cadaveri. Una tremenda esplosione mi colse mentre stavo uscendo dal portone e feci in tempo a vedere un palazzo all'inizio di via Caffaro, in basso, dove la via inizia a salire, crollare completamente distrutto con le macerie che ostruivano il mio passaggio mentre di corsa cercavo di raggiungere il rifugio e poi l'ufficio. Salvo il nostro ufficio postale, salve le nostre case di via Caffaro e via Nizza, salvi tutti noi, meno determinati di prima ma più assuefatti a questo modo di combattere.

Anche noi, d'altronde, stavamo bombardando Londra e dintorni, che strana guerra! Si combatteva dai cieli e dai mari in attesa che l'Inghilterra chiedesse una tregua, un armistizio, ma gli inglesi si stavano prendendo il nostro impero africano.

XVIII

Graecia capta ferum victorem cepit. Ti chiedo scusa, so bene che conosci tutti questi avvenimenti, ti sto annoiando nuovamente e poi la citazione non è nemmeno troppo adatta e Franco non l'avrebbe mai pensata, umiliato com'era al vedere che la *Graecia capta*, non con la cultura, ma con le armi aveva respinto l'Italia. Ma la Germania vinse per noi ancora una volta e, se l'impero africano se ne stava andando alla malora, adesso avevamo la Croazia e la *Graecia capta* sotto di noi. La guerra non accennava a finire, anzi, Franco ricevette dal ministero della guerra una lettera ufficiale ove gli si diceva di tenersi pronto a partire in qualunque momento. Diceva proprio così: che i bagagli dovevano essere già pronti e la valigia chiusa, massimo trenta chili, pronta per l'AOI (Africa Orientale Italiana). Ma i superiori gli dicevano che AOI poteva e doveva essere inteso in modo geograficamente anche più esteso. Il mondo è grande e l'urgenza di quei giorni definiva che la Somalia era il paese che più necessitava di sostegno. *Graecia,* Abissinia, Libia, Francia; in ogni caso era sufficientemente chiaro che Franco avrebbe dovuto partire senza attendere la fine del servizio militare.

Che genere di bagaglio sarebbe stato utile? Pesante, leggero, calzettoni di lana o magliette di leggero cotone? Questa era per me una problematica del tutto nuova: cosa deve preparare una moglie al marito che parte per la guerra?

Franco aveva sempre avuto una notevole idiosincrasia per la burocrazia e per gli uffici e ne avevo avuto conferma in occasione di quella stremante sfida che era stata la predisposizione della documentazione per il nostro matrimonio. Quella era stata una battaglia lunga e complessa data la mia condizione di straniera ostile ed averla infine vinta era stato motivo di grande orgoglio e soddisfazione, ed ora dovevo districarmi tra le decine di documenti che la burocrazia italiana richiedeva per un medico che voleva l'abilitazione, per un abilitato che diventava sottufficiale ed un sottufficiale che doveva di comperarsi un'arma leggera, ma ero disarmata davanti al bagaglio di un sottotenente medico in partenza per chissà dove.

Ero disarmata di fronte alla richiesta del sottufficiale di diventare padre. Questo voleva dire che avrei dovuto diventare madre sottraendomi, in parte, ai pericoli dei tempi e costringendo un figlio a condividere gli stessi pericoli. Forse sarebbe stato meglio soprassedere e rinviare a tempi migliori una decisione talmente importante ma Franco sembrava molto deciso e convinto della sua intenzione.

- Sai, rischio di partire e di non tornare e mi spiacerebbe non lasciare nulla di me su questa terra. Un figlio da te sarebbe poi un regalo meraviglioso. Sarà certo una creatura che migliorerà il mondo. -

- Non è difficile migliorare questo mondo! -

- Allora sarà la creatura migliore del mondo. -

Franco usava una voce calda e dolce mentre le sue dita accarezzavano mollemente la mia schiena ed il collo. Voleva indurmi ad assimilare le sue parole e con esse il suo desiderio, la sua fantasia. Io ero sdraiata sul letto a pancia in giù e guardavo i vetri della finestra dove i nostri aliti condensati insieme erano attraversati dai primi raggi del sole. Bormida sapeva regalare questi rari momenti che volevano essere goduti appieno e non dovevano essere importunati da mediocri inquietudini. La voce di Franco ed il momento incantato non volevano che pensassi ed io non pensavo, mi lasciavo trasportare in un mondo dove il pensiero non esisteva. Ascoltavo, chiudevo gli occhi, e riuscivo ad evadere dalla mente, senza sforzo, come avviene nell'estasi dell'orgasmo. Mi accorsi che non potevo e non dovevo parlare o rispondere come se il mio proposito fosse quello di non reagire, di non agire, di non esistere in una lunga, o forse brevissima passività vegetale. Mi lasciai stordire dall'abbraccio con il vuoto dove non esistevano volontà o desideri, sentimenti o sensazioni.

- Ehi, Janina, ci sei, mi stai ascoltando? -

- Non c'ero. -

- Allora, che ne pensi? -

- Penso che non dobbiamo pensare... Questa cosa non la voglio ragionare... Fino ad ora ci siamo comportati come due monelli scavezzacollo, continuiamo a fare i monelli. -

Nella tua filosofia di poc'anzi hai dimenticato questa prerogativa del cervello umano: il pensiero, facoltà imprescindibile e soprattutto ineludibile."

"Non l'ho scordato, sono stata imprecisa. Il pensiero, la mente sono alla base del mio ragionamento: che voi pensiate lo do per scontato. Ti ripeto che mi diverto a considerare quanto poco e male usiate questo privilegio."

"In quella primavera non ho usato il cervello, non l'ho voluto usare. Che le cose accadessero da sé, si realizzassero in quel lasso di tempo di astrazione dal pensiero e senza pentimenti. Dici che ho sbagliato?"

"Non lo so proprio. La vostra vita è tutta una scelta. In ogni momento vi è una decisione che dovete prendere, un bivio che impone una deviazione; non vorrei mai essere nei vostri panni. Certo, i tempi erano difficili e la tua vita già molto complicata."

"Brava, l'hai detto! Non avevo ancora ventiquattro anni e non avevo nessuna voglia di ragionarci sopra. In quale labirinto mentale mi sarei posta se avessi iniziato a considerare i pro ed i contro, gli eventuali ed imponderabili avvenimenti futuri, le possibili conseguenze della mia gravidanza, le combinazioni di eventi conseguenti ad una nascita in tempo di guerra. No, molto meglio non pensare e poi basta! Basta con il far decidere la politica e la guerra al posto mio, troppe scelte erano già state dettate dai tempi e dagli avvenimenti esterni a me. Volevo e volevamo riappropriarci, almeno un poco, della nostra sorte.

Poi c'era un aspetto trascendente da considerare: in qualunque momento una casa avrebbe potuto crollarmi addosso, una pallottola poteva colpire a morte Franco, la devastazione infliggere pene atroci a noi e all'essere che volevamo creare. Allora, perché crearsi delle incertezze: *dum vives, vive.*

D'altro canto la natura è talmente imprevedibile e capricciosa che chissà quando sarei rimasta incinta, forse non subito ed intanto alcuni commilitoni di Franco, più anziani, erano in partenza per i fronti e taluni parigrado erano già partiti ed altri sarebbero andati via a breve. Tra tutte le destinazioni quella greca era, forse, la più tranquilla, la Croazia appariva problematica con i partigiani che si stavano organizzando e davano filo da torcere, l'Africa era certamente da considerarsi difficile e pericolosa: lì c'erano battaglie vere. Intanto ad Alessandria, quella piemontese e non la sospirata meta africana, Franco continuava la sua attesa tra la noia di alcune giornate e le pesanti guardie notturne svolte presso l'Ospedale Civile o quello militare. Stavano organizzando in patria quegli ospedaletti da campo da trasferirsi sul fronte, con tutto il personale addetto e tutto lo strumentario adatto, una volta decisa la destinazione.

Subito dopo quel grosso bombardamento di Genova dal mare, scrissi ai miei per informarli che ne ero uscita indenne e che stavo bene, che non c'erano problemi ma la cartolina la ricevettero solo dopo un mese e perciò erano rimasti in angoscia per tutto quel tempo. Mi rimproverai di non aver inviato uno o più telegrammi per evitare a loro tutti quei giorni di preoccupazione. Purtroppo nella cartolina scrissi anche che volevo fare un'assicurazione sulla vita in loro favore e mia madre, di conseguenza, pensò che non stessi bene e mi rispose che non voleva sentir parlare di certe sciocchezze. Aggiunse che avrei dovuto allontanarmi da Genova: *Pensa, cara, qual era la mia disperazione quando non ho avuto tue notizie dopo gli eventi successi a Genova. Ma chi avrebbe potuto immaginare che la cartolina potesse vagare per 3-4 settimane. Ora mi sono ripresa, ho ritrovato la pace e spero che Dio non ci abbandoni e che un giorno ci ritroveremo tutti in tempi più felici. Siamo tutti in salute, abbiamo da mangiare e abbiamo finalmente questo terribile inverno alle spalle. Dutuś (Papà) guadagna un po' lavorando nel suo settore. David invece lavora in un altro settore e in qualche modo andiamo avanti. Allora, amore mio, ti prego, scrivici una cartolina ogni settimana e ti supplico, abbi cura della tua salute.*

Così, frettolosamente, e quasi dissimulato tra le righe per pudore o cautela, mia madre mi faceva sapere che mio fratello tredicenne stava lavorando. Stetti male.

La mia salute peggiorò il mese successivo: mal di pancia, diarrea, vomito. Non mi preoccupai eccessivamente e continuai a lavorare in ufficio ed in città. Stetti peggio e descrissi i sintomi a Franco che si disperò perché non avrebbe potuto raggiungermi e temendo un'appendicite acuta mi ordinò di rivolgermi immediatamente al nostro cattedratico di patologia chirurgica che ci conosceva bene. Così feci il giorno successivo. Il professore fu con me gentilissimo, mi chiese di Franco e si rammaricò che uno studente così bravo avesse scelto la medicina interna piuttosto che la chirurgia. Mi rimproverò per non aver provato a sostenere il suo esame invece di quello di patologia medica molto più difficile. Mi disse che mi avrebbe senz'altro promossa. Mi visitò ricordandomi che l'addome è la tomba del medico.

- Mia cara Janina, non c'è nessuna appendicite. Probabilmente, molto probabilmente voi siete incinta. Fate questo esame e se sarà positivo, rallegramenti! -

Non feci nessun esame, avevo troppo da fare e tante altre cose per la testa e tanto valeva attendere la mancata comparsa del così temuto *grammofono* che non comparve. La sera, prima di addormentarmi, stesa sul letto mi lasciavo pervadere da una gratificante sensazione di pienezza e di serenità, di completezza. Amavo di nuovo il mondo, amavo me stessa, amavo la vita. Franco sprizzava gioia nelle lettere e ancor più di prima mi invitava a lasciare Genova e tutto il suo contenuto al suo destino, mi suggeriva di informare la mia famiglia e di renderli in questo modo felici. Non feci nulla di ciò: lasciare la città ed il lavoro era una scelta da non prendersi neppure in considerazione. Stavo bene, con il morale alle stelle e avrei potuto continuare a lavorare senza difficoltà ancora a lungo se non fossero intervenute complicazioni. Andarmene, lasciare Maria senza cure, le due sorelle senza un aiuto, ed abbandonare i genovesi che ora stavano accordandomi fiducia e che finalmente mi concedevano la loro confidenza, così riservata e prudente, sarebbe stato come disertare.

Avrei potuto informare i miei genitori ma decisi di prender tempo anche perché avevo aggrovigliato, non avendo tenuto un canovaccio delle mie bugie, i tempi di matrimonio, fidanzamento e laurea. Inoltre non sapevo ancora quanto il mio comportamento sarebbe risultato gradito ai miei. Già mia madre mi aveva scritto di pensarci bene, che un matrimonio non è uno scherzo e poteva risolversi in un disastro. Poi era troppo presto. D'accordo, una gravidanza, desiderata o meno, forse mette a posto ogni cosa, ma una madre, pensavo allora, va informata in modo diverso. Morivo dalla voglia di scriverglielo ma temevo che avrebbe sofferto di più sapendomi nella necessità di quelle cure e di quella assistenza che solo una madre può prestare. Così scrissi a Franco: *prego Iddio (proprio così Iddio, e che Dio non sapevo) che venga presto il giorno in cui potrò presentarle te ed il nostro bimbo, i due doni che mi ha dato la vita. Sarà meglio così, non credi? Poi è difficile spiegare in povere parole questi grandi avvenimenti che hanno cambiato così radicalmente la ragazza partita per gli studi ed ora moglie e fra poco madre. Ci vogliono vive parole, ci vogliono fatti. Bisogna che lei mi guardi negli occhi per convincersi che sono la più felice delle donne e che questa felicità la devo unicamente a te. Ti amo tanto, Janka.*

Tutto devi pagare a questo mondo che prima o poi ti invia la parcella e se da una parte stavo conducendo gratuitamente una gravidanza regolare e senza complicazioni, dall'altra si apriva un altro fronte che nessuno immaginava, nemmeno Stalin. Questa guerra sembrava dover finire da un momento all'altro ed invece stava allargandosi sempre più nello spazio e nel tempo rubandoci pezzi di vita. Ci mancava solo la Russia. In quanto tempo avremmo sottomesso i bolscevichi? Poco. Allora, forza, si dovevano confezionare calzettoni di lana, comperare maglie e passamontagna pesanti e così via. Al fascio non era bastata la lezione ricevuta in Africa orientale ed in Grecia, non era sufficiente andare avanti ed indietro in Libia tra la polvere e le mosche, voleva intestardirsi, fuori stagione, tra le betulle e le steppe innevate dell'Ucraina inviando là altre vite ed altri vettovagliamenti che qua ormai scarseggiavano tanto che avevo serie difficoltà a riempire un pacco di tre chili da inviare in Polonia.

Quale sarebbe poi stata la destinazione di Franco? Speravo che Franco non dovesse partire fino alla nascita di nostro figlio o meglio, speravo che non partisse affatto. Da quando ci eravamo sposati non avevamo mai avuto un lasso di tempo più lungo di pochi giorni per stare insieme, ed in quei giorni non eravamo quasi mai soli ed indipendenti ed avevamo la percezione, a volte erronea, di aver addosso gli occhi e le orecchie di tutti e di essere sempre sottoposti a giudizio e sentenza non sempre benevola. Avevamo invece bisogno di stare insieme a lungo e non essere costretti ad un'incessante corrispondenza. Mi sembrava di aver sposato tutta la famiglia Siccardi e che famiglia!

- Franco viene a Genova in licenza? Perché? Cosa ci viene a fare? Il viaggio costa, dove li trova, lui, i soldi per darsi alla bella vita? - Non voglio dire che fossero cattivi o ignoranti o egoisti, anzi. Luigi era considerato un bonaccione a volte persino simpatico con quei suoi occhi piccoli che sembravano quasi sorridere ma che, varcata la soglia di casa perdevano quella poca ironia e si aggrottavano. Luigi era alto, ben pasciuto e fuori di casa tentava un dileggio prudente ben accetto ai conoscenti ma in presenza della moglie si intristiva, si rabbuiava. Anche Maria era alta ma magra e con le spalle sempre più curve. Mi dissero che aveva avuto un carattere duro ed intransigente con il quale aveva saputo farsi valere dai dipendenti ma non dai familiari.

Aveva provato ad alzare la voce anche con me ma, forse notando che ero la meno combattiva in casa, presto lasciava cadere ogni obiezione. Rosetta era già più dolce e scherzosa ma quando si arrabbiava era pronta a sotterrarti sotto un cumulo di contumelie assai genovesi. Clelia era imponente e severa già nell'aspetto, pronta a difendere ad oltranza le proprie convinzioni integraliste delle quali era assolutamente certa; era la prima a sfoderare la spada ma anche la prima a rabbonirsi, ad offrire la sua generosità. Affrontati uno alla volta, potevano essere anche una buona compagnia. Tutti insieme tiravano fuori l'accidia che riuscivano ad esprimere a seconda di come fossero abbinati insieme; Maria e Luigi: indifferenza armata, Rosetta e Clelia: prepotenza disarmata, Luigi e figlie amorevolezza combattiva, Maria e figlie astio rancoroso. Tutti insieme si obbligavano ad un armistizio silenzioso, buio e deprimente come la loro bella casa. Quando l'armistizio cessava l'atmosfera della casa diventava incandescente ed invivibile portandomi ad uno stato di esasperazione e di agitazione tale che mi prendeva la voglia di scappare via lontano o di picchiarli. Le domestiche resistevano pochi mesi o settimane nonostante non fosse facile trovar lavoro. La loro cultura, i tempi difficili avrebbero dovuto ammansirli, renderli più ragionevoli ed invece essi riuscivano a rendere la mia vita piena di inquietudini che già ne avevo da vendere per conto mio. Poi, all'improvviso, constatata la mia buona volontà, diventavano espansivi e tolleranti.

Dovevo soltanto pazientare ancora un poco, ma quanto sarebbe durato questo poco? Il mio unico e vero desiderio era quello di vivere vicino a mio marito, magari in una stanzetta ammobiliata ad Alessandria per essere già lì quando era in libera uscita. Le mie uniche risorse vitali erano l'amore e la gravidanza. Ma il dovere innanzi tutto. Mi sentivo, comunque, piena di vitalità, così avrei continuato la mia attività lavorativa ed informato tutta la famiglia soltanto un po' prima che la gravidanza risultasse evidente. La famiglia Siccardi dimostrò più o meno la stessa commozione provata per la laurea di Franco;

fecero commenti preoccupati ma non sgradevoli ed in seguito manifestarono la loro soddisfazione e persino un'intenzione di collaborazione e perciò contribuirono al confezionamento di un corredino per neonato così come fecero Lilly e Wanda il cui padre si adoperò a procurarmi una carrozzina di seconda mano per il nuovo Strosberg: che certamente sarà maschio . Liliana e Wanda erano addirittura raggianti, soprattutto Liliana.

- Janka, come sei bella e come sei elegante! Come ti sta bene questo tailleurìno, tra poco dovrai allargarlo in vita, dammelo che te lo correggo io; mi diverto, sai, con la Singer, anche perché, di questi tempi… -

- Oh, ne ha visti di aggiustamenti questo tailleur, è roba usata. -

- Lilly, lascia stare Janina, non vedi che le sorelle Siccardi allungano le orecchie? Buongiorno signorine! Lilly ha un fidanzato: è per questo che è così euforica. -

- E brava Liliana e come si chiama? -

- Si chiama Ito ed è grande e grosso, fa il militare ma dimmi di te: come stai? -

- Mai stata meglio in vita mia, sono felicissima, poi sono piena di energie anche se si mangia veramente pochino. - E Wanda:

- Ma lo hai scritto a tua madre? Lo sanno? -

- Non ho nemmeno ancora scritto che sono sposata. -

- Matta, proprio matta! -

- Ho tanta paura che non la prendano bene, soprattutto mio padre. - Rimasero un po' in silenzio pensierose mentre io escogitavo qualche scialba ed inconsistente giustificazione. Poi ridivennero allegre e se ne andarono scodinzolando sui loro tacchi. Le salutai allegramente anche se avevano risvegliato il mio magone.

Qualche giorno dopo venne a trovarmi nell'ufficio postale lo zio Adolfo:

- Buongiorno Janka, ti trovo benissimo, brava, ma che fai: lavori sempre? -

- Fortunatamente qui il lavoro non manca, anzi. È tutto il resto che manca, a cominciare da mio marito. -

- Allora, ti ho fissato la carrozzina, è di seconda mano ma è bellissima, in ottimo stato. Ma che fai qui tutta sola, con le impiegate? Dove sono i proprietari, i Siccardi? -

- Lui è in giro per la città se non è nella propria cantina. La moglie è a casa. Una sorella è a letto con l'influenza e l'altra è a Savona, nei dintorni, al Santuario, in campagna, insomma. -

- E si fidano a lasciare questo grande ufficio postale in mano a tre impiegate? -

- In mano a me, devi dire. -

- Te la cavi proprio bene, brava! -

- E se suona l'allarme che fate? -

- Chiudiamo ed andiamo via sperando che nessuno si trovi in mano un bel gruzzolo di lire in quel momento. Quanto ti devo per la carrozzina? -

- Te la regaliamo noi, perché, puoi pagare? -

- Certo, guadagno qualcosa, racimolo qualcosa, non arrivo alle quattrocento lire in un mese, non posso lamentarmi. Sto bene. -

- Quattrocento lire con quello che costa la roba al giorno d'oggi!

- Pensa che qualche mese fa, o forse era l'anno scorso, non ricordo bene, comunque, a furia di insistere e di presentarmi ogni giorno agli impiegati ed al direttore dell'ufficio addetto ai sussidi per le mogli dei militari, sono riuscita a farmi assegnare un sussidio di due lire al giorno, più gli arretrati! Se penso a quante mogli non sono riuscite ad ottenerlo! Sono davvero brava, me la cavo bene in queste situazioni, so parlare con le persone e rompo tanto che poi cedono! -

- Vuol dire che quando avrò bisogno verrò a farmi prestare da te qualche lira ma non ci contare su quel sussidio: verrà soppresso, vedrai. La carrozzina, comunque, è un regalo e mi è costata solo duecentoventi lire se ti interessa. Ho qui con me una lettera da tua madre, come vedi è in busta chiusa. Non voglio che tu me la legga per intero, ma vorrei sapere qualcosa della famiglia di mio fratello. - Intanto faceva svolazzare lentamente la busta a destra ed a sinistra guardandomi negli occhi sorridendo maliziosamente.

- Mi ha detto Lilly che non hai ancora detto niente a casa delle tue condizioni. Non è per nulla giusto quello che stai facendo, Janina. -

- Scriverò questa sera stessa, zio, questa sera! Lo giuro su Iddio! -

- E su quale Dio intenderesti giurare? Sù, leggi. -

Era una vera lettera chiusa nella busta di color bruno chiaro. ma l'indirizzo del mittente, accanto al nome di mia madre, era cambiato: Figowego 37 m. 5. Lo feci notare allo zio che rimase serio e non mi diede spiegazioni. Leggemmo insieme che erano felicissimi di aver ricevuto la mia foto, che i pacchi che spedivo loro arrivavano aperti ma che il cioccolato era graditissimo a mio fratello che se lo gustava senza latte, troppo costoso, che erano contenti di sapere che stavo cercando di ottenere un'esenzione per spedire un pacco di cinque chili ma non dovevo assolutamente mettere a dura prova il mio bilancio, che non dovevo spedire denaro che non valeva nulla, meglio il vestiario.

Tesoro, non preoccuparti per noi. Siamo in una situazione migliore in questo momento. Tuo padre guadagna più soldi e l'appartamento non è terribile come pensi. Abbiamo una bella vista dalla finestra, possiamo vedere un bellissimo giardino dove il sambuco e il gelsomino sono appena fioriti. Inoltre abbiamo vicini molto gentili e intelligenti. Poi c'era una sfilza di nomi e concludeva scrivendo che andava tutto bene e che sperava che la guerra finisse.

- Tu ricordi dov'è questa via Figowego? -

- Mi pare fosse una via più centrale. -

- Perché hanno cambiato casa? -

- Non lo so, è probabile che in una casa più piccola e centrale abbiano meno spese e si sentano più protetti. Lo ha scritto:

hanno dei vicini e mio fratello guadagna anche di più. Andrà tutto bene, vedrai. Ora ti lascio, ora che so che stanno meglio di prima. E tu pensa a te stessa e a far nascere per bene questa creatura e rispondi subito. Digli che sei sposata ed incinta: li farai ancora più felici. Ciao. -

XIX

Durante la gravidanza una donna cambia? oltre al mutare dell'aspetto, delle movenze, dell'indole, cambia anche il pensiero, il modo di accorgersi delle cose intorno, il sentire, il percepire il senso della realtà? Il mio difetto è sempre stato quello di voler considerare con ottimismo ogni avvenimento ed ogni situazione che mi riguardasse, ma questo lo comprendo bene soltanto adesso. Allora non compresi che zio Adolfo, più che ascoltare notizie di suo fratello, voleva stare vicino a me durante la lettura. Non compresi che gli stava a cuore la mia incolumità a fronte di possibili notizie poco confortanti. Certamente si era subito accorto del cambiamento dell'indirizzo mittente e si era preoccupato che la lettera potesse contenere novità peggiori ed il suo atteggiamento tranquillo sottintendeva l'evitarmi ansie poco salutari alla mia gravidanza.

Quella notte, nel fondo della notte, dopo la quotidiana lettera di appassionato amore a Franco, scrissi a mia madre, al nuovo indirizzo, ma non sapevo come iniziare: matrimonio e gravidanza nella stessa lettera con la medesima affrancatura non ci potevano stare. Allora decisi che la notizia della gravidanza l'avrei riportata in un'altra lettera che avrei scritto dopo qualche tempo; ma quanto tempo? La gravidanza sarebbe durata pochi mesi, troppo pochi. Avrei potuto trattare soltanto della gravidanza come se la lettera contenente la descrizione del matrimonio fosse andata perduta. No, la gravidanza era una notizia troppo bella per sprecarla quella notte, meglio dire soltanto che ero sposata ma cominciai con lo scrivere certi suggerimenti di cucina che avrebbero potuto essere utili a tutta la famiglia in un momento così difficile. Infatti avevo da poco inviato a Kielce un pacco contenente anche dei dadi da brodo.

Carissima Mamma, ho ricevuto la tua lettera un'ora fa e anche se non ho carta per posta qui in ospedale, risponderò immediatamente. Preferisco iniziare con questioni pratiche. Facciamo così: ogni settimana ti invierò un pacco con il tè (se sarò in grado di trovarlo), cioccolato in polvere e dadi da brodo. Mamma, sai che 3 dadi gettati nell'acqua bollente con un pizzico di sale e alcune patate si trasformano in una zuppa perfetta? Qui, cucinano tutto con i dadi. Dimmi, hai bisogno di marmellata o miele invece di zucchero?

Quindi proseguii scrivendo del mio matrimonio quasi fosse un inciso di poca importanza, così, senza dar peso. Come mia madre mi scriveva che ora le loro finestre si affacciavano su un altro panorama. Come se la lettera in cui diffusamente descrivevo il mio amore ed il mio matrimonio fosse già stata scritta precedentemente.

Più che mentirsi a vicenda si trattava di un non dirsi, un celarsi l'un l'altro le angosce, un anticipare o posticipare fatti importanti sperando di cogliere il momento propizio, nell'attesa di essere finalmente a contatto, di ritrovarsi insieme.

La famiglia Brambilla in vacanza canticchiavo allegra sul piccolo autobus che stava portando Maria e me alla tenuta della Pissuta vicino a Savona. Avrei preferito andare a Bormida per il mio turno di evasione dal lavoro e da Genova ma il Santuario era più vicino e meno affaticante il viaggio per Maria che, con aria tranquilla, mi stava seduta accanto vicino al finestrino. A Bormida sarei andata in un altro momento, forse in ottobre per le castagne e sarebbe stato anche meglio.

- Sei allegra, Janina. Ti piacciono le canzonette, vero? -

- E perché no, sono allegre, spensierate, ma mi piacciono anche le vostre opere, le ascolto sempre volentieri. -

- Ce n'è una che tratta degli ebrei. È il Nabucco. L'hai mai sentita? -

- Qualche mese fa, forse insieme a Rosetta. Mi è piaciuta. -

- Che stai leggendo? -

- Eh eh, roba leggera: Cronin, La Cittadella. Tratta di un medico coraggioso. -

- Ti ho interrotto, leggi pure, oppure canta. -

- Posso cantare anche in tedesco, sai? La conosci Lili Marlene? Ascolta come suona bene la lingua tedesca cantata. - Le sussurrai poche strofe. Bella mattinata di fine estate, di quelle che ti fanno benedire di vivere in Italia, bella pancetta tonica e tesa contro lo scalciare del bimbo disturbato dai sobbalzi dell'automezzo. I finestrini sporchi di polvere lasciavano appena intravedere una campagna luminosa.

- Come stai, Janina?

- Proprio bene, e questi tre giorni mi faranno stare ancora meglio. -

- Chissà se Franco riuscirà a venire anche lui, mi piacerebbe vederlo. È molto che non lo vedo. -

- Anch'io lo spero, me lo ha promesso, ma il suo reggimento continua le esercitazioni lontano da Alessandria o da Ovada, a volte nell'astigiano. Dell'altro tuo figlio, l'altro Franco, hai notizie? Ti ha fatto diventare nonna, c'è qualche altra novità? -

- Dopo di quella nessuna: non scrive mai. Non credo che gli affari gli stiano andando bene, ora dovrebbero trovarsi in un postaccio sperduto dell'Ecuador, nelle foreste; non so bene dove sia questo Limones. E non può nemmeno tornare in Italia: gli americani lo tengono d'occhio come potenziale nemico italiano. Sono preoccupata. Meno male che sono nonna, ho già sessantacinque anni, me lo meriterei di conoscere mio nipote. Fortunatamente ci sei tu, dovrebbe nascere a gennaio, vero? -

- A gennaio, forse per capodanno. -

- Speriamo che per allora questa guerra sia finita una buona volta! Non ne posso più. Troppe difficoltà, troppi impicci. E le bombe poi! Non si può andare avanti così. -

- Dovrebbe finire presto. Stiamo vincendo su tutti i fronti nonostante qualche sconfitta. Quando anche i russi si arrenderanno dovrebbe finire tutto questo trambusto e finalmente torneremo a vivere decentemente! -

- Come sarebbe a dire: stiamo vincendo, anche tu stai vincendo, Janina? -

- Certamente che sto vincendo anch'io: sto dalla parte di mio marito. - Maria mi stava guardando con un sorrisino tra l'ironico ed il compassionevole e mi strinse la mano. -

- Janina, Janina quanto sei ingenua, quanto sei ancora bambina! E quanto sei forte, ma hai le idee molto, molto confuse. E forse è logico che sia così: quanto ti sei sbattuta ultimamente! - Fece una lunga pausa e poi mi chiese a bruciapelo:

- Come stanno i tuoi in Polonia? O preferisci non parlarne adesso. -

- Come vuoi che stiano, di preciso non lo so ma posso immaginarlo. Hanno cambiato casa, sembra non si trovino male nel nuovo alloggio. Sono più le cose che non mi dicono di quelle che mi fanno sapere. -

- Come forse fai anche tu. -

- Oh, sì, vorrebbero ricevere più posta da me ma molte lettere si perdono, non le ricevono. Mi scrivono che la vita è diventata carissima, che vorrebbero un paio di calze anche usate, del vestiario, avranno freddo tra poco: quando qui si raccolgono le castagne in Polonia comincia a fare freddo e gennaio può essere terribile. Mi chiedono di Franco, vorrebbero una sua foto ma io esito ad inviargliela perché non si sa mai, non vorrei che potesse comprometterlo se la fotografia dovesse cadere in mani sbagliate. Mi scrivono a proposito delle mie amiche. Insomma si aiutano l'un l'altro a tirare avanti come possono. -

- Di tuo marito che dicono, e della tua gravidanza? -

- Oh, di Franco sono contenti e mi hanno reso felice; felice veramente tanto perché temevo di dar loro un dispiacere sposandomi. Se vuoi ti leggo questa lettera che porto con me e quando sono triste me la rileggo. Vuoi? Ascolta. -

Carissima figlia, abbiamo ricevuto la tua lettera. Cara bambina, se pensi che i tuoi piani matrimoniali mi abbiano sorpreso, allora ti sbagli! Per molto tempo ho avuto la sensazione che il dottor Siccardi sarà (o lo è già) tuo marito. Non pensare, mia cara, che questa sia una brutta notizia per noi. Ci stavo pensando da molto tempo e ora so che è come dovrebbe essere. Durante lunghe notti insonni ci pensavo costantemente e giungevo alla conclusione che non c'era altro modo. Stavo anche cercando di abituare Papà a questa idea e puoi credermi o no, ma neanche a tuo padre dispiace il tuo matrimonio. Sai Janka quanto ti amiamo, la tua felicità è anche la nostra felicità, quindi ti auguriamo, cara figlia, dal profondo dei nostri cuori, di essere sempre felice con un uomo che il tuo cuore ha scelto e ti diamo la nostra benedizione. Crediamo che abbia tutte le qualità che hai menzionato nella tua lettera, ti conosco bene, so che non sei una ragazza avventata e il fatto che tu l'abbia scelto come tuo marito significa che se lo merita. Ecco perché d'ora in poi lo considereremo come nostro figlio e pregherò Dio per mantenerlo in buona salute. Per favore, dicci dove si trova ora e inviaci la sua foto.

Non abbiamo ancora ricevuto il pacchetto di cui stavi scrivendo. La lettera è arrivata molto rapidamente, l'abbiamo ricevuta il 10 agosto. Forse perché era una lettera raccomandata. Nell'ultimo pacchetto che abbiamo ricevuto c'era la camicia da donna e il cioccolato. Siamo tutti sani, quindi non preoccuparti per noi, tesoro. Siamo ancora vivi, quindi significa che il buon Dio si prende cura di noi. È difficile pensare quanto un uomo possa essere forte e resistente se pensi a tutto ciò che abbiamo passato. Provo un tale dolore, non solo a causa della situazione finanziaria, ma principalmente a causa di danni morali. So che non avrei dovuto dirtelo, perché ti preoccupi troppo, ma l'ho scritto involontariamente.

Janka, per favore, scrivi una lettera a tua cugina Hela Fajkarz perché ci aiuta di tanto in tanto, il che significa molto attualmente.

Non posso dirti tutto e c'è così tanto da dire. Spero che finalmente potremo incontrarci un giorno e poi ci diremo a vicenda tutto ciò che vogliamo. Mandiamo baci, sta tranquilla, tutto andrà bene, volesse Dio. La tua amorevole madre.

Rimanemmo silenziose per qualche tempo mentre un neonato piagnucolava in grembo alla madre seduta nelle ultime file. Un cane pastore si impegnava minaccioso a tener radunato il suo gregge di pecore e queste ubbidivano con goffi balzi per evitarlo e per liberare la strada. La mia pancia continuava a subire lievi calcetti di moderata protesta.

- È molto religiosa tua madre. -

- Non lo era. Evidentemente lo è diventata. -

- Ti ha scritto che tutto andrà bene e vedrai che finirà tutto bene. I tedeschi non sono cattivi, sono gente di grande cultura, non posso pensare che vogliano fare del male ai polacchi. -

- Ai polacchi no. -

- Non faranno male a nessuno. Andrà tutto bene. E con tuo marito come va? -

- Meravigliosamente! Lui è la più bella cosa che potesse capitarmi. Lo amo tantissimo: è così comprensivo ed ansioso per la mia salute quel ragazzo. Eppoi è colto, intelligente... Un po' musone ma sempre tanto dolce. Ultimamente stiamo litigando un poco nelle lettere perché vorrebbe che io lasciassi Genova definitivamente sinché saranno possibili i bombardamenti. Dice che gli inglesi sono dei gran vigliacchi perché ora bombardano le città da quote altissime: anche seimila metri e che da quelle altezze non si può mirare su obiettivi militari, ma sulla popolazione civile senza discriminazioni. Ad ogni mio rifiuto minaccia di arruolarsi immediatamente nei paracadutisti e dice che lo farà di sicuro. Per ora lo hanno trasferito ad Ovada tra le colline e vuole che io vada a vivere a Bormida dove verrebbe a trovarmi nelle licenze che sono sempre più rare. -

- A Bormida, da sola? Ma sai che clima c'è d'inverno a Bormida? È tanto bella d'estate ma quante volte ci ha fatto scappare a Maggio per il freddo e la pioggia. E poi chi ti assisterebbe se tu avessi qualunque necessità? Purtroppo è così e possiamo farci ben poco, ma Bormida è un posto selvaggio e lontano da tutto e da tutti. Io consigli non ne do mai a nessuno. Franco sarà anche un ottimo ragazzo ma non sa quel che dice in questo momento. Forse è agitato per via del tuo stato ma tu fa quel che ti senti di fare e poi sta attenta: è sempre un maschio ed è un Siccardi. Testardi, cocciuti, egoisti. Guarda mio marito: è un allegrone con tutti ma quando entra in casa o in ufficio cambia come se si cambiasse d'abito e diventa musone. Come l'altro mio figlio, l'altro Francesco. Mi ricordo che quando era al liceo nautico passava intere settimane senza dire una parola ed a volte lo trovavo al tavolino dove studiava con la testa tra le mani e se gli chiedevo cosa avesse mi rispondeva: niente, *nu gou ninte*, finita lì. Forse è stata ed è colpa mia. A volte sono troppo nervosa, troppo… Poi, invece, a Bormida diventava allegro e scanzonato: cantava sempre ed amoreggiava con una o due ragazze che abitavano a fondo valle e quando una venne su a trovarlo e lui aveva l'appuntamento con l'altra, scappava ed una volta per non farsi vedere è saltato giù dalla finestra di camera sua al primo piano. -

- Ho voglia di conoscere questa famiglia sudamericana; ma io trovo che in famiglia siete tutti troppo polemici, troppo aggressivi l'un l'altro e non riesco a capirne il motivo: spero di non essere io a causarvi tutti questi malumori. -

- Janina, le famiglie si allargano e poi si dividono in altre famiglie: i malumori nascono quando i figli o certe figlie non se ne vanno. -

- A me piacerebbe vivere in una grande famiglia con nonni e nipotini e stare tutti in armonia. -

- Ma questo è possibile solo in campagna. Janina, quanto sei ingenua! Che cosa farai adesso? -

- Resterò al lavoro sinché potrò, poi a dicembre vedremo. Vorrei partorire a Genova, in ospedale, dove ci conoscono, mi sentirei più sicura.

Sulla vecchia balilla s'avanza, la famiglia Brambilla in vacanza.

Restammo tre giorni in quella casa di campagna ma Franco non venne: licenza revocata, grandi manovre sulle colline ovadesi.

Scendemmo dall'automezzo impolverato e ci incamminammo per una breve stradina in lieve salita verso casa. Il caldo si faceva sentire. Le galline raspavano e beccavano un terreno già assetato. Tra gli affittuari ed i mezzadri si notava un brusco accelerare di spostamenti e camminate sia verso di noi che in direzione delle loro abitazioni quasi avessero fretta di darci il benvenuto e di nascondere certi piccoli traffici segreti. Nugoli di moscerini, in sciami ben distinti, annusavano l'aria sopra i mucchi di erba e di letame.

- Mi hanno già innervosita. Soltanto a vederli divento verde dalla bile. -

- Devi stare calma, ti salirà la glicemia. -

- Hai portato l'insulina, vero? Se penso che nel pomeriggio dovrò fare i conti con loro: e quante uova, e quanto latte, e quanto avranno nascosto? -

Stendemmo una tovaglia fiorita sul bel legno scuro e lucido del tavolaccio e ci apprestammo a fare uno spuntino con pane, formaggio, uova sode e pere. Guardavo l'ampio camino annerito con la pentola sospesa dalla catena al centro per la minestra della sera che sarebbe stata utile anche per i giorni seguenti. Sull'altra parete la bianca cucina economica con il suo ampio piano d'acciaio sotto la piccola finestra a quattro vetri.

- Vacci piano con il pane, Maria, pensa al diabete. -

- Maledizione, Janina, va un po' al diavolo, perché non pensi ai fatti tuoi ed alle tue disgrazie? -

- Sono fatti miei: sono io che devo poi dosare le unità di insulina secondo quello che ingurgiti. - Era fatta così; ma non trascorremmo quelle giornate litigando, anzi ci rilassammo ed io mi sentii serena. A metà ottobre andai a Bormida con Rosetta. A Bormida non c'erano stalle con animali e, di conseguenza, non c'erano mezzadri o fittavoli ma soltanto dei vicini, abbastanza lontani, che sorvegliavano la casa, eseguivano qualche lavoretto, accudivano l'orto e poche galline. Mi impegnai a costringere Rosetta a frequenti brevi passeggiate interrotte dalla sua intensa pigrizia perché non era tanto la vista, allora già molto compromessa, ad ostacolarne il passo quanto una grande indolenza. Indolenza che non manifestava mai in ufficio dove esibiva un indefesso impegno, ma sempre da seduta. Tra una castagna e l'altra cercava un appoggio, un sedile, un tronco caduto per riposare le gambe presto spossate.

- Com'è la vita matrimoniale, com'è stare insieme ad un uomo, Janina? -

- Non hai mai avuto un fidanzato, Rosetta? -

- Non ho mai avuto l'occasione di fare conoscenze maschili o, perlomeno, conoscenze idonee; oppure non le ho mai cercate, chi lo sa. Ma dimmi di te. - L'aria del primo pomeriggio era tiepida nel bosco ornato dai tronchi degli alberi secolari ben distanziati; i raggi del sole penetravano obliqui il fogliame alto e si posavano, allegri, sugli arbusti di erica scura.

- Il mio uomo lo vedo pochissimo, come sai. Quasi non saprei dirti com'è la mia vita con Franco. -

- Voglio dire: cosa si prova a dormire con un uomo, a passare il tempo con lui, che cosa ci si dice? -

- Sono cose naturali, è tutto così naturale e per questo è anche bellissimo, meraviglioso. Non so spiegartelo, sono momenti che bisogna viverli e provarli… Scusa, sai, ma la tua vita si riduce a casa e lavoro e… -

- E letture, letture di poesie; a te piace la poesia, vero? -

- La poesia latina soprattutto. Il latino è stato la mia grande passione, mi piace tuttora, L'ho studiato molto, a scuola ci facevano tradurre interi libri di Livio e poi i poeti. A memoria i poeti e declamati in metrica, in classe. - Le recitai qualche brano che Rosetta interrompeva per replicare con versi di poeti italiani.

- Senti che pace, che silenzio, nemmeno l'abbaiare di un cane. Mi piace stare a Bormida, mi fa sentire bene con me stessa… Ma la tua pronuncia latina e molto strana, molto dura. Ad esempio noi diciamo "mihi legiones" tu hai detto, se ho sentito bene, "michi leghiones." -

- L'ho imparato così come hai sentito, come me lo hanno insegnato; evidentemente la lingua nazionale influenza la pronuncia originale; chissà come pronunciavano gli antichi romani questi versi. -

- In ogni caso tu parli un italiano perfetto: non ci si accorge che vieni dalla Polonia; e non hai nessuna inflessione straniera. Come hai fatto? Tuo zio, che è qui da molti anni più di te, si sente che è straniero. D'Annunzio: senti questi versi… - Con

Ermione e Titiro la macaia sopraggiunse improvvisa spegnendo i raggi del sole. L'erica si spense e rientrammo a casa.

XX

Tornammo a Genova dopo tre giorni; io con la mia pancia ormai piena e tesa non solo per le caldarroste e vi rimasi a lavorare per più di due mesi dato che stavo bene e mi sentivo tranquilla nonostante le furenti lettere di Franco che mi ordinava di raggiungerlo. Aveva certamente ragione: Genova diventava una città sempre più difficile. Circolavano sempre meno mezzi pubblici per scarsità di carburante, i negozi erano semivuoti, i generi alimentari quasi introvabili, le tessere annonarie praticamente inutili, carbone e legna per riscaldamento scarsi, gli allarmi frequenti, le bombe dal cielo fortunatamente più rare; si viveva molto meglio in campagna e chi ne aveva una doveva approfittarne. Mi sembrava che soltanto l'ufficio postale continuasse a lavorare caparbiamente in barba a tutti i grattacapi intorno.

Una bomba cadde non lontano dall'alloggio di via Nizza e spaventò Wanda e Liliana anche perché l'esplosione mandò in frantumi i vetri delle finestre e danneggiò l'impianto di riscaldamento lasciandole al freddo. Andai a trovarle e le vidi super coperte e rabbrividenti sedute accanto ad una piccola stufa a carbone. Zio Adolfo non c'era, era lontano e chissà dove. Con loro c'erano i fidanzati: Fabio ed Ito che io non conoscevo. Per un attimo mi domandai se non fosse una convivenza indecorosa, ma fu soltanto un momento. Me li presentarono con l'imbarazzo mascherato dal freddo. Ito non era soltanto alto ma anche grande e robusto con i capelli cortissimi a spazzola e le sopracciglia folte ed aggrottate. Rimase sempre serio. Anche Fabio era alto ma snello e longilineo con capelli lunghi e neri, proprio un bel ragazzo. Non rimasi a lungo in loro compagnia. Avevo fretta di rientrare in ufficio. Il mio era ormai un pancione che non sopportava troppi strapazzi e non volevo stare seduta al freddo.

- Allora presto partorirai, sei pronta? Sarà per il nuovo anno, vero? -

- Sì, non manca molto, ancora pochi giorni. -

- Tieni, qui ci sono due cartoline postali dai tuoi. Non le leggi? -

- Scappo, scusate la fretta, salutate lo zio. - Misi le due lettere in borsetta e corsi in ufficio. Avevo troppe cose per la testa e desideravo sfruttare il tempo al meglio lavorando il più possibile per poter mettere qualche soldo da parte per il parto e l'eventuale ricovero in ospedale. Il Natale era ormai vicino e presto avrei dovuto smettere di lavorare. Il mio tempo libero si era ridotto alla sera, dopo cena, quando mi ritiravo nella nostra stanza per tentare di riordinare le idee; leggevo, scrivevo, tentavo di distrarmi, ma il sonno non arrivava mai e mi ritrovavo sveglia alle tre o alle quattro di notte con un libro o con la penna in mano.

Anche Franco metteva da parte qualche lira del piccolo stipendio da sottufficiale visto che la famiglia non gli elargiva più nessun aiuto. Ma era riuscito a sostituire, durante le licenze più lunghe, dei medici richiamati sotto le armi o in vacanza. Anche i turni di notte svolti presso gli ospedali di Alessandria o di Tortona gli fruttavano qualcosa e si sentiva orgoglioso di poter contribuire al mantenimento della moglie incinta.

A notte fonda mi ricordai delle lettere di mia madre dimenticate nella borsetta. Una era datata addirittura ventinove aprile mille novecento quarantuno; quanti giri aveva fatto quella cartolina postale, in quanti cassetti era stata dimenticata, quante occhi avevano controllato se dovesse essere recapitata o no. Il contenuto era di quelli che una donna incinta, sola, in una camera buia e non troppo calda non dovrebbe mai leggere. Io la lessi e lessi pure l'altra e fui fortunata poiché non mi capitò nulla se non un pianto disperato a cui il piccolo dentro di me rispondeva con un ingenuo tentativo di consolazione. Per quanto tempo avevo soffocato la disperazione che era dentro di me e che voleva uscire e urlare! Renditi conto, prendi pure quella lettera, la troverai in quel piccolo scrittoio sotto la finestra, forse è lo stesso scrittoio di allora che ne ha fatti di traslochi, quello con il ripiano di travertino."

"Eccola. Te la leggo?"

"Oh, la conosco bene e mi ricordo bene anche di tutte le altre che non ho mai più preso in mano tanto sono dolorose. Tu mi costringi a ricordare il mio passato più sgradevole."

"Non ti costringo, ti ho solo chiesto di raccontare ma se per te è troppo doloroso, evita i momenti spiacevoli."

"Se evitassi di descriverti i momenti più amari della mia vita non potresti capire chi sono io. Io credo che da quel giorno, da quel Natale, il mio cervello abbia iniziato a subire una modifica tale che non sarebbe più stato quello di prima: uno sconvolgimento, una tempesta nervosa nella quale è affogata quell'intelligenza di ragazzina che imparava in sei mesi l'italiano, che era tra le prime della sua classe, che dirigeva con disinvoltura un ufficio postale italiano, che si districava tra mille problemi di una nazione straniera e mi fermo qui."

"Hai sete, sigaretta? Fumavi anche durante la gravidanza?"

"Fammi bere, dai, fammi bere. Sì, fumavo ed anche quelle più forti e che costavano meno, le Milit se ricordo bene, come Franco. Dunque, come leggi mia madre dice che erano stati obbligati a trasferirsi nel quartiere ebraico, in fretta e senza preavviso, che non era stato facile trovare un posto e che vivevano insieme ad altri: la signora Majewska, insegnante e sua sorella con il figlio ed una rifugiata viennese. Mia madre aveva venduto alcuni mobili e chiuso gli altri in soffitta. Come leggi mi chiede altri pacchi con cacao, formaggio, mandorle, uvetta, riso, olio d'oliva tutti prodotti che avrebbero scambiato con altri, come il pane. Prodotti che avevo difficoltà a trovare anche a Genova. Fortunatamente c'era la campagna dei Siccardi. Leggi, leggi: che mio padre guadagnava meno e che soltanto dopo un mese sono riusciti ad inviare questa lettera all'esterno. All'esterno di che cosa? l'indirizzo Via Dabrowska 37 che poi era diventato Figowego Liscia, chissà perché.

Me le indirizzavano sempre in via Nizza perché non avevo mai osato far sapere a loro che avevo cambiato la mia residenza: dubitavo del compiacimento di mio padre e poi avrei dovuto addentrarmi in chiarimenti che ritenevo complicati; inoltre non volevo assolutamente compromettere i Siccardi con corrispondenza nella quale era evidente la razza del mittente.

Nell'altra cartolina postale, come vedi brevissima, mia madre, sempre lei, mi fa sapere che mio fratello si era preso il tifo ma che era guarito dopo tre settimane di ospedale e due di letto. Ora lavorava nuovamente. Mi scrive che dal primo novembre essa stessa, fortunatamente, lavora in una mensa per i meno abbienti alzandosi alle cinque del mattino. Mio fratello si svegliava alle sette. *Cara Janka, ti prego, rispondici subito! Cosa succede con tuo marito? Dove sei attualmente?*

Scrissi immediatamente due letterine identiche: almeno una, forse, sarebbe giunta a destinazione. Li informai che stavo per diventare mamma anch'io. Mamma. Avrei potuto benissimo partorire quella notte stessa. Stavo per cedere, per crollare moralmente e fisicamente. Erano ormai più di due anni che la mia vita era diventata un affanno continuo. Prima l'apprensione per un matrimonio la cui realizzazione era sempre stata in dubbio poi la costante lontananza di Franco, gli esami universitari, la problematica convivenza, la guerra, i bombardamenti e la situazione dei miei a Kielce. Ce n'era a sufficienza. L'amore, il lavoro, la gravidanza mi avevano tenuto a galla ma ormai mi rendevo conto che, nonostante le mie riserve morali impensate, sarebbe stato sufficiente un nonnulla, una imprecazione di Maria, un rimprovero di Clelia, una dimenticanza di Rosetta, un'avarizia di Luigi per farmi annegare.

Cara amica mia; posso chiamarti amica, vero? Ti dicevo di quell'intelligente ragazzina così allegra e disinvolta che stava diventando forzatamente donna. Stavo perdendo la fiducia in me stessa e nelle mia convinzioni. Non ero più tanto sicura di dover avere in testa pensieri anti convenzionali ed originali. Stavo diventando più conformista. Il conformismo mi ridonava sicurezza. L'invocare Iddio mi restituiva un po' di fiducia e di forza morale così come stava facendo mia madre. Un sentore innato era ormai penetrato dentro di me e mi tirava sott'acqua, un istinto forte, come hai detto tu, sconvolgeva il corso del mio pensiero: la paura. La mancanza di coraggio mi rendeva via via più aggressiva, più intollerante, meno pronta a ragionare sugli eventi, più disposta a cercare soluzioni semplici e banali. La legge del così fan tutti, piano piano stava impadronendosi del mio modo di pensare. Un velo diafano e trasparente stava calando sopra di me, dapprima lieve, poi sempre più pesante e robusto tanto da impedirmi di respirare: il senso di colpa".

"Scusami, Janina, io non sono certo un medico ma quello che descrivi sembra corrispondere ad uno stato di grave stress".

"Chiamalo come vuoi, tu lo chiami stress, ai miei tempi si usava chiamarlo esaurimento nervoso. In ogni caso tutto quel peso di afflizioni mi ha letteralmente schiacciato con la sua violenta coercizione sino a rendermi una donnetta approssimativa e sciocca".

"Janina, Janina, tu non sei né approssimativa, né sciocca. Lo stress è una malattia grave e voi umani ve la portate conficcata dentro costantemente, congenitamente da moltissimo tempo, da tempi immemorabili. Voi non siete nati per questo tipo di vita. Quando siete stati creati eravate ben adattati all'ambiente dove vivevate… "

"Creati? Sei creazionista? Dunque l'evoluzione non c'è?"

"Questa notte sono fuori forma, sono approssimativa. È certo colpa del Biancosarti. Fammi accendere… Quando siete diventati quello che siete ora, migliaia e migliaia di anni fa, vivevate una vita idonea a ciò che eravate: avevate un bel cervello che vi permetteva di sfuggire più facilmente ai predatori, vi permetteva di cacciare con astuzia, di raccogliere il cibo migliore e di rintracciarlo più facilmente. Avevate ed avete, poi, un fisico di tutto rispetto: forte, resistente. Insomma, già allora eravate invidiabili da tutti gli esseri viventi con la vostra selce lavorata ed il fuoco. Ma non vi è bastato, avete voluto di più, molto di più: avete mangiato la mela ed avete dato la colpa a noi donne e vi siete imbattuti in una vita per la quale non siete ancora pronti e di conseguenza l'avete complicata con convenzioni e superstizioni per alleviare le difficoltà in cui inciampate, per liberarvi da questa rete nella quale più tentate di liberarvi più vi ci aggrovigliate. Vi è stato dato, oh, perdona, vi siete appropriati di un cervello adatto a costruire una capanna, avete costruito grattacieli; adatto a coltivare quattro semi, avete inventato i trattori. Un cervello per pescare meglio degli orsi ed invece navigate per gli oceani ed avete strade, automobili e mille diavolerie che sono, sì, alla portata di molti ma non adatte all'abilità di tutti. Questo è il vostro stress quotidiano."

"Torno a non seguirti".

"Voglio dirti che siete andati troppo avanti, lentamente ma troppo avanti: il vostro cervello non si è adattato in tempo. Ho capito che tu sei evoluzionista e perciò puoi capirmi: avete necessità di un ulteriore passo evoluzionistico. La vita adulterata che state conducendo è avvelenata dall'eccesso di progresso e vi porta allo stress. Credimi! Li ho visti i tuoi antenati aggirarsi per boschi e steppe, tornare alle capanne, fare figli ed allevarli, prepararsi il cibo e scambiarsi le prime parole. Mi hanno raccontato le semplici storie della loro giornata; non che fossero tutte rose e fiori, anzi, erano giornate piene di pericoli, di fatica, di freddo, di fame a volte, ma non tanta fame quanta ce n'è oggi. Lottavano tanto per sopravvivere, camminavano a lungo per seguire le mandrie selvatiche ma erano meno superstiziosi. A volte una tribù faceva la guerra ad un'altra per mantenere o conquistare uno spazio vitale ma era più facile che tra i gruppi ci fossero scambi di beni, informazioni e uomini. C'era una legge non scritta che imponeva il rispetto del prossimo poiché anche dalla sua vita dipendeva la sopravvivenza di tutti. Oggi avete formulato l'ipotesi del buon selvaggio ma non erano così buoni e tantomeno selvaggi: erano soltanto opportunisti ben inseriti nel loro ambiente. Sono bastate poche migliaia di anni e qualcuno di loro ha pensato che la ferocia fosse il miglior mezzo per sopravvivere. Poi la ferocia è diventata una vostra caratteristica peculiare: voi siete gli esseri più feroci della terra. Mi capisci ora?"

"Tu proprio ce l'hai con noi."

"Io mi limito ad osservarvi e ad avere pena di voi. Non di te, tu non mi fai pena. Tu ormai sei una grande amica. C'è una mia teoria sull'evoluzione che vorrei esporti se non ti annoio e se ti annoierò fa lo stesso, te la dico comunque. L'evoluzione è un processo lentissimo ma costante ed avviene in ogni individuo vivente alla generazione successiva ma non è uguale per tutti. Gran parte degli esseri rimane indietro e la loro evoluzione è più lenta. La chiamo: evoluzione parallela. La mia teoria fa acqua in più punti, cioè: tra le altre falle, è finalistica e ciò è contro le leggi naturali, però mi piace e, in fondo, potrebbe esserci anche un po' di verità, almeno c'è un po' di suggestione."

"Se non la ritieni valida perché l'hai pensata."

"Per preparare la strada al ragionamento sull'evoluzione culturale. L'evoluzione culturale è finalistica: finalizzata ad avere una società più comprensiva, più pensante, migliore, meno violenta, meno feroce, più educata. Utopia. Ma nell'ascoltarvi, nello studiarvi mi sembra di capire che dentro di voi esiste questo pensiero latente: il desiderio di far parte di una collettività migliore. È nell'evoluzione culturale che troppi rimangono indietro, certuni con l'educazione di un animale maleducato. Ne avete di strada dinanzi a voi, buona fortuna!"

"Quanta saggezza! Abbi pazienza se non sono alla tua altezza. Tu sei un'entità superiore."

"Non prendermi in giro, Janina, va avanti".

"Mi hai fatto perdere il filo del racconto, non so più come ricominciare; vediamo. Mia madre non scriveva più di Roma né di altre amiche o compagne di classe. A me sarebbe piaciuto invece sapere che cosa stesse succedendo a Bomba (la tua collega filosofa) o alla disperata Roma, sposata, che, evitata da tutti, si aggirava per la Polonia.

Alla vigilia di Natale arrivò Franco da Ovada serio e torvo, arrabbiato con me e con i parenti. Lo sguardo esprimeva lo sdegno nei confronti di coloro che schiavizzavano la moglie a pochi giorni dal parto. Il giorno dopo Natale mi costrinse a fare due valigie ed a partire insieme con lui alla volta di Tortona. Io mi lasciavo trascinare senza opporre resistenza: avevo un uomo ed era giunto il momento di lasciarsi guidare anche perché non ero in grado di prendere decisioni. Sistemammo una valigia sulla carrozzina di zio Adolfo; aveva ruote grandi quasi quanto quelle delle biciclette. Man mano che ci allontanavamo da casa Franco si rasserenava nonostante la valigia pesante e non volle neppure prendere il tram. Quando fummo sul treno era completamente tranquillo e quasi sorridente. Ci apprestavamo a trascorrere una piccola luna di miele.

- Perché Tortona, che città è Tortona? -

- È una piccola città, con un buon ospedale. Ci faccio delle guardie notturne o festive. C'è carenza di medici: stanno centellinandoci. In ospedale sono rimasti i più anziani. Le ostetriche sembrano preparate. Partorirai lì, vedrai che ti troverai bene, ormai mi conoscono ed avranno un occhio di riguardo. A volte ci vado in bicicletta da Alessandria, a volte in automobile; mi hanno fatto prendere la patente al distretto militare, forse potrò portarti a fare qualche passeggiata. -

- Non dirmi che dovrai partire per il fronte, ti prego, non dirmelo.-

- Gli ospedaletti da campo sono pronti da tempo, mancano solo alcuni medici e molti infermieri per cui stiamo istruendo dei ragazzi sulle pratiche sanitarie. Ma tra non molto dovrò partire anch'io; non chiedermi per dove. La destinazione probabile è la Cirenaica; Africa o Russia poco importa: stiamo vincendo, o meglio, i tedeschi stanno vincendo anche grazie a noi, dappertutto. Finirà presto. Sono arrivati alle porte di Mosca, di Stalingrado, di Leningrado, di Alessandria D'Egitto, poi tornerò da te e ci faremo una nostra casa. Adesso in Russia è tutto fermo, fa troppo freddo: c'è una tregua invernale. -

- Io non voglio che tu mi lasci sola ancora, scusami ma devo dirtelo: la tua famiglia è insopportabile, non ci resisto più là dentro. Se si trattasse di lavorare senza vederli mai o di frequentarli uno solo per volta sarebbe un paradiso ma tutti insieme sono detestabili. -

- Ti hanno pagato questo mese? -

- Ho scordato di chiedere i soldi a Rosetta. Ho messo da parte qualcosa, comunque. Però dovrò spendere per i viveri da spedire ai miei. -

- I soldi guadagnati bisogna forse chiederli? Forse non lo sanno, quelle due, che partorire in ospedale costa? Non cambieranno mai, zitelle avaracce. -

- Lasciamo perdere; non voglio essere quella che ti mette contro la famiglia. Tu devi sforzarti di comprenderle, poveracce, sono sole, non hanno nessuno, come me, che le ami, che dia un po' di colore alla loro vita. Vivono nel grigiore. Rosetta sta perdendo la vista ogni giorno di più, Clelia sta appena meglio, tua madre è sempre più debole ed irritabile. -

- Scommetto che ti han fatto capire che avresti potuto benissimo partorire in casa; vero? In ogni caso ho guadagnato qualcosa in questi mesi e, se non parto subito, guadagnerò ancora. Se parto, poi, avrò uno stipendio che provvederò a girarti così potrai tirare avanti senza lavorare e senza di loro. - Avevamo riempito il vagone di fumo ma non eravamo i soli con le sigarette tra le dita. Dal mio posto vicino al finestrino vedevo i cappelli dei signori e le crocchie delle signore. Una piccola targa metallica mi avvertiva in tedesco che era vietato sporgersi dal finestrino. La vettura era fredda quasi volesse ricordarci il paesaggio innevato all'esterno. C'erano molti militari giovani che non aspettavano altro che Franco rivolgesse loro uno sguardo per salutarlo militarmente.

- Ho affittato una camera ammobiliata presso una vedova a Tortona. Si trova in via Emilia, non lontano dall'ospedale. Finalmente staremo un po' insieme senza quelle bisbetiche. La casa è piccola ma calda e con un bel bagno grande, in pratica tutto per noi due. Non potremo stare molto insieme perché ho alcune guardie in ospedale, poi, con l'anno nuovo dovrò spesso essere in caserma in Alessandria e ad Ovada. La notte di Capodanno puoi venire con me in ospedale per festeggiare a meno che tu non voglia partorire la notte stessa. I soldi per il parto li ho, come pure quelli per pagare l'affitto: non dobbiamo preoccuparci di nulla. -

- Secondo te quelle saranno le nostre uniche spese? Dobbiamo ricordarci di inviare a Genova un telegramma di auguri, altrimenti se la prenderanno. - Giungemmo a Tortona che era buio, la cittadina non era per nulla illuminata, forse non voleva attirare su di sé bombe destinate ad altri luoghi. Rari e piccoli cumuli di neve erano stati spalati sui bordi delle strade e sui marciapiedi ed intralciavano il cammino. Stavo attenta a non scivolare e Franco continuava a raccomandarmelo. In pochi minuti giungemmo in via Emilia dove, al ventisette, era situata una casa piuttosto grande, di due piani; le targhe al lato del portone, illeggibili al buio, rivelavano almeno quattro alloggi. Al primo piano ci accolse una vampa di buon calore mescolato ad odore di cibo, caratteristico dell'inverno nelle case piccole e povere.

- La vostra camera è pronta, avrete certamente fame, se i signori vogliono favorire con me in cucina non facciano complimenti; non troverete una trattoria aperta, questa sera, con i tempi che corrono. Ho cercato della carne questa mattina ma le macellerie sono chiuse; dicono che non ci sono più veterinari in giro. Ho preparato una minestra con il cavolo e qualche patata, c'è del formaggio e delle uova. Faccio fatica a fare la spesa, solo i contadini portano qualcosa in paese con i carretti e devo precipitarmi di sotto per comprare; e a che prezzi! Sono fortunata ad essere riuscita a farmi una scorta di buon carbone così la signora non dovrà patire il freddo. Non voglio disturbarli oltre, io mangio alle sette, se i signori vogliono farmi compagnia ma modestamente, s'intende. Per oggi i signori saranno miei ospiti, poi se la signora vorrà prepararsi da mangiare, questa è la cucina. -

La camera era altrettanto calda ed odorosa, arredata poveramente con mobili di pioppo impiallacciato, con un'ampia porta finestra che dava su un piccolo balcone e sul buio. Era il nostro primo nido d'amore. Accanto al letto ad una piazza e mezza c'era una piccola, antica culla di legno massiccio che aveva ospitato chissà quanti bebè. Mi fece una gran tenerezza anche se la sua presenza, come quella della carrozzina, mi lasciava un po' perplessa per via della scaramanzia; superstizione, ma quando ti abitui al peggio vedi il brutto dappertutto.

Mi addormentai subito, vestita, al caldo e tra le braccia di Franco.

- Questa è la nostra prima vera casa. La prossima ed ultima sarà soltanto nostra. Ma, vedrai, qui staremo bene e quando la guerra sarà finita torneremo a Genova, troveremo una casa, oppure vicino a Genova, magari ad Ovada, ci sono tanti paesi senza medico nei dintorni. Passeremo le serate a leggere e ad ascoltare l'opera… -

- Un medico bravo come te non dovrebbe pensare a lavorare in un piccolo paese. Tu sei fatto per il grande ospedale di città, per insegnare nell'università. Andiamo a mangiare, ho una fame da lupo, la signora Allena ci aspetta. - La signora, piccolina, grassottella, con un ampio viso buono ed i capelli grigio neri tirati indietro in una treccia sulla nuca, si aggirava intorno al piccolo tavolo di legno, al centro della cucina, sul quale pendeva una semplice lumiera in ferro colma di candele per metà consumate e gocciolate. La cucina era povera come la camera, con la credenza grigio chiaro, curvilinea con lo scomparto a vetri per riporre le stoviglie, la cucina economica, la caldaia a carbone, l'ampia finestra.

- le candele, qui da noi, sono l'unica cosa che non manca. La corrente va via ogni tanto. -

Il giorno dopo era sabato, un sabato grigio e freddo, promettente neve ed invitante alla malinconia. Non appena i marciapiedi persero la patina di ghiaccio uscimmo a passeggio, silenziosi, abbracciati, non avevamo nulla da dirci e se lo avessimo avuto saremmo rimasti comunque silenziosi. Attendevamo. Era una strana sensazione la mia: non avevo nulla da fare né da pensare e nuovamente non avevo voglia di pensare. Cercavo di ascoltare la serenità che lentamente mi stava permeando. Inutile chiacchierare. Bastavano le nostre sensazioni, i nostri pensieri per la testa non avevano bisogno di parole, già li conoscevamo. Franco aveva ancora sei giorni di licenza poi sarebbe rientrato ad Alessandria ed intanto poteva lavorare, sostituendo gli assenti, in ospedale a Tortona dove mi portò per presentarmi ai collaboratori, alle suore ed alle infermiere. Riuscimmo anche a confezionare ed a spedire un pacco in Polonia con i prodotti che mia madre richiedeva tranne l'olio d'oliva che era introvabile, come a Genova.

Arrivò il Capodanno senza che il bambino accennasse la minima voglia di nascere mentre sarebbe stato così opportuno che fosse venuto al mondo nei giorni in cui Franco era con me. Andammo insieme in ospedale dove conobbi suor Lucia ed altre due infermiere. C'era un'atmosfera triste e silenziosa, cupa come la casa dei Siccardi, con tanti malati nei letti disposti lungo le pareti delle corsie e pochi parenti che si aggiravano con aria mesta ai capezzali. Sperai che non si decidesse a nascere proprio quella notte e pensai che le nascite avrebbero dovuto essere vietate durante le festività lunghe, di notte ed in tempo di guerra: quale assistenza poteva offrirti un luogo simile? D'altronde avrei potuto benissimo partorire in casa come aveva fatto mia madre e come la maggioranza delle donne faceva a quei tempi. In ogni caso suor Lucia volle farmi vedere la sala parto e si rammaricò di non poter farmi conoscere l'ostetrica dell'ospedale. Volle rassicurarmi per ogni evenienza dicendomi che la moglie di un medico così bravo e volenteroso meritava la migliore delle assistenze.

A mezzanotte tutti e cinque brindammo, dopo l'ultimo giro in corsia, alla nascita del nuovo anno con una bottiglia di moscato regalataci dai parenti di un giovane soldato astigiano amputato alla gamba destra a causa di una cannonata di un carro armato inglese tipo Matilda. Finiva un anno che potrei definire orribile per me e dico finiva e non moriva perché anche la morte di un anno è cosa triste. Abbi pazienza, cara amica, l'ho detto senza cattiveria. Le uniche cose buone erano state la gravidanza e l'amore di Franco. Iniziava quello nuovo che, per forza, avrebbe dovuto restituirmi...

Restituirmi che cosa? Che cosa avevo perso? A che cosa avevo diritto?

Il moscato era veramente ottimo.

XXI

Lidia nacque alle sette di sera di un sette di gennaio freddo nella cittadina buia e nell'ospedale poco illuminato. Appena fuori di me attese qualche secondo che mi mise in ansia, poi pianse con mio grande sollievo. Tutta la sua cute era di un rosso intenso e pure i radi capelli sembravano rossi. Me la pulirono e vestirono e ci portarono in camera.

- Glielo avvertiamo noi il signor dottore suo marito. Dov'è? Ad Alessandria o ad Ovada? Gli telefoniamo noi. -

- Appena fui sola con la bimba la spogliai e la esaminai tutta attentamente. I buchi c'erano tutti e tutti dove dovevano essere, fece persino pipì. Ero così felice che volevo ballare e cantare dalla gioia. Riuscii persino a trovare un fonendoscopio e la visitai. Era tachicardica: contai più di centocinquanta battiti, mi preoccupai e chiamai suor Lucia che mi disse di stare tranquilla, che era una bambina perfettamente sana. Lo riferii a Franco che il giorno successivo venne a trovarmi in licenza speciale di tre giorni; lui era di una felicità mai vista in quegli occhi azzurri.

- Non hai dato l'esame di pediatria, vero? I neonati sono tutti tachicardici. -

Era tornata la felicità ed era una felicità intensa per tutti e due. Franco mandò immediatamente telegrammi ai nostri familiari compresi i miei ai quali lo inviò in tedesco, dettato da me, perché era più facile del polacco con i suoi caratteri particolari.

Dopo cinque giorni mi mandarono a casa ed allora sì che mi divertii a fare la signora con il pupo nuovo e la carrozzina di seconda mano a passeggio per il centro di Tortona e per i suoi sobborghi innevati. Ma non guardavo il paesaggio, ero trasognata. Non avevo mai vissuto in un paese così piccolo: Piazza del Duomo, i portici, poche vie e mi trovavo subito in aperta campagna. Forse Franco non aveva tutti i torti ad ambire a lavorare in un piccolo centro, lontano da colleghi, parenti e ospedali ma vicino alla famiglia ed alla stima dei clienti. Più volte mi aveva manifestato la sua insofferenza per il lavoro praticato in collaborazione con altri medici e sotto la guida di un primario con tutte le beghe da sopportare, i rospi da ingoiare, gli assensi obbligati e le lunghe dispute diagnostiche: *caro collega mi sono rotto la testa su un caso, un caso… complicatissimo.* Un posto vale l'altro, l'importante adesso era questa nuova bambina, questa nuova famiglia. Spesso Franco tornava a casa la sera e dormivamo tutti insieme nello stesso letto ed al mattino ritornava in caserma come era venuto: con la bicicletta o con il treno. Non potevo chiedere di più, mi bastava quello che avevo e mi sembrava anche troppo. Una sera mi portò ben due lettere reindirizzate da Genova a Tortona ed una di Wanda e Liliana. Le cugine allegramente mi facevano spassosi complimenti. Franco volle che io leggessi insieme a lui le altre ed io gliele tradussi dopo aver messo a nanna Lidia che aveva fatto l'ultima poppata.

- Vogliamo proprio rovinarci la serata. -

- Forza, leggi. -

Carissima Figlia!

Abbiamo ricevuto la tua lettera, tesoro. Se tu sapessi che gioia è per noi, nella nostra miserabile situazione, ci scriveresti ogni settimana. Ma ora non posso aspettarmelo da te. Sono così felice del fatto che la mia piccola Niaiunia sarà presto una madre. E povera me, non posso essere lì con te. Non riesco a dormire la notte, chiedo a Dio di sistemare tutto. Sfortunatamente, la nostra situazione non è ancora migliorata. Non lavoro più in cucina, perché, per sfortuna, è stata chiusa la mensa. Tuo Padre non guadagna, solo David guadagna pochi złoty al giorno, ma non è abbastanza, tutto è così costoso. Avremmo bisogno di cinque volte più denaro solo per vegetare. Se almeno il nostro appartamento fosse caldo, ma purtroppo stiamo congelando, non abbiamo soldi per la legna. Abbiamo bisogno di cinque chili di legna al giorno, ma non possiamo davvero permetterci di ottenerla ogni giorno. Sogniamo una fetta di pane o patate. Tuo padre e io

abbiamo perso molto peso, ma non c'è da sorprendersi con quello che abbiamo mangiato. David regge, sembra a posto ha appetito anche per le patate che non gli piacevano prima della guerra.
Le persone che hanno soldi possono ancora vivere qui in qualche modo, ma tutto è così costoso. Mi chiedi come sia la mia giornata. È difficile rispondere. Inoltre, è meglio che tu non lo sappia, perché non puoi aiutarci comunque. Chiedo solo a Dio di mantenerci in buona salute e in vita e di poterci vedere in futuro, essere felici insieme e poi ti dirò cosa abbiamo passato. Cara bambina! Ti ho chiesto tante volte di scrivere una lettera a tua cugina Hela Fajkarz ma non l'hai fatto. Non hai idea di quanto ci hanno fatto e di quanto ci aiutano.

Ho iniziato questa lettera una settimana fa, ma la sto finendo adesso. Nel frattempo è successo qualcosa e non sono riuscita a finirla. Ora anche David non guadagna più soldi. Mio Dio! Quanto sta passando questo bambino. Janka, tesoro mio, per favore, riscrivimi presto, sai quanto voglio conoscere le tue buone notizie. Non so cos'altro posso scrivere, ma se potessi avrei così tanto da dirti. Oh! Roma e suo marito sono a Chmielnik adesso. Se tu le scrivessi della nostra situazione, forse ci manderebbe qualcosa, ma non so dove abita esattamente. So che sua nonna si chiama Helberg. Dovresti necessariamente scrivere alla cugina Hela, se non puoi aiutarci, allora è tuo dovere ringraziare lei e i suoi genitori per quello che fanno per noi. Le persone qui ricevono pacchi dall'Italia che pesano quindici chili. Chiaramente ti trovi nella situazione in cui non puoi inviarci nulla. Ti inviamo baci dal profondo del nostro cuore, tua madre Regina.

- Devo continuare a leggere? - Stavo fisicamente male, mi sentivo svenire ma non volevo apparire come una donnetta debole e senza carattere ora che ero definitivamente diventata donna matura. Pagare, pagare tutto e senza sconti: con queste notizie stavo pagando la mia buona gravidanza, il parto senza complicazioni, la meravigliosa creatura nella culla e la vicinanza di mio marito. Ed anche a Kielce, evidentemente, c'erano dei debiti in corso di pagamento. Quali altre gravi colpe continuavamo a risarcire? Certo gli ebrei dovevano essersi macchiati di colpe gravissime oppure avevano accumulato debiti considerevoli. Continuava a tornarmi sulle labbra, anche in quella stanza lontana dal mio ambiente, il mio *latinorum: quo usque tandem abuteris patientia nostra?* C'è sempre un Catilina a prendersi carico di mettere le cose a posto: un tempo furono Catilina o Alcibiade e dopo di loro… Non pronuncio nemmeno quei nomi.

- Ciò che non comprendo bene è quello che sta succedendo in tutta quella benedetta città. Insomma, in Polonia la guerra è finita da più di due anni. I tedeschi si sono presi molti territori che sono diventati Germania e Kielce è finita in un cosiddetto governatorato generale. Adesso i tedeschi stanno combattendo in Russia; perché in Polonia non si torna alla normalità? Perché non si può tornare al lavoro ed alla vita di tutti i giorni? -

- Che cosa ti scrive tua madre in proposito? -

- Non chiarisce mai nulla, forse le lettere in cui precisa qualcosa sono censurate così tanto che vengono distrutte. -

- In tutti i modi, la posta continua a funzionare da e per Kielce e questo è un fatto importante. -

- Da e per il ghetto di Kielce, temo. -

- I ghetti non sono prigioni. Secoli or sono, soltanto di notte era vietato uscire dal ghetto, almeno così avveniva in Italia. Tu ricevi la posta, dunque vedi che c'è un ritorno alla normalità, che il ghetto, ammesso che esista, è aperto. -

- È forse normale che siano talmente alla fame da essere dimagriti? Non hanno di che scaldarsi, non lavorano, vegetano. È questa la normalità? E poi: che necessità c'è di un ghetto al giorno d'oggi? -

- Ascolta, amore mio, non possiamo farci niente, non possiamo immaginare il futuro, questa è la realtà di oggi. Stiamo vivendo una guerra strana e, per un certo verso, inaspettata. Dobbiamo, per forza, vivere alla giornata. Io sono qui con te e se dovrò partire certamente tornerò a casa per non lasciarti mai più. Ma tu devi essere più forte che mai, ora che hai, che abbiamo, la responsabilità di crescere Lidia nel migliore dei modi. Attualmente non stiamo male ma tu devi superare ogni pena perché il tuo latte è troppo prezioso. Mi spiego? Dai, leggi, questa non proviene dai tuoi, traduci. –

Cara Janka!
La mia lettera di sicuro ti sorprenderà e magari ti chiederai anche per un po' chi è questa Hela che ti scrive. Alla fine ti ricorderai di aver una cugina di secondo grado, ma non importa. Non ci siamo sentite da qualche anno, ormai non sappiamo quasi nulla l'una dell'altra. Ho saputo dai tuoi genitori che ti sei sposata, allora congratulazioni a voi! Anche se probabilmente i miei auguri sono ormai tardivi. Se sei curiosa di sapere come stanno le tue vecchie amiche, ti posso dire che Złatka si è sposata e vive a Kielce, Roma invece abita a Chmielnik, delle altre non so nulla. Per quanto riguarda me invece, vado avanti in qualche modo, viviamo dove eravamo prima e stiamo tutti insieme. Non ho ancora cambiato il mio stato civile, ma Racha, mia sorella, si è sposata già due anni fa.

Ogni tanto vado a trovare i tuoi genitori e, se devo dirti la verità, scrivo questa lettera per chiederti perché non gli mandi nessun pacco. Vivono una vita durissima, io li aiuto di tanto in tanto ma non sono indipendente e ho i miei limiti, prendo i soldi dai miei genitori. Comunque dovresti fare di tutto per aiutarli. Non hai idea di cosa significherebbe per loro. E so che c'è questa possibilità, perché ci sono pacchi che arrivano dall'Italia, ne ho visto uno anch'io ultimamente. Beh… Tutto qui. Ho letto tante delle tue lettere, come va per il resto? Ti saluto caramente

Hela

Fu sorprendente rendermi conto di quanta forza morale, di quanta energia interiore sia capace di darti un figlio nella sua culla. Nonostante la demoralizzazione dei primi giorni dopo il parto, mi meravigliai di essere in grado di superare, non dico bene, il travaglio derivante dalla lettura delle due lettere. Prima e durante la gravidanza le lettere di mia madre erano causa di un'afflizione profonda, un tormento che mi lasciava senza fiato e che perdurava per giorni fino alla lettera successiva. Adesso guardavo Lidia e mi convincevo di aver agito giustamente e l'impotenza che provavo per non essere in grado di agire in loro favore si tramutava in una rabbia densa di energia nei confronti di coloro che ci avevano condotto verso questa assurda situazione. A che pro tutto questo? A quali vantaggi avrebbe condotto il defraudare le persone dei loro affetti, del loro tempo, della normalità e anche di tante cose materiali che rappresentano la serena vita quotidiana? E se tutto questo sconquasso non avveniva per la ricerca di miglioramenti quanto grandi erano le offese che bisognava vendicare? Forse si trattava solo di stupidità.

Quanta forza mi dava Lidia, meravigliosa con quei vestitini provenienti, in parte, dal corredo delle cognate. Quella coroncina di pizzo, attorno al capino dai capelli sempre più fitti e rossi, le donava tanto da farla sembrare un amorino. Quando Franco mi disse che i dadi del gioco si erano, infine, fermati su un numero certo mi tremarono per un momento le gambe, guardai nella carrozzina le sopracciglia così ben arcuate, quel lieve raggio di sole che accarezzava le guance paffute e mi sentii subito in grado di continuare la passeggiata.

- Libia, partirò a fine aprile o ai primi di maggio. -

- Ne sei certo? -

- Certissimo: ordini dal ministero della guerra. -

- Come sta andando la guerra in Libia. -

- Molto bene, hai fatto bene a chiamarla Lidia. Vedrai, mi porterà fortuna. -

- Veramente intendevo quella Lidia che oggi è Turchia, Asia Minore, con le truppe di occupazione. - Intanto ripensavo alla vicenda che il ragazzo amputato mi aveva raccontato prima che uscissi dall'ospedale. Di come avesse visto, da sdraiato con i compagni nella sabbia armi in pugno, il carro armato avanzare veloce e poi una fiammata dalla bocca del cannone ed i commilitoni non c'erano più e la sua gamba maciullata. Poi le prime cure e l'ultimo intervento a Tortona dove la suora gli aveva fatto un anestesia perfetta e si era svegliato con poco dolore.

XXII

La mia corazza si faceva sempre più resistente e spessa. Iniziai a preparare un bagaglio di panni abbastanza leggeri per le giornate infuocate del deserto e un maglione pesante per le notti fredde. Riuscii persino a confezionare un pacco che spedii a Kielce augurandomi che finisse, se non nelle mani legittime, almeno in mani bisognose.

Mia cara bambina!

Abbiamo ricevuto la tua lettera. Ci ha riempito il cuore di gioia! Cara Janka, congratulazioni di cuore! Possa Dio vegliare su di voi e sulla nostra piccola Lidia. Siamo diventati nonni e David è diventato zio, che emozione! Non ci possiamo credere. Darei qualche anno della mia vita per vedere con i miei occhi la mia piccola nipote e te, cara Janka, nel ruolo di madre. Magari un giorno Dio ci permetterà di riunirci. Purtroppo, per noi niente è cambiato in meglio, ma che ci possiamo fare? Preghiamo Dio che ci dia la forza di sopravvivere a questi tempi bui e difficili. La settimana scorsa ti ho mandato una lettera. Suppongo tu l'abbia già ricevuta. Anche Hela Fajkarz ti ha scritto. Rispondile, per favore! Con tutto quello che stanno facendo per noi è davvero una vergogna che tu non possa scriverle neanche qualche parola di ringraziamento. Janka, amore mio! Scrivici, per favore, ogni settimana! Non puoi immaginare quanta gioia ci diano le tue lettere. Sono l'unico raggio di sole nella nostra vita amara. Ringraziamo molto Franek per le sue parole e lo salutiamo. Spero che sia un buon marito per te e che non ti farà mai pesare le differenze che ci sono tra voi due. Janka, ci hai promesso di mandarci una fotografia di tuo marito. Abbiamo diritto di conoscere nostro genero, almeno dalle fotografie! Per favore, se è possibile, mandacela. Inoltre, facci sapere se tuo marito guadagna abbastanza per mantenervi e se hai intenzioni di ritornare a Genova. Finisco qui perché ormai è tardi e tra poco chiuderanno le poste. Papà e

David non sono a casa quindi scrivo questa lettera da sola. Un bacio a te e alla mia cara nipotina e saluti per Franek. Tua madre.

Darei qualche anno della mia vita… Almeno quest'ultima lettera mi rinfrancò un poco.

Maggio arrivò troppo in fretta. Conducevo una vita abbastanza tranquilla e serena facendo crescere la bambina ed attendendo Franco che tornava a trovarci ogni volta che gli veniva concesso il che avveniva sempre meno frequentemente. Vennero a trovarmi, dalla loro casa vicino ad Ovada, anche Liliana e Wanda sempre più fidanzate e sempre allegre. Mi fecero i complimenti per Lidia e dissero che assomigliava a Franco: *spiaccicata* (Lilly). Ci facemmo un po' di risate sui nostri uomini e sui loro piccoli difetti. Mi dissero che a Genova gli allarmi si erano alquanto diradati e che stavano arrivando in città molti soldati feriti dall'Africa. Gli ospedali si stavano riempiendo, il cibo era scarsissimo e le attività procedevano a rilento compresi i corsi universitari. Il fidanzato di Lilly era in partenza per la Libia e quello di Wanda si stava nascondendo a casa loro a Genova dove aveva riparato quasi tutte le vetrate e il riscaldamento.

- Ma non lo hai capito, Janina? È ebreo come noi tre, forse un po' meno, ma non lo vogliono nemmeno nell'esercito. Si nasconde. -

- Anche Franco andrà in Africa. Chissà che non incontri Ito. -

- Stattene qui a Tortona, non ti muovere, qui non ti manca nulla.-

- Ci starò sinché i soldi me lo permetteranno. Le spese sono tante, i guadagni di Franco pochi. Per il parto abbiamo dovuto sborsare più di cinquecento lire e per il ricovero mio e di Lidia poco meno di trecento. Mangia, lavati, paga l'affitto, manda dei pacchi in Polonia, tra poco avremo finito tutti i soldi e sarò *miscia,* senza una lira, come mi è già successo. -

- E le tue cognate che fanno? -

- E chi le sente! Sono genovesi: peggio degli ebrei. -

- A proposito di ebrei: hai più avuto noie con il tuo nuovo cognome? -

- Per ora nessuna. Poi sono la madre della figlia di un soldato italiano; credo che sia sufficiente. E voi? -

- Ogni tanto ci nascondiamo, ci eclissiamo. Ma tu non ti fidare, mai. Non è ancora finita. Tra non molto sarai sola. Dai, vienici a trovare ogni tanto e portaci il tuo piccolo tesoro. - Wanda era quella saggia delle tre.

Rimasi sola: Franco partì, tra mille raccomandazioni mie e sue, dalla stazione di Alessandria e non volle che lo accompagnassi sino a Milano dove avrei ammirato la partenza in grande stile con la folla assiepata sulla banchina e centinaia di tricolori sventolanti. E non partì per l'Africa, come stabilito, ma per la Russia, come modificato pochi giorni prima della partenza. Si andava verso l'estate ed il suo bagaglio era già pronto ma, conoscendo molto bene i climi nordici, volli essere premurosa e previdente quanto mai ero stata ed aggiunsi nel suo equipaggiamento quanta più lana possibile: calzettoni grigioverdi, maglioni pesanti, guanti ed il paio di robusti scarponi che usava calzare a Bormida. E quanto feci bene!

Dalla banchina lo guardavo mentre dirigeva il corretto caricamento nel vagone dell'ospedaletto da campo; che non ci si dimenticasse di nulla e che nulla fosse danneggiato. Dava gli ordini con sicurezza e senza alterigia e certo non nascondeva una certa vanità nel farsi vedere dalla moglie vestire i panni dell'ufficiale medico che dirigeva i suoi uomini. Ma sì, in fondo andava incontro a quell'avventura che tante volte aveva letto nei romanzi.

- Quello che mi preoccupa è che questi ragazzi sono ancora giovani, inesperti: non hanno il concetto della buona organizzazione, credono sia pedanteria; non si rendono conto che una minima dimenticanza può causare un disastro. - Poi ci salutò, baciò più volte Lidia, si sporse dal finestrino, nonostante il divieto, e mi salutò con il sorriso mesto di chi vorrebbe veder crescere la sua bimba.

Mestamente ripresi anch'io il treno e tornai a Tortona. Io restavo sola con Lidia. Bene, avrei trascorso il mio tempo scrivendo lettere leggendo romanzi, passeggiando e crescendo Lidia; chissà quanto tempo avrei resistito: stare con la mia bambina e fare la mamma era una prospettiva piacevole; trascorrere il resto del tempo ad aspettare senza poter fare qualcosa di utile non era nella mia indole, e non potevo far nient'altro che aspettare. Ciò che mi rodeva maggiormente era il non poter fare assolutamente nulla per contribuire a modificare, a correggere l'andamento della situazione mia, dei miei cari, della guerra, della Europa tutta. Ripresi in mano persino i libri per studiare, era un modo molto particolare di essere vicino a Franco. Avrei potuto preparare l'esame di pediatria per poter eventualmente curare Lidia però le dispense di Franco erano rimaste a Genova. Ma lo studio non rendeva, le nozioni cliniche passavano davanti agli occhi e non volevano fissarsi nella memoria. Dedicai allo studio un'ora al giorno, di più mi era impossibile, dopo pranzo, dopo aver messo Lidia a fare il riposino. Avrei anche dovuto pensare allo svezzamento come mi era stato spiegato da Franco ma lo feci con estrema cautela e lentezza perché riuscivo ad alimentarmi correttamente ed il latte non mi mancava.

Ogni sera, come al solito al buio, scrivevo a Franco per descrivergli i progressi di nostra figlia nascondendogli le mie preoccupazioni per le piccole malattie dell'età. Una lettera ogni sera e finalmente cominciai a ricevere posta anche io da lui. Su ogni lettera il visto: VERIFICATO PER CENSURA. Giustamente la censura controllava eventuali notizie potenzialmente utili al nemico qualora la posta fosse stata intercettata. Conseguentemente il contenuto letterario era sobrio e romantico, con fugaci accenni alla passione e contenente le solite notizie sullo stato di salute, sulla grande malinconia e le speranze per un prossimo ritorno. Ci eravamo già accorti che parte della corrispondenza scambiata prima della partenza era controllata e la faccenda ci aveva indotto ad inserire, tra le frasi scambiate, qualche accenno patriottico. Ma ora si trattava di censura con cancellature vere e proprie ad impedire il riconoscimento di luoghi e avvenimenti. A volte i censori si distraevano o forse non ritenevano importanti certi fatti: in una lettera preoccupata che gli scrissi all'inizio dell'inverno gli chiesi notizie dell'imponente controffensiva sovietica sul fiume Don così come avevo letto sui giornali e la sua rassicurante risposta fu che non sapeva di nessuna controffensiva, che lì nell'ospedaletto, Posto Militare centodue, non stavano arrivando notizie in merito. Un'altra volta il censore dimenticò di cancellare il nome del luogo in cui Franco stava lavorando in quel periodo, nascosto tra le righe del testo ed indecifrabile sia per la grafia deformata dal freddo (penso) sia per l'incerta trascrizione dei caratteri cirillici: probabilmente Voroscilovgrad. Mi recai allora in biblioteca e trovai un borgo segnalato sull'atlante con quel nome a circa duecento chilometri dall'ansa del placido Don. Dovevo comunque tener conto che l'attività sanitaria si svolgeva con spostamenti dei posti sanitari abbastanza frequenti sia verso est che verso ovest, a volte presso piccoli centri urbani, a volte in aperta campagna.

Franco mi scriveva dei colori intensi e malinconici dei tramonti romantici sul paesaggio piatto e monotono con l'albero solitario e le grigie ed indefinite colline lontane che mi ricordavano i racconti della steppa di Cechov con la sua polverosa estate; steppa a cui aveva aggiunto gli edifici diroccati ed anneriti dal fumo, ed, in seguito, il fango e l'attesa della notte che avrebbe ghiacciato il terreno permettendo nuovamente il cammino. Poi la neve ed il vento gelido. Poi di nuovo il fango ed infine la polvere e le mosche. I vecchi e le donne magri e diffidenti ma solo nei primi tempi poi più cordiali e che volevano scambiare viveri e suppellettili. Da qui la richiesta di un dizionario russo che non riuscii mai a trovare.

Mi rivolgeva continue richieste di ogni genere: dal sapone da barba alle lamette, dai libri di medicina ai romanzi della Sofia Kossak, carta da lettere, pandolce genovese per Natale, per il capodanno budini Elah o uova in polvere e relative ricette per rallegrare la lontananza di commilitoni, collaboratori e pazienti. Ma il suo ordine perentorio era che non dovevo recarmi a Genova per nessuna ragione, nemmeno per gli acquisti. Io correvo: ovunque fossi mi dannavo a cercare quei beni carissimi che avrebbero alleviato la lontananza di quel benedetto ragazzo che stava vivendo la sua avventura ma spesso ero obbligata ad arrendermi ed a ricordargli che la vita di una madre sola ed in tempo di guerra non era tutta un giardino fiorito.

I feriti, gli ammalati o i congelati arrivavano all'ospedaletto a ondate successive con il treno o con altri mezzi, a volte numerosi. Si trattava di offrire loro le prime cure che li avrebbero messi in grado di essere trasferiti nelle retrovie o rimpatriati oppure di rimetterli in piedi più in fretta possibile per rimandarli al fronte. Mi scriveva che spesso l'impegno era notevole sia di giorno che di notte, senza un minuto di quiete.

Se ti ho già scritto che il mio ospedale funziona a meraviglia, tesoro mio, e continua a funzionare che è una gioia, ma se dura così finiremo per non funzionare più noi: saremo rotti e sfiniti prima del tempo, condannati ad una vecchiaia precoce e senza gioie. Ieri ci sono passati per le mani duecentonovanta uomini, oggi duecentoventi per non parlare dei giorni precedenti, di quanti treni abbiamo riempito. Manco a farlo apposta non sembra di essere in dicembre e non vuole più gelare il terreno: è tutto un mare di fango e le macchine sono bloccate. Attorno all'ospedale abbiamo le nostre undici autoambulanze ferme… Nel mio reparto ho più di cento ricoverati e sono solo perché il collega è in licenza e devo rivedere le medicazioni, soffermarmi sulle urgenze, c'è quello che vomita, quello con la pleurite, quello con nefrite, l'altro ha bisogno di morfina, ce n'è per tutti i gusti."

Aveva una gran voglia di impegnarsi allo stremo per arrivare in fretta alla vittoria. Altro non osava e non era autorizzato a scrivere. Aveva anche giorni di stanca attesa nei quali si demoralizzava perché i giorni senza intensa attività lo immalinconivano ed allora la nostalgia dell'Italia e della sua piccola famiglia si faceva sentire. Sapeva che avrei vegliato sull'educazione della nostra piccola ed aveva una grande fiducia nei miei propositi ma spesso mi ricordava di non volere una bambina come le altre, paurosa o insicura, birichina o viziata.

Lo sai che non mi piacciono certi bambini: sin da ora devi abituarla ubbidiente, educata, rispettosa. Mai permetterle, neanche per gioco di picchiare, e se qualche volta piange perché è caduta non esagerare in compassioni, che non si abitui a piangere per vizio o per essere coccolata. Deve venire su una donnina forte, allegra e nello stesso tempo seria come può esserlo una bambina tanto piccola. Io non mi so ben spiegare ma tu mi capisci perché ne abbiamo parlato spesso. Abbi per lei tutte le cure ma modus in rebus. Dimenticavo: basta con il latte tuo, ormai deve mangiare!

Sembrava tutto facile. Mi scriveva sulla carta da lettere leggera se funzionava la posta aerea, altrimenti su quello che trovava ma entrambi dovevamo numerare le lettere per capire se e quali andavano perse. A volte erano cartoline con vignette predisegnate sul davanti dove i soldati italiani in Africa gabbavano gli inglesi, a volte carta da lettera dove su ogni pagina compariva, prestampata, la raccomandazione di di non scrivere ciò che il nemico non doveva sapere. Sulla carta, a volte, c'era in alto a sinistra un fascio littorio con un'enunciazione prestampata nella quale si prometteva, a guerra finita, un raccorciamento delle distanze sociali, una più giusta distribuzione delle ricchezze per i sacrifici sostenuti e la disciplina mantenuta. C'era persino la firma di lui, della guida suprema. Era comunque imperativo scriversi con frequenza quasi quotidiana per tranquillizzarci vicendevolmente circa la salute e la posta ci giungeva per lo più in piccoli ammassi settimanali. Guai se un soldato in guerra, lontano da casa, non riceve la sua lettera al momento della distribuzione della posta: inizia ad arrovellarsi su ciò che può aver causato il disguido e pensa subito al peggio, si demoralizza, ed io notavo questi alti e bassi nell'umore di Franco a seconda della corrispondenza che riceveva e dell'intensità del lavoro.

Nonostante il suo maresciallo mi inviasse tutto il suo stipendio, che io, in parte, reinvestivo in vivande da inviargli e nonostante la mia grande abilità ebraica nel risparmiare cominciavo ad essere a corto di denaro e temevo di non riuscire ad arrivare sino alla fine dell'anno. In verità speravo che la guerra in Russia sarebbe durata pochi mesi viste le mediocri prove che aveva esibito l'esercito russo precedentemente; ma i mesi trascorrevano lentissimi, le vittorie dell'Asse si susseguivano con costanza e si era sempre ad un passo dal conquistare Leningrado, Mosca e Stalingrado ma quel passo non si verificava ancora.

Malgrado Lidia, la solitudine cominciava a farsi pesante. Rimpiangevo il lungo periodo del servizio militare che almeno mi permettevano di vivere nell'attesa di quelle poche e brevi licenze; ora potevo solo attendere che avvenisse qualcosa che cambiasse il corso della guerra. Amicizie non ne avevo fatte e la compagnia della gentilissima signora Allena, con tutti i suoi bei consigli per la crescita di Lidia e con tutto il suo valido aiuto, non mi bastava. Arrivò il caldo estivo, umido, spossante; avrei potuto benissimo trasgredire gli ordini e fare qualche puntata a Genova dove i bombardamenti non erano più così incombenti e dove comunque c'era un bel mare e, se mi fossi pentita, avrei sempre avuto la possibilità di tornare a Tortona. E così feci. Raccomandai alla signora di reindirizzarmi la posta a Genova e tornai a casa Siccardi per presentare la piccola Lidia alla famiglia.

Riuscii a fare due giorni di mare con Lidia, ai bagni Benvenuto, come una volta e mi sembrò fosse passato tanto e poi tanto tempo. Ombrellone, sedia a sdraio, canzonette dalla radio. Amici ed amiche sparite, Liliana e Wanda presenti, ridenti: *come è cresciuta, assomiglia anche un poco a te, che capelli rossi, hai letto il giornale, che scrive Franco?* Mi sentivo un po' in colpa: chi in guerra, chi al lavoro, chi in un ghetto ed io ero spaparanzata al sole a fare la vita da signora al mare con le amiche, ma dovevo far conoscere a mia figlia il mare!

- Non possiamo pagarti, Janina. Se vorrai tornare a lavorare in ufficio ci farai piacere, ma sappi che qui la vita è dura e difficile ed abbiamo molte spese: i contributi, gli stipendi, le tasse… -

- Clelia, io sono venuta per farvi conoscere Lidia. Tra pochi giorni me ne andrò a Tortona; Franco non vuole che io stia a Genova. Per ora Franco può mantenere me e sua figlia. -

- Sarebbe anche ora che Franco cominciasse a restituire qualche cosa di ciò che gli è stato dato. Se tu ci aiutassi sul lavoro contribuiresti ad alleggerire il suo debito. -

- Quale debito? -

- Di averlo portato alla laurea. - Mi si voleva far capire che si sentivano sempre in credito verso di noi. Io avevo necessità di denaro per tutti i motivi che tu conosci ma che tacevo ai Siccardi. Loro avevano un disperato bisogno di aiuto sia per l'ufficio postale che per se stesse e mamma Maria. Quando si accorsero che stavo per rifare le valigie ci accordammo per cinquecento lire mensili che erano veramente una piccola cifra vista l'inflazione di quell'anno. Avrei anche potuto ottenere di più dato che stimavano molto le mie competenze e dato che la loro vista non faceva che peggiorare e non dovevano affaticarsi troppo, ma non volevo trarre giovamento dalla loro salute. Salute che per Maria era notevolmente peggiorata: stanca, con gli occhi cerchiati, invecchiata, sempre pensierosa si aggirava per la casa appoggiandosi al bastone; glicemia altissima. Le due figlie continuavano a curare gli occhi ed io mi opponevo alle loro testarde proteste di non voler seguire il corso di lettura Braille mentre ancora potevano vedere ciò che presto avrebbero solo toccato con i polpastrelli.

Fu così che ripresi, in compagnia di Lidia, la vita di una volta: casa, ufficio, fughe in campagna, fughe ai rifugi durante gli allarmi, letture e scrittura; ma almeno era vita intensa. Avevo necessità di distrarmi e non di trascorrere la giornata nella monotonia di una piccola città; ne andava di mezzo il mio morale e la mia salute. Certo, i bombardamenti erano ricominciati e con questi le fughe precipitose nei rifugi, l'ansia speranzosa di trovare intatti i propri luoghi all'uscita, l'ansia per la vita di Lidia; ma io vivevo e non mi arrovellavo costantemente e poi durante quella mezzora nel rifugio antiaereo si facevano conoscenze, ci si scambiavano informazioni.

C'era una galleria in Genova, la Galleria Delle Grazie, che veniva adoperata come rifugio durante le incursioni aeree. Io non so bene come successe: forse il suono dell'allarme fu troppo forte e generò il panico, forse troppa gente stava precipitandovisi, forse qualcuno fu troppo lento rispetto alla fretta dei molti, forse il bombardamento della notte precedente aveva scosso gli animi, forse i gradini di accesso erano troppi. In quella notte di ottobre la folla si stipò, raggrumò centinaia di corpi, la moltitudine calpestò altre moltitudini e poi si strinse in un corpo solo, schiacciato, pigiato, senza voce o respiro sino a morire non per il tritolo ma per la forza dell'abbraccio.

Nemmeno la chiesetta del mio matrimonio fu risparmiata né in ottobre, né in novembre e nemmeno le finestre dell'appartamento di via Nizza per la seconda volta. Qualcosa cominciava a precipitare: troppe bombe, troppa gente denunciava scontentezza apertamente, i prezzi degli alimenti erano saliti alle stelle, Genova era semivuota, molti vivevano in campagna o in cittadine piccole come Tortona, li chiamavano sfollati. Anche noi sfollavamo, come sempre a turno, per la nostra settimana di sicurezza. Eppure si stava ancora sul punto di vincere o almeno così si diceva; ma chi lo diceva? Radio Londra diceva di no ma il fascio era entrato a Nizza riprendendosela.

Dopo un lungo e preoccupante silenzio ricevetti tre lettere da mia madre; come al solito era sempre mia madre a scrivere. Mio padre e mio fratello si limitavano ad apporre poche parole affettuose ma chissà se erano ancora capaci d'affetto tutti e tre. Le brevi cartoline postali avevano un ritardo notevole ed erano forse le prime che leggevo senza un adulto vicino ma con la sola Lidia a farmi coraggio. In camera mia, la presi sulle ginocchia che già stava addormentandosi. In quella di maggio un odioso timbro raffigurante un'aquila artigliante una svastica copriva, per spregio, parecchie parole scritte da mio padre che mi diceva che Hela si era sposata con Jankielewski. Mia madre scriveva dall'ospedale nel quale era ricoverata da due settimane. Era stata tutta gonfia e i medici le dicevano che aveva il cuore un po' debole. Assumeva il Cebion, vitamina C, ma doveva pagarselo. Si raccomandava di mandarle un pacco con viveri. Erano alla fame.

Nell'altra si preoccupava per me perché non aveva più ricevuto corrispondenza. Implorava una mia risposta ma io scrivevo anche due volte a settimana. L'ultima era datata tre luglio quarantadue:

Mando bacini per la nostra carissima Lidia.

Mia cara bambina! Abbiamo ricevuto la tua lettera e il tuo pacco questa settimana. Ti ringrazio tanto! Cara Janka, non puoi immaginare quanta gioia ci hai dato con la tua foto con la nostra piccola nipote. La piccola è bellissima. Prego Dio affinché cresca serenamente e sempre in salute. Per quanto riguarda le medicine, hai fatto benissimo a mandarcele. Ne ho lasciate alcune per me stessa e ho venduto il resto, perché purtroppo avevo bisogno di soldi. Per favore, amore, non ti arrabbiare. So che ci tieni alla mia salute. Cara Janka! Se è possibile, mandami ancora le stesse medicine. Se le vendessi tutte, ricaverei 90 Zloty, quindi questa è la cosa più preziosa che puoi inviarci. Comunque, vorrei sottolineare che se ti costa caro mandarcele, per favore, non farlo. Capisco benissimo che stai passando un periodo pesante. Perciò, anche se ci troviamo in una situazione difficile, non posso chiederti di sacrificarti per noi, soprattutto adesso che tuo marito non è lì con voi. Prego il Signore che possa tornare a casa il più presto possibile sano e salvo. Janka, ti prego, non lasciarci più tanto tempo senza tue lettere. Scrivici ogni dettaglio e facci sapere se ricevi uno stipendio da tuo marito. Mio Dio, immagino quanto è stato duro per tuo marito lasciare te e la bambina, ma, cara Janka, spera che torni sano e salvo. Io, grazie a Dio, sto meglio ma sono ancora un po' esausta. Sono a casa già da qualche settimana. Per quanto riguarda le iniezioni, qua si vende facilmente il glucosio perché manca tanto. Tuo padre e David sono sani. Ti voglio bene e ti mando un bacio dal profondo del mio cuore, tua madre

David è innamorato di Lidia, non smette mai di ammirare la sua foto.

Con un pacco di viveri ed una fotografia avevo riportato, se non la felicità, almeno un poco di sollievo ai miei. Ma avevo difficoltà a raffigurarmeli nella loro nuova situazione, raccolti attorno ad una foto in chissà quale ambiente, mio fratello quindicenne che avevo lasciato che era bambino, forse con un pezzetto di cioccolato in mano; i miei genitori cinquantenni che studiavano i particolari dell'istantanea scambiandosela. Mia madre ammalata. Il mio senso di colpa.

Cara Lidia, ho fatto bene o forse non avrei potuto fare altrimenti. Io sono qua con te, loro sono alla fame. Non oso pensare quale sarebbe stata la mia disperazione se non avessi avuto un lavoro che mi permettesse di inviare loro un qualche conforto, forse la sopravvivenza stessa. Quale disperazione non avessi avuto te e tuo padre. Non mi sono laureata dopo otto anni dalla prima iscrizione. Appena finita la guerra studieremo insieme e ci inventeremo qualcosa che ci giustifichi quando incontreremo i tuoi nonni.

XXIII

Finalmente quell'autunno orribile volgeva al termine e ci si stava avviando verso il nuovo anno anche se non mi aspettavo più cambiamenti vantaggiosi. La speranza non moriva mai ma da troppo tempo, ogni capodanno, moriva un anno migliore del successivo. Non voglio dire che l'arrivo di Lidia non sia stato un evento magnifico ma rimaneva un evento stupendo in un contesto miserando e povero, difficile da sopportare, penoso per tutta la gente, zeppo di ansie per me che avevo dovuto preferire una compagnia bisbetica ad una solitudine inquieta. Non mi attendevo nulla di buono dal nuovo anno e non ero la sola.

Trascorsi il capodanno nella casa di via Nizza, dove i vetri delle finestre erano stati rimessi, con le cugine e zio Adolfo che, senza scherzare ma nemmeno facendo sul serio, ci ripeteva che il vero capodanno era trascorso da tre mesi e l'anno era il cinquemila settecento tre. Forse diceva così perché c'era anche mia zia Jocheved con il marito ed il figlio Moszek di vent'anni. Mi domandarono di Franco. La zia, che non vedevo da parecchio tempo, fu veramente sensibile nel non rivolgermi domande circa la situazione di suo fratello a Kielce, certo era già stata informata in proposito. Mi fecero i complimenti per Lidia che si avviava a compiere il suo primo anno. I fidanzati di Wanda e Liliana non c'erano: uno era militare l'altro era in Libia, avanti ed indietro nel deserto. Al loro posto c'erano due amici delle cugine, due compagni di corso all'università, non ebrei. Insomma, eravamo un gruppo di ebrei che festeggiava una festa cristiana poco sentita in una compagnia mista.

La cena non era un granché e c'era da aspettarselo con la penuria di cibi in una città in cui i ricchi erano ormai benestanti, i benestanti erano diventati poveri ed i poveri erano in guerra o si arrabattavano. Alla mezzanotte ci furono due bottiglie di spumante per il brindisi e qualche barzelletta sul fascismo di zio Adolfo. Wanda non faceva altro che riprendere la sorella che faceva la svenevole con gli amici. Moszek trovò il modo di iniziare con me una conversazione dapprima tranquilla su questioni religiose, poi sempre più animata su dubbi filosofici, sino alla lite per una vecchia questione di famiglia su denaro prestato e mai restituito. Se Wanda non mi avesse trattenuto non mi sarei limitata ad insultarlo pesantemente. Su argomenti religiosi poteva anche aver ragione lui, che poi di filosofia non capiva nulla, ma in tema di denaro diventavo una belva soprattutto se quel denaro circolava tra le mani dei nostri parenti ed amici di Kielce che in quel momento, di certo, non stavano festeggiando. Gli ebrei trovano sempre uno spunto per intestardirsi e litigare.

Dal balcone di casa Liliana ed io guardavamo il panorama buio che la città stava offrendo; quasi nemmeno il mare era distinguibile dal cielo e da Genova, quel mare amico che ora intravedevo appena, senza quei biancori schiumosi.

- Tu e Wanda vi fate sempre più nervosette, dovete stare più calme! Altrimenti questa vita vi diventa un inferno. -

- Non hai anche tu un uomo lontano, giusto di là dal mare, che rischia la pelle ogni giorno? E poi, non fanno altro che licenziarti! -

- Prego, sono io che mi licenzio! Dovresti sentire quanto sono cretine negli uffici! Resisto in silenzio dieci o dodici giorni, poi sbotto: chi non sa fare i conti, chi non sa usare la macchina da scrivere, chi non sa questo, chi quello. E basta! Gliene dico di tutti i colori, mi alzo e me ne vado. Incompetenza. Un branco di incompetenti! -

- Nervosetta, la ragazza. -

- Poi io ho da studiare e da stare dietro a mio padre ed alla casa, ed a mia sorella che è sempre più scontrosa da quando non vede più Fabio. -

- Si sta male senza uomini. Vero? Ti ricordi quando sono arrivata in Italia: voi due, quasi ancora bambine, che mi portavate in giro per la città a ridere della gente seria ed indaffarata? Che tre sciocchine eravamo, e senza pensieri! -

- Io voglio rimanere sciocchina, non ho voglia di assumermi responsabilità di sorta. -

- Sono le responsabilità che vengono a cercarti, che vogliono essere assunte. - Stavo acquisendo la saggezza di Wanda.

Per quella notte rimasi a dormire dallo zio, ma noi giovani volemmo fare un breve giro sino al mare, così, tanto per valutare l'entità dei festeggiamenti. Buio pesto: quasi non vedevo Lidia nelle carrozzina guidata da Wanda. Pochi ciclisti, con una luce ristrettissima sul manubrio, rientravano a casa. Il rumore delle onde era l'unico suono udibile e non sovrastava le nostre parole anche se parlavamo a bassa voce quasi non volessimo disturbare la città che voleva dimenticare con il sonno l'anno trascorso, quasi che anche il mare avesse orecchie per riferire.

Quando tornai al lavoro il sabato mi accorsi che, da pessima ebrea, mi ero fatta nuovamente fregare a causa del mio buon cuore, del mio sentimentalismo, del senso dell'onestà. Il lavoro era tanto, impegnativo e le ambite cinquecento lire valevano molto meno di quanto guadagnassi un anno prima. Non avevo intenzione di tornare alla carica con le sorelle: sarebbe stato più stancante del lavoro stesso. Mi sarei presa qualche pausa più lunga per far mangiare Lidia o allattarla perché entrambe non potevamo rinunciare ad un alimento sicuro e gratuito.

Solita vita: casa, ufficio, santuario di Savona. Bormida era irraggiungibile ed invivibile a causa del freddo e della neve. Lidia cresceva sana e carina. le incursioni aeree si diradavano, forse stavamo vincendo anche se il colonnello con la voce di Stanlio ed Ollio affermava il contrario. Avevamo pure dichiarato guerra agli Stati Uniti e ciò significava che eravamo veramente forti.

Purtroppo un pomeriggio di fine inverno Maria volle uscire di casa accompagnata da una domestica: Matilde piccola, magra, un grissino di donna. Voleva rivedere la città, rendersi conto dei cambiamenti e delle distruzioni avvenute. Poi, ormai senza forze, volle fare una capatina in ufficio che era a pochi minuti a piedi ma, all'imbocco di via Interiano, c'erano dei marciapiedi sconnessi a causa delle esplosioni e dei lavori di sgombero delle macerie. Anche se sorretta da Matilde, Maria cadde, perse una scarpa, il ginocchio si appoggiò malamente su alcuni frantumi di vetro appuntito che facevano capolino tra i mattoni rotti. Si preoccupò della scarpa. Con l'aiuto di Matilde e di un passante gentile riuscì a tornare a casa.

- *Oh, no grassie.* Voi siete molto cortese, *ma nù duvèi inquietève, Nù ghè mìa bezéugno del pronto soccorso.* Mia nuora è quasi medico, Mi curerà lei. Non dovete disturbarvi, non c'è bisogno del pronto soccorso. -

In casa si fece pulire e medicare la ferita alla bellemeglio e si fece solennemente giurare l'assoluto silenzio circa l'accaduto. Temeva l'ira funesta delle figlie ed il cinismo scoraggiato del marito. Per di più, la sera a cena, si presentò con un abito lungo ed ampio ed un grembiule poiché volle tenere Lidia accomodata sulle sue ginocchia. Tre giorni dopo aveva la febbre alta e la sera Matilde confessò l'insostenibile segreto. Trovai le bende, ma che dico bende, gli straccetti di cotone strappato zuppi di liquido maleodorante e sotto la cute nerastra, piagata con i margini delle ferite slabbrati e dolenti. Lavai con cura la gamba ma non trovai nessun disinfettante, per quanto poco potesse servire. Il telefono non funzionava e non potei parlare con l'ospedale. Con il furgoncino dell'ufficio riuscimmo a trasportare Maria all'ospedale Galliera perché San Martino, dove mi conoscevano meglio, era troppo distante. La febbre era sempre più alta. Finalmente un medico anziano la visitò.

- Guardati in giro, Janina, guardati in giro! sono tre giorni che quasi non dormo. Guarda quanti feriti, vengono dall'Africa. Molti moriranno ed io non so più dove sbattere la testa. *Nù ghè a fàssu ciùe*. Non ce la faccio più. Lo faccio per te che sei quasi collega e per tuo marito in Russia. Ma posso solo disinfettare, fin dove arrivo, e medicare, e non dovrei nemmeno farlo: ho l'ordine di curare solo i feriti di guerra. Non ho più bende, disinfettanti, garze… Non ho più nulla. Se fossero rimasti in Libia avrebbero ricevuto più cure che qui. Forse a quest'ora sarebbero prigionieri di guerra degli inglesi e, quasi, quasi, sarebbe meglio… per loro stessi. Sai che una nave mercantile che trasportava anche feriti è stata affondata l'altro ieri? - Nel frattempo lo aiutavo porgendogli il necessario e lui lavorava e parlava.

- Avrebbe bisogno di ricovero e di frequenti controlli e medicazioni. Devo restituirtela. Riportala a casa. Se non guarisce prova a riportarla. Se peggiora va amputata. Non ancora, comunque. Ora le sale operatorie sono occupate e abbiamo quasi finito gli anestetici e la morfina, capisci, anche la morfina che non costa nulla! Quanti anni ha? É in salute per il resto? -

- Sessantasette, ha il diabete. -

- Ci mancava quello, bada, Janina, che non si scompensi. *Se vèmmu*. -

Il diabete si scompensò, le ferite del ginocchio peggiorarono, il nero attorno al ginocchio continuava ad estendersi verso l'inguine e verso il piede. Entrò in coma. A nulla valsero le mie corse a San Martino ed al Galliera.

- È intervenuta una setticemia che ha scompensato il diabete, è in coma, che pretendi? É andata, è finita. Senti, Janina: qui avremmo necessità di aiuto. Se tu avessi la possibilità di rientrare in corsia per darci una mano faresti contenti tutti quanti e non lo dimenticheremo. Se puoi, almeno una o due volte la settimana. Sappi che c'è un sacco da fare ed un sacco da imparare, roba pratica, mica teoria. -

Maria morì in ventiquattrore. La famiglia la seppellì provvisoriamente a Genova in attesa di portarla a Bormida dove comunque non c'era una tomba di famiglia. Le figlie si chiusero in preghiera, Luigi si chiuse in un mutismo indecifrabile, Matilde, pensando di avere qualche colpa che Rosetta e Clelia avrebbero potuto far pesare oltre misura, se ne tornò alla sua campagna, le impiegate dell'ufficio piansero lacrime sincere. Io pensai che era stata una morte sciocca, forse evitabile. Ma, purtroppo, mi piacque anche il silenzio di Maria circa l'incidente di via Interiano quasi che ci vedessi una parvenza di eroismo, un accenno di stoicismo. Considerai certamente la sua paura e l'ignoranza da cui si era lasciata guidare ma non vidi vanità o inutile orgoglio. Non compresi l'importanza dell'esempio da evitare, mi parve un modello da seguire e lo seguii spesso… Purtroppo.

Scrissi a Franco della morte della madre infilando nella busta anche un certificato di decesso. Non si sa mai che gli avessero potuto dare una licenza per lutto. Ma intanto non ricevevo posta da mio marito da fine gennaio e cominciavo a stare sulle spine. Certamente, come al solito, sarebbero arrivate molte lettere tutte insieme. Nemmeno dalla Polonia ricevevo posta ma, mi dicevo, le lettere sarebbero arrivate tutte insieme. Ritornai in corsia a San Martino dato che vi ero stata gentilmente invitata e dato che, senza Maria, l'altra domestica, con le raccomandazioni d'obbligo, poteva occuparsi di Lidia almeno due mattine la settimana. In verità anche il lavoro in ufficio postale cominciava a diminuire. Trascorrevo le ore serali scrivendo a tutti coloro i quali non mi rispondevano più e mandavo a loro anche quel poco che riuscivo ad accaparrarmi, ma, messa a dormire Lidia vicino a me, iniziavo a sentire il cupo silenzio dei miei pensieri che avevano il suono dei battiti del mio cuore, avevano le forme delle ferite dei soldati e si trasformavano in improvvisi tormenti. Provavo a leggere ma il pensiero tornava assiduo alle stesse preoccupazioni alle stesse illazioni. Arrivavano così le quattro, le cinque del mattino ed io non avevo chiuso occhio: divenni insonne. La notte era mia, di Lidia, delle sigarette e dell'insonnia.

Lidia. Che cosa stavo offrendole, che cosa stava offrendole la vita. Sballottata tra ufficio e casa, tra le braccia di impiegate e di domestiche, senza le doverose passeggiate, gli amichetti, i giochi, le piccole cose comuni a tutti i bambini che iniziano a camminare ed a parlare. Come trascorrevano le giornate i coetanei di Lidia, ammesso che ce ne fossero? E se fosse caduta non dovevo nemmeno compatirla troppo.

Intanto i giorni trascorrevano lenti e la mia scorza continuava ad ispessirsi e ad indurirsi. Che pensare poi del fascismo? Di quelli che avevano voluto quell'avventura senza pensare ad organizzarla per bene, senza mettere in campo le opportune misure per soddisfare le necessità vitali della popolazione e degli eserciti. In Africa con l'aiuto della Germania non si riusciva a spuntarla ed in Russia con l'aiuto dell'Italia non si riusciva a vincere; chi l'avrebbe mai detto? Una nazione povera che aveva osato dichiarare guerra addirittura agli Stati Uniti che poi erano lontani, tanto lontani e, comunque, impegnati a prenderle nel Pacifico da un nostro alleato.

In estate gli Stati Uniti si presentarono per davvero e chi se li aspettava? E non furono scoraggiati da quel temibile bagnasciuga che avrebbe dovuto ricacciarli in mare. Il mare nostrum apparteneva ad altri e da quel momento la vita nelle città italiane divenne impossibile. Se non c'erano bombardamenti c'erano gli allarmi che rendevano impossibile la continuità del lavoro la cui necessità diminuiva continuamente se non per mancanza di richiesta almeno a causa dei primi scioperi e si aveva un bel dire che l'operaio doveva faticare per amor di patria con lo stomaco vuoto. La corrispondenza subì un calo notevole a causa del minor numero di lettere inviate da e per i fronti; la spedizione di beni oltre confine non esisteva quasi più, e i risparmi postali subirono un calo: c'era poco da versare e nulla da prelevare. Il lavoro in ufficio diminuì tanto che fu sufficiente lasciarlo a mio suocero ed alle impiegate.

In un primo tempo lavorai solo in ospedale, poi, non avendo possibilità di affidare Lidia a nessuno, mi stabilii dapprima nella tenuta della Pissuta con Clelia e Rosetta e poi a Bormida con una delle due o sempre più spesso da sola con Lidia. Il mio compito era quello di sovrintendere il lavoro dei vicini di casa nei campi, badare che nessuno si appropriasse della frutta, controllare la casa e curare il giardino. C'era ben poco da fare: si avvicinava settembre e l'orto iniziava ad ingiallire ed a produrre meno di quanto sperassi. Aveva comunque bisogno di essere irrigato. Conobbi finalmente tutti gli abitanti delle case vicine, che poi così vicine non erano. Conobbi certi parenti di Luigi che, essendo nato dalle prime nozze del padre, aveva un fratellastro nato da un matrimonio successivo. Fortunatamente i figli del terzo matrimonio non abitavano a Bormida. Con gli abitanti del circondario intrapresi un'attività di scambi commerciali rivolta al sostentamento mio e di Lidia e, dato che il denaro svolgeva la sola funzione di unità di misura, il baratto divenne un'azione obbligata: latte per legna, uova per pere, polli per castagne (a venire), fagioli in cambio della lettura di lettere dal fronte.

Dapprima i bormidesi furono sospettosi e guardinghi nei miei confronti, poi si mostrarono stupiti e rispettosi: ero pur sempre, anche se sfollata, la moglie di un signore della Costa perché così chiamavano quel lungo ed ampio costone che andava dalla chiesa su e su sino al cielo. Rispettosi e meravigliati di vedere una donna sola, con una bambina che non aveva ancora due anni, vivere tranquilla in una casa sperduta. Quei contadini non erano poi così ingrati come il loro clima e come me li avevano descritti un po' tutti. In quei giorni da sfollata ebbi modo di cominciare ad apprezzarne la semplicità e a volte la generosità. Diventavano più espliciti nel momento in cui si rendevano conto che la signora che veniva da Genova, e fors'anche da più lontano, non si dava arie da gran dama cittadina ma che volentieri si intratteneva con loro ascoltando le loro parole tradotte dal dialetto in un italiano traballante.

Alcuni venivano, dopo un lungo cammino in salita, con un cesto di funghi affinché leggessi loro una lettera ed a ben vedere non era tanto il non saper leggere quanto l'ottenere un parere, un consiglio. Ines, la moglie del fratellastro di Luigi, mi insegnò a fare i gnocchi e con lo stesso impasto fece i fazzini che mise a scottare sulla stufa di ghisa rovente. Mi invitò a pranzo e volle che prendessi dimestichezza con la sua cucina insegnandomi qualche sua ricetta. Aveva due maschietti poco più grandi di Lidia.

Altri mi chiamarono per un parente o un bambino ammalato e seppi nascondere la mia apprensione. La voce che una quasi dottoressa, moglie del dottore, viveva un eremitaggio tra i boschi si sparse a valle dove le case tendevano a radunarsi in una lunga fila costeggiante il giovane fiume. Allora mi esercitai a giocare al dottore con tanto di fonendoscopio e di consigli, senza ricettario o medicine. In cambio ricevevo alcune premure come un giornale recuperato a chilometri di distanza oppure qualche notizia di seconda mano ottenuta dalla radio. Con altri no, non c'era il minimo accenno di approccio. Quando si accorgevano della mia presenza, quelle poche volte che scendevo in paese, mi guardavano circospetti, si scambiavano sguardi di diffidente intesa e si giravano dall'altra parte. I bormidesi non erano altro che dei contadini poveri come, d'altronde, stavamo diventando tutti. Poveri senza sapere di esserlo, poveri sui quali la guerra aveva spolverato un minimo di agiatezza in più. Poveri da generazioni che non avevano mai saputo che cosa fosse il benessere, poveri tutti insieme e tutti nelle stesse condizioni, con tanta fatica e poca fame. Poveri dei quali nessuno si occupava o si preoccupava come per quelli temibili di città.

Stavo imparando a fare la massaia, la casalinga; mestieri con i quali non avevo mai avuto né confidenza né simpatia. In verità non ero tanto serena ma i miei pensieri, piuttosto che rivolti a me stessa ed a Lidia, vagavano tormentosi, soprattutto la notte, alla volta della mia famiglia di cui non avevo più notizie da un anno, alla volta di Franco del quale non sapevo più nulla da marzo. Se pensavo le ipotesi più nere vedevo un grande, immenso dolore ma anche un futuro davvero complicato per me e per mia figlia. Ed il mio cervello tornava sempre sugli stessi assunti così come sugli stessi sentieri ripidi: perché tutto questo? Non si stava già abbastanza bene cinque anni prima?

Ma la notte insonne portava altre ben più gravi inquietudini ed il breve sonno recava sogni perfidi e vividi come la verità, come la disperazione: la morte di Franco, lo sfacelo della mia famiglia. Mio fratello che pattinava sul fiume ghiacciato e mi invitava a rincorrerlo, *dai, Janka, prendimi se ce la fai, sono più veloce di te anche senza pattini e spariva dietro un'ansa ed io dietro, con i pattini nuovi che non riuscivo a prenderlo e non lo vedevo più e per quanto mi impegnassi tornavo allo stesso punto di prima e non lo trovavo. E tornavo a casa e mio padre mi diceva che era colpa mia, solo mia se non lo avremmo più ritrovato. Allora tornavo al fiume che non c'era più ma c'era un grande campo di grano, immenso, con gli steli altissimi che impedivano la vista e mi perdevo io stessa.* Erano risvegli affannosi, deliranti, spossanti per la mia mente prossima al cedimento, alla resa. La candela sul comodino era ormai spenta, solo un lieve bagliore, forse della luna, forse dell'alba, attenuava appena il buio. Il silenzio rimbombava dentro la mia testa. Avrei voluto uscire da me stessa. Possono certi traumi portarti alla pazzia?

Guai a cedere. Mai. Che fine avrebbe fatto Lidia se avessi perso la testa?

Come ti ho già detto, ero profondamente cambiata mentalmente ed è grazie a te, che mi stai restituendo gran parte dell'intelletto perso, che mi rivedo e riconsidero quel cambiamento. O forse avevo sempre avuto un intelletto scadente, dei difetti di ragionamento latenti e nascosti, sotterrati dalla gioventù e dall'entusiasmo, dissimulati da alcune eccellenze che gli avvenimenti successivi hanno svelato a molti tranne che a me stessa.

Io che suonavo Chopin senza spartiti, senza conoscere una sola nota, ormai non ero più in grado di vedere la realtà, guardavo senza vedere. Distorcevo il mondo secondo un mio particolare punto di vista che era quello di un forzato ottimismo come fa il giocatore che ritiene di aver già vinto subito dopo la scommessa. Avevo imparato, senza rendermene conto, a manipolare a mio vantaggio i cinque sensi con i quali una persona si mette in contatto con il mondo per appropriarsene. I cinque sensi già di per sé così fallaci. Guardavo e vedevo ciò che avrebbe potuto essere bello per me, sentivo ciò che mi sarebbe piaciuto udire, toccavo un tessuto ruvido e mi pareva velluto, masticavo amaro e pensavo avrebbe potuto essere miele, annusavo un fiore e mi sembrava Chanel numero cinque…

Già che ci sei, porgimi, per favore, quella boccetta lì sopra il comò. Voglio andar via pulita, in ordine e profumata. Grazie. Poi, se vuoi proprio essere gentile, nella stanza qui a fianco, ci dovrebbero essere dei documenti importanti riguardanti la casa di Bormida. Sono nascosti sotto una montagna di *ravatti*, di cianfrusaglie, se i miei figli non li trovassero, e non li troveranno poiché li ho nascosti bene, avranno problemi con l'eredità".

"Piantala, Janina, con il tuo smodato altruismo che poi è edonismo mascherato. I tuoi figli sono grandi ed all'altezza di aggiustarsi".

"Come vuoi, se lo dici tu… Che stavo dicendo? Che in quel modo ho imparato ad alterare la mia capacità di giudizio che diventava, in questo modo, superficiale ed approssimativa. Ero diventata approssimativa e frettolosa nel giudicare, timorosa con coraggio, meno speculativa. Al conoscere qualcuno, e, di solito gli sconosciuti si presentano al meglio, questi per me diventava un essere superbo per poi farlo ridiventare infimo al primo errore. Le mie opinioni sono diventate un'iperbole sudamericana di massimi e di minimi e tutte affidate alla dea speranza dalla quale mi son fatta guidare sperando di non sbagliare. Il buon senso, l'osservazione, l'originalità di pensiero, l'anticonformismo hanno ceduto il posto al timore del futuro, alla paura della novità, alla preoccupazione per il cambiamento. Avevo la necessità di aggrapparmi a qualcosa di solido per non affogare e non avevo basi religiose o tradizionali per farlo. Avevo le forze per afferrarmi e tirarmi fuori dalle correnti che mi travolgevano ma non un appiglio.

E con ciò, grazie a te e da buona comunista, sto facendo il mio primo e miglior esame di coscienza. Giustificazioni? Tutta la mia vita è un'attenuante per ciò che sono diventata o che sono sempre stata."

"Ti assolvi?"

"Se mi assolvo? Ma non sono io in giudizio. Sono io che devo giudicare e tu puoi ben comprendere che non sarò per nulla tenera con quella banda di malfattori, di ignoranti, ipocriti e stolti che mi hanno cambiato la vita e con quegli altri che continueranno a vessare il genere umano a causa del loro ineducato egoismo".

"Perché ineducato?"

"Perché l'egoismo è connaturato in noi, come altri impulsi umani. Con l'educazione si moderano le pulsioni, si realizza il rispetto per gli altri."

"Parli proprio come me!"

"Ti sto solo dicendo ciò che penso di me e del mio mondo. Non so se devo assolvermi, anche se tutti si assolvono o perlomeno qualcuno ci tenta e, ogni tanto, volge lo sguardo assente in giro, poi lo fissa su un punto senza interesse ed inizia speculare: *oggi sono stato vile, ma è perché un giorno mio padre mi ha picchiato. Ieri ho badato solo al mio tornaconto personale, ma è colpa della società che mi costringe ad essere così. Mia madre mi ha detto, il mio insegnante mi ha fatto e via di seguito.* Ma di una cosa vado fiera: l'educazione impartita ai miei figli, quella iniziale, quella fatta di originalità di pensiero, di spregio per i luoghi comuni. Poi il mio timore di aver osato troppo e le mie preoccupazioni li hanno confusi, le mie contraddizioni li hanno sconcertati."

XXIV

Decisi che odiavo Bormida, apportatrice di cattivi umori; che odiavo i bormidesi ed il loro clima senza pioggia estiva, che odiavo i lavori di casa, dell'orto e del bosco. Decisi che in tre giorni me ne sarei andata a Genova dalle cugine o nella loro casa di Ovada; sarei andata in qualunque posto. L'importante era apportare un cambiamento a quella vita solitaria, chiacchierare con qualcuno. L'aver preso una decisione mi faceva stare già meglio. Senza una lira, senza luce, senza compagnia che quella di mia figlia, senza una radio, settembre era giusto il tempo per emigrare.

Stavo irrigando l'orto per l'ultima volta prima della partenza, cercando di risparmiare più acqua possibile, quando vidi giù in basso, nel pianoro sottostante il piazzale, un contadino dirigersi, con il capo chino, verso di me. Berretto, pantalonacci, camicia di flanella. Che vuole questo, pensai afferrando la mano di Lidia. Quello salì la breve scala di pietra e, senza dire una parola, entrò nella legnaia e ne uscì con un accetta, si diresse verso l'estremità dell'orto ed iniziò a colpire un grosso pero. Spaventata, volevo correre dai vicini ma poi indignata mi avvicinai a lui per aggredirlo… *Franco, Franco! Ma sei tu!*

Franco continuò la sua opera con un'energia irosa e senza soste sinché il pero non si schiantò sui fagioli fracassando i loro sostegni: le *schcarazze*. Poi si sedette sul bordo del piccolo pozzo circolare in cima alle scale, si prese la testa tra le mani ed iniziò a singhiozzare. Era proprio lui, magro, sporco, con la barba lunga. Mi sedetti accanto e gli misi un braccio sulla spalla. Era vivo e, per quel che potevo capire, stava fisicamente bene. Lo portai in casa, lo aiutai a lavarsi, mangiammo insieme ma non si curò né di me né di Lidia. Ma quando si rese conto che mi stavo preoccupando per la sua salute mi sorrise, prese in braccio sua figlia e cominciò a coccolarla. Lidia, un po' stupita dalle smancerie di quello sconosciuto teneva le piccole mani in alto e mi guardava incredula.

- Devi pazientare, tra poco mi riprenderò. - Si riprese il giorno successivo, dopo un lungo sonno, davanti alla povera colazione. Bevve un po' di latte, riprese in braccio Lidia e mi sorrise con l'azzurro freddo degli occhi.

- Ora sto bene. Penso che nei prossimi giorni mi riprenderò completamente. Che bella bambina, complimenti, sai fare dei bambini proprio belli. E come è educata! Anche tu stai bene, a quanto vedo… Quel pero era troppo vecchio, non produceva più nulla, troppo vicino all'orto. -

- Tuo padre se arrabbierà moltissimo. Ti toglierà l'eredità. -

- Che faccia quello che vuole. Ho, o meglio, abbiamo altre cose cui pensare piuttosto che a quei tre o quattro egoisti. - Ora ci siamo solo noi tre. -

- Sai di tua madre? -

- So tutto: sono passato al Santuario prima di venire qui. Quattro parole e mi sono messo in viaggio, a piedi. Mi spiace che sia morta, era l'unica che, in quella famiglia… Era tanto severa, troppo rigida, ma aveva un cuore. Era l'unica che capisse, che si sforzasse di ragionare. Volevo dirle tante cose ma non c'è mai stata un'occasione. -

- Perché sei venuto a piedi? -

- Non sai nulla? Non sai che cosa sta succedendo qui in Italia? Hai notizie da Kielce? -

- Vivo qui in isolamento: non so niente di niente. Vieni, andiamo fuori, sediamoci sotto la toppia; ho del tabacco e delle cartine, vieni. Guarda Lidia: come cammina bene. - Dal pergolato di uva fragola pendevano grossi grappoli verdi. Intorno c'era un'aria tiepida e serena, il cielo azzurro con poche nubi che si soffermavano sulle colline lontane di fronte. Lidia correva dalla porta di casa al pergolato, avanti ed indietro, poi si fermava a guardare dubbiosa il viso sconosciuto del padre.

- Stavamo per lasciare Bormida, troppa solitudine, troppa malinconia. -

- Invece hai fatto bene a stabilirti qua e da qua non dobbiamo più muoverci, almeno sinché la situazione non non si chiarifichi. -

- Ieri eri esasperato, eri fuori di te, temevo per la tua salute, mi hai fatto spaventare. Da quanto tempo sei in Italia? Come mai sei tornato? -

- È un mese che sono in viaggio: sali sul treno, scendi dal treno, torna indietro, risali sul treno, una confusione terribile, una disorganizzazione incredibile ed i tedeschi avevano sempre la precedenza, persino sui feriti: dovevamo scaricare i feriti, gli ammalati per far posto ai soldati tedeschi che dovevano tornare indietro per riorganizzarsi. E noi non si sapeva mai se avremmo dovuto tornare in attività o se saremmo tornati in Italia. Non si sapeva nulla. Poi, via di corsa. Un fuggi fuggi generale, sempre nella confusione più totale: *arrivavano i russi!* Bisognava tornare indietro ma la strada era lunga. Per fortuna non c'era fango nelle strade che però erano in uno stato pessimo: intasate da mezzi militari distrutti e da soldati in marcia. E l'aviazione russa cominciava ad individuarci per impedirci la ritirata. Sembra che a gennaio ci sia stata una grossa ritirata dal fronte sul fiume Don dove abbiamo perso parecchi uomini ma non ho notizie precise. Qui in Italia se ne è parlato? -

- Io non ne so nulla -

- Da marzo a luglio non abbiamo fatto altro che spostarci sempre più ad ovest e mai che potessimo trovare un edificio intatto per appoggiare, decentemente, l'ospedaletto in modo da dargli una parvenza di ospedale. Poi non c'è più stata necessità di ospedali, anche perché non c'era più nulla con cui curare, e ci han fatto rientrare, ma è stata lunga. Ci hanno portati a Grosseto in attesa di ordini. Lungo il viaggio ed a Grosseto tutti dicevano che la guerra era finita, che l'Italia aveva chiesto l'armistizio agli Alleati, che il fascismo era crollato, finito. Ma ordini non ne sono arrivati. Gli ufficiali di medio grado non sanno come muoversi e quelli di alto grado non si fanno vivi. Dicono che gli alleati sono sbarcati in Italia. Tu sai qualcosa? -

- So vagamente degli sbarchi. Non so nulla di un armistizio. Che cosa significa? Che abbiamo perso la guerra? Che la guerra è finita? -

- Significa che abbiamo perso molto più della guerra. In Italia diciamo: abbiamo perso la faccia. È per questo che sono furibondo. Umiliato. Deluso di appartenere a questo popolo di imbelli che ha dato fiducia a quel bellimbusto vanaglorioso… Sai, anch'io ci avevo creduto, sono stato un antifascista per finta, in fondo ci speravo in un'Italia migliore guidata con un po' di fermezza. Credevo che questi italiani così piccini e mediocri sarebbero cresciuti, migliorati. Invece sono rimasti ignoranti, rozzi. La resa, poi, è stata, per me, un'umiliazione, un dolore quasi fisico. Ed il re? La corte del re? Scappati, fuggiti al sud sotto la protezione degli americani! Ed io dovrò andare in giro per il mondo con questa faccia e dire che sì, sono italiano ed il mio re è un Savoia, un Savoia che scappa, che chiede un armistizio dopo aver mandato a morire inutilmente milioni di ragazzi. Abbiamo aggredito mezzo mondo con un'arroganza implacabile per poi chieder pietà, chiedere scusa.

Sono partito per la Russia che stavamo vincendo, torno e vengo a sapere che abbiamo perso anche l'Africa. Ed ho capito perché l'abbiamo persa! Avresti dovuto vedere in che condizioni combattevano i nostri soldati in pieno inverno con meno venti gradi! Meno male che ai piedi avevo i miei scarponi di Bormida! Quanti congelati ai piedi, e quanti alle mani con quei guantini di cartapesta! Non potevo scrivere di queste cose: mi avrebbero censurato tutta la posta, che poi non ho più ricevuto da tempo. I tedeschi, avresti dovuto vederli. Quando hanno capito che le cose sarebbero andate per le lunghe e non sarebbe stata una gita estiva si sono premuniti: cappotti, stivali, guanti neri di cuoio, persino eleganti. Ti ringrazio di avermi inviato il passamontagna. Comunque ho regalato tutto, anche i libri: non avevo più bisogno di nulla. Avresti dovuto vedere le divise invernali dei russi: quelle sì che tenevano caldo! Abbiamo curato anche loro a volte. Poi ti racconterò tutto, poco a poco, c'è tanto da raccontare. Adesso voglio stare in pace, tranquillo con te e con la nostra bambina che è così bella e così educata. Voglio ritrovarmi. Devo ritrovarmi. -

- Ma non hai dei doveri verso l'esercito? Non devi tornare in caserma? Non... -

- Ho atteso gli ordini che non sono venuti, sembra che non ci siano ordini. Ho giurato fedeltà al re, ma il re è scappato. Devo forse raggiungerlo? Io, realmente, non so che cosa devo fare. -

- Dio mio, potresti essere considerato disertore, un traditore! - Allora alzò davvero la voce tanto che Lidia ne rimase attonita guardandolo negli occhi con la bocca spalancata.

- Io non so che cosa devo fare! Come soldato io non so che cosa devo fare! - Riprese il controllo immediatamente.

- Stiamo a vedere che succede, vediamo come si mette. Aspettiamo. Intanto qui nessuno verrà a cercarmi. Se qualcuno ti chiede di me digli che non sai nulla. -

È difficile descrivere come da una situazione di angoscia passai, in poche ore, ad una condizione di serenità anche se goduta con tutte le prudenze che quel settembre imponeva. Il clima fu gradevole, le giornate belle, mi sembrava che la vita fosse tornata a sorridermi. Ci furono persino tre giorni di pioggia utili per l'orto, per i funghi e per l'amore. Il mio affetto per Bormida, per la casa, per i contadini si rinnovò più grande di prima. È incredibile quanto un uomo, la presenza del tuo uomo sia necessaria, quanto riesca a rinnovare la vitalità e la voglia di vivere. Finalmente si stava assieme, finalmente eravamo una famiglia unita senza essere costretti a condividere con altri le nostre azioni ed i nostri pensieri. La sera, ci chiudevamo in casa, circondati dall'ampia cucina in muratura con le piastrelle bianche; sul tavolo di legno ci stringevamo le mani incrociando le dita parlando o guardandoci negli occhi o giocavamo con Lidia che prendeva confidenza con il padre. Di giorno Franco andava nel bosco a far legna per l'inverno ed io tentavo qualche lavoro domestico. Portava sempre con sé il fucile da caccia ed un pugnale affilato da assaltatore e capitava che tornasse con un fagiano e quando era fortunato anche con una lepre. Tornava trascinando un vetusto carretto, con sole due ruote di metallo, carico di legna secca, poi andava nell'orto, poi nel frutteto e quindi si accorgeva che non aveva più nulla da fare.

- Ti ha visto qualcuno? Sei stato attento? -

- Dobbiamo, per forza, prenderci degli animali, altrimenti moriremo di fame: conigli, quattro galline. -

- Con quali soldi? Io non ho niente. -

- Ho duemila cinquecento lire, dobbiamo spenderle bene. -

- Amore mio! Con quella cifra forse comprerai giusto due polli. -

- Dobbiamo per forza procurarci una radio, dobbiamo procurarci dei quotidiani. - Il nostro principale problema era quello di procurarci il cibo. L'orto autunnale, la caccia, i miei scambi commerciali con i vicini più fidati potevano essere anche sufficienti per mantenerci abbastanza in salute tutti e tre ma alla prima minima traversia avremmo anche potuto essere nei guai. Il secondo problema era la nostra completa ignoranza circa ciò che stava accadendo intorno al nostro piccolo eden, la nostra area felice valutabile intorno al chilometro di raggio. Tutt'intorno il mondo era un grande punto interrogativo che poteva essere pieno di pericoli. Non mi spingevo più lontano da casa e le notizie dal mondo esterno che ricavavo dai vicini erano poche ed inaffidabili. Tuttavia ebbi modo di capire che il misterioso ritorno di Franco era il segreto di Pulcinella e ciò costituiva il terzo ed ultimo problema. Avevamo un vago sentore che lo sconosciuto mondo esterno avrebbe potuto aver bisogno di un uomo giovane, forte e per giunta medico.

Si doveva rischiare, dovevamo spingerci più lontano alla ricerca di amicizie, di notizie che non fossero quelle provenienti dai bormidesi più vicini ed evitare vicinanze con i bormidesi più infidi. Ci mettemmo in viaggio, a piedi. Avremmo potuto procedere lungo il fondovalle sino al primo paese ma decidemmo di fare una gita più lunga scavalcando, tutti e tre, la collina alle spalle per scendere sull'altro versante dove il lago di Osiglia si insinuava con piccoli fiordi tra i monti. Il lago terminava improvvisamente e la strada continuava sotto di esso nel bosco ed i tornanti lasciavano intravedere, con la luce della luna, il muro altissimo che tratteneva le acque. Dopo circa un'ora raggiungemmo le prime case di Millesimo, erano le sette del mattino, il paese stava appena svegliandosi. Franco bussò alla serranda della farmacia.

- Si ricorderanno di me, spero. - Due anni prima aveva sostituito il medico condotto per una quindicina di giorni.

- Dottore, è lei! - La farmacista era ancora in camicia da notte. Anziana, piccola, bionda, spettinata, aveva un viso simpatico, gentile. Ci fece salire in casa che era sopra la farmacia. Poco dopo comparve anche il marito.

- Che bella bimba, come ti chiami? Che possiamo fare per voi? -

- Dovete scusarci per la bella improvvisata. - Franco era abbastanza in confidenza con i coniugi e spiegò loro la nostra situazione.

- Abbiamo bisogno di notizie, di sapere che cosa sta succedendo. -

- Se è solo per questo è presto detto. - Cominciò il marito che già aveva assunto un aria torva ed irosa.

- L'Italia è divisa in due, anzi in tre che il Veneto se lo sono preso i tedeschi. Il sud è con il re e con gli americani e qui al nord è tornato lui che sta radunando tutti i giovani, come te, per difendere la sua nuova repubblica dagli alleati. Sono arrivati i tedeschi. Tieni, qui ci sono tutti i giornali che vuoi, prendeteveli pure. Ma se fossi in te, Franco, non mi farei vedere troppo in giro. Ti arruolano subito e se non ci stai ti spediscono in Germania, prigioniero o, peggio, disertore ed allora sono guai. Telefoniamo al dottor Ferrini, tuo amico, gli farà piacere vedere che hai una bella famiglia e ti darà qualche altra notizia, magari conosce anche un cliente che può procurarti una radio a galena. Dei nostri figli sappiamo solo che si trovano uno in Montenegro e l'altro a Rodi. - Ferrini arrivò verso le dieci, nel frattempo i farmacisti ci avevano rifocillati scusandosi per la sobria colazione.

- Ciao, Siccardi, vedo che stai benone. Sei tornato dalla Russia. Sai qualcosa di mio nipote Giorgio? - Giuseppe Ferrini era un vecchio alto e calvo con un nasone enorme che conferiva alla sua voce echi bassi e profondi.

- Giorgio… Forse un ingegnere che ha studiato a Genova? Sì, mi ricordo. Aveva una broncopolmonite. Lo abbiamo curato nel nostro ospedale, poi era troppo magro per rispedirlo al fronte e lo abbiamo mandato nelle retrovie. Non so altro. Ma questo succedeva a gennaio o febbraio. - Il medico era deluso: sperava di poter avere notizie recenti del nipote ed allora volle sapere delle condizioni in cui si erano trovati i giovani militari in quei posti così lontani. Ascoltai allora una versione un po' più particolare di quel periodo della vita di mio marito. Terminato il racconto il dottor Ferrini ci disse che forse sarebbe riuscito a procurarci un una radio, per la modica somma di mille lire, poiché aveva un cliente che si dilettava a costruire o riparare tali apparecchi ma che dovevamo stare attenti perché l'ascolto di particolari stazioni era punito anche con la morte. I farmacisti ci dissero che avremmo dovuto riposare qualche ora e poi con il buio, verso le quattro del mattino, avremmo potuto prendere la via del ritorno.

- Ci spiace non potervi dare qualche farmaco per ogni evenienza ma, credete, non ci è rimasto molto in farmacia: solo qualche sulfamidico e dell'aspirina. -

- Ed a me spiace non potervi accompagnare con l'auto per il primo tratto di strada, ma non c'è benzina. Se mi chiamano per una visita mi faccio venire a prendere o ci vado con la bicicletta. Ormai son ben allenato: potrei fare il Giro D'Italia; guarda che forma, guardate come siamo tutti magri! Sai, Franco, non ci sono più obesi in giro per Millesimo. -

Così, con il buio della luna calante, con Lidia ancora addormentata prendemmo la via del ritorno, senza viveri ma con una piccola e pericolosissima radio nello zaino grigioverde. Quanto era brava e paziente quella bambina: non piangeva quasi mai, quasi sembrava comprendere le traversie dei tempi e dei genitori; sembrava capire quanto prezioso fosse il suo silenzio.

La via del ritorno prevedeva molta più salita dell'andata e quando ci trovammo sul lago le acque riflettevano migliaia di piccoli bagliori in contrasto ai monti scuri dell'altra sponda. Non eravamo stanchi, Lidia continuava a dormire accomodata in un lenzuolone sulle spalle del padre.

- A che stai pensando? -

- Ai Promessi Sposi. È un romanzo italiano del secolo scorso. Tu non lo avrai certo letto. Noi lo studiamo al liceo e vedere queste montagne scure... Queste acque me lo hanno ricordato. Sai, leggevo Dostoevskij in Russia: *Povera Gente.* Mi aiutava a comprendere lo spirito di quei popoli. -

- Ma davvero curavate anche i civili russi? - La strada era tornata in salita ed era diventata un sentiero nel bosco. In una radura scoscesa c'era una casupola in pietra con il tetto di paglia. Era l'alba, ci sedemmo tra l'erica a riposare.

- Questo è un tech. Lo usano i contadini per ricoverarci la foglia secca quando puliscono il bosco. Questo fogliame sarà portato nelle stalle come giaciglio per gli animali che lo sporcheranno con gli escrementi e diventerà ottimo letame per i campi. Altri tech, con il tetto di tavolaccio, servono ad affumicare le castagne prima che ammuffiscano in modo da poterle conservare a lungo. Oppure ci si affumicano le carni dopo il macello. Ma certo che curavamo anche i civili russi, e che altro potevamo fare, per quello che si poteva con le poche risorse che avevamo. I russi erano ridotti male: erano passati i tedeschi giorni prima distruggendo tutto ciò che potevano, rubando quanto erano in grado di rubare. Uccidendo civili e distruggendo villaggi con il solo scopo di non lasciare risorse per nessuno. Nemmeno per noi italiani a cui avrebbe fatto anche comodo trovare un edificio indenne per i nostri ospedaletti. L'unico quasi indenne, per quanto ne so io, era quello di Voroscilovgrad, quello dove ho lavorato più a lungo. Che poi era una specie di convitto universitario. Gli ospedaletti organizzati con le tende da campo potevano funzionare solo in estate. Io l'ho fatto presente ai miei superiori ma loro non ne volevano sapere di andare più a sud dove i tedeschi non erano passati, dicevano che gli ordini non lo prevedevano. Gli ordini di chi stava duecento chilometri più indietro dove non ci si rendeva conto della reale situazione. I civili erano ben contenti di una parola gentile, anche se incomprensibile. Ci offrivano persino qualcosa. Molti ne approfittavano per fare commerci illeciti di vivande o generi che appartenevano all'esercito. Man mano che il tempo passava la piccineria e la meschinità italiana emergeva sempre di più, la disorganizzazione era sempre più evidente. La mancanza di mezzi e di risorse rendeva impossibile tentare di riorganizzare per bene il lavoro. La truppa di passaggio pensava di trovare presso di noi riposo e pancia piena e noi non potevamo certo soddisfarli.

Ci furono momenti in cui quell'avventura non mi dispiacque, stavo bene e tu sai che a me basta poco per stare bene: un buon libro, una sigaretta, sapere che voi due stavate bene, un goccio di vodka. C'erano giornate di lavoro tremendo con i chirurghi: mi ritrovavo le mani sporche di sangue e di gesso e spesso nemmeno si dormiva ma mi sentivo vivo e forte e speravo che quel mio minimo sacrificio avrebbe contribuito alla vittoria finale. Ce l'avevo tanto contro quegli spiriti meschini, borghesi che fanno del denaro il bene supremo, delle gioie del ventre uno dei fini ultimi della vita. Poi mi sono svegliato e ho capito che non è necessario essere fascisti per perseguire gli stessi ideali.

Ma per essere sincero: ad aprirmi gli occhi sono stati non solo le mie esperienze: le ferite, i morti, la disorganizzazione, le porcherie degli ufficiali superiori; ad aprirmi gli occhi sono state anche le parole di molti commilitoni, anche più giovani, da me curati e che a volte tornavano al fronte. Anche il nipote del medico volle tornare al fronte: Giorgio Ferrini si riprese dalla polmonite, vagò per qualche giorno per la campagna pensieroso, giocammo a carte, a volte, la sera, poi mi disse che voleva tornare in prima linea. Non per il fascio, ma per l'Italia, per i miei commilitoni, per gli amici. *Guardati in giro, Franco,* mi diceva, *guardati in giro! Ti sembra il caso di sostenere il fascismo? Sosteniamoci l'un l'altro, aiutiamoci per noi stessi.* Chiese di tornare al fronte nonostante avessimo stabilito di inviarlo nelle retrovie. Non ho avuto il coraggio di dirlo a suo nonno. Se non si farà vivo tornerò a dirglielo.

Forse la guerra l'hai vissuta di più tu in Italia di me in Russia. Ho delle fotografie, te le mostrerò appena saremo a casa. Vedrai il mio attendente, gli infermieri. In una siamo nello stadio innevato. Le ha fatte il mio collega in gran segreto. Un giorno ho visto un bambino biondo con gli occhi azzurri che sorrideva. Mi è venuta una gran voglia di abbracciarlo ed ho pensato a te ed alla mia bambina. Mi è venuta una grande nostalgia di casa, di voi. Scusami, sono solo ricordi che riaffiorano.

Comunque hai visto che era giusto aspettare, che è stato meglio non ripresentarsi ai comandi militari. Quale bandiera, poi, dovrei servire? Davvero, credimi, non so assolutamente come comportarmi. -

XXV

La radio fu un acquisto abbastanza utile, la caduta delle castagne fu un avvenimento ancora più utile. Continuammo la nostra vita in modo sufficientemente felice, da buoni contadini inesperti, da villeggianti in vacanza forzata, da genitori diligenti, da imboscati vigili ed attenti. Spesso i bormidesi venivano a farsi curare da Franco e le visite ci valsero due galline e due conigli, maschio e femmina che sperammo figliassero quanto prima. Franco si rammaricava di non poter fornire medicinali ai propri pazienti ai quali consigliava di cercare nei campi quelle erbe che riteneva utili e mostrava loro le figure delle piantine con il librone di farmacopea. Ma le erbe necessarie all'estrazione delle sostanze utili non si trovavano in quei luoghi. La frutta non ci mancava; sarebbe stato un inverno lungo e difficile ma eravamo pieni di coraggio e di energie sinché fossimo rimasti insieme tutti e tre. L'unica certezza era quella che non ci potevamo allontanare da Bormida.

Potevo scrivere, questo sì potevo farlo soltanto io, a tutti i parenti rassicurandoli circa il nostro benessere ed il buon andamento della proprietà. I Siccardi, come al solito, si dividevano tra il Santuario di Savona e Genova e sembrava non volessero approfittare della nostra compagnia. Finalmente ci sentivamo emancipati: eravamo diventati adulti. Le cugine volevano rivedere Lidia e Franco ma non osavano avventurarsi su percorsi probabilmente frequentati da teppa di tutte le specie. Benché scrivessi, ancora non ricevevo risposta da mia madre alla quale non mandavo più viveri perché non avevo nulla da inviare. Forse quest'ultimo era l'unico motivo di vera e profonda amarezza che intristiva le mie notti e le rendeva insonni. Quanto avessi foraggiato sconosciuti o, peggio, controllori disonesti o, addirittura, soldataglia già sufficientemente sazia non lo sapevo.

Fotografata in quel momento, la mia vita era quanto di meglio potessi avere, e forse non avrei chiesto di più nel timore di rompere quel fragile equilibrio tra il benessere del corpo e dello spirito e la precarietà di una situazione ancora pregna di incertezze.

La sera, dopo cena, chiusi in casa e con le armi a portata di mano, giocavamo a carte una canasta escogitata da chissà chi e proposta da Franco che vinceva quasi sempre; oppure ascoltavamo un poco la radio che purtroppo non trasmetteva canzonette nuove e che nemmeno captava Radio Londra. Dovevamo accontentarci dei soliti comunicati espressi con i consueti toni roboanti e retorici riguardanti le continue vittorie riportate su tutti i fronti ma sempre più indietro con una guerra che era chiamata di movimento: un movimento all'indietro. Ma il fascismo era anche fiero di continuare a combattere insieme con il vecchio alleato, orgoglioso di essere tornato a mostrare la sua faccia più violenta nei confronti dei briganti che infestavano Alpi ed Appennini e, una volta per tutte, deciso a disfarsi del nemico più pericoloso di tutti: l'ebreo. Sempre per mezzo della radio e di rare copie di Corriere Della Sera riuscivo ad interpretare la modifica avvenuta nella politica razziale da intolleranza amministrativa a persecuzione della persona. Al fascio non gli erano state sufficienti le esperienze negative degli anni precedenti, la fuga di molti cervelli eminenti, la perdita di capacità di lavoro, di studio ed anche di forze combattenti. I fascisti continuavano ad ostinarsi sulle stesse politiche deleterie che li stavano rovinando con la testardaggine tipica dello stesso ebreo.

- Un cane! Ci manca un cane che ci faccia un po' di guardia. Se arrivasse un malintenzionato in questo momento sul piazzale di casa nemmeno ce ne accorgeremmo. -

- Sarebbe un'altra bocca da sfamare. Che cosa mangia un cane? -

- Avanzi. -

- E dove sono i nostri avanzi? -

- La sicurezza è importante. Domani vedrò di procurarmene uno… Forse da Giüanen o da Maichìn. -

Appena pronunciate queste parole bussarono al vetro della finestra della cucina dove ci trovavamo seduti al tavolo per trascorrere le nostra serata. La finestra era munita di buone inferriate ma non di imposte che precludessero la vista da fuori. Il novembre era già inoltrato, l'oscurità della sera era assoluta; avvicinammo due candele ai vetri e guardammo in faccia Il visitatore: erano in due ed avevano due bruttissime facce da delinquenti, quelle facce volgari e popolane dei quartieri malfamati, in parte coperte da berretti con copriorecchie. Franco si mise la mano nella tasca posteriore e ne tirò fuori la pistola d'ordinanza senza farsi vedere e con l'altra mano aprì la finestra senza dire una parola. Uno dei due, forse il più anziano, con un forte accento savonese, disse che erano in tre: il terzo, che era poco discosto dagli altri e che nemmeno si intravedeva era ferito. Franco gli disse di mettersi vicino alla candela e di fargli vedere la ferita.

- Senta, sciü megu, se volevamo entrare entravamo. -

- Chi siete? -

- Chi non siamo: non siamo fascisti. Non veniamo per arruolarvi nelle milizie. Questo stupido è rimasto ferito. Lo capisce il dialetto di Savona?… Ci manda uno che lo chiamano Il Principe, ci manda questo biglietto. - Passò il foglietto attraverso l'inferriata.

- Entra solo il ferito. - Ci sono momenti in cui devi prendere una decisione in pochi secondi: rifiutare l'assistenza al ferito non avrebbe certamente dissuaso i due dall'entrare con la forza. Il biglietto del Principe e la ferita sull'addome sembravano autentici.

Lo stupido si tolse la camicia a metà e si stese sul tavolo: aveva un bel taglio lungo parecchi centimetri sotto le costole. Lidia continuava a disegnare seduta su una piccola seggiola davanti alla stufa ed io accesi altre candele. Franco pulì la ferita con un asciugamano imbevuto dell'ottima grappa del padre tra i contorcimenti del ragazzo che non voleva urlare per non spaventare la bambina e lo disse.

- Sanguina ancora, è profonda, devo vedere fin dove arriva, non ho luce. -

- Prenda questa, sciü megu. - Gli porse dalla finestra un lume a petrolio. Lo tenni io, un po' inclinato, sopra la ferita.

- La ferita è profonda, ha leso la muscolatura ma non arriva al peritoneo. Non ho aghi e filo per la sutura, ho soltanto quattro ferri per sezionare cadaveri, da studente. -

- *Che megu tei senza ferri de mesctè.* Ce li abbiamo noi ago e filo: tieni. - Tra preparare i ferri facendoli bollire, cucire e medicare trascorse un'ora.

- L'hai fatta l'antitetanica? Da dove vieni? -

- Da Beri, sono di Beri, che è l'antitestanica? -

- Beri? -

- Beri, del tacco d'Italia. Sono operaio alla Scarpa Magnano a Savona. Ho scioperato: volevano mandarmi in Germania, sono scappato. Non farmi parlare che ho male. - Gli altri due erano rimasti fuori, uno sempre vicino alla finestra, fumando, a controllare la bontà del lavoro. Franco mi disse di farli entrare. Entrò soltanto uno, il più anziano dei due. Si tolse il berretto. Aveva proprio una faccia da brigante: di media statura, come Franco, con i capelli grigi e le sopracciglia nere e folte piazzate subito sopra gli occhi infossati, guance scavate. Sulla spalla un fucile mitragliatore, alla vita cartucciera e coltellaccio.

- Il nostro compagno rimane fuori di guardia. Grazie per il suo lavoro, *sciü megu.* Si è fidato, non lo faccia più. Gira della gente peggio di noi. -

- Il vostro amico non è, comunque, in grado di muoversi per alcuni giorni, deve rimanere a riposo per un po', almeno sinché non prenderà un po' di colorito. -

- Sono giovani e senza criterio ma si riprende presto. Se non ci dispiace rimaniamo anche noi stanotte, magari dormiamo nella stalla, se c'è, o nella legnaia. Uno alla volta: bisogna fare la guardia. Non credo che ci hanno seguito: hanno paura, fascisti e tedeschi, di andare per i boschi di notte, preferiscono stare in Savona o nei paesi. - Intanto sedette sullo sgabello vicino al fuoco dove prima era seduta Lidia che avevo portato a dormire di sopra. Versai la grappa rimasta in quattro bicchieri ed uno lo porsi, attraverso la finestra, al compagno rimasto fuori casa.

- Li avete visti i lampi, il mese passato, là ad est, su Savona? L'hanno bombardata ben bene gli inglesi. Savona è ridotta proprio male. Non c'è niente da mangiare. Quel poco è carissimo: la gente è alla fame. Gli operai nelle fabbriche scioperano. Ogni tanto viene un gerarca a farci capire che dobbiamo salvare la patria con il lavoro e dobbiamo lavorare con la pancia vuota. I più agitati li sbattono in galera, in Corso Ricci, oppure li caricano su un treno che va in Germania, chissà dove. Oppure li fanno sparire. Io sono scappato, come gli altri due. Quello stupido si è fatto prendere mentre scappava con tre fucili e ci si inciampava. Per fortuna, quelli che lo hanno accoltellato non potranno raccontarlo. Sono veramente stupidi: più si accaniscono contro noi operai più gli operai scappano. E dove vanno? Vengono qui sui monti. Ce lo posso dare un consiglio, *sciü megu*? C'ho un po' d'anni più di lei, ho già fatto una guerra, pensavo di scansare questa ma un consiglio ce lo voglio dare. Scusa se ci do del tu ma non so parlare bene italiano: se vuoi andare con l'esercito, con i fascisti, con i tedeschi è una tua idea, che non è la mia, ma la rispetto. Allora vai, ma vacci subito, che poi può essere troppo tardi. Trova una scusa, digli che stavi male, che non sapevi, che vuoi essere arruolato. Ti faranno fare qualcosa qui da noi o ti manderanno al sud che gli alleati stanno venendo su e devono fermarli *e nü ghè a fànnü*. Ma non stare qui ad aspettarli: se ti trovano loro, come ti abbiamo trovato noi, è peggio. Quelli non sono briganti come noialtri: sono briganti a modo loro. Un medico giovane e bravo con una moglie medico pure lei o stanno con loro o…

Finché possiamo noi vi proteggiamo, ma siamo quattro gatti e loro sono in tanti e non abbiamo occhi per vedere dappertutto. Di sicuro avremo bisogno di voi due e, se ci siete ancora, verremo a cercarvi anche se voi vi rifiutate: anche se vi rifiutate noi veniamo lo stesso. Devi scrivere, su un pezzo di carta, quello che vi serve per curare un ferito e noi vi troviamo tutto quello che hai bisogno. Troviamo tutto, anche troppo, anche l'antitetanica. Vi proteggiamo perché ci servite, non perché siamo buoni. La parola d'ordine è... Milano, voi rispondete... Torino.

Rimasero ancora tre giorni poi se ne andarono per i sentieri che portavano prima al bosco e poi verso la cima delle colline come se dovessero andare verso il Piemonte. Dunque non era finita, dunque la faccenda non stava risolvendosi spontaneamente, anzi, stava ingarbugliandosi sempre di più ed i bagliori ed i tuoni su Savona erano stati probabilmente un prologo a cui era seguito un silenzio subdolo da noi considerato di buon auspicio. Invece dovevamo aspettarci altre brutte novità, dovevamo prepararci moralmente e fisicamente a fronteggiare altre minacce, altre difficoltà, altre paure.

Come se non bastasse Lidia si ammalò di gastroenterite che durò una decina di giorni e costrinse Franco a cercare nei campi certe erbe astringenti e disinfettanti amarissime i cui decotti non erano per nulla graditi dalla bambina.

- Dove se la sarà presa? -

- Non è così che si affronta un problema medico. - Mi rispondeva Franco molto nervoso.

- Devi fare prima la diagnosi, non ricercare le cause: prima la diagnosi, poi la terapia. Commetti sempre lo stesso errore. - Ma intanto non osavamo muoverci dalla nostra area sicura per cercare i farmaci necessari, io a causa dei soliti problemi razziali e Franco a causa di quelli militari. Ero disperata. Le condizioni di Lidia peggioravano ed io non dormivo ormai più e se riuscivo ad appisolarmi mi svegliavo improvvisamente per vigilare il suo respiro ed il colorito. In gran segreto andai da Ines la quale mi diede un latte che, mi disse, faceva sempre fermentare per i suoi figli. Lidia guarì in due giorni. Probabilmente sarebbe guarita per conto suo ma forse avevo almeno azzeccato la terapia.

Il problema di Lidia ci aveva distratto ed aveva abbassato la soglia della nostra vigilanza ma ora la questione della sicurezza e del sostentamento si riproponeva in tutta la sua dimensione. Eravamo come assediati senza assedianti, eremiti senza convinzione, monadi forniti di troppe finestre dalle quali scrutavamo la campagna silenziosa mutare i suoi colori.

- Che vogliamo fare, dobbiamo toglierci da questa situazione. Non possiamo continuare a fare turni di guardia alla finestra in attesa di un pericolo che non sappiamo neppure se riusciremo ad affrontare. Che intenzioni hai tu? - Gli alberi erano spogli ed uno spesso strato di fogliame secco ricopriva l'erica ed il sentiero sul cui bordo mi ero sdraiata tenendomi vicina Lidia che, ben coperta, spazzava con le manine le foglie imitando il padre che con il rastrello le radunava per poi pigiarle in un grande lenzuolo di tela di sacco. Stavamo lavorando per i contadini: le parti si erano invertite. Avremmo scambiato le foglie per qualche uovo che le nostre galline non volevano regalarci. La mattina non era troppo fredda. Franco mi sorrise da sotto la visiera del berretto.

- Io non ho intenzioni di sorta e non ne voglio avere. Che dovremmo fare secondo te? -

- Andare via, lontano, da qualcuno che abbia voglia di accoglierci. Se Lidia dovesse mai ammalarsi nuovamente io impazzirei dalla preoccupazione. -

- Andare dove, da chi? -

- Ma tu, almeno, hai deciso che fare? - La mia domanda era formulata in maniera volutamente generica, tanto da sembrare sciocca ed a pensarci bene era davvero sciocca. Infatti non mi rispose subito ma si fece aiutare a caricarsi il lenzuolone di tela di sacco pieno di foglie sulla schiena e, messosi in cammino, mi disse, con la voce segnata dallo sforzo, soltanto:

- E dove vorresti andare: non c'è nessun posto dove potremmo andare… Andiamo da Maichìn, speriamo ci dia uova grosse: ho voglia di una bella frittata. -

XXVI

- Milano! -

- Torino! Addio frittata. - Quest'altro era affamato ed arrivava da noi con la luce del giorno, giusto all'ora di pranzo. Era poco più alto dei tre precedenti. Quando si tolse il copricapo potemmo ammirare la sua perfetta calvizie circondata da radi capelli corti. Una cinquantina d'anni, un viso sorridente di chi è in imbarazzo ma, nello stesso tempo, vuole ispirarti fiducia; lineamenti regolari, simpatici e sopracciglia ben arcuate su occhi espressivi. Barba di tre giorni. Sedette con noi allo stesso tavolo di cucina su cui avevamo suturato il suo compare.

- Vi ringrazzio, non mangio da due giorni. Vi devo ringrazziare per il bel lavoro che avete fatto a Kid: dovete vedere come sta bene adesso. -

- L'ha fatta l'antitetanica? -

- No, c'ha la pelle dura. Ma la raccomandazzione ci è servita: ce la siamo procurata. È li, nella mia sacca, insieme con altre robbe che vi serviranno per curare la gente. Non state a chiedermi dove l'abbiamo presa, quello che possiamo lo restituiamo… un giorno. - Intanto mangiava rumorosamente con il gomito ben appoggiato al tavolo.

- E ci sono altre robbe per voi: non deve essere che due bravi medici non sono pagati per il lavoro. - E, pulendosi la bocca con tutto il braccio fino al dorso della mano, si sporgeva per afferrare il bagaglio appoggiato sul pavimento. Ne tirò fuori alcune scatolette di tonno e di carne e due sacchetti di farina:

- Uno di grano e uno di ceci così vi fate una bella *fainà*, una farinata da bravi savonesi. - Lidia gli si avvicinò incuriosita.

- Ma che bella bimba, assomiglia al padre! A Natale ti porterò un bel regalo. Che vino buono! Si sente che è genuino, chi è l'oste? - Ormai si esprimeva come chi non è più a disagio ma si sente già accolto ed in compagnia di amici.

- Lo fa mio padre con uva piemontese, lo fa tutti gli anni: l'uva non manca mai. -

- Dov'è suo padre, *sciü mégu*? Oh, se non vuole non stia a dirmelo, altrimenti ce lo saluto. - A questo punto eravamo noi a disagio: non volevamo dare troppe informazioni ad uno sconosciuto.

- Non state ad allontanarvi troppo da Bormida. Oltre Bormida, Osiglia, Mallare non ci sono posti sicuri: vi dirò chi potete fidarvi qui a Bormida e chi no, ma state sempre attenti, le faccende cambiano in fretta da queste parti. Però quelli da non fidarsi sono avvertiti di stare buoni e zitti. State sempre attenti nelle strade in fondo alle valli. E qui ho altri regali per voi, regali preziosi, regali tedeschi per il prossimo Natale. - E dalla sacca tirò fuori due fucili mitragliatori ed una decina di caricatori.

- Questi sono meglio della tua pistola e del fucile da caccia. Teneteli a portata di mano, oppure li nascondete bene a seconda di come gira. Ma se non li volete me li riprendo... Ma sì che li volete! Il dottore sa come si usano e deve insegnarlo alla signora. -

- Vuole una sigaretta? Come va a Savona o nei paesi vicini? -

- *Grassie*, non fumo, *ghè manchièvan e sigarette*, devo avere fiato per andare per i monti. A *Sànna lè* un disastro ma ci abbiamo chi ci informa di tutto e ci aiuta e anche a Vado e nelle fabbriche. Si sciopera, c'è la fame. I giovani se ne vanno: hanno paura, scappano sui monti perché se i fascisti li prendono li inquadrano nella milizia e i tedeschi adesso sono tanti nella città e nei paesi. Noi dobbiamo tenerli impegnati e provare a metterci i bastoni tra le ruote. Hanno paura di uno sbarco alleato da queste parti e prendono gli uomini validi per costruire delle fortificazioni su tutta la costa. La TODT li costruisce e noi dobbiamo impedire che vanno avanti nei lavori. Ci hanno anche un treno armato che va avanti e indietro tra Albenga e Genova. Ma i tedeschi non riescono a controllare tutti gli operai perché noi ci parliamo e molti li convinciamo a scappare. Allora i fascisti entrano nelle loro case e minacciano di morte o anche di peggio i parenti ed ogni tanto qualcuno lo portano in Valloria, sopra Savona, e lo fucilano. È un disastro. Ma intanto li teniamo impegnati qui e non possono andare al sud dove si combatte da Pescara a Napoli. Anche i russi adesso sono fermi: hanno respinto il nemico che è tornato indietro e di molto ma hanno dovuto fermarsi.

I miei ragazzi sono giovani e inesperti: bisogna che ci insegno tutto e faccio fatica a tenerli a freno: vogliono combattere; ma senza esperienza e senza armi non andiamo da nessuna parte. Devo insegnarci ancora tanto prima che li mando contro i tedeschi e purtroppo contro gli italiani. Speriamo che viene un inverno senza neve e senza gelo che quelli mi muoiono prima di freddo e di fame. Bene, mi sono riposato abbastanza, è ora che tolgo il disturbo che non ci ho *gnènte* da insegnare a voialtri che conoscete, *megiü che mi*, come va il mondo. - Non ci aveva fatto nessuna domanda, era sicuro di sé ormai, sembrava il proprietario e il nume tutelare della casa e dei suoi dintorni, nume al quale non potevi sottrarti, benevolo e comprensivo quanto vuoi ma pur sempre padrone assoluto dei suoi due nuovi sottoposti che, in verità, benché istruiti e di diversa estrazione, avevano più di vent'anni meno di lui.

- Ah, dottoressa, ce lo dico, devi avere *pasiensa* che sono maleducato, ma ce lo devo dire: tu sei ebrea, io non so nemmeno cosa vuol dire, ma il matrimonio con un italiano non vale più a metterti al sicuro. Quelli sono imbestialiti: devi stare attenta… Sei troppo preziosa. Ora vado. Devo ancora passare da Pian Dei Corsi ché alla Madonna Della Neve c'ho un gruppetto di disperati senza munizioni. Poi devo andare dal parroco di Calice che ci devo parlarci. -

- C'è tanta strada: oltre le colline qui di fronte! -

- Magari fosse oltre quelle colline: dopo quelle che si vedono di qui c'è ancora una piccola valle e poi bisogna salire ancora e poi scendere a Calice Ligure. -

- Perché dal prete? -

- Io credo solo in Dio Marx, io sono comunista ma i preti ci servono. Senza i preti in Italia non si fa niente. I contadini sono molto religiosi e sono tutti in comunella coi parroci, come i giovani. Se riusciamo a farci amici i preti ci facciamo amici pure i contadini e la gente dei paesi che poi è quella che ci può aiutare. Se abbiamo i preti contro, come quel vescovo stronzo di Savona che l'altro giorno benediceva il fascio e malediceva i briganti come me e lo faceva in pubblico, per noialtri è finita... Abbiamo bisogno di aiuto. Ci vediamo presto, spero a Natale. *Sciü mègu*, conserva una o due bottiglie di quel buon vino che a Capodanno brindiamo per la vittoria che verrà. Ah, dismenticavo, mi chiamo Leone, per ogni problema chiedete di Leone e voi, come volete che vi chiamo?... Beh, pensateci. La parola d'ordine è sempre la stessa, intesi? - E se ne andò con un passo dondolante e la sua sacca sulle spalle ora molto più leggera. Sul bordo del piazzale Lidia lo salutava con la mano.

Quell'incontro contribuì a confondermi le idee molto più di prima. D'accordo, ci aveva illustrato con parole semplici la situazione che stava evolvendosi vicino e lontano da noi, ci aveva fatto comprendere quali potessero essere i pericoli immediati ma la sua relazione circa i preparativi volti ad affrontare le insidie del futuro mi appariva infantile ed ingenua. L'allestimento di tutto ciò avrebbe potuto essere carico di pericoli ancora più gravi delle stesse insidie da affrontare. Forse speravo in una conclusione più facile, più vicina e semplice ed invece mi ritrovavo in un altro mare di novità di difficile comprensione, un oceano con onde alte molto più di me. Una traversata ostica forse superiore alle mie capacità di nuoto. La mia domanda inconsapevole, in fondo, era se avrei resistito più a lungo del perdurare degli eventi. Dovevo concentrarmi solo sui tesori già in mio possesso e non sperare in un futuro ancora nebuloso. Volevo essere lasciata in pace. Poi c'era di mezzo una nuova politica fatta di comunisti e di giovani ignoranti ed ingenui che la scuola avrebbe dovuto preparare al meglio e che invece erano preda degli indottrinamenti di fanatici o di chissà che altri farabutti e mi sembrava di rivivere le discussioni con la mia amica Bomba o di rileggere i suoi scritti.

Franco, invece, sembrava molto più tranquillo e consapevole di dover accettare ciò che la sorte stava propinandoci. Forse vedeva uno spiraglio, una lontana ma possibile via d'uscita dalla grotta nella quale eravamo caduti. Forse intravedeva un dignitoso rimedio alla vergogna. Forse era convinto che non avevamo altra scelta ed a quel punto, cessata ogni incertezza, era pronto ad accettare e ad affrontare le puerili ed incerte prospettive di Leone. Che domanda stupida gli avevo rivolto chiedendogli che intendesse fare. Io stavo ancora tormentandomi con dubbi, incertezze ed interrogativi sul domani mentre uno sconosciuto, incolto da terza elementare, già sapeva quale strada Franco stesse per intraprendere, senza conoscerlo, senza aver mai trascorso un'ora assieme. Ero io che, a causa della mia mente confusa e tormentata, non riuscivo a mettere a fuoco la nuova situazione, a stare al passo con i cambiamenti imprevisti. Franco vedeva molto più lontano di me e lo vedeva con molta più intelligenza e senso pratico. Se non avessi voluto sembrare una donnicciola paurosa e querula avrei fatto meglio a tranquillizzarmi e a lasciarmi guidare, almeno per qualche giorno, sinché non mi fossi resa ben conto di come girava il mondo. Perciò non volli dirgli che quel Leone non mi era piaciuto granché e feci attenzione a non rivolgergli domande sciocche alle quali nemmeno mi avrebbe risposto.

Dovevo impormi di smettere di comportarmi da buona mammina e mogliettina che pensa soltanto al benessere immediato dei propri cari e cominciare ad avere una visione più futura di quel benessere, una visione più complessa ed importante, più ragionata. Giovani, operai, studenti stavano lasciando la città ed i paesi e si recavano sui monti senza una meta precisa e senza uno scopo concreto che non fosse un incerto sentimento di opposizione a quelli che nelle città volevano ripristinare idee che avevano retto l'Italia per vent'anni conducendola alla rovina. Noi in montagna c'eravamo già. Dovevo ragionare di più e meglio e smettere di sperare in una pronta e felice conclusione di ogni affanno. Dovevo rimboccarmi le maniche, come già avevo fatto tante altre volte, ed affrontare anche questa volta una nuova realtà.

Poco prima di Natale Leone si ripresentò insieme con un giovane chiamato Sam e altri viveri ed un litro di latte per Lidia ma si volle portare via Franco per certi feriti in attesa di cure sulle colline di fronte a casa: presso le Tagliate e poiché Franco non aveva idea di dove si trovasse quella località Leone gli disse che lo avrebbero accompagnato. A quel punto protestai vivacemente, alzai la voce e pretesi di sapere se avessero potuto esistere pericoli per Lidia e me sole senza Franco. Pretesi anche di non essere lasciata sola. Leone ci pensò un momento poi disse che i pericoli erano improbabili ma possibili e che lui non lasciava nulla al caso. Sarebbe rimasto vicino a noi per tutto il tempo necessario, sinché Franco non avesse fatto ritorno. Quindi ordinò a Sam di mettersi in cammino che la strada era lunga e la giornata corta. Poi si sedette sul piccolo pozzo in cima alle scale del piazzale, imbracciò il mitra e si mise in attesa. Io sbrigai alcune faccende in casa chiedendomi se il mio comportamento non fosse stato un po' eccessivo e sconveniente nel richiedere una protezione e una compagnia maschile. Poi mi convinsi che certe convenzioni andavano abbandonate almeno in certi frangenti ed andai a sedermi vicino a lui, sul pozzo per avere ragguagli su ciò che stava capitando in giro.

Leone mi disse che non c'erano state grosse novità e poi passò a descrivermi la vita che stava conducendo. Una vita dura, fatta di lunghe camminate e di soste notturne nei boschi al freddo ed alla fame. Andava da un paese all'altro, da una frazione ad una contrada perché aveva distribuito i suoi uomini un po' dappertutto: su ogni collina, presso ogni cascina abbandonata, presso tutti i *tèch,* ovunque un gruppetto di ragazzi potesse accamparsi, ovunque potessero trovare qualche cosa da mangiare, da vestirsi o per sopravvivere con le minime risorse che quei luoghi offrivano, ovunque avessero la possibilità di nascondersi e di nascondere le armi e le munizioni che sottraevano al nemico per mezzo di fulminei agguati e di veloci ritirate e sovente qualcuno era ferito o ucciso. Andava per sostenere quei giovani ed infondere loro quel coraggio che, vista l'età, avrebbe potuto scemare in poco tempo, per dirgli che non erano soli, che ovunque, in tutta Italia i migliori erano saliti sui monti per prepararsi ad affrontare le battaglie future, per organizzarli, per istruirli su un modo di vivere al quale non erano avvezzi.

Parlava in modo sgrammaticato e semplice: aveva timore di non essere capito. E quando gli chiesi il perché di tutto questo suo affanno fece finta di non aver compreso il vero scopo della domanda. Senza alzarsi, tracciò, con la canna del fucile, sulla terra scoperta dall'erba, una mappa semplice che disegnava il mare e poi Bormida, Savona, Vado, Albenga, Osiglia spiegandomi che i luoghi nei quali vivevamo avevano una grande importanza e che tutti gli altri posti, con le loro montagne, le fabbriche, le strade che portavano i prodotti dal mare al Piemonte e dal Piemonte al mare erano una grande risorsa per la guerra ed interrompere le comunicazioni, bloccare le ferrovie e le vie di fondovalle avrebbe impedito alla guerra ed ai nemici di approvvigionarsi. Leone intendeva spronare e condurre i suoi uomini a sabotare fabbriche, strade, comunicazioni, e tutto il resto e, quando e se possibile, dare filo da torcere ai soldati che proteggevano tutto quanto.

Una bella impresa, non c'è che dire, un impresa difficile per non dire impossibile. Poi puntò il dito sulle colline di fronte e sui monti e cominciò ad elencarmi tutti i luoghi con i loro nomi e con i nomi delle brigate che vi si nascondevano. Il suo dito si mosse da sinistra a destra, lungo i crinali, da est ad ovest citandomi almeno una decina di posti.

- Tuo marito, tra poco, sarà là. - Il dito si mosse verso sud, un po'a sinistra:

- Cascina Tagliate, Distaccamento Calcagno. C'è il comando di zona. Un giorno lo vedrai anche tu, compagna. -

- Ma io non ho nessuna intenzione di vedere nessun posto: ho una bambina cui badare. -

- Lidia la puoi lasciare nella casa qui sopra: da Ines che è un po' tua parente ed ha due figli quasi della stessa età. Oppure da qualcun altro; ci saremo sempre noialtri a vigilare su di lei e noi abbiamo bisogno anche di te come voialtri tre avete bisogno di noi. Certo lo hai già capito. Se non ci siamo noi, i fascisti sono già arrivati qua da tempo. Non salgono sulle cime: hanno paura. - Rimasi in silenzio e Leone continuò nella sua descrizione delle persone che stavano affollando quei posti solitari.

- Viene su gente di tutti i partiti politici: ci sono anche dei democristiani quassù, sulla Baltera. - Ed indicò un posto alle nostre spalle dove c'era uno spartiacque che conoscevo bene perché portava ad Osiglia.

- Ma noi comunisti siamo i più tanti ed i più decisi. - E qui cominciò ad impartirmi una lezione di politica alla quale non ero per nulla interessata e lui lo comprese. Ma qualcosa, qualche concetto, qualche suo entusiasmo, certi impulsi nella sua ricerca di un mondo migliore, certe pulsioni ad una rinnovata domanda di onestà contribuirono, se non a far breccia nel mio cervello, almeno a farmi capire che una coscienza politica avrei dovuto costruirmela. Avrei dovuto finalizzare le mie esperienze, la mia discreta cultura, le mie tantissime letture se non verso un'ideologia almeno verso una consapevolezza sociale; insomma dovevo dare ragione a Bomba, dovevo cominciare a pensare ai problemi della società, dell'umanità. Anzi, Bomba aveva proprio ragione: vivere senza un pensiero politico, sociale, senza una critica ragionata delle varie ideologie equivaleva a regalare il mondo a quegli esseri mostruosi che sanno indottrinare e poi convincere i cervelli semplici, quei cervelli che sono come una lavagna vuota in attesa di essere riempita di visioni pregne di lusinghe e di bugie. È portentosa la capacità di quei visionari di farsi seguire dagli stolti.

Forse proprio in quell'ora, su quel pozzo, insieme con uno sconosciuto operaio di cultura mediocre, con esperienze acquisite nelle carceri e nelle fabbriche, avvezzo alle ingiustizie, portatore di una malcelata volontà di rivincita, forse proprio lì stava nascendo la mia voglia di coscienza politica. Con tutta la sua rozzezza e semplicità era la prima persona che mi illustrava gli aspetti fondamentali del comunismo. Poi si sdraiò sull'erba fredda ed umida della prima sera, tra il pozzo e una voluminosa pianta di rosmarino, mi chiese di fare la guardia per mezz'ora e si addormentò immediatamente, con il braccio che gli faceva da cuscino ed il mitra impugnato contro il petto.

Se ne andò il giorno successivo quando Franco tornò da solo dalla sua missione, a metà mattina.

- Allora, avete pensato a due nomi da darvi? Due nomi di battaglia! -

- Non ci abbiamo pensato. -

- Beh, tu vieni dalla Russia, potresti chiamarti Ivan. Ivan Il Terribile. E tu vieni dalla Polonia, come chiamavano gli antichi romani i popoli del nord, non li chiamavano barbari? Il perché non lo so, ma puoi chiamarti Barbara, se vuoi. *Se vèmmu.*-

E fu così che divenimmo Ivan e Barbara con mio sommo disappunto per non aver azzeccato io quell'apprezzabile abbinamento dal sapore classicheggiante. Ivan-Franco era molto stanco ed assonnato ma acconsentì a raccontarmi un poco della sua avventura notturna e di come avesse prestato assistenza ai feriti. Lo fece in modo molto generico per non mettermi in allarme, per non farmi capire quanto fragile fosse quell'organizzazione che andava formandosi nel sottobosco dell'entroterra. Mi disse che l'esperienza acquisita sul fronte gli era stata utilissima nella cura dei giovani feriti ma che il primo gli era morto mentre stava cercando di fermare l'ultimo sangue rimasto, il secondo era riuscito a salvarlo all'ultimo momento ed con il terzo aveva dovuto faticare moltissimo per estrargli una scheggia di granata dal torace con il solo aiuto della grappa sia come anestetico che come disinfettante. Il tutto era avvenuto sulla nuda terra e su una lettiga di rami di faggio con sopra qualche straccio a mo' di materasso al lume di una torcia imbevuta di pece ed al freddo. Erano in quattordici, avevano raggiunto una frazione ad ovest di Savona ed avevano attaccato di sorpresa una caserma di soldati italiani: ne avevano uccisi alcuni sorpresi nel sonno ma tre di loro erano morti, poi via di corsa su per le montagne con il bottino di armi e munizioni, trasportando i feriti a spalla, ma sempre in quattordici perché tre soldati si erano uniti a loro. Nella risalita del monti ogni quarto d'ora si fermavano ed attendevano gli inseguitori per mitragliarli a morte e quelli ci cascavano e persistevano in uno scriteriato inseguimento.

- Una guerra civile! -

- Proprio così: una guerra civile. D'altra parte noi italiani l'abbiamo praticata da sempre. -

XXVII

"Ci sei? Ti sei addormentata? Lo so, ti ho annoiata. Sono una vecchia loquace e barbosa."

"Ci sono, ci sono, ti ascolto anche se è un bel pezzo che parli senza interruzione. Spero che tu non sia troppo stanca."

"Macché, rivivere quel periodo mi fa tornare giovane ed imprudente come non sono più stata in seguito. Proprio così, in quel periodo, che mi ha visto completamente coinvolta, ho sperimentato l'imprudenza, ho messo alla prova tutto il coraggio di cui ero capace alla ricerca di tutte le sfide che la guerra civile mi metteva davanti."

"Molti dicono che non la si può definire una guerra civile."

"È un perbenismo, un tentativo di alleggerire le coscienze. Come si può definire una guerra combattuta da italiani contro italiani anche se la maggior parte non indossava la divisa, anche se c'erano i tedeschi insieme con quelli in divisa. Ormai ero italiana e mi consideravo completamente italiana e come tale ero costantemente avvolta dai dubbi e dalle incertezze che impregnano una guerra civile. Una guerra di tal genere inevitabilmente ti costringe a scelte dolorose ed incivili: c'è sempre un parente, un amico, un conoscente schierato dall'altra parte che ti obbliga alla riflessione sul dovere di convincerlo o di sopprimerlo."

"A distanza di tempo c'è stato chi ha sottolineato i delitti degli italiani senza divisa."

"Ed io sottolineo che ho appena parlato di dovere di convincerlo o sopprimerlo e non di necessità e non è una sottigliezza da niente. Era una guerra con capi di stato maggiore lontani e nascosti, non raggiungibili in modo semplice per quesiti immediati e particolari. Il nostro era un esercito raccogliticcio fatto di dilettanti ed improvvisati non tutti ben comandati."

"Dilettanti o improvvisati."

"Cioè?"

"C'è differenza tra dilettante ed improvvisato: il primo è spinto dalla passione ma si ingegna a conseguire un risultato, il secondo è guidato dalla necessità e si finge esperto."

"Appunto, c'erano tutti e due ed era pur sempre una guerra che non si combatteva con mazzi di fiori. Ed anche tra i nostri c'erano sprovveduti e delinquenti comuni: gente evasa dal carcere insieme e per mezzo dell'aiuto reciproco dei reclusi per antifascismo. C'era anche gente andata sui monti per rubare e fare razzie perché nei paesi c'era la fame. Questa è la guerra civile e se la guerra, di per sé, è cosa obbrobriosa quella civile è anche disordinata e di gestione molto complicata. Voglio anche dirti che era una guerra combattuta quasi sugli usci di casa con i parenti a guardare dalla finestra i propri figli che si scannavano. Pensa alle successive vendette personali, a guerra terminata ed, infatti, la guerra finì qualche anno dopo la sua fine.

Complimenti a chi racconta le azioni delittuose dei partigiani: ha scoperto l'acqua calda!... Anche a questo si dedicava Leone: a dare un senso a quel disordine che lui aveva immediatamente capito. A valutare le svariate personalità in quell'accozzaglia di genti di diversa provenienza."

"Quale era il suo vero nome?"

"Gin, Angelo Bevilacqua. Gli hai parlato? Lo hai conosciuto?"

"No, non ne ho avuto il tempo. Comunque la storia la scrivono i vincitori."

"Da te non me la sarei mai aspettata una simile banalità. Non è il mio genere di letture preferito ma lo storico serio si rifà a fatti e documenti e l'approfondimento può benissimo essere imparziale; e poi anche il vinto può mettersi a scrivere la sua storia, riportando fatti veri, nessuno glielo nega... oggi."

"Ho solo voluto vedere come avresti reagito. Mi dicevi, poco fa, del tuo stupore nel vedere la grande capacità di alcuni nel farsi seguire dalla massa, dalla folla. Voglio dirti che non è soltanto l'abilità o la poderosa personalità del condottiero ma devi anche considerare la pochezza dei seguaci o di coloro che lo diventeranno. La capacità dell'oratore sta nel comprendere le aspettative della folla o nel creare desideri, risvegliare paure inconsce, fare breccia nelle emozioni e poi eccitare gli animi ed allora la folla sente quel brivido scorrere per la schiena ed è convinta della bontà e della verità di quelle parole. La gente è sciocca, è come la terra nuda, basta un soffio di vento e si riempie di gramigna invece che di buon grano ed anche quando la coltivi per bene devi sempre prestare attenzione a rimuovere le erbacce che, imperterrite tentano di allargarsi nel campo. Allo stesso modo, finché non imparerete a ragionare ed a pensare, il vostro cervello sarà sempre preda di false ideologie. Allo stesso modo, la vostra scarsa cultura, il vostro scarso impegno nell'apprendere vi rende facili prede di coloro che hanno interesse a dominarvi."

"Gin era uno che sapeva convincere, che sapeva parlare alla gente ma lo faceva in modo pacato, con parole semplici e sapeva infondere coraggio e tranquillità anche perché ascoltandolo si capiva che non stava agendo nel proprio interesse. Non era l'unico capo in quel raccogliticcio esercito di vagabondi ma era certo uno dei primi. Al sette di gennaio venne da noi con una bambola di pezza, fatta con le sue mani, per Lidia, per il suo secondo compleanno. Qualche giorno più tardi mi mandò con Franco al comando di zona alle Tagliate: Franco per i feriti ed io per assisterlo nel lavoro e per impratichirmi dei luoghi. A Lidia avrebbe badato Leone stesso e la bambina accettò volentieri di rimanere con il nuovo nonno che le avrebbe insegnato i primi passi del comunismo.

Più di due ore di camminata in neve bassa per vedere il quartier generale. In cima ad una collina ripida come una scalata e rivolta al mare, coperta da un bosco di faggi spogli, si ergevano due grossi roccioni verticali, coperti di muschio alla cui base erano scavate due grotte che a malapena avrebbero potuto contenere quattro persone sedute e tre sdraiate: le grotte comando.

Davanti e sopra gli ingressi, a riparare le grotte, erano state costruite delle coperture artigianali con pali e ramaglia secca. Qua e là altre capanne, di simile fattura, arricchivano il paesaggio e denunciavano un insediamento simil preistorico su inesperte spianate del terreno ricavate tra un sasso opportuno ed un tronco robusto. Il faggeto era fitto e gli alberi grandi tanto che quasi impedivano la vista del mare che pure era lì sotto e davanti, immenso eppure lontano. La pendenza del terreno era tale da scoraggiare qualunque nemico ma di certo non invogliava la permanenza degli abitatori che si aggiravano tra le capanne con movimenti che richiedevano agilità da capra e forza da leone. Ed infatti puzzavano come capre bagnate e sembravano eseguire svogliatamente, come fanno i leoni, gli ordini del loro domatore chiamato Noce. Noce aveva l'età di Franco, anzi di Ivan, ed era grande e grosso, sempre serio e corrucciato, baffi neri e folti, occhi penetranti. Portava la sahariana ed il fucile mitragliatore appeso sul torace. Scrutava il nostro lavoro sui feriti e dava ordini a chi sembrava sbuffare ed eseguire con arie di sufficienza i compiti assegnati.

- Come trovate queste casse di soccorso tedesche? -

- Ottime, c'è tutto ciò che serve: garze, ferri, disinfettanti, farmaci, morfina. Ma sembrano ottime queste bende impregnate di pomata giallina. Credo che faranno miracoli. -

- Ne abbiamo quattro di queste casse ed altre ve ne procureremo. -

- È la postura che dobbiamo mantenere che non è comoda. Non si riesce a lavorare per bene su un terreno così stretto e pendente. -

- Non siamo qui per costruirci un ospedale. Se avete bisogno di quattro mura per lavorare vedremo di trovarvele più a nord. Questo è un posto strategico, guardate là sotto a sinistra: Savona. Qua sotto: Vado. Nessuno può farci una sorpresa su un terreno così ripido e difficile. Ma noi si può scendere facilmente e fare incursioni. Poi abbiamo distaccamenti dappertutto. -

Franco osò avanzare alcune critiche circa la disciplina e l'esperienza di quei giovani alcuni dei quali avrebbero potuto benissimo restare a casa per preparare l'esame di maturità o i primi esami universitari.

- Posso farci ben poco, se non istruirli e tenerli impegnati. È già tanto che non siano tornati a casa per l'inverno. Avremmo necessità di un altro capo militare, questo sì. Uno preparato ed abile non solo a persuadere ma anche a dirigere un piccolo esercito. -

Durante il ritorno, scendi, sali, ridiscendi, risali mi resi conto di essere ancora piena di energie e di desiderio di agire. Quali azioni dovessi intraprendere ancora non lo sapevo ma avevo una gran voglia di fare. Sebbene lo scenario del piccolo accampamento non ispirasse sentimenti di fiducia e di ottimismo, tuttavia mi sentivo carica e, soprattutto, in pace con me stessa. Sebbene le mie condizioni psicologiche si fossero deteriorate, come ti ho descritto in precedenza, avvertivo una nuova spinta dentro di me che somigliava ad una rinnovata voglia di vivere e di affrontare la vita. L'aria fredda della sera penetrava nei polmoni come fosse un vento rinvigorente ed espiravo fiducia: non avevo affidato Lidia ad uno quasi sconosciuto che pure sapevo essere una brava persona? Mi sentivo protetta da tutti quegli uomini sparsi per le colline e sui cocuzzoli che pure erano soltanto dei ragazzi. Se qualcuno voleva che continuassimo a giocare, ebbene, era necessario stare al gioco nel migliore dei modi.

I ruscelli di fondovalle erano gonfi e spavaldi nello sforzo di non lasciarsi attraversare e Franco quasi scivolò sui sassi sporgenti nonostante gli usuali scarponi, reduci come lui. Mi ritrovai a ridere e quella sigaretta arrotolata sull'altra sponda, stesi sull'erba morbida, non fu soltanto una sigaretta fumata, fu un abbandono momentaneo da ogni ossessione. Si tornava a vivere ed a vivere intensamente, pienamente. Riprendevamo a ridere. La situazione paradossale in cui eravamo venuti a trovarci era prima di tutto risibile, almeno per noi che stavamo arrabattandoci per respirarla nel modo più gradevole possibile come le nostre sigarette arrotolate con trinciato forte e foglie secche.

Quando l'inverno stava per finire ci accorgemmo che i monti e le colline pullulavano di armati pronti alle battaglie come gli Achei sotto le mura di Troia. Le azioni di guerriglia si facevano sempre più frequenti e sanguinose tanto che il Bormida somigliava allo Scamandro rosso del sangue degli eroi. Chi l'avrebbe mai detto che quell'esercito raffazzonato potesse mettere così in difficoltà fascisti e tedeschi armati pesantemente ed organizzati. Per noi tre iniziò, inaspettatamente, un periodo di intensa attività. Lidia cresceva sorridente e compiaciuta dei vezzeggiamenti di tanti uomini che la prendevano in braccio soltanto dopo essersi spidocchiati facendo bollire gli abiti e le divise in un grosso paiolo di rame dove poi veniva cotta una enorme minestra. Questo avveniva per ordine di Leone che non permetteva ai suoi uomini di infestare una bambina così ben educata e che non piangeva mai (o quasi mai). Prima di entrare in casa nostra i suoi uomini dovevano togliersi il cappello di fronte alla dottoressa Barbara e lavarsi nella vasca situata fuori a sinistra anche se faceva freddo. Quelli obbedivano. Lidia poi diventava figlia di Ines, quasi parente, di Laura che aveva la casa un po' più in alto o di Maichin a destra ed in basso a circa quattrocento metri dove c'erano anche le mucche ed il buon latte fresco. Ovunque era coccolata, protetta e nascosta o camuffata da contadinella. Cresceva bene, forte, piena di salute e, di sicuro, di intelligenza.

Franco coltivava l'orto, le piante da frutta, curava il bosco ed il piccolo pollaio. Persino i conigli si erano messi a figliare e le galline a produrre uova. Ma con l'allungarsi delle giornate e con il migliorare del tempo il numero delle battaglie andava aumentando e con esse il numero dei feriti sia da una parte che dall'altra e Franco era sempre più spesso chiamato a prestare la sua opera nei luoghi più disparati di quell'entroterra. Località chiamate con nomi a me sconosciuti e che mi erano indicati con l'indice della mano che spesso tracciava in aria giravolte fantasiose che avrebbero dovuto precisarmi le asperità del terreno da percorrere. Località che spesso erano lontane parecchie ore di cammino da casa o che talvolta erano il luogo stesso dello scontro avvenuto. Molto spesso doveva provvedere alle cure dei nemici feriti che erano i prigionieri più facili da gestire e che sarebbero stati, successivamente, scambiati con i nostri soldati dopo innumerevoli ed estenuanti trattative condotte, per lo più, dai parroci dei vari paesi. A volte si metteva in cammino accompagnato ma sempre più spesso si ritrovò ad andare da solo, a seconda delle difficoltà dell'itinerario o della carenza di uomini di scorta. Mai una volta che l'abbia sentito rifiutarsi o fare obiezioni di sorta. Riponeva la zappa o l'accetta, diceva meno male che ero proprio stufo di questo lavoro, proprio stanco di queste fatiche, si caricava sulle spalle lo zaino dedicato, prendeva il fucile e si metteva in marcia dopo aver baciato me e Lidia. Io, che lo avevo conosciuto ragazzo, stentavo a vedere in quel trentenne un adulto che si caricava addosso ben altro che un fucile e ne andavo fiera ed ancora più orgogliosa diventavo quando ascoltavo le parole dei comandanti, dei commissari e dei soldati che esaltavano le sue qualità come medico, il suo coraggio e l'abnegazione. Quanto all'abnegazione pensavo che Franco si impegnasse ben volentieri in un'altra avventura invece di sudare nei campi da coltivare.

Io non avevo intenzione di sfigurare. Non avevo alcuna intenzione di chiudermi in casa con i lavori domestici e tanto meno di occuparmi di galline e conigli e se Franco era lontano e mi veniva richiesto un aiuto medico o di altro genere imparai ad affidare Lidia a Ines e Giüanen (che poi aveva lo stesso cognome di Franco) e ad assecondare le richieste dei capi militari che per me era diverso da obbedire. Leone sapeva impartire gli ordini in un modo tale che sembravano favori, mi insegnò alcuni rudimenti per l'orientamento come il saper distinguere l'orsa maggiore e quindi la stella polare:

- Se non ci sono troppe nuvole là c'è il nord ed alle tue spalle il sud. Devi stare attenta agli echi: spesso il rumore non viene da dove lo senti. Se credi di esserti persa sta attenta a scendere: puoi trovarti in un canalone e non ne esci più, piuttosto sali. Da queste parti sei sempre all'ombra: nessuno può vederti. Smettila di occuparti di quello, non lo capisci che non c'è più niente da fare? Piuttosto occupati di quell'altro e rimettimelo in piedi! - Come medico o come infermiera non ero niente male: le esperienze acquisite all'università e negli ospedali ed i consigli di Franco mi avevano dato la possibilità di essere stimata in quell'ambiente come una discreta professionista ma come soldato il mio senso dell'orientamento lasciava decidere alla fantasia la giusta direzione davanti al bivio di un sentiero. E quando Leone, senza assegnarmi una scorta, da un posto che non conoscevo mi chiedeva il grande favore di portare un ordine, orale o scritto, in un altro posto dal nome astruso a me sconosciuto e lontano quattro oppure otto ore di cammino, verso nord, evitando le strade di fondovalle troppo pericolose mi veniva tanta voglia di affrontare questo troppo pericolo.

La geografia dei posti, inoltre, è ben lontana da quella cui ero abituata sin da bambina fatta di amplissime pianure e da basse ed ampie ondulazioni del terreno, con pochi boschi di betulle e pochi sentieri. In quella Liguria i monti sorgono improvvisamente dal mare e si ergono subito altissimi, uniti gli uni agli altri da un lungo crinale parallelo al mare a cui rivolgono una faccia rocciosa e boscosa altrettanto precipite ed orrida. Da tali alture la maggior parte delle acque avevano preferito un percorso molto più complicato e lungo per arrivare in un altro mare, molto più lontano scavando molti altri crinali anch'essi alti e paralleli al primo e tra essi vi è un intersecarsi continuo di colline minori sempre più boscose e meno rocciose che invitano a nascondersi ed a perdersi. Dalle cime più alte, spesso brulle, il belvedere è superbo e spesso nitido come una carta geografica che mostra i borghi sul mare da una parte e tutta l'orografia dall'altra. Strade sterrate salgono faticose e tortuose a cercare riposo sul primo spartiacque per perdersi tra i rari paesi e le molte valli scavate a mo' di lettera v senza che la terra riposi nemmeno un poco in un breve piano. Le case, già rare nei paesi stessi, van via via diradandosi man mano che le dorsali salgono.

La missione migliore per me, vista la scarsa conoscenza dei luoghi, sarebbe stata quella di raggiungere, dalla grotta comando o comunque da un distaccamento situato sul primo crinale, un paese sul mare o non lontano da esso. Ma quelli erano posti pericolosi per una donna sola, erano posti ove la guerra mostrava il suo volto più feroce e cruento con esecuzioni e torture di soldati e civili senza distinzioni di sesso o religione. Leone sceglieva per me luoghi più interni, meno frequentati dagli avversari e spesso luoghi da cui il nemico era stato cacciato.

- Quando hai finito con questo ferito devi farmi un grosso piacere, Barbara: devi andare qua sotto, a Mallare, dove c'è uno che prende bene Radio Londra. Non devi incontrarlo: devi vedere Castagna che vedrai vicino alle prime case. Fatti dire cosa hanno trasmesso: aspettiamo un lancio paracadutato di armi e munizioni. Se ti dà informazioni scritte, il biglietto devi ingoiarlo se incontri qualcuno. Non devi nasconderlo, devi mangiartelo. Poi va a casa tua, da qui si vede, guardala, è quella. - Indicò, con l'indice, un puntino bianco lontanissimo di fronte. Poi il dito si spostò a destra, in basso.

- E laggiù c'è Mallare. Forza, che stasera devi essere a casa. -

- È facile: devo scendere e risalire. -

- No, Barbara, devi scendere e risalire tre volte. Forza, vai, che è importante! - Una cosa buona di quei percorsi era che si svolgevano quasi costantemente e per gran parte dell'anno all'ombra: impossibile che qualcuno potesse vedermi da distante, facile sopportare il caldo. Una cosa svantaggiosa era la difficoltà ad intravvedere il paesaggio intorno che moltiplicava le mia capacità nel perdermi. Le mulattiere erano ripide e sassose ma gli scarponcini ottenuti in chissà quale ruberia o uccisione facevano buona presa sul terreno praticato dai cavalli per il trasporto della legna. I pantaloni di fustagno sottratti, non volli sapere come, al più piccolo dei fascisti mi andavano comunque larghi e li tenevo su con un bel cinturone nero. Camicia a quadrettoni, giacchetta e zaino completavano la mia *mise* da brava staffetta. Mi sarebbe assai piaciuto poter portare il fazzoletto rosso al collo come tutti nella Brigata Calcagno ma sarebbe stata una cosa troppo compromettente. Le rare volte che arrivavo in prossimità di un piccolo prato lo percorrevo sui bordi, le sorgenti erano fresche in gola e sotto le ascelle. Mi sentivo viva, libera, quasi felice: l'insolita attività, con le sue novità, mi avevano restituito un rinnovato benessere dello spirito.

Non andava sempre tutto bene in quelle mie scorribande per le montagne. Un giorno quasi inciampai in un nemico ferito, ranicchiato a terra alla base di un faggio. Ricordai le parole di Leone ma no, non poteva essere un tranello, era realmente ferito: era troppo pallido e la sua giacca troppo sporca di sangue.

- Ho sete. - Avevo finito l'acqua nella borraccia.

- Ho male. - Non avevo morfina con me. Gli aprii il giaccone scuro e vidi due piccole ferite che non sanguinavano più.

- Da quanto tempo sei qui? - Non rispose. Non poteva avere più di vent'anni: i capelli lisci, lunghi e biondi, gli occhi spenti. Era però una situazione pericolosa per me: avrebbero potuto esserci ancora altri suoi compagni in zona. Mi allontanai, con circospezione, verso il più vicino rittano per riempire la borraccia, per fortuna c'era dell'acqua, e ritornai da lui. Mi inginocchiai e lo aiutai a bere. Non potevo fare nient'altro.

- Fa male? - Stavo veramente rischiando troppo.

- Non tanto. -

- Vado a cercarti un aiuto. -

- Non lasciarmi solo. Ho ancora sete. - Bevve un altro sorso, reclinò la testa e morì. Era la prima volta che qualcuno mi moriva tra le braccia. Ebbi una stretta al cuore. Raccolsi il suo armamento e mi allontanai velocemente.

Un'altra volta mi persi. Mi trovavo nel forte napoleonico del Melogno intenta a rivedere le medicazioni di diversi feriti che Franco aveva, in precedenza, curato e ricoverato presso il distaccamento situato in alto, in una postazione strategica quando giunsero degli informatori con notizie precise da Calizzano: fascisti e tedeschi stavano radunandosi in gran numero a Millesimo e dintorni con autoblindo e mitragliatrici pesanti. A quel punto era assolutamente necessario avvertire Candido, ad Osiglia, del pericolo, affinché cessasse ogni forma di incursione al di sotto della diga e ritirasse i suoi uomini al sicuro nei boschi. Nessuno intorno a me aveva la possibilità di avvertire Candido, tutti avevano altro di cui occuparsi, ma se quegli uomini non fossero stati avvertiti, probabilmente ci sarebbe stata una strage proprio sotto il lago, ai Ronchi, dove era stato già deciso un attacco a sorpresa per il giorno dopo. Non c'era tempo per discussioni, Leone non c'era, l'altro commissario era lontano per un'altra missione, nessuno conosceva i sentieri che conducevano ad Osiglia: dissi che sarei andata io, quella che aveva più dimestichezza con i posti.

Ben presto mi accorsi che quella dimestichezza non bastava: i sentieri erano in discesa. Ad un bivio presi a destra, scesi troppo. Risalii, non capivo dove mi trovavo, cercavo una radura per scrutare il paesaggio, la trovai e mi parve di vedere una casa lontana e presi quella direzione ma troppo tardi mi accorsi che non era una casa bensì un roccione enorme. Lo aggirai e vi salii per orientarmi e mi accorsi che non sapevo dov'ero. Non avrei neppure potuto tornare indietro poiché non avrei ritrovato i sentieri percorsi e poi non c'erano più sentieri. Erano già due ore che mi aggiravo nella boscaglia fitta di *chiaggio* di castagno: così chiamano il bosco giovane da quelle parti. Ero piena di graffi di rovo e di felce, quasi disperata, l'informazione doveva arrivare a destinazione a tutti i costi. Forse ero scesa troppo perché Osiglia si trovava più in basso ma Leone consigliava di non scendere mai troppo. Dovevo risalire e cercare il nord ma era giorno e per giunta molto nuvoloso. Comunque non dovevo fermarmi. Il tempo passava ed io continuavo ad inerpicarmi. Cominciò a piovere, scivolai, caddi e ruppi l'orologio su una pietra; non potevo più nemmeno sapere che ora fosse ma trovai su un sentiero che procedeva in lieve salita a mezza costa tra alberi maestosi con grosse foglie lucide. Intorno a me si era scatenato un vero e proprio diluvio. Procedevo lentamente e decisamente in salita, cominciavo a sentirmi stanca ma soprattutto avevo freddo dentro quelle vesti fradice e pesanti. Continuavo a scivolare per il fogliame bagnato e a cadere. Cominciava a fare buio e con la notte forse non avrei potuto sopravvivere e sarebbe stato meglio così perché non avrei mai potuto sopportare il peso del fallimento di una missione così importante. Sì, meglio morire. Mi vennero in mente i miei genitori e i loro patimenti e provai ad assimilare le mie sofferenze fisiche e psichiche alle loro. Pensai a mio fratello e lo assimilai al giovane nemico che avevo aiutato a morire. E già mi figuravo le polemiche che ci sarebbero state del tipo: chi le ha permesso di andare, perché non sei andato tu, dobbiamo processare il responsabile, il responsabile è il commissario di distaccamento, chi lo va a raccontare adesso alle famiglie. E poi Franco; che avrebbe fatto, con chi se la sarebbe presa? E Lidia? Il bosco si aprì un poco, il terreno spianò: delle pietre, una porta di legno, una casa.

Bussai, comparve una vecchia con il volto rugoso, un po' curva sul suo bastone. Non avevo la forza di presentarmi: la mandibola era serrata e la voce non voleva uscirmi dalla gola. Mi guardò sorpresa, poi quasi sorridente mi invitò ad entrare. Dentro c'era un vecchio seduto su una seggiola che appoggiava entrambe le mani sul suo bastone ed il mento sulle mani. Lui mi squadrò sospettoso con occhi che sembravano due fessure, poi, senza dire parola, preparò la stufa per accenderla. La vecchia accese nuove candele e mi condusse in un altro ambiente dove c'era un letto e mi aiutò a spogliarmi che da sola proprio non ci riuscivo. Mi mise addosso una vestaglia pesante e mi ricondusse in cucina, seduta vicino alla stufa che già iniziava a crepitare. Lui mise sul fuoco dell'acqua ed in quella delle foglie per prepararmi un decotto. Lei mise i miei abiti appesi sopra la stufa nera a forma di chitarra. Lui volle accendere anche il camino fuligginoso situato in un angolo della stanza. Lei mise a scaldare sulla stufa dei fazzini e cominciò a preparare la tavola ed intanto entrambi mi parlavano ma io, che ancora rabbrividivo e non riuscivo a ragionare, non potevo capirli poiché parlavano il dialetto di quei luoghi che è diverso dal genovese.

XXVIII

Ìntereà mediàs fallùnt sermònibus hòras
Sèntirìque moràm prohibènt: erat àlveus ìllic...
Nel frattempo rompono l'attesa con discorsi
Impedendo di percepire l'attesa: c'era là un focolare...

Tu mi devi scusare per le citazioni latine ma non posso farne a meno, soprattutto nel ricordare quei momenti. Appena sorseggiai la tisana cominciai a riprendermi ed a guardarmi in giro e mi vennero immediatamente sulle labbra quei versi studiati a memoria tanti anni prima. I due vecchi mi guardarono stupiti. Ero piombata dentro una metamorfosi di Ovidio. Dunque la mitologia non raccontava frottole, dunque certa poesia esisteva realmente in natura e l'ingegno del poeta era quello di saperlo estrarre e trasformarlo in parole. Se non avessi mai vissuto quell'ora i versi composti dal poeta sarebbero rimasti un capolavoro di bellezza e niente di più. Invece si trasformarono dentro di me in pura beatitudine trasportandomi nel mondo che li aveva ispirati come fossero l'epica della mia avventura. Vedevo la fantasia divenire realtà.

- Dove sono? - Ma non capivo le loro affermazioni e solo dopo tanti sforzi e tanti fazzini riuscii a comprendere che *Üseria* era Osiglia e che avrei potuto raggiungerla in meno di un'ora su una strada sempre in discesa dove non avrei incontrato nessuno perché nessuno si aggirava mai da quelle parti se non pochi cercatori di funghi. Era l'ultima casa su in alto e mi stupii che potesse esserci una casa e due vite umane in un posto talmente distante da tutto il resto del mondo. Come avevano potuto vivere così isolati per tutto quel tempo sino a divenir vecchi?

Potevo ancora farcela: feci capire a loro la mia urgenza di andare ad Osiglia ed il vecchio mi diede certi suoi abiti asciutti.

Rimisi gli scarponi ancora fradici e li salutai ringraziandoli. Sull'uscio di casa stavo per chiedere loro se avevano qualche desiderio per poterli in seguito ringraziare concretamente, così, tanto per dare la medesima conclusione del mito alla mia avventura, ma non volli paragonarmi a due divinità e salutai i miei Filemone e Bauci.

La pioggia era cessata ma il buio era intenso ed a malapena riuscivo a scorgere il biancore della mulattiera. Procedevo con lentezza e prudenza da circa mezz'ora quando mi parve di scorgere dei movimenti in prossimità di un tornante del sentiero. Mi acquattai nascondendomi quanto potevo per riuscire a scrutare una fila di uomini che procedeva in senso contrario. Solito cuore in gola, e solito immediato incitamento a non perdermi d'animo. Più che vederli li immaginavo sfilare lenti, armati. Poi li riconobbi: era la terza brigata o la quarta, cambiavano sempre il nome, insomma quella di Osiglia di Candido e Candido era lì, buon ultimo insieme con il suo vice ed il suo fucile.

- Candido! Dove andate? - Lui spianò l'arma contro di me. Mi palesai con le mani in alto e mi avvicinai. -

- Barbara! Che fai qui? -

- Sono venuta ad avvertirvi di un pericolo… - Mi interruppe.

- Sappiamo tutto: ce lo ha fatto sapere la quinta brigata Baltera. Lasciamo Osiglia, andiamo ad accamparci su Femminamorta. - Ero passata dalla paura alla calma in pochi secondi ed in un attimo diventai furibonda e me la presi con Candido quasi che fosse lui il responsabile della mia avventura. Candido era un ragazzo più giovane di me e poco più alto di me ed era il capitano della brigata. Lo presi letteralmente per il collo scuotendolo con tutta la forza che potevo coprendolo di insulti e lanciando improperi contro l'organizzazione delle brigate e dei distaccamenti che metteva a rischio inutilmente la vita delle sue staffette. Quando mi calmai mi invitarono a seguirli sul monte ma io pretesi che almeno uno di loro mi riaccompagnasse a casa, a Bormida dove arrivai all'alba.

Era una guerra di ragazzini. Forse non si rendevano ben conto della drammaticità della faccenda che stavano vivendo. Ragazzi, ed io non ero poi tanto diversa da tutti, che spesso consideravano quella guerra come una scampagnata, un ebrezza goliardica da viversi in compagnia. Dopo quella vicenda ci furono le solite inchieste dei superiori con le ricerche delle responsabilità dei singoli e grosse rampogne con improbabili punizioni perché è astruso punire un volontario che già sta vivendo una vita ai limiti della sopportazione. Dopo alcuni giorni si rideva apertamente dell'accaduto ed io ero diventata Barbara, quella che si perde nei boschi.

La casa. Che cosa era diventata quella casa in pochi mesi. Noi, tra tutti, potevamo considerarci i più fortunati: avevamo un tetto solido sopra la testa pur abitando nel punto centrale dei conflitti dell'alta valle del Bormida. Mura solide, ingresso centrale, cucina e sala, sopra tre camere, e poi legnaia cantina e ampi ripostigli. Era logico divenisse il punto di riferimento di quella tribù che diveniva ogni giorno più grande. Là c'erano due medici sempre disponibili che coltivavano l'orto e curavano il bosco di castagne. E se i medici erano chiamati all'opera i compagni si occupavano dell'orto e degli animali. La casa significava un momento di sosta, una tisana calda, due parole tra amici, un rifugio dalle intemperie e dal freddo ma poteva anche fungere da ospedale per feriti ed ammalati o per compagni semplicemente stanchi. Non si trasformò mai in un centro di comando perché sarebbe diventata un bersaglio ben individuabile dal nemico ma divenne, segretamente, un magazzino ben rifornito di viveri, di armi e munizioni di riserva. Perciò spesso era presidiata e ciò contribuiva alla nostra sicurezza.

A volte, la sera, si trasformava in osteria per allegre brigate in vena di giovialità e di racconti di guerra e le sedie, sovente, non erano sufficienti. Con il freddo un alone di fumo galleggiava sopra le teste dei convenuti e Lidia passava di braccia in braccia alla conoscenza dei nuovi arrivati prima di essere portata nel suo letto di sopra da dove, attraverso le fessure del tavolato di legno, si poteva ascoltare ciò che si diceva sotto. Mai una sola bestemmia: Leone ed Ivan erano categorici, educazione e disciplina dovevano essere i presupposti dell'organizzazione. Incursione e sabotaggio erano le parole più pronunciate ed ogni azione messa in atto era sottoposta ad esame accurato e, a volte, a critica dura anche se spesso i racconti potevano sembrare simili a quelli del cacciatore spaccone. Tutte le morti erano sottoposte ad un riesame nel tentativo di diminuirne il numero e di valutare se il lume fosse valso lo spreco della candela poiché ormai tutti i monti e le valli erano disseminate di croci.

Era poi la volta delle riflessioni sui contadini e sui paesani. Leone sapeva come dirigere le discussioni volendo toccare ogni argomento utile. I contadini con le loro case, il lavoro, le produzioni agricole anche se stentate, erano per tutti noi una risorsa imprescindibile e, contrariamente a quanto ci si sarebbe atteso, essi si erano dimostrati di una generosità inaudita e di un coraggio notevole avendoci solo da perdere nella relazione con noi. Qui si levava una voce da un altro ambiente dove si giocava a carte e la si udiva lodare quelli di quella casa sotto *Rünch Ed Möai* generosi e gentili o un'altra voce ricordare che era necessario aiutare la vedova, madre di tre figli, della *Cä Dei Gätti* distrutta dai fascisti dopo che le brava donna si era prodigata per un gruppo di partigiani.

Si discuteva su come migliorare i nostri piccoli ed inesperti tribunali marziali le cui sentenze spesso erano dolorose e a fare da avvocati e da pubblici ministeri erano gli studenti di legge di Genova. Si parlava di tutto perché la platea era eterogenea e di diversa estrazione con differenti esperienze scolastiche e di lavoro ma i vincoli e l'obiettivo erano gli stessi. Candido amava la letteratura italiana, io la letteratura latina, Ivan la storia ed i libri, Leone ci descriveva la vita in fabbrica, chi parlava del Grande Torino non ancora grandissimo, chi caldeggiava per

Gino Bartali, chi per i nuovi mitragliatori Sten paracadutati dagli inglesi, ma lentamente ed ineludibilmente la conversazione si dirigeva verso un argomento obbligato: la politica.

Era anche una guerra politica: si combattevano i nazisti ed i fascisti ed era logico considerare i motivi che ci avevano spinti sino ad osare così tanto.

In quegli ambienti, oltre al gran fumo, aleggiava una certa aria di vittoria sia per i numerosi successi ottenuti nelle battaglie, sia per le notizie che, nonostante le censure e la propaganda avversa, continuavano ad arrivarci ed ad infonderci coraggio e determinazione: nel sud gli alleati continuavano ad avanzare, a nord erano arrivati in Francia, ad est i russi facevano progressi ed i guerriglieri alla macchia, come noi, erano dappertutto sia in Italia che nel resto d'Europa. Da un momento all'altro la Germania si sarebbe arresa e la minuscola repubblica di Salò l'avrebbe imitata. La logica imponeva un ampio discorso sull'assetto che avremmo, in seguito, dato alla nuova nazione.

I comunisti, come Leone, la facevano da padroni sui monti spalleggiati, com'erano, dalle loro organizzazioni non troppo segrete nelle città. In fondo erano stati i primi, con i socialisti, a cercare di opporsi al regime e rivendicavano il diritto di primeggiare sugli altri partiti. Secondo Leone gli operai erano la forza economica principale di una nazione, la fonte di ogni benessere, la potenza della rivoluzione in corso. Candido, forte dei suoi studi forzatamente interrotti, parlava di Marx, dei suoi scritti, filosofeggiava intorno ad Hegel e Feuerbach ed indicava nella Russia e nel suo capo l'ideale politico cui aspirare. I socialisti, come Tigre e Benzina, erano sostanzialmente d'accordo però non vedevano di buon occhio Stalin ma quando gli sconosciuti democristiani e i liberali accusavano il dittatore russo di stermini ed oppressioni saltavano su, infuriati, dicendo che gli alleati antisocialisti avevano atteso sino all'ultimo per intervenire sperando che i nazisti li liberassero dal bolscevismo. Quindi scattava su l'unico monarchico a sostenere che soltanto il re avrebbe potuto riunire sotto di sé tutta l'Italia e guidarla con autorevolezza. A quel punto scoppiava la lite ed il monarchico era spedito, senza complimenti, fuori casa, a fare la guardia. Insomma, di partiti e di opinioni ce ne erano a bizzeffe e già si cominciava a discutere se non sarebbe, per caso, stato meglio dividere le truppe per opinione politica invece che per attitudini e necessità di altro genere. Nella discussioni, animate sempre di più, intervenivano quasi tutti: aspiranti filosofi, futuri avvocati, operai speranzosi, perseguitati politici, economisti improvvisati e le voci erano sempre più alte rischiando di disturbare il tresette dell'altra tavola ed il sonno di Lidia.

Io non intervenivo quasi mai ma mi beavo di tutto quello sviscerамento intellettuale. Era anche una guerra colta. Franco, invece, dopo venti minuti, si alzava ed andava a dormire redarguendoli seriamente e con calma:

- Parole inutili, discorsi inutili. Se avete necessità di formarvi una coscienza sociale parlate pure, ma state facendo il gioco di chi arriverà subito dopo di voi nel trovarvi così divisi. Abbiamo un solo obiettivo serio: liberare le città noi, prima che lo facciano gli alleati. Buona notte, non fate chiasso. - Io, invece, ci stavo bene di sotto. Apprezzavo appieno quel tipo di vita fatto di azione ma anche di riposo e dibattiti e soprattutto di compagnia che, se non perfetta, era pur sempre vivace e mi dava occasione di conoscere tanti aspetti delle personalità e dei caratteri e mi evidenziava svariate esperienze di lavoro, di filosofia e di tutto. Si scherzava, si beveva anche un po' troppo e poi si cantava e non più soltanto l'opera ma i canti popolari italiani e di montagna. Il giorno dopo ognuno sarebbe tornato alle sue incombenze: chi ad aiutare la vedova, chi a cercare vivande chi a combattere e chi a curare, chi a recuperare i cadaveri. Stavo facendo la corte a Leone perché mi aveva detto, tempo prima, che avevamo un nuovo comandante di zona: di tutta la zona ed io no vedevo l'ora di essergli presentata. Mi aveva detto:

- Barbara, lo sai perché le cose cose stanno andando così bene da un po' di tempo? Beh, siamo bravi, ma ci è capitato, tra capo e collo, un nuovo comandante, uno bravo, intelligente.

Insomma uno che ci sa fare. Uno duro, esperto, un cattivo, militare ed ingegnere. I ragazzi gli vogliono un gran bene e fanno tutto quello che lui comanda e, indovina un po'? È polacco, un poco tedesco ed ebreo. Lo abbiamo chiamato Enrico. Per me il suo nome è impossibile da dire: un nome strano ma tanto non lo dobbiamo dire. Succederà che lo conosci prima o poi, così mi dirai quello che dice perché parla proprio male italiano. È arrivato dalla Germania, chissà che avventure! È un po' contrabbandiere. - Da quel giorno feci di tutto per poterlo incontrare ma questo Enrico non faceva altro che spostarsi da un distaccamento all'altro e guidare gli uomini negli attacchi e nelle opere di sabotaggio.

Lo incontrai un pomeriggio d'estate presso la Madonna Della Neve su Pian Dei Corsi dove sorge una piccola cappella e dove, in occasione di una festa in agosto, i paesani che guardano il mare incontrano quelli dell'interno con scambi di prodotti agricoli e talvolta con nascite di nuovi amori. C'ero andata con Pio per portare a casa due cavalli di una piccola mandria che i partigiani avevano sottratto ai tedeschi qualche giorno prima facendo strage di nemici e perdendo ben cinque uomini. Nei pressi della cappelletta dedicata alla Madonna un drappello dei nostri teneva sotto tiro quattro o cinque militari prigionieri che indossavano una bella divisa grigio-azzurra con il basco. Parecchi cavalli erano legati agli alberi ai bordi dell'ampia radura pianeggiante, in alto sul crinale. Poche nuvole viaggiavano verso il mare previsione sicura di bel tempo.

Chiesi a Pio chi fossero quei militari con quelle belle sahariane egli stivali neri e chi fosse quel tipo che stava parlando con essi.

- Quelli sono San Marco: truppe molto ben addestrate. E quello è Enrico, il comandante. Vedrai che ora li convince a passare dalla nostra parte! - Ci fermammo a debita distanza da tutti, Enrico ci rivolse un breve sguardo e tornò ad ascoltare i militari nemici insieme con Benzene che probabilmente tentava una traduzione e che presto mi indicò segnalandomi al capo e poi fece cenno di avvicinarmi.

- Traduci, Barbara! - Ascoltai e poi tradussi.

- Dicono che non si considerano prigionieri. Dicono che si sono fatti prendere apposta per stare con noi. -

- Digli che li teniamo in prova. Digli che se fanno brutti scherzi non ci sarà scampo per loro e neppure un processo. Digli che moriranno al primo sospetto. - Poi tutti e quattro ci allontanammo dagli altri: Benzene ed Enrico da una parte, Pio ed io dall'altra, di fronte, quasi dovessimo affrontarci in duello. Enrico aveva una decina d'anni più di me, era basso di statura ma ben piantato sulle gambe divaricate e le mani sui fianchi, la fronte ampia e rotonda ed i capelli pettinati all'indietro. Ben sbarbato, labbra carnose serrate, sopracciglia basse su occhi inespressivi, serio, quasi incurante di ciò che lo circondava e di noi. Sembrava disarmato come me.

- Credo che tu sia Barbara, quella polacca. Qual è il tuo nome? - Me lo chiese nella mia lingua madre che suonò insolita e piacevole alle mie orecchie che non la udivano da tempo e mi tolse da ogni imbarazzo.

- Janina Strosberg, di Kielce. E tu? -

- Hermann Wygoda, di Offenbach. Io non credo che tu sia ebrea. Io credo che tu possa essere una che fa il doppio gioco. -

- Nome tedesco, cognome polacco, razza ebraica. Nemmeno io penso che tu sia ebreo. - I nostri rispettivi compagni non comprendevano ciò che stavamo dicendoci ma, di certo, dai toni delle voci traspariva che non era una conversazione amichevole tra due compatrioti che stavano facendo conoscenza. Notavo le loro armi che, tenute a tracolla, non oscillavano più.

- Non sembri proprio un'ebrea. Puoi dimostrarmi di esserlo? -

- Io non devo provarti nulla. Nemmeno tu sembri ebreo: il tuo naso è troppo regolare… Ma puoi tirarti giù i pantaloni e far vedere di che razza sei, comandante! - Soltanto lui, fortunatamente, poteva comprendere, e non solo a causa della lingua, la mia sconcezza anche se, in breve tempo e non so per quali vie, il colloquio divenne popolare e fonte di ulteriori canzonature. Indolentemente si girò e fece per tornare ai suoi disertori insieme con Benzene.

- Comandante, voglio parlarti! - Non si voltò nemmeno.

- Non ho tempo… Per te. - Mi parve di riconoscere delle donne vicino ai cavalli.

- Ho capito il perché di tanta fretta: ha delle prigioniere, anche. - Dissi a Pio. - Pio era alto, bello e vigoroso; aveva una fidanzata altrettanto bella, di Savona. Ci incamminammo verso la Baltera conducendo i cavalli per le briglie; uno era baio, l'altro grigio. Uno sarebbe stato macellato, e finalmente avremmo mangiato della carne, l'altro tenuto di riserva.

- Non sono prigioniere. Stanno con noi ed una combatte meglio di un uomo; si chiama Fulvia. Si sono compromesse con i fascisti a Savona. Dipingevano scritte su muri e marciapiedi ed ora sono qui, con noi. -

- Dunque non sono l'unica donna. -

- Poco fa ho temuto il peggio: non è stato un incontro molto amichevole il vostro. -

- Niente di importante. Solo uno scambio di parole tra polacchi. È un gran maleducato il comandante Enrico. -

- È pieno di pensieri e di preoccupazioni. Lui il comando non lo voleva: glielo hanno imposto. Si carica di tutte le responsabilità. Ha sempre il timore di mettere allo sbaraglio troppe vite. È molto severo ma gli pesa. - Così Pio mi raccontò di come un nostro giovane partigiano fosse entrato in casa di una famiglia di contadini. Il giovane chiese del vino ed iniziò a bere sino ad ubriacarsi. Poi, sotto la minaccia delle armi, prese la figlia dei contadini e la violentò. Fortunatamente il padre non reagì perché sarebbe stato ucciso dal giovane. I compagni volevano processarlo ma il comandante, Enrico, disse che non potevamo perdere la fiducia dei contadini, sempre così solleciti nei nostri confronti, e che l'accaduto era stato un atto deliberatamente brutale e simile ai delitti commessi dai nemici. Chiamò il padre della giovane ed in sua presenza fece fucilare il giovane partigiano.

- Certi ordini pesano sulle spalle di chi li dà. Odia i tedeschi: se c'è la possibilità, l'occasione, allora fa in modo che ci sia uno scambio di prigionieri ma se non c'è o se appartengono alle SS, allora li fa fucilare uno ad uno: che tutti gli altri sappiano ciò che sta per capitargli. - Era anche una guerra di vendetta.

Incontrai Enrico in un'altra occasione e sempre nello stesso posto ma la cappella non c'era più: era stata completamente distrutta dai nemici poiché fungeva da nascondiglio e deposito di armi e munizioni. Non sembrava più tanto scontroso nei miei confronti: certo gli avevano riferito di quanto mi prodigassi per i vari distaccamenti ma alla mia richiesta di un seppur breve colloquio mi rispose serio e crucciato:

- Barbara, Barbara, di che cosa vuoi parlare? Non c'è nulla che possiamo dirci e non ho nulla da dirti. Qualunque argomento può distrarci dal nostro dovere e non abbiamo la possibilità di frastornare la nostra attenzione. *Cześć, kochanie.* - Ciao, cara. E si inoltrò nel bosco in direzione del mare con lo Sten a tracolla. Era l'unico partigiano che fosse stato di recente in Germania ed in Polonia ed io ero ansiosa di conoscere le sue esperienze, le sue conoscenze su quanto era accaduto nel mio paese d'origine. Perché non avevo notizie dei miei da due anni? Che cosa era mai successa? Che cosa dovevo attendermi? Possibile che Enrico fosse così disgustoso da negarmi poche parole: solo poche affinché potessi farmi un'idea di come si svolgesse la vita a Kielce, almeno nell'anno precedente.

C'erano alcuni stranieri insieme a noi, che combattevano con noi, fuggiti dall'esercito tedesco. Erano russi, polacchi, croati, persino un tedesco o due vollero disertare per unirsi a noi e questo poneva un grande problema ai comandanti che temevano infiltrazioni di spie nemiche. Leone ci diceva che era meglio così, sotto un certo aspetto, perché se spie avrebbero riferito quanto grande era diventato il piccolo esercito, ma poi ci diceva di tenerli d'occhio. Nessuno di loro, però, era stato recentemente in Polonia: erano sopravvissuti nei loro fronti e nei campi di prigionia sino ad arrivare da noi, sulle montagne. Non mi diedi per vinta: avrei ritentato di parlare con il comandante.

XXIX

I partigiani avrebbero dovuto erigere un monumento al castagno ed al suo frutto. Tutte le valli erano affollate di boschi di alberi secolari, molto romantici, che producevano una gran quantità di castagne che erano la principale risorsa delle famiglie. Facili da conservare, da cucinare e sempre a portata di mano le raccoglievamo tutte dividendole a seconda della grandezza, liberando dai ricci, con le suole degli scarponi, quelle che non si liberavano da sole con la caduta. Ormai l'organizzazione dell'esercito era tale che, pur vivendo con lo stretto necessario e con la dovuta previdenza, non ci mancava quasi nulla ma vi erano lunghi periodi in cui la castagna diventava l'unico nutrimento possibile per certi distaccamenti remoti e difficilmente raggiungibili. Il finanziamento di tutto il sostentamento era responsabilità degli ufficiali logistici che indicavano quali soggetti avevano la possibilità e il dovere di sovvenzionare la truppa, volenti o nolenti. Ma questa andava costantemente aumentando ed i cibi freschi scarseggiavano nella brutta stagione. Ecco allora che diventavano importanti i fagioli, la frutta secca e lo scatolame di tonno; ma la castagna era l'incontrastata regina della sopravvivenza.

Ero nel bosco con Lidia che, sebbene non avesse ancora tre anni, stava aiutandomi a raccogliere castagne. Ne prendeva una tra l'indice ed il pollice, la scrutava bene, poi dopo l'esame e tre passettini decideva in quale cesta riporla. Le stavo dicendo di non avvicinarsi troppo a certi sassi che avrebbero potuto ospitare le vipere quando sul sentiero comparve Ines traballando in discesa sul suo corpo rotondeggiante.

- Dov'è Franco, a casa? - Franco era sui monti a curare dei feriti: succedeva che lo chiamassero in un posto preciso ma che poi dovesse spostarsi in chissà che altro luogo per trattare qualcun altro.

- È passato da casa mia, adesso, Carlin, il carrettiere. Dice che ad Acquafredda, ieri, hanno impiccato un medico, uno coi capelli rossi, uno che aiuta i briganti. - La notizia che non volevo mai arrivasse era infine giunta. Non posso descriverti quel che provai in quel momento, so soltanto che cominciai a camminare, poi a correre in salita, poi ricominciavo a camminare svelta, poi correvo mentre una caterva di pensieri penetrava nella mia testa: *non dovevamo, no non dovevamo metterci in questa assurda situazione... non si poteva fare altrimenti... proprio lui, lui il mio unico Franco, no, non sarà lui... sarà un altro... se è lui io sono ormai morta... Dio, sto morendo dentro... Dio del cielo fa che non sia lui ti prego... ah, perché non c'è nessuno con me... mi avevano detto che i nemici ormai si tenevano alla larga da noi.*

Il lago di Osiglia. Correvo qualche metro poi camminavo velocemente. Le mie energie si erano moltiplicate. Alla fine del lago c'era la discesa e mi ci precipitai tagliando la strada nei tornanti, entrando nel bosco ed uscendone senza badare alle vipere o alle castagne, infine arrivai sullo stradone piano di fondovalle senza pensare al pericolo che comportava il percorso, senza fermarmi alla sorgente di acqua fresca, che nemmeno vidi, benché fossi assetata. Arrivai al ponte sul fiume e finalmente rallentai, vidi le prime case, lasciai la strada sulla sinistra, entrai in un bosco, uscii nella piccola radura e trovai un punto dal quale potevo osservare le poche case di Acquafredda attraversate dalla strada.

Da lontano distinguevo appena un breve spiazzo con tre sagome verticali e qualcuno che si aggirava nei pressi. Nuovamente dovevo richiamare tutto il mio sangue freddo e costringermi a non essere impulsiva: dovevo calmarmi e riflettere bene prima di fare qualunque cosa. Presentarmi là, come se niente fosse, sarebbe equivalso a farmi catturare ed a farmi fare la stessa fine: non era pensabile che in tutti i dintorni e tra i fascisti non si avesse notizia della dottoressa che con il marito curava i partigiani. Non ci sarebbe stata una giustificazione credibile per la presenza di una donna senza documenti o lasciapassare in quella zona. Raggiungere una casa e nascondermi presso qualcuno era altrettanto rischioso sia per me che per gli abitanti della casa e poi non ci si poteva fidare di chiunque.

Con la sosta ed i ragionamenti il mio spirito si era ripreso e decisi di avvicinarmi ancora, quanto più fosse utile affinché potessi vedere meglio e rendermi conto di quanto stava capitando in quella frazioncina di Millesimo. Sì, erano proprio tre impiccati e attorno ad essi due uomini con camicie nere, arma in spalla, andavano avanti ed indietro. Il sole illuminava con luci oblique la scena ed il paese come se fosse la fine di un normalissimo giorno d'autunno: mi sarei mossa al buio. D'improvviso udii delle voci lontane, tonanti, decise, degli ordini. Gli armati si mossero in fretta, comparvero altri personaggi, poi il rumore del motore di un automezzo, vi salirono forse tutti e mi parve di udire degli eia, eia, poi la scena si svuotò degli attori vivi.

Mi mossi con estrema cautela, lentamente mi avvicinai allo spiazzo riattraversando il fiume sui sassi. Non dovevo commettere errori. Rallentai ulteriormente dovendo guardarmi attorno ed anche perché non avevo più fretta: ogni secondo che mi separava dal conoscere chi fossero quei tre appesi era un secondo di vita in cui ancora potevo sperare di essere felice, poi avrebbe potuto esserci un baratro di raccapricciante futuro dal quale non avrei più potuto tornare indietro. Vidi che i due appesi sui lati erano donne, le vesti stracciate, le gambe nude e ferite, i polsi legati sulla schiena. Mi guardavano con occhi stupiti. Quello al centro mi dava le spalle, quasi non volesse farsi riconoscere ma sembrava di alta statura con capelli rossicci. Lo afferrai per i piedi e lo feci girare verso di me. Erano i miei ultimi istanti di serenità. Sul petto aveva un cartello con la scritta: aiutava i banditi che vi rubano il pane. Non riuscii ad interpretare quel volto così pieno di lividi e di ecchimosi: gli occhi erano chiusi e gonfi. Ma i capelli erano troppo lunghi e l'attaccatura troppo bassa sulla fronte ed un grosso neo sul piede sinistro Franco non l'aveva. Mi parve di rivivere. Abbassai lo sguardo e oltre quei piedi dondolanti c'era un uomo fermo, in piedi che mi guardava fisso da sotto la visiera del berretto; era grasso e piccolo, con un pancione enorme da clown.

- Hanno detto di lasciarli lì ancora due giorni. Che se li scendiamo ci picchiano e bruciano le case. -

- C'è ancora qualcuno di loro qua intorno? -

- Sembra di no. -

- Chi sono questi poveracci? -

- Lui è un dottore di Ceva. Prestava servizio anche qui d'estate. Quelle altre non le conosco. -

- Tu non mi hai visto. Capito? Se vengo a sapere che hai detto qualcosa sei già morto e lo sai bene. -

Mi rimisi in cammino immediatamente con una folla di pensieri nella testa che si accavallavano l'un l'altro senza che io potessi dargli un ordine. Mi sembrava di essere stata toccata da un eccesso di fortuna e allo stesso tempo di non meritare ciò che avevo. Mi chiedevo perché continuavo ad essere messa così alla prova e quali altre esperienze avrei dovuto sperimentare. Ero forse giunta al limite della sopportazione? Avevo invocato Dio che mi aveva risposto: dunque esisteva davvero? E se fosse esistito davvero esisteva soltanto per me e non per la moglie di quel medico?

La strada cominciava a salire, l'ombra delle colline si confondeva con l'oscurità della sera, un quarto di luna invitava a tagliare la strada per il bosco eppure non mi sentivo stanca ma a metà arrampicata mi fermai ai piedi di un albero. Con gli scarponi allontanai i ricci spinosi delle castagne e mi rannicchiai sull'erba. Troppe morti, troppe anche per una quasi dottoressa che aveva frequentato le sale settorie dell'istituto di anatomia o di medicina legale. Troppe. Quel ragazzo, quel fascista che mi era morto tra le braccia e che morendo mi aveva permesso di allontanarmi da un possibile pericolo avrebbe poi potuto essere tra quelli che badavano a che tre cadaveri penzolanti non venissero rimossi? Quanto grande era stato il mio desiderio che quel medico appeso alla corda non fosse il mio Franco? Tanto grande che ero riuscita a trasferire la disperazione dalle mie spalle a quelle della moglie, della madre del medico che pendeva dalla forca. Forse la colpa delle loro morti era anche un po' mia.

Oh, quanto avrei voluto guardare in faccia quei due con le camicie nere e lo schioppo sulla spalla che facevano la guardia a chi non può più nuocere. Idioti! Un branco di violenti che non ragiona. Forse che non capivano che ogni ostentazione di brutalità non intimidiva il loro nemico ma che, anzi, ne aumentava la rabbia e le energie? Forse che non capivano che un nemico risparmiato oggi sarebbe valso un indulto per loro domani? Forse che nessuno aveva ancora detto loro che stavano perdendo e che sarebbe stato meglio non infierire su di noi? Forse si trattava soltanto di sfogare un ultimo desiderio di ferocia, di atrocità nel breve tempo che ancora gli restava prima dell'arrivo della pace che, comunque, non avrebbe trasformato le angherie in delitti perdonabili. Ma questo concetto travalicava le mie capacità di comprensione: che cos'è la voglia di violenza, la voglia di crudeltà, il piacere di vedere una persona soffrire. C'era e c'è una limitazione nel mio cervello che non mi fa comprendere la molla che fa scattare queste pulsioni.

Noi non torturavamo, non appendevamo i nemici agli alberi, non davamo libero sfogo alla violenza. Non voglio dirti che tra di noi non ci fosse qualcuno che lo avrebbe fatto volentieri ma c'era anche chi avvertiva il gregge che dovevamo mostrarci diversi e superiori ai nemici, che ammoniva ad un comportamento sempre dignitoso e leale. Certo, era pur sempre guerra, erano pur sempre esseri umani ed eravamo esseri umani che avrebbero voluto vincere a qualunque costo, fosse anche a costo di rimetterci la nostra stessa coscienza, ma un limite ce lo ponevamo.

Ho una sola spiegazione per le atrocità gratuite: la stupidità".

"Non posso darti torto. Allora, vorrai darmi ragione quando ti dico che la vostra specie non e poi così intelligente?... Non rispondi? Perché rimani in silenzio?... Avresti voluto guardare in faccia quei due che facevano la guardia agli impiccati. Bene, te li farò vedere. Ricordi quel dipinto di Mantegna, conservato al Louvre, che rappresenta il martirio di San Sebastiano? In basso, sulla destra ci sono le facce di due arcieri, di due carnefici. Facce inespressive, espressioni stolide, consuete in coloro che non sanno credendo di sapere, in coloro che non capiscono immaginando di capire, in coloro che si reputano più capaci degli altri senza sapere di essere i più poveri di senno. Rammenta quelle facce che di certo hai visto. Te le voglio riportare alla memoria. Guarda bene, guardali convinti di dare il loro contributo alla storia, ottusi nel divertirsi ai danni del meno fortunato. Tali individui sono le braccia di coloro che vogliono avocare a sé il potere. Le braccia ed il piedistallo, infatti sono stati dipinti sotto, in basso. Ed in basso stanno perché sono la parte più debole nella vostra società; deboli ed indifesi devono ritrovarsi tra di loro e stare in gregge per riconoscersi più forti e sicuri. Essi non sanno di non sapere e sono più diffusi di quanto tu possa pensare; anzi, direi che in ognuno di voi c'è una parte, più o meno piccola, della loro personalità. Davvero un bel fardello da sopportare per voi! Scusa se ti ho interrotto."

"Eh, eh, più o meno confusamente pensavo alle cose che hai appena detto mentre ero lì, stesa nell'erba tra i ricci spinosi ed una folla di volti che mi circondava alla quale facevo domande senza avere risposta, folla che mi sollecitava con interrogativi a cui non rispondevo. Mi rialzai e mi rimisi in cammino. A metà del lago un uomo si affrettò incontro a me per abbracciarmi: era Franco, era proprio vivo. Camminammo abbracciati sotto lo stesso quarto di luna che stava, anch'esso, tramontando e proiettava, davanti a noi le nostre ombre confuse.

XXX

Tutti a casa, Tutti a casa ragazzi! Il Natale non è lontano, fa brutto tempo, siete stanchi, vi ringraziamo per quello che avete fatto ma ci si rivede in primavera, con la bella stagione. Il generale Alexander ben sapeva di essere ascoltato da noi e noi rimanemmo molto stupiti di quelle esortazioni che avevano tanto sapore di ordini. Proprio ora che i successi delle nostre azioni stavano susseguendosi ininterrottamente, che avevamo rimpinzato per bene i nostri magazzini ed i nascondigli, che l'organizzazione stava dimostrandosi quasi perfetta, arrivava l'ordine di tornare a casa. Ma in quale casa? Chi poteva permettersi di tornare a casa propria con le città ed i paesi ancora in mano al nemico, con il rischio palese di essere identificato e poi giustiziato? Con quanta fatica avremmo poi riorganizzato in primavera ciò che in quel momento era già in atto?

Presso gli alleati la paura dei russi che stavano avanzando ad est era grande, di certo: essi avrebbero potuto entrare in Italia dal nord e conquistarsela. Il movimento partigiano era soprattutto comunista e l'incontro tra i due schieramenti non era ben visto. Dunque, secondo Alexander, sarebbe stato opportuno mettere a riposo i briganti italiani e fermare le truppe alleate in arrivo dal sud a pochi chilometri da Bologna lasciando che il nemico rinforzasse gli schieramenti contro di noi. Noi, sollecitati dai comandanti comunisti, rimanemmo sulle nostre posizioni di forza, ma avviliti e delusi, e tedeschi e fascisti iniziarono a strisciare lungo le strade di fondovalle, sempre più avanti, sempre più numerosi, sempre più agguerriti. Iniziarono a salire le colline meno ripide e più accessibili, ripresero possesso di molti paesi, ripristinarono il loro ordine, resero insicuri i boschi laddove il terreno era meno scosceso e, sfruttando l'inverno freddo e nevoso, rastrellarono la nostra truppa accampata e precaria che non poteva nemmeno accendere un fuoco per non essere avvistata.

Ormai uomini dell'uno e dell'altro schieramento erano dappertutto e dappertutto avvenivano piccoli scontri mortali che seminavano cadaveri in ogni sentiero, nel folto dei boschi spogli, nelle radure coperte di neve e di erica e spesso la meta mia e di Franco era proprio quella: laddove si sentiva in lontananza il crepitare della mitraglia, lo scoppio delle granate, il tuono del mortaio. Non c'era un posto, per quanto remoto, dove non fosse morto qualcuno: attraversavamo la campagna attenti e ci dicevamo che qua hanno ammazzato quelli, là hanno sparato a quegli altri, qui hanno ucciso tre fascisti, guarda quei cadaveri speriamo che il gelo non cessi prima che li portino via.

Capitava anche, a Franco e me, di dover trattare più feriti contemporaneamente: quattro o cinque, mentre altri commilitoni perlustravano i dintorni alla ricerca di altri feriti. Quella volta eravamo sopra lo spartiacque della Baltera dove si trovavano i resti di un aereo inglese, da poco precipitato proprio vicino al segnale di pietre convenzionale che usavamo per indicare il luogo ove lanciare i paracadute con i rifornimenti. Il pilota era riverso appena fuori dal suo abitacolo, carbonizzato con il suo apparecchio che appariva scuro ed inerme con le sue ali di coda sollevate. Immediatamente ricordai ciò che avevo pensato vedendo gli aeroplani sorvolare, bombardare e cadere su Genova e provai un senso di vergogna e di stizza verso me stessa. Due falchi, scuri come il loro collega caduto, guardavano la scena dall'alto delle loro ampie e lente evoluzioni quasi ad ammonire che non si deve volare con la nebbia di mare, con la *macaia*. Ma gli inglesi non conoscevano la *macaia*. Guardai gli uomini a terra.

- Che facciamo adesso? Da chi cominciamo? - Chiesi a Franco.

- Dà uno sguardo a tutti, quel tanto da renderti più o meno conto della gravità delle ferite. Poi si comincia dal meno grave:

da quello che ha più probabilità di cavarsela… Altrimenti si rischia di perderli tutti quanti. -

Un giorno uccisero anche Leone che stava accorrendo in aiuto ad alcuni ragazzi che si erano sbandati sotto il Melogno. Non volevo crederci ed ancora una volta sperai che non fosse lui il morto, che si trattasse di un omonimia. Ancora una volta volevo scaricare su un'altra famiglia lo sconforto che apparteneva anche a me e che mi sarebbe gravato meno se fosse morto qualcun altro. Invece era morto proprio lui, così attento nel muoversi, così assennato nell'affrontare il pericolo, tanto onesto e corretto che non volevamo mai negargli l'aiuto che ci chiedeva per i feriti anche se eravamo stanchi a causa di un precedente intervento. Lui che era diventato un nostro famigliare, un secondo padre per Lidia e con Lidia sempre attento a portarle un po' di latte, un regalino, un po' d'affetto.

Quanto ti abbiamo fatto lavorare in quel periodo!"

"Troppo! Ho dovuto chiedere aiuto alle mie assistenti."

"Una mattina udii rumori di detonazioni sempre più vicini. Cosa abbastanza inusuale per me abituata a sentire i rumori della guerra lontani dalla casa. Gli spari si sovrapponevano ai rintocchi della campana della chiesa lontana impedendo di farmi comprendere che ora fosse. Non era una giornata molto fredda, le ultime foglie secche dei peri e della vite stentavano a cadere in assenza di vento e qualche frutto ancora attendeva di essere raccolto. Il cielo era sereno ma una nuvolaglia grigia si era adagiata sui rilievi di fronte. Stavo badando ai conigli ed avevo l'unica compagnia di Lidia che tentava di infilare le dita tra le fessure delle rudimentali gabbie per carezzare gli animali. Gli spari si fecero rari sino a cessare. Spari troppo vicini, stava per succedere qualcosa, meglio stare vigile, accorta e richiamare tutto il coraggio possibile pur se in compagnia di una bambina. Corsi in casa, misi Lidia nel sottoscala, le dissi di star buona e soprattutto zitta, andai in camera, mi spogliai e mi rivestii con qualcosa di più decente che non fossero pantalonacci e maglione, scelsi l'unico vestito che mi dava un tocco di femminilità, ravvivai i capelli, trucco non ne avevo, contavo sulla bellezza dei miei ventisette anni. Corsi fuori. Troppo tardi. Quattro soldati erano già sull'ampia fascia di terreno sotto la casa e stavano dirigendosi verso di me. Avevo pochi secondi per riprendermi, per farmi coraggio, per impormi un comportamento tranquillo e sicuro, per costringere la voce a non tremare, per imparare la parte nella recita, nella commedia che stavo per interpretare.

Salirono le scale che portavano sull'aia, li attesi presso l'ingresso di casa per fingere che non avevo nulla da nascondere, con la porta stessa aperta che comunque era una doppia porta isolante dal freddo. Erano militari tedeschi: tre di essi portavano l'elmetto che conoscevo bene, il quarto, il capo, il comandante, non ho mai imparato a distinguere i gradi militari, portava il berretto con la visiera nera. Ma una cosa me l'aveva insegnata bene Leone: a guardare le mostrine sul colletto, o sulle maniche. Questi non erano SS e subito mi sentii in grado di iniziare la recita. I tre con l'elmetto si disposero in modo da controllare i dintorni mentre l'ufficiale, dopo il saluto militare, mi rivolse alcune domande in un italiano approssimativo al quale risposi in un tedesco volutamente scolastico. Gli spiegai che ero una sfollata dai bombardamenti di Genova, che il tedesco l'avevo appreso a scuola, che mio marito non era ancora tornato dal fronte russo… Ma a quel punto Lidia fece cadere qualcosa facendo rumore e i quattro si insospettirono. Corsi dentro e uscii con la bambina in braccio dicendo che si era spaventata udendo gli spari e che l'avevo tenuta in casa. A quel punto l'ufficiale sorrise, mi prese Lidia e volle tenerla in braccio, gli si inumidirono gli occhi mentre mi diceva che anche lui aveva un bambino della stessa età in Germania che non vedeva da tre anni, che avrebbe voluto sapere quanto era diventato grande. Tirò fuori da una tasca la fotografia di un neonato con una giovane madre, disse che non vedeva l'ora che tutto finisse in fretta per poterli rivedere.

Delle raffiche di mitragliatrice seguite da scoppi e spari lontani, dal fondovalle di Bormida, riportarono il tedesco alla realtà del suo dovere di soldato.

- Sono felice di averla conosciuta, signora. Lei è molto coraggiosa a vivere in questo posto da sola ma stia attenta: girano tanti banditi in queste montagne. - Mi salutò nuovamente avvicinando la mano alla visiera del cappello e se ne andarono. Con tutta la calma e l'indifferenza che mi erano possibili rientrai in casa, mi rimisi gli abiti da campagnola, indossai un giaccone pesante, portai Lidia presso Ines che giocasse con i suoi figli e mi incamminai verso l'alto, sui monti. Dopo mezz'ora ero già abbastanza in alto presso certi prati con l'erba non troppo alta ed il terreno morbido sotto le suole. Due bambini erano al pascolo con le mucche e poche pecore. I cani si rincorrevano sfogandosi velocissimi lungo il perimetro del piano delimitato da bassi alberi spogli e grigi e cespugli di ginepro verdi.

- Avete visto il dottor Siccardi? -

- Questa mattina. Erano in quattro, andavano verso Biestro.

- Come si arriva a Biestro? -

- Di qua, a destra. Arriva all'abetaia, poi sempre a destra. Ci vogliono due ore. - Sempre questo maledetto dialetto bormidese, ma ero contenta di me e di come ero riuscita a cavarmela in quella brutta situazione: calma e sicura di me, avevo recitato bene ed in fondo ero veramente una sfollata. *Il graduato, poi, lo avevo abbindolato per bene, mamma mia, se solo fossero entrati in casa o nella dispensa con tutto quel ben di Dio immagazzinato, o saliti di sopra con tutto quello strumentario medico o in soffitta con tutte quelle armi certamente mi avrebbero immediatamente fucilata o forse avrebbero voluto farmi parlare e farmi denunciare tutti quelli che frequentavano la casa o mi avrebbero consegnata ai fascisti che mi avrebbero torturata per farmi parlare e poi mi avrebbero impiccata ad un albero come sanno ben fare, oh, la tortura, io non saprei mai resistere alla tortura ed avrei senz'altro detto tutto quello che volevano, io non saprei resistere, io non sono un'eroina, no, non lo sono e poi Lidia, mi avrebbero fatto parlare senz'altro minacciandomi di fare del male a Lidia. Lidia, che madre sono io. Io non sono una buona madre, guarda in quali condizioni l'ho messa è più il tempo che passa insieme ai contadini che con i genitori, passa più tempo con i partigiani che con me che non ho mai il tempo di educarla però è bravissima ed è stata bravissima se solo avesse chiesto dov'è il babbo quelli si sarebbero insospettiti o forse no che non sapevano l'italiano ma è stata brava, è sempre così silenziosa e fa tutto quello che le si chiede senza protestare, non fa mai i capricci quasi sentisse la gravità della situazione in cui l'abbiamo messa. Quel capitano, poi, quel tenente o che altro fosse, sono proprio sicura di averlo veramente abbindolato o che invece non abbia subodorato qualcosa ma che non abbia voluto essere costretto ad un'azione violenta contro una madre ed una bambina della stessa età del figlio?*

Con questi pensieri ero arrivata, senza smarrirmi, non lontano dall'abetaia sotto un monte la cui cima era rotondeggiante, senza alberi, e coperta di piante striminzite di lamponi dalla quale potevo scorgere tutta Bormida con le sue case disposte lungo il fiume, poi la salita verso la chiesa con la piazza ed altri edifici attorno alla piazza e poi su altre rare case sino a scorgere quella mia, cioè, dei Siccardi. E quella casa stava fumando come stavo facendo io, stava letteralmente fumando e non dal comignolo, ma stava fumando tutta di un fumo nero che le sostava sopra, nella sua interezza tanto che quasi non sembrava un'abitazione eppure era proprio quella, perché quelle dei vicini riuscivo a riconoscerle bene.

Chi mi aveva tradito? Chi aveva fatto in modo che qualcuno, tedeschi o fascisti, tornassero sui loro passi a perfezionare un'opera che stavano per tralasciare? Chi era stato? Come era stato convinto a parlare? O forse aveva parlato senza troppi complimenti, anzi, volentieri? Una mezza idea l'avevo ma sapevo anche che i nazifascisti avevano i loro metodi sopraffini per far parlare chiunque. Bormidesi ingrati come il loro clima e bormidesi generosi e coraggiosi, come dappertutto.

Poi mi vieni a dire che la storia la scrivono i vincitori e che qualcuno riporta in luce, per onestà o per amore della verità, ma secondo me per mettersi in evidenza, le atrocità perpetrate, dopo la fine delle ostilità, da quell'esercito sofferente esposto al freddo ed agli stenti. Il nostro contributo alla sconfitta del nemico può essere considerato esiguo, addirittura irrisorio ma senza di esso americani ed inglesi ci avrebbero trattati alla stregua dei tedeschi aggiungendovi l'umiliazione del sarcasmo.

Stavo prendendo freddo nel guardare il fumo stazionare sulla casa mentre le nuvole di fronte a me continuavano ad avanzare oscurando il cielo. Meglio muoversi, giacché non potevo porre rimedio all'accaduto, potevo soltanto complimentarmi con me stessa per aver preso la decisione di allontanarmi immediatamente da casa: era stata perspicacia o il frutto degli insegnamenti di Leone?

Monellacci, ma anche sconsiderati. Non eravamo riusciti a custodire giudiziosamente i beni della famiglia, anzi, avevamo contribuito alla distruzione della casa Siccardi, la casa simbolo della famiglia, patriarcale, ne avevamo abusato usandola in modo inadatto e facendola diventare uno strumento di guerra. Già, la famiglia o quel che ne era rimasto. Chissà sotto quante maledizioni ci avrebbero sotterrati le due cognate, chissà se mio suocero era sempre al Santuario di Savona. L'ufficio postale e le sue impiegate mi sembravano entità lontane come lo sconosciuto fratello di Franco in Sudamerica. Come avrei ritrovato Genova continuamente sottoposta ai bombardamenti dei nostri alleati? Che sconquasso! Facile dichiarare una guerra, molto più difficile sopportarne le conseguenze o farle sopportare ai comuni cittadini. Forza, andiamo a cercare Franco e compagni. Ognuno per sé.

XXXI

Durante quei mesi avevo incontrato parecchie volte Enrico, l'ebreo con il nome tedesco ed il cognome polacco, ma entrambi eravamo sempre indaffarati con le nostre occupazioni e non avevamo tempo per soffermarci a scambiare neanche poche parole. Un giorno andai alla grotta comando delle Tagliate e domandai del comandante Enrico, per consegnargli un messaggio. Lui era lì, ma non nella grotta, bensì sopra, sul roccione, in alto. Mi ci arrampicai ed era proprio lì, da solo, seduto su uno sperone di roccia, con la faccia assorta come chi cerca un'ispirazione, un ricordo. La giornata alternava le nuvole a momenti di sole ed i paesi sul mare ed il mare stesso rispondevano colorandosi e scurendosi a seconda dello spessore delle nubi. Lontano, a sinistra, Savona. Non faceva freddo e la neve era in ritirata; sotto di noi e tutt'intorno alla roccia un altro mare fatto di rami spogli ascoltava immobile i pensieri del comandante appena tornato da una missione.

- Ho qui un messaggio per te dal distaccamento Baltera. - Enrico lesse, restò pensieroso per un momento poi, con un cerino accese la sigaretta e bruciò il messaggio. -

- Riferisci alla Baltera che non devono muoversi: non devono intraprendere nulla sino a nuovo ordine. Devono pazientare sinché non avranno il nostro appoggio. - Come era bello ascoltare la mia lingua, come suonava famigliare, quanti ricordi evocava!

- Che fai, Enrico? -

- Scrivo. Sto solo prendendo appunti, riportando alla memoria i fatti che ho vissuto negli ultimi anni così da non dimenticare nulla: vicende, pensieri, tutto insomma. Forse un giorno scriverò un libro e non voglio tralasciare nulla. - Il suo atteggiamento non era più quello di sempre: freddo e scostante, anzi, mi guardava dritto negli occhi accennando un sorriso per farmi comprendere che era ben conscio della nostra comunione di sentimenti, e del nostro substrato spirituale, atavico ed attuale.

- Chi sei, Barbara? Perché non mi parli di te? - Io gli riassunsi brevemente gli ultimi anni della mia vita soffermandomi un po' più a lungo sulla mia preoccupazione per la famiglia che avevo lasciato in Polonia e della quale non avevo più notizie. Lui mi ascoltava ora aggrottando le sopracciglia, ora aprendosi in aperti sorrisi di simpatia.

- Barbara, Barbara! Quello che tu vuoi conoscere non ti piacerà, ma lo hai voluto tu e se non te ne ho parlato prima era perché non ne avevo il tempo e perché avrei tolto dalla tua mente e dalle tue braccia il coraggio e la serenità per proseguire il tuo onesto lavoro. Tuttavia, tra non molto, ci metteremo dietro le spalle tutto questo e forse tra poco tutti verranno a conoscenza di ogni delitto, di ogni misfatto.

Di Kielce non so nulla ma quando i nazisti sono arrivati in Polonia io ero a Varsavia e so bene come si sono comportati in tutta la nazione, in ogni paese, in ogni campagna, in ogni città. Il loro lavoro era eseguito con metodo e scrupolo, direi con intelligenza, seminando terrore, devastazione e morte ovunque nel paese che era stato lasciato allo sbando dai nostri governanti fuggiti all'estero allo stesso modo che hanno fatto i regnanti d'Italia. Ho capito immediatamente che non si trattava di una comune guerra di occupazione ma che i tedeschi stavano trattando la popolazione con una ferocia inaudita quando ormai noi non eravamo più in grado di opporre alcuna resistenza. Poi, d'un tratto, hanno voluto mostrarsi giusti e generosi ma soltanto dopo aver compiuto ogni genere di furto per se stessi ed in favore dei *Volkdeutsher,* i polacchi con cognome tedesco. A questi andavano i terreni ed i beni confiscati. Avevano necessità di manodopera gratuita ed hanno messo gli ebrei a lavorare nelle fabbriche quasi senza compenso. Hanno detto che si trovavano in Polonia per mettere pace tra polacchi ed ebrei ed aizzavano gli uni contro gli altri. Hanno imposto agli ebrei di rendersi riconoscibili portando, cucita sugli abiti, la stella di Re David.

I tedeschi fornivano a tutti quelli che lavoravano il cibo necessario ma agli ebrei, ormai schiavizzati, erano razionati pochi viveri e nessun indumento. Credimi, Barbara, era una situazione apocalittica, impossibile immaginarla, bisognava viverla. Poi i tedeschi crearono i ghetti nelle varie città dicendo e scrivendo sui giornali che lo facevano per fare in modo che gli ebrei potessero vivere nelle loro aree indisturbati nel coltivare le proprie tradizioni ed essere difesi dai polacchi. Nel frattempo le case di proprietà degli ebrei fuori dai ghetti venivano confiscate ed assegnate a tedeschi e polacchi che erano ben contenti di vedersi attribuito un regalo dall'amico germanico. Hanno costretto, con maniere forti, gli ebrei di tutti i territori occupati a trasferirsi nei ghetti che in breve tempo sono stati isolati con mura e dai ghetti era vietato entrare od uscire, era vietato introdurre merci e viveri pena la fucilazione immediata se non peggio. -

- Ma io continuavo a ricevere posta dai miei genitori, almeno sino a luglio del quarantadue. So che essi ricevevano da me qualche scatola con viveri ed abbigliamento: me lo scriveva mia madre. -

- Certamente. Polacchi e nazisti dovevano fornire un minimo di apparenza di normalità, sia per nascondere agli occhi di tutti quanto stava succedendo, sia per continuare a rubare i viveri ed il denaro che, come da te, erano inviati da tutti quelli che avevano parenti in Polonia.-

- Come sai tutto questo? Che cosa facevi in quegli anni?-

- Ho fatto di tutto in quei quattro anni scappando da una città all'altra, da un paese all'altro, cercando protezione e nascondendo me e mio figlio presso parenti, amici e contadini ai quali sborsavo tutto quello che guadagnavo con i miei contrabbandi. Non ho mai messo la stella di Davide sui vestiti, ho finto persino di essere un tedesco a caccia di ebrei o specializzato nelle costruzioni e sono persino andato in Germania, a Berlino, mentre la città veniva bombardata dagli inglesi. Pensa che ho persino visto dei tedeschi esultare per quelle bombe. Alcuni esprimevano ad alta voce il loro dissenso al governo ed al nazismo. Ho avuto paura per loro vista l'efficienza della Gestapo. Sono stati i tedeschi stessi a mandarmi in Italia per costruire fortificazioni difensive sul litorale ligure. Tu sai, vero, che sono ingegnere?

Ho fatto il commerciante clandestino: le merci che riuscivo a racimolare le portavo dentro al ghetto di Varsavia e l'ho fatto tante e tante volte. Nel ghetto in breve tempo si instaurò una terribile carestia anche perché i ghetti erano sovrappopolati, arrivarono fame e malattie. I cadaveri riempivano le strade e c'era una bambina che vedevo sempre e che mi aspettava per avere un po' di cibo. Ho sempre i suoi occhi nella mente, non riesco a scordarla. Capisci perché sto scrivendo? Non so che succederà dopo che avremo vinto, non so se si verrà mai a conoscenza dei delitti che si sono consumati e che forse ancora adesso si stanno consumando. Ho cercato io i partigiani sulle montagne. Hanno voluto che diventassi comandante di divisione anche se non lo volevo. Vuoi sapere qual è il mio obiettivo? Sconfiggere il nazismo ed il suo leccapiedi: il fascismo. Intanto sto ammazzando quanti più tedeschi posso… Un giorno dovrò fare i conti con la mia coscienza. Dei fascisti italiani non mi interesso molto. In Polonia ho perso mio figlio Samuel, mio fratello, mia madre e molti parenti. Ho perso molti buoni amici, la casa, tutto quello che avevo, tutta una vita che non so se ho voglia di ricostruire. Vuoi che prosegua? - Non risposi nemmeno. Forse avrei preferito che Enrico non proseguisse nel suo racconto. Forse avrei preferito ascoltare una verità diversa.

Sino a quel giorno non avevo pensato che la realtà sarebbe stata così brutale. Eppure, Enrico era stato testimone oculare ed immerso in quella realtà così lontana da ogni possibile immaginazione. Mi ero figurata nella mente le grandi difficoltà e le ristrettezze di un popolo che perde la libertà sino a diventare schiavo e dipendente dal suo oppressore. Mi ero figurata umiliazioni e privazioni, freddo e sacrifici, fatica e fame ma non il martirio.

- In seguito dovetti smettere le mie incursioni nel ghetto di Varsavia: erano diventate troppo pericolose e la bambina affamata era morta. Ricordo ancora il tram che attraversava il ghetto a tutta velocità quasi sbandando nelle curve. La polizia polacca faceva una guardia sempre più stretta e c'erano anche i poliziotti ebrei dello *Judenrat,* il consiglio ebraico. Tutti contro tutti, insomma.

Si viveva meglio a Kosow: un paesino non lontanissimo da Varsavia. Un piccolo villaggio in aperta campagna abitato perlopiù da ebrei. Ci viveva mia madre e spesso ci lasciavo mio figlio con mio fratello. C'era una guarnigione di soldati dell'esercito tedesco che non dava fastidio. Convivevano tranquillamente con noi e con la popolazione e con noi potevano parlare perché, come ben sai, l'yddish è simile al tedesco. Qui arrivavano le SS una volta al mese: picchiavano qualcuno, bastonavano qualcun altro, saccheggiavano un negozio o una casa, riempivano il loro camion ed andavano a rivendere la merce in un altro villaggio.

Nell'estate del quarantadue cambiò tutto. Sembrava che i tedeschi stessero costruendo dei campi di lavoro in tutta la Polonia e che ci stessero portando gli ebrei per lavorare. Mi trovavo a Sokolow, non lontano da Varsavia, ebbene, alcuni mercanti mi dissero che avevano visto treni merci da cui provenivano voci umane e, soprattutto, voci di bambini, dirigersi verso Treblinka dove c'era un campo di lavoro. Avevano liquidato il ghetto di Sokolow e più tardi liquidarono tutti i ghetti delle città.

Una notte d'inverno, con la neve alta ed una luna luminosa stavo percorrendo la strada ferrata diretto a Kosow per rivedere mio figlio e vedere se riuscivo a metterlo al sicuro da qualche parte. Ero con un amico ed un gruppo di sbandati. Più avanti c'era un treno merci fermo sui binari. Scendemmo dai binari e prendemmo la strada innevata che correva parallela a pochi passi. Eravamo accompagnati dalle urla dei bambini, dai pianti dei vecchi, dai lamenti di una folla ammassata dentro i vagoni che chiedeva disperatamente acqua. E non c'era soltanto un treno fermo in attesa di entrare nella stazione di Treblinka, c'erano più treni, non sono riuscito a contare quanti vagoni ci fossero. Avevamo tutti un nodo in gola. Non potevamo fare nulla perché c'erano le SS a guardia dei treni.

Ci trovammo in un punto distante solo un chilometro dal campo di Treblinka. Allora riconoscemmo distintamente l'odore di carne bruciata. Man mano che ci avvicinavamo l'odore diventava più intenso, sino a che l'aria fu satura di quel puzzo. Secondo quanto ci avevano riferito i contadini del luogo e le guardie ucraine fuggite dal campo, a Treblinka i nazisti facevano morire le loro vittime con il gas e poi bruciavano i corpi. Mio figlio non sono riuscito a salvarlo… Che fai, non parli? Ti senti bene? - Alzai gli occhi sul comandante che mi guardava scrutandomi con aria interrogativa e compassionevole.

- Ciò che racconti sembra troppo assurdo per essere vero. Nella storia dell'umanità non si sono mai verificati fatti del genere. -

- Nella storia che hai studiato sui libri scolastici! Risaltano soltanto le gesta eroiche, le battaglie, l'economia i perché ed i percome. Forse i romanzi storici sono più vicini alla realtà: descrivono spesso molto meglio le crudeltà e le infamie perpetrate ai danni della gente, delle popolazioni. Ma oggi noi siamo storia. Questi luoghi, dove trovo ogni giorno qualche resto napoleonico, sono storia. Noi dobbiamo cambiare il modo di raccontare la storia: in questo momento stiamo facendo la storia ed io voglio che tutto questo sia, un giorno, studiato e conosciuto e, allo stesso modo, dovrà essere conosciuto ciò che è accaduto e che forse continua ad accadere in Polonia. Ciò che ti ho raccontato, purtroppo, è assolutamente vero ed è anche soltanto una minima parte di quello che i miei occhi hanno visto. Torna a casa, Barbara, ti faccio accompagnare da qualcuno.

A proposito, l'hanno rimessa a posto la casa? Ti hanno aiutato i compagni? -

- Ci hanno aiutato davvero tanto. Non dico che sia come prima, perché molto era andato a fuoco, ma adesso è almeno abitabile. Bisognerà lavorarci ancora molto... Ma sei proprio certo di ciò che mi hai raccontato? Tu credi che io possa ancora sperare di rivedere i miei? -

- Quanto sei capace di sperare? Se vuoi sperare allora devi farlo, ma spera poco. Va a casa, Janina. Va a casa. Un'ultima cosa, Barbara. Voglio dirti quanto apprezzo il lavoro che tu ed Ivan avete fatto per noi ed il coraggio che avete dimostrato. -

Io continuai a sperare.

Credo di poter affermare che il pesante indebolimento delle mie facoltà intellettuali non sia stato, fortunatamente, proporzionale ai pesantissimi tormenti subiti in quegli ultimi cinque anni. Anzi, a ben pensarci, a far tornare alla memoria gli eventi dei cinque anni trascorsi, non mi sembrava nemmeno di aver patito granché. Gli avvenimenti che sentivo gravare su me con un peso enorme mentre stavano accadendo, sbiadivano con il passare del tempo e si appiattivano nella memoria come colline trascinate dal fiume, spianate dalle acque. Con l'appiattirsi degli avvenimenti anche la percezione emotiva sminuiva, si perdeva in certi recessi della mente da cui non era semplice cavarli e rianimarli. Avevo certamente altro cui pensare: un marito, una figlia, centinaia di problemi e di pericoli tuttora incombenti.

Le parole di Enrico rispecchiavano, di sicuro, la realtà. Enrico non era uomo propenso all'esagerazione o alla stravaganza ma non aveva percorso tutta la Polonia. Avrebbero potuto esistere differenze sostanziali da un voivodato all'altro del paese. Diceva di aver taciuto molto in un'ora sola di rivelazioni ma i suoi racconti alludevano ad una strage enorme, a delitti talmente grandi da apparire inverosimili ed impossibili persino in un tribunale. Forse il suo odio per il popolo tedesco era troppo grande perché il suo giudizio fosse imparziale. Forse era esistita più di una scappatoia per gli ebrei polacchi. Dovevo, ma soprattutto, volevo continuare a sperare.

Le azioni di guerriglia continuarono, continuarono i sabotaggi, gli agguati, i feriti, le uccisioni, le battaglie sinché riuscimmo a liberare le montagne, poi le colline, quindi le valli, per relegare, infine il nemico nei paesi e poi solo nelle città. Tagliammo le vie di fuga, bloccammo le strade, le ferrovie ed ogni possibilità di riammucchiarsi in branco. Solo le città erano rimaste in mano al nemico che pian piano si trovò costretto a fuggire anche da queste ma non poteva fuggire perché attorno c'eravamo noi. Entrammo in Genova ed in Savona prima degli alleati quasi ad affrettarci per allestire il nostro miglior benvenuto, quasi a sorprenderli con il nostro: *ma lei è già qui! Che bella sorpresa! Prego si accomodi!*

Quando fu liberata Savona noi tre rimanemmo a Bormida, nella casa che poteva offrirci un tetto e poco di più. I partigiani ci avevano lavorato ma, per renderla vivibile, erano necessari lavori ben più importanti di quelli che poteva offrire una schiera di dilettanti. Chiedemmo ospitalità ad Ines ed a *Giüanèn* promettendo di ricambiarli al più presto. Eravamo poveri, poveri come volle diventare, molto più tardi, un primo ministro italiano per evitare un conflitto di interessi. Ricchi di ciò che avevamo addosso e del credito di stima e gratitudine di quelli che ci avevano conosciuto.

Le colline si ricoprirono di fiori di ciliegio selvatico e si svuotarono di persone. Nei boschi vuoti che provavano a rinverdire tornarono il silenzio e la pace che in lontananza era ancora incostante ed interrotta. Soltanto il monotono canto del cuculo osava sfidare la quiete. Ma lentamente il nostro respiro si faceva sempre più ampio, più sereno sinché ci rendemmo conto che potevamo respirare liberamente riempiendo i polmoni al massimo, senza cautela. Ci vollero alcuni giorni per renderci conto che gli anni bui erano alle spalle, che potevamo cominciare una vita tutta nuova alla quale avevamo ambito per tutto quel tempo. Eravamo giovani e pieni di energia e di voglia di piegare quel mondo che tanto ci aveva condizionato, di subordinarlo alla nostra personalità, alle nostre necessità.

XXXII

Qui finisce il mio racconto, ora, finalmente, puoi portare a termine il tuo lavoro. Sono pronta!"

"Come! Ti interrompi sul più bello?"

"Certo! Non ho più nulla di interessante da raccontare: Da quei giorni in avanti la mia vita si banalizzerà in una serie di vicende piatte e noiose, tipiche di una donna che commette tanti errori e si rende conto di come sia più facile sbagliare in una guerra fredda che in una bollente. Incalzata dagli eventi, avevo commesso pochi errori anche se non ero stata un maestro di saggezza; quando l'esistenza mi parve più semplice e mi si diede il tempo di riflettere prima di agire non mi resi conto che non dovevo più agire d'impulso."

"Sciocchezze! Non ci credo. Dunque, fammi fare il conto: quanti anni avevi alla fine della guerra?"

"Sono io che faccio fatica a contare… Quasi ventotto."

"Una ragazza, poco più!"

"Si era grandi in fretta, in quei tempi."

"E tu vorresti interrompere la narrazione sul più bello? Fammi ripristinare un po' di scorte. Dove tieni i liquori? Diavolo, che sbornia!"

"Sono nella credenza in salotto. Ci sono anche dei pacchetti di sigarette. Chissà che penseranno, domattina, quando si renderanno conto che abbiamo bevuto tutto, anche il Barolo del sessantaquattro. Pensa che la badante non mi dà che mezzo bicchiere di vino a pasto per ordine di mio figlio."

"Non mi sembra molto carino da parte di tuo figlio."

"Che vuoi che ti dica: lui è un medico ed io forse avevo un po' esagerato con l'alcool ultimamente."

"Anche se medico, non mi sembra un consiglio saggio. Alla salute!"

"Cin cin! Dunque la guerra stava finendo e noi stavamo dissodando la terra dell'orto con Franco che mi diceva di essere stanco, anzi, fiacco. Lui usava spesso quel termine ed io non avevo mai compreso bene che cosa volesse intendere: potevo capire l'indolenzimento muscolare, ma non mi capacitavo del concetto di spossatezza generalizzata del corpo. Franco era diverso da me: tornava da una missione sui monti ed era stanco, zappava la terra, lavorava nel bosco, raccoglieva la frutta ed era stanco. Solo di leggere non si stancava mai. Non attribuii eccessivo peso alla faccenda ma dopo il primo rettangolo di terra ben dissodato, poi solcato, poi seminato di patate si sentì stanco e posate le mani sull'apice legnoso della vanga ed il mento sulle mani mi guardò con un mezzo sorriso, poi con piena soddisfazione. Io gli rivolsi lo stesso sguardo complice e subito fu chiaro che avevamo in mente lo stesso pensiero: che ci facevamo ancora lì quando tutti se ne erano andati? Andiamo, è tempo di migrare. Era tempo di svegliarsi e di smettere i panni dei contadini ospiti di contadini. Dovevamo ricominciare da dove ci avevano interrotto: da Genova.

Tornammo a Genova sempre ospiti in quella casa di via Caffaro che non aveva subito distruzioni come era avvenuto in tutto il resto della città che aveva subito bombardamenti pressoché quotidiani. Povera Genova! Era ridotta davvero male, era irriconoscibile. Vero è che i partigiani erano riusciti a salvarla dalla distruzione completa che i nazisti in fuga volevano infliggerle ma non era più quella bellezza superba che io avevo conosciuto. La famiglia Siccardi era sempre la stessa: dapprincipio i festeggiamenti del rivedersi ed i racconti della Russia e di Bormida, poi i rimproveri, i rancori, i musi lunghi ed i tentativi di riportarmi in ufficio che aveva subito danni e che effettivamente aveva bisogno di me tanto quanto gli occhi delle cognate sempre più deboli.

Tutt'insieme mettemmo a capo dell'ufficio postale Luigi che, d'altra parte, ne era il titolare legittimo. Lui si schermì, disapprovò, volle tornare nella sua cantina, nella sua campagna, nel suo orto; noi lo obbligammo a fare il capo, a rimettere ordine per riprendere il lavoro e non sbagliammo: si dimostrò un vero dirigente abile sia nel ristrutturare che nel condurre le attività. Le due figlie seppero sottomettersi ed obbedirono abbastanza pacificamente alle ingiunzioni del padre investito da cotanta responsabilità. Le impiegate seppero trovare i modi giusti per aiutare le due zitelle a disbrigarsi tra burocrazie, visite oculistiche e corsi di lettura Braille mentre io riprendevo i contatti con l'università, con le corsie, i professori, gli assistenti (quelli che erano rimasti), ed i testi di medicina di Franco. Un occhio sui libri, un occhio ed un orecchio alla radio ed al giornale: L'Unità, per vagliare ogni possibile buona notizia, a guerra terminata, sulla popolazione ebraica polacca.

Fui, persino, in grado di preparare due o tre esami che riuscii inspiegabilmente a superare nonostante la ruggine accumulata in anni di astinenza dallo studio. Sarà stato a causa dell'entusiasmo di ritrovarmi forte e vitale, sarà che l'università, come le altre istituzioni, sentiva la necessità di sentirsi della stessa forza e vitalità, sarà che professori non ebrei volessero implicitamente porgere una minuscola scusa alla piccola e volenterosa studentessa partigiana: fatto sta che superai gli esami e mi sembrò di chiudere la parentesi su un lungo periodo che considerai oltrepassato.

Ripresi i contatti con Wanda, Liliana e zio Adolfo che si trovavano ancora nella casa di campagna dell'ovadese dalla quale erano fuggiti più volte per sottrarsi al reclutamento fascista per i campi di concentramento italiani. Sarebbero presto tornati tutti a Genova: Lilly per rivedere il suo Ito reduce dalla prigionia in Africa, lo zio per riprendere i suoi commerci e per mascherarci dentro i profughi diretti verso uno stato di Israele ancora tutto da inventare, Wanda per studiare e riprendere gli allenamenti.

Franco ci provò, si sforzò, fu sul punto di farsi lusingare dalla carriera universitaria tutta spianata davanti a lui, colma di promesse, di onori, di seduzioni e, in fondo, di soldi. Chi meglio di lui sarebbe stato in grado di fare ricerca, di indirizzare sul binario giusto una corsia universitaria, di curare e soprattutto di insegnare. Io già mi figuravo il tutto: avremmo vissuto a Genova che sarebbe diventata più bella di prima, Franco sarebbe diventato ordinario di Clinica Medica, stimato e venerato dai discepoli, io sarei diventata assistente universitaria, Lidia ed i suoi fratelli avrebbero frequentato le migliori scuole, saremmo andati a teatro ed al cinema e nelle giornate libere saremmo andati in campagna.

Ma Franco non ci riuscì. Non riuscì a mettersi in sintonia con quell'ambiente a volte generoso, a volte infido e malevolo. Non riuscì a fare buon viso ad un gioco che spesso considerava ambiguo, non ebbe il coraggio, già tante volte sfoderato, di affrontare una concorrenza che avrebbe potuto facilmente annientare, non volle assoggettarsi ad una mentalità fatta di inchini e di raccomandazioni o almeno così lui la considerava.

Mi disse che li sentiva sulle costole i colleghi, là dove i gomiti si abbassano ed arretrano a proteggere la parte bassa del costato e che non se la sentiva di alzare i gomiti per aggredire. Rispose di no. D'altra parte c'erano le lusinghe di Savona con i suoi tanti amici: gente che ci stimava e ci voleva bene al punto di pretenderci. Savona con le sue industrie da risistemare e riavviare, con il suo porto in cui lavoravano gli amici i cui veri cognomi erano ormai spariti per far posto ai Candido, Benzina, Benzene, Noce, Piccolo, Pio, Ivan, Barbara. Savona con la sua funivia a vagonetti che portavano il carbone dal porto alle fabbriche ed ai treni dell'entroterra. Anche in questa città c'era penuria di tutto e di tutti e bisognava ricominciare tutto con l'aiuto di tutti ed in fondo non era altro che un'appendice di Genova che avrei potuto benissimo raggiungere in un ora di treno. La casa di Bormida, che avremmo dovuto restaurare a nostre spese, sarebbe stata più vicina.

Ormai la convivenza in via Caffaro non era oltremodo pensabile: ognuno per sé. Franco si iscrisse alla scuola di specialità di Radiologia: saremmo andati a Genova a sostenere gli esami. Qualcuno ci trovò un alloggio in centro a Savona: un bell'appartamento grande in un palazzo antico con il portone sotto i portici della via principale, a metà strada tra la stazione ed il mare. Dalle finestre che davano sulla via ammiravo una marea di biciclette affannarsi avanti ed indietro nell'assillo di portare a termine l'opera di ricostruzione. Franco si comprò una bicicletta di seconda mano e con quella raggiungeva gli ambulatori, a lui affidati, delle fabbriche e del porto e faceva le visite domiciliari poi tornava a casa per le ultime visite, stanco, fiacco. Sgobbava dalla mattina alla sera e lo cercavano spesso anche la notte. Lo affaticavano soprattutto le scale quando i suoi pazienti abitavano al terzo piano o più su. *Malo hic esse primus quam Romae secundus.*

Io non mi annoiavo di certo: avevo un sacco da fare. Per prima cosa mi imposi di studiare, al mattino dopo aver spedito Franco al lavoro, senza distrazioni di sorta, almeno tre o quattro ore. Ero facilitata dal fatto che in casa avevo sempre una ragazza che si dedicava a Lidia ed alla casa, al pranzo ed alla cena. In città c'erano molte ragazze sbandate, fuggite di casa o che avevano perso le loro famiglie o la casa o che avevano semplicemente fame come le loro famiglie e che chiedevano solo un lavoro, un tetto, pochi soldi e almeno un pasto quotidiano. Quindi avrei dovuto curare l'educazione di Lidia e portarla a spasso per la città ed al mare. Ma Lidia non era certo un impegno gravoso e quasi sembrava che non avesse necessità di essere educata tanto brava, quieta e posata era. Dovevo piuttosto dedicarmi all'educazione delle ragazze che si avvicendavano per casa nostra. Per questo motivo, insieme ad altre compagne del partito, diedi il mio contributo, in denaro e tempo (tanto tempo), per fondare l'UDI di Savona: troppe erano le giovani donne sfuggite alla guerra o alla fame e pronte ad essere preda di approfittatori malintenzionati, di seduttori abbindolanti, di maîtresse senza scrupoli desiderose di ampliare l'offerta delle case di tolleranza.

Dovevamo correre dietro alle varie segnalazioni e dare accoglienza a queste ragazze, raccogliere fondi, cercare loro un lavoro in fabbrica o presso una casa privata, tentare di procurare loro una certa istruzione, fornire consigli e protezione. In questa attività non avevamo la concorrenza delle parrocchie che cercavano di levare dalle strade i ragazzini. Logico che per casa nostra avvenisse un certo alternarsi di ragazze nell'attesa che io le sistemassi in un ambiente sano e definitivo. Per me era un'attività intensa ed impegnativa ma che sottintendeva la possibilità di evitarmi l'unica occupazione in cui non avevo né capacità, né voglia di fare: i lavori domestici.

La sera ci si ritrovava tutti e tre insieme a giocare con Lidia, ad ascoltare la radio, a leggere i quotidiani o i libri o a fare un po' di conversazione e di disamina sulle nostre esperienze della giornata, sui fatti accaduti in Savona e sulle notizie dall'Italia. Fu in queste disamine che nacque la nostra coscienza politica e c'era poco da pensare e da scervellarsi in arzigogolate elucubrazioni dato che tutto ci indirizzava verso un unica risoluzione. Il fascismo ci aveva dimostrato tutta la sua stupidità: come ti ho già detto è inutile disquisire su tale dottrina che non è nemmeno una dottrina, è solo un'accozzaglia di scemenze. È figlio illegittimo del capitalismo? Era il bastone della vecchiaia del capitale? Inutile discutere; antifascismo, socialismo, comunismo ci sembrarono le uniche filosofie accostabili alla virtù che noi consideravamo, ed ancora considero, la più importante: l'onestà. C'era, in quel periodo, tanta gente onesta: anche quelli che, in seguito, dimostrarono di agire soprattutto nel proprio interesse, allora erano onesti o almeno convinti di essere onestamente in buona fede e moltissimi erano comunisti. I nostri amici, la nostra cerchia, i partigiani che avevamo avuto più vicini, persino il nostro distaccamento garibaldino erano comunisti, Savona era comunista. I nostri pazienti, i nostri conoscenti, le ragazze dell'Unione Donne Italiane, gli operai che ricostruivano Savona, erano poveri come noi e come noi avevano desiderio di contrastare i borsaneristi, i medici che si arricchivano con gli aborti, gli usurai, i ladri, i truffatori. C'era chi rubava per fame e quello andava recuperato e chi rubava per arricchirsi.

Noi diventammo comunisti e ci iscrivemmo al PCI poiché solo quel partito ci offriva la garanzia di contrastare efficacemente il marciume di quegli anni ed impedirgli di tornare in vita con altre forme di fascismo che temevamo potesse riaffiorare non troppo timidamente. La compagna Barbara, proprio così. In breve divenni molto popolare come attivista del partito. Nei miei comizi, sul palco, insieme al sindaco o ad altre personalità del partito, davanti ad un microfono che amplificava la mia voce e le mie idee scopersi di non essere per nulla timida, ma di avere una loquela notevole che non abbisognava di preventiva elaborazione. Due o tre annotazioni, un fatto, due concetti scritti su un minuscolo bigliettino ed il mio ragionamento volava tra gli altoparlanti ed entrava nelle orecchie della gente sino all'anima per combattere la pochezza della Democrazia Cristiana, a contrastare i Savoia, a riscattare le masse proletarie, a screditare la chiesa e la religione, a spronare in direzione di una nazione nuova: un'Italia migliore e tutta rossa.

Sembrava che l'Italia dovesse diventare rossa da un momento all'altro: se non con la rivoluzione, almeno con le elezioni. Le armi erano state riconsegnate, ma non proprio tutte tutte, e la rivoluzione era ancora possibile; ma ci sarebbero state le elezioni e quelle era impossibile perderle. Nel mio piccolo, che poi non era tanto piccolo perché in città e nelle cittadine vicine ero conosciutissima, ero divenuta una personalità sulla quale i maggiori esponenti del partito facevano grande affidamento sino a propormi una candidatura per il senato della neonata repubblica. Ancora qualche comizio in Savona e nei suoi dintorni, un poco di propaganda cartacea e l'elezione poteva considerarsi sicura. Fatto è che non ero mai a casa e se c'ero studiavo. Dentro di me c'era un continuo fermento un continuo sfrigolare alla bocca dello stomaco. Non ero malata di protagonismo, ma sentirmi al centro delle attività del partito che non erano fatte di sola politica ma implicavano anche il sostegno dei meno fortunati, sentirmi addosso la stima della gente comune e sapere che ero nei loro migliori pensieri mi faceva stare bene. Volentieri dimenticavo o fingevo a me stessa di non conoscere i crimini di Stalin, di buon grado consideravo l'aggressione russa alla Polonia come un tentativo di proteggerla dalla furia nazista, senza voler rendermi conto che stavo giustificando mezzi atroci con fini non sempre legittimi. A questo punto non voglio farti l'apologia del socialismo e del comunismo, voglio solo farti capire che allora credevo profondamente nella bontà dell'ideologia che vuole riscattare il popolo ed il più debole ed ho sempre continuato a crederci anche se in modo sempre più critico ma aggrappandomici anche quando le unghie mi si spezzavano sulla parete verticale per sostenere le mie opinioni naufraganti dell'inapplicabile. Non feci in tempo a smettere ci crederci: prima arrivò la nebbia nella mia testa."

"Oggi ci credi ancora?... Che c'è, non vuoi rispondermi?"

"Oggi. È trascorso tanto tempo, sono cambiate tante cose. Ho visto fallire l'Unione Sovietica, il comunismo spegnersi. Ho visto l'armata rossa fare altre aggressioni. Ho, persino, visto i socialisti rubare dicendo di farlo per il partito e non per sé. Ho visto la sinistra adottare le stesse usanze della destra più retriva: carriere realizzate sulle raccomandazioni, spintarelle, ricerca del proprio tornaconto tra i politici, ricerca del consenso al solo fine di una elezione o di una rielezione e poche preoccupazioni sostanziali per il proletariato e per il miglioramento del paese avendo come ultimo ed unico fine quello di mantenere il potere."

"Dunque non ci credi più!"

"Crederci... Più che credere non ci penso più: troppa delusione! Ma adesso che mi hai restituito il mio pur scarso intelletto, a pensarci bene, ti dirò che sì, ancora ci credo. Ancora sono convinta della bontà dell'idea. Continuo a pensare che io sto bene quando il mio vicino sta bene... Sono sciocca, vero?"

"Torno a dirti che non sei sciocca e torno a ricordarti il grave difetto della vostra specie: quello di guastare ogni cosa buona. E tuo marito: che faceva tuo marito? Che pensava?"

"Eh eh, lui condivideva pienamente le mie opinioni anche se in modo molto più critico e ponderato. Fu persino assessore comunale alla sanità. Non divenne mai un entusiasta fanatico poiché aveva molto da lavorare in quegli anni e per mezzo del suo lavoro le nostre condizioni economiche, pian piano, migliorarono non tanto da arricchirci ma quel tanto che bastava per poterci permettere di arredare casa, vestirci decentemente, mandare Lidia a scuola, comperarci nuovi libri (ne uscirono tanti e bellissimi) e risistemare la casa di Bormida.

Franco si specializzò in radiologia: una volta andammo persino insieme a sostenere degli esami a Genova ed io, in quel periodo, ne diedi ben cinque anche se due erano solo facoltativi. Lui chiese un prestito alla banca, che non esitò a concederglielo, per comperare l'attrezzatura radiologica che fece sistemare nello studio in casa. Al pomeriggio visitava la sua clientela e, se necessario, sottoponeva il paziente ai raggi X. La sera, dopo aver oscurato il locale, sviluppavamo le lastre che lasciavamo ad asciugare su una corda tesa nell'ingresso. Al mattino esaminavamo la radiografia che lui refertava per iscritto. Poi comunicava la diagnosi ai pazienti che non si sentivano più in dovere di pagare la parcella.

Franco non sapeva farsi pagare. Forse lo considerava un atto disdicevole, sfacciato, inappropriato al suo smisurato orgoglio, meschino; fatto sta che lasciava fare al cliente, non so, non ne abbiamo mai parlato. Vero è che gran parte dei suoi pazienti, sprovvista di qualunque forma di assistenza, non era in grado di pagare se non rinunciando ad altre necessità indispensabili ma un'altra parte di pazienti cominciava a stare molto meglio considerata la profusione di mezzi che il piano Marshall ci aveva concesso. Molti suoi colleghi stavano arricchendosi e comperandosi la casa in cui abitavano. Noi andavamo fieri del fatto che il nostro gabinetto radiologico si ripagava e manteneva da solo senza il minimo guadagno. Io non glielo rimproveravo e forse sbagliavo: avrei dovuto trovare le parole giuste per fargli comprendere che avremmo potuto vivere con una maggiore tranquillità finanziaria e che qualche agio in più non mi sarebbe spiaciuto ma Franco preferiva ricevere i compensi non direttamente dal paziente bensì dalle mutue assicurazioni che si andavano via via organizzando al porto, nelle fabbriche e negli uffici statali. Era un ottimo medico: stimato e benvoluto in città ma, dal punto di vista economico, era come un motore potente con grandi consumi e velocità ridotta al minimo necessario.

In fondo, non desideravamo molto di più di quello che avevamo che ci sembrava pure troppo rispetto a quel poco che avevamo avuto prima. Tanti anni di affanni, di paure e di delusioni erano ora ripagati da una vita tutta nostra e piena. Mancava soltanto la mia laurea poi tutto un ciclo si sarebbe chiuso.

Lidia frequentava le scuole elementari a due passi da casa, giusto dietro l'angolo del palazzo e parte delle finestre del nostro appartamento guardavano dall'alto le finestre della classe di Lidia separate solo da un bel cortile scolastico ove si tenevano le lezioni di ginnastica e pallavolo. Potevo vedere la capigliatura rossa di mia figlia seduta là, sul primo banco vicino alla finestra, con i suoi primi quaderni davanti e le matite in mano. In primavera una frotta di rondoni velocissimi percorreva stridendo chiassosamente il cortile con picchiate vertiginose e risalite. Lidia cresceva sana e forse felice senza sballottamenti da una casa contadina all'altra, senza più silenzi obbligati, cibi recuperati, giochi limitati. Aveva le sue prime amichette anche se i suoi genitori non erano molto presenti.

XXXIII

Erano anni di grandi aspettative ma anche anni in cui si cominciò a sapere quanto il nazismo avesse violentato l'Europa e la Polonia ed in che modo avesse brutalizzato gli ebrei. Dapprima giunsero rare notizie confuse ed incerte, poi queste si fecero sempre più frequenti ed enormi sino ad assumere dimensioni di sterminio. I giornali radio dicevano del processo di Norimberga senza indagare troppo sui crimini dei singoli imputati ma dai quotidiani quantificavo cifre che via via si facevano sempre maggiori sino a valutare crimini commessi su milioni di individui.

- Che cosa c'è, mamma? Che cos'hai? - Lidia mi guardava attentamente, studiava le espressioni del mio volto mentre ascoltavo la radio.

- Nulla! Non ho niente, sto bene… La vuoi sentire la favola del lupo cattivo? -

- Sì, sì, racconta. Ma cosa dice la radio? -

- La radio non dice e non parla. La radio trasmette le voci lontane. Impara bene l'italiano. Un giorno te lo dirò ciò che la radio trasmette, adesso ascolta la favola… -

Milioni di soldati morti o storpiati, milioni di civili morti o dispersi, milioni di ebrei spariti nel nulla. Le fotografie in terza o quarta pagina erano eloquenti: vi si distinguevano treni merci con vagoni sigillati con chiodi e filo spinato varcare soglie di cancelli racchiusi da mura, cumuli di cadaveri con occhi incavati e costole sporgenti, ciminiere fumanti e bocche di forni. Le didascalie scrivevano di numeri enormi.

Mi tornarono in mente le parole di Hermann Wygoda e mi resi conto che mi aveva sminuito il fenomeno per decenza, per non farmelo pesare troppo, per lasciarmi quel minimo di speranza, ma aveva intuito quali sarebbero state le dimensioni reali dell'evento. E le dimensioni ingigantivano, insieme con il mio odio, un giorno dopo l'altro. Tornavano in Italia i primi scampati ai campi di concentramento e raccontavano cose così grandi, crudeltà talmente grosse da dover sempre essere sottoposte ad un'ulteriore verifica. Come se raccontassero di aver visto, con i loro occhi, il lupo travestirsi da nonna e divorare Cappuccetto Rosso ed, in effetti, non avrebbe potuto essere altro che una favola tanto era incredibile. Altri si misero a scrivere ma non furono neppure pubblicati se non dopo anni ma qualcosa riuscii a leggere ugualmente. Se alcuni, pochi, stavano tornando, qualcuno si era salvato e tra questi avrebbe potuto esserci la mia famiglia. Mi misi in contatto con zio Adolfo che già aveva tentato di recuperare notizie dalla Polonia e da Kielce ma mi raccomandò caldamente di non sperarci troppo. Per il momento aveva solo rare informazioni circa la diaspora della parentela Strosberg avvenuta prima della guerra: Paserman a Roma, Grinberg a Londra, altri Strosberg in America. Mi diede alcuni indirizzi di società ebraiche che erano nate da poco a Ginevra, in Germania e a Roma che si occupavano di ricerche sui nuclei familiari smarriti che cercavano di ricomporsi ma nemmeno questi enti seppero darmi un aiuto. Impensabile tentare un viaggio in Polonia che dopo essere stata riconquistata dall'Unione Sovietica ne era rimasta nell'area di influenza e non vedeva di buon occhio il turista straniero ed io avevo perso la cittadinanza polacca. Non mi restava che attendere: gli indirizzi postali erano sempre gli stessi. Ma la questione più penosa era il non sapere.

Mentre aspettavo qualcuno mi trovò: si trattava della mia amica Roma Tscharnobroda che era riuscita ad ottenere il mio indirizzo per caso e per mezzo di vie complicate, tramite amici comuni e scambi di corrispondenza. Mi scrisse da Monaco di Baviera una lettera molto confusa che già dalle prime righe mi faceva comprendere che avrei dovuto sperare sempre meno. Così, ex abrupto, nello scrivere di Złata nostra amica comune, mi narrò di quando iniziò l'eliminazione degli ebrei di Kielce come se fosse un fatto assodato e risaputo persino da me che per la prima volta ricevevo notizie da qualcuno di Kielce. Złata era morta con il marito ed il loro bambino di sei settimane. Mi faceva sapere di poche amiche superstiti sparse ormai per il mondo. Roma invece aveva conosciuto parecchi campi di concentramento dove era stata costretta a lavorare ed in quello di Ravensbrück aveva lavorato a rimuovere tronchi e ceppi d'albero dai campi sino a consumare le scarpe, sino a congelare i piedi negli acquitrini. Dopo tre giorni dalla liberazione, di cui non specificava i particolari, le erano state amputate entrambe le gambe una ventina di centimetri sotto le ginocchia e dopo sedici mesi di visite, cure e ricoveri le erano state applicate le gambe artificiali e consegnato un bastone per camminare. Nella lettera mi pregava di risponderle e mi citava le poesie che componevo da adolescente e certo li sapeva a memoria i versi che avevano girato nella sua testa per i campi di concentramento, per la Polonia e la Germania e si erano fermati a Monaco. Forse i versi l'avevano aiutata a superare tutti quegli anni.

Mi mancano i miei giorni d'infanzia
in quei giorni non tornerò
mi dispiace che i sogni di blu
le montagne, i picchi esorbitanti non torneranno.

Una lettera fu sufficiente a farmi capire che i miei anni trascorsi tra difficoltà, travagli, dolori erano stati rose e fiori in confronto agli stessi anni di Roma e di migliaia di altri come lei. Lei non era la mia migliore amica, forse Bomba era quella a me più vicina ma qualche sogno con Roma l'avevo condiviso. Allora apprezzavo la sua intraprendenza, la sua irrequietezza, la sua voglia di scoprire il mondo e di cambiarlo anche se non aveva la formazione intellettuale di Bomba che prima di agire o di parlare studiava l'argomento e lo riempiva di ragionamenti e critiche. Tra le tre io ero la più farfallina che scriveva poesie sdolcinate e leggeva libri d'avventura. Roma contestava continuamente la sua bassa condizione sociale invidiando le amiche con famiglie più ricche e colte ma era bella, di una bellezza da attrice del cinema: alta, con le gambe lunghe, i capelli neri, gli occhi scuri ed il viso perfettamente ovale. Davvero bella anche nella foto da passaporto che mi inviò successivamente e che la ritraeva senza trucco. Dentro di me ne criticavo l'esuberanza e la libertà di costumi che giudicavo eccessive al punto da rasentare l'indecenza senza riconoscerne l'emancipazione. Proprio così: mi consideravo anticonformista e spregiudicata ma non apprezzavo tali qualità negli altri, soprattutto nelle donne. Ma questo lo riconosco soltanto ora, forse perché sto ripercorrendo tutta la mia vita, non so.

La nostra corrispondenza durò lo spazio di pochi mesi, forse pensavamo di essere troppo diverse, forse mi faceva pena o pensavamo che non avevamo altro da dirci o mi rifiutavo di approfondire la conoscenza di ulteriori sue sofferenze per proteggere il mio sonno, già stentato, da sogni oppressivi. Quando ti rendi conto di essertela cavata ancora abbastanza bene, anche se con gravi disagi, mentre i tuoi amici, i tuoi parenti hanno pagato un prezzo altissimo, immane rispetto a quello che hai pagato tu, allora cominci a chiederti se basta il senso di colpa a ripagare debiti e crediti, cominci a chiederti se te la sei meritata la tua fortuna, se hai pagato abbastanza. Ero in grado di sostenere il pensiero di me fortunata e di lei senza gambe?

Il giorno dello scoppio della guerra, sono fuggita a Leopoli con Heniek, mio marito. Restammo lì fino allo scoppio della guerra russo-tedesca, poi ci trasferimmo a Chmielnik. Non potemmo arrivare a Kielce, perché il ghetto era chiuso ed avevamo anche molta paura. Non ho avuto modo di incontrare mio padre, perché era stato assassinato dalla Gestapo nel maggio del quarantuno. Siamo stati lì fino all'autunno del quarantadue. Non è stato un periodo piacevole. Ogni giorno, proprio davanti alle nostre finestre, abbiamo assistito ad esecuzioni, spari, attacchi con i cani, omicidi. Avevo costantemente paura che venissero a cercarci. Immagina di essere a soli 30 chilometri da Kielce e Heniek non vedeva i suoi genitori da quando aveva lasciato la città nel trentanove.

Nel quarantadue fuggimmo a Varsavia grazie a certi giovani ariani. Con il nostro aspetto non è stato facile non essere inseguiti. Siamo stati costantemente ricattati. Alla fine, senza più mezzi, arrivammo al ghetto di Varsavia. A quel tempo c'erano soltanto cinquanta mila ebrei. Mezzo milione era morto a Treblinka. Devo dirti che quando mi ritrovai nel ghetto per la prima volta non avevo idea di dove andare anche se conoscevo molto bene quelle strade. Nel ghetto ero ancora insieme a mio marito.

Nel quarantatre, il primo giorno di Pasqua, iniziò la liquidazione finale del ghetto. Il giorno del compleanno di Heniek, fummo trasferiti a Flughplatz, vicino a Lublino. Lì lo vidi per l'ultima volta: ci separarono. Mia cugina Zola Prajs (ricordi quella ragazza bionda che era a casa di mia nonna?): il fratello di Zola è morto a Varsavia durante la rivolta del ghetto.

Fui trasferita al lager di Majdanek (sono una delle poche sopravvissute), poi a Skarżysko nella fabbrica di munizioni, poi a Częstochowa e da Częstochowa a Ravensbrück. Qui ho perso le gambe per congelamento. Tre giorni dopo essere stata liberata, mi sono state amputate le gambe. Adesso indosso i pantaloni e cammino con un bastone in mano.

Janeczka, mandami foto di te, di tuo marito e tua figlia.

Rispondimi presto. Baci. Roma.

Io rispondevo, certamente che rispondevo e le raccontavo le mie vicissitudini; ma per quanto calcassi la mano sulle disavventure non riuscivo a pareggiare il conto negativo in atrocità subite e temevo che nelle lettere successive Roma avrebbe approfondito il racconto su ciò che succedeva nei lager. Alla mia domanda se avesse idea circa la sorte della mia famiglia, che lei conosceva bene, aveva risposto implicitamente dicendomi del ghetto di Kielce e aveva alimentato qualche mia speranza informandomi delle poche amiche che si erano salvate: due vivevano in Palestina, anche Klara Kaufman era viva, Bala aveva un marito polacco e si considerava polacca perché per essere di ceto superiore in Polonia devi avere un passato ariano. *Se le scrivi rivolgiti a lei come se non fosse ebrea.* E mi mandava il suo indirizzo. *Mi piacerebbe vederti, Janeczka! Tuttavia, all'inizio potrebbe essere difficile trovare un discorso comune con te.*

Mi piacerebbe vederti, ma non danno il visto per l'Italia alla gente comune, inoltre non ho tempo per farlo comunque. Janeczka, forse potresti venire a Monaco? Attualmente sto studiando Farmacia presso l'Università di Monaco. Mi laureerò tra sei mesi. Resterò in Germania e forse troverò un lavoro all'Istituto di farmacologia. Ti sei poi laureata in medicina? Qual è la professione di tuo marito? Scrivimi tutto di te. Janeczka, se avessi voluto descrivere tutto quello che mi è successo negli ultimi dieci anni, avrei dovuto scrivere un libro o parlarne, ogni sera fino all'una di notte, per alcuni mesi. Mi piacerebbe molto vederti! Scrivere è molto diverso dal parlare, non sarei in grado di descrivere per iscritto ciò che è realmente accaduto.

Capisco che non hai avuto il coraggio di rispondermi subito. Janeczka, tra la vecchia Roma e quella attuale, che usa i suoi arti artificiali c'è una differenza di dieci anni, dieci anni terribili che non riesco nemmeno a descrivere. Quella mente sensibile è diventata una persona molto dura, dura come una roccia, che fa tutto il possibile per farsi strada ed è in grado di cancellare tutto dal passato, proprio come le sue gambe che sono state "cancellate." Il passato, cara Janeczka, è come un bel libro che non è stato letto per molto tempo e che non ha più valore.

Se Roma era un animo smarrito, una persona confusa incapace di riadattarsi (si lasciò sfuggire un *non mi importa di ciò che la gente dice, di ciò che fa, non so di che cosa posso discutere se non di farmacia*), il comandante Ernesto stava facendo i conti con la propria coscienza che lui stesso non voleva ascoltare, per il momento. Medagliato dagli americani e dagli italiani, proposto per una carica importante nell'ambito della sicurezza savonese, seduto dietro una scrivania che poco si addiceva alla sua persona, mi disse che non si sentiva a proprio agio in quel contesto del quale non percepiva l'appartenenza. Socialismo, comunismo, liberismo, anarchia per lui erano parole senza senso. Tornare in Germania o in Polonia lo avrebbe ricondotto a rimuginare continuamente gli stessi pensieri, a rifarsi le stesse domande. Il suo odio per i tedeschi stava scemando in modo inversamente proporzionale al mio che stava ingrandendo a dismisura. Hermann Wygoda sparì.

Ricomparve, inaspettato, venticinque anni più tardi a Bormida. Era venuto a rivedere la sua infermiera-staffetta ed il suo generoso medico di distaccamento. Aveva con sé la sua nuova famiglia americana: la moglie, due ragazze ed un ragazzino. Era diventato un ricco impresario edile nel Tennessee dove si era costruito una casa con il cottage sul lago con tanto di pontile per pescare. Durante il pranzo all'aperto sotto il pergolato davanti alla nostra nuova casa ci disse che aveva tradotto i suoi appunti in un libro che aveva pubblicato negli Stati Uniti e che voleva consegnare agli amici di Savona caso mai volessero leggerlo.

Enrico non aveva più lo sguardo truce e pensieroso di una volta: ora un ampio sorriso disteso gli illuminava gli occhi mascherati dalle lenti sotto la fronte sempre più ampia. Ci ritrovammo in piedi sul bordo del piazzale con in mano due bicchieri di vodka e le sigarette fumanti. La giornata era limpida, l'aria ferma come ad aspettare qualcosa di nuovo. Le ortensie si sforzavano di meravigliarci con l'azzurro intenso come quello del cielo. Enrico guardava il panorama.

- Per quanto posso vedere da qua riconosco tutti i posti e per ogni posto rivedo i volti degli amici e dei nemici che ci sono morti. Hai più avuto notizie dei tuoi, Barbara? -

- Nessuna notizia, ogni giorno che passa ho sempre meno speranze, ma vorrei almeno sapere come, quando e dove sono spariti. Vorrei avere un riferimento, sapere di un luogo dove sono sepolti, se sono stati sepolti. - Ernesto abbassò lo sguardo.

- Sempre bella l'erba di Bormida! È diversa da quella di Chattanooga. -

- Odio i tedeschi! Cosa sono stati capaci di fare! -

- Vedi, Janka, il tuo odio, che si estende a tutti i tedeschi, sottintende un concetto pericoloso che è quello della colpa collettiva. In questo modo le colpe di alcuni sono estese a tutti, diluite su milioni di individui, anche su quelli che non hanno colpe. Se leggerai il mio libro, purtroppo è in lingua inglese, troverai il mio pensiero per esteso. Tu sai che io sono nato in Germania e lì sono stato educato nelle scuole con i metodi tedeschi. Nel mio libro affermo che il sistema in cui i tedeschi sono stati allevati conserva reminiscenze dell'epoca feudale, caratterizzata dalla logica del servo-padrone. La regola comunemente accettata del *Glaube Und Gehorche* (credere e obbedire) era ed è lo slogan più attuale. Un tale motto è la premessa per lasciare che sia qualcun altro a pensare per te. Non ha senso biasimare un popolo cresciuto con questa mentalità per non essersi ribellato agli assassini nazisti prima che questi conquistassero il potere. Allo stesso modo la teoria della colpa collettiva suggerisce che anche le vittime non sono del tutto esenti dal biasimo...

Bel panorama, Janka, è proprio un bel posto questo. Vorrei rivedere la grotta comando. Quanti ricordi! Il passato è come un bel libro che non è stato letto per molto tempo e che ogni volta che rileggi ti accorgi che è sempre più bello. -

XXXIV

Erano anni di grandi delusioni: non facemmo la rivoluzione e perdemmo le elezioni. Avrei potuto facilmente essere eletta alla camera ed invece non mi presentai nemmeno nelle liste elettorali. I compagni ne furono delusi, persino i pezzi grossi di Roma volevano la mia candidatura. Le compagne poi erano amareggiate perché vedevano in me l'emancipazione femminile che io potevo rappresentare con le parole e con le vicende del mio passato, traducendo nel concreto quell'ideale che loro non erano in grado di rappresentare. Prima delle elezioni in casa c'era un via vai di donne che tentavano di convincermi ad iscrivermi nelle liste elettorali, per la strada venivo continuamente fermata da amiche che mi chiedevano la stessa cosa.

Franco non era d'accordo: diceva che finché facevo attività politica nel PCI o attività sociale nell'UDI poteva anche capirmi, ma che non potevo sacrificare così tanto la nostra famiglia con tutti gli impegni che avevo, che c'era la responsabilità di tirar su Lidia, che oltre a tutto studiavo, che andare in parlamento a Roma avrebbe significato che non avrei più avuto un minuto libero da dedicare alla famiglia, che dovevo ben rinunciare a qualcosa. Forse non aveva tutti i torti, comunque ne discutemmo a lungo, dapprima quasi scherzando, poi sempre più concitatamente poi animosamente, poi un attimo prima di litigare apertamente lasciai cadere le mie ambizioni politiche. Per lui era una questione di importanza vitale, per me era soltanto importante. Me ne dispiacqui molto perché raggiungere un tale traguardo era un'ambizione davvero grossa: io, Janina Strosberg, deputata della Repubblica Italiana, con tutte le conseguenze che ciò avrebbe comportato. Qualche anno più tardi, dopo aver fatto per qualche anno il professore, Candido diventò senatore comunista per due o tre legislature. Mi sarei accontentata anche di un solo quinquennio, avrei avuto il mio vitalizio e chissà quali altri vantaggi. Le occasioni vanno prese al volo: non ci sarebbe stata un'altra opportunità soprattutto per una donna che parte sempre svantaggiata, che ha sempre tante altre cose che la fanno partire due o tre metri indietro. Ammetto che mi mancava la caparbia malizia del vero politico, io avevo solo tanto ingenuo entusiasmo. Avevo la capacità di far passare le mie opinioni come fossero fatti reali ed assodati ma se mentivo, nascondevo o facevo passare in secondo piano cose imbarazzanti non avevo il coraggio di farlo con l'ipocrisia del vero politico. Mah, chi l'avrebbe potuto dire, forse non mi avrebbero eletta: *nondum matura est.*

Avevo sempre il mio corso di studi da portare a termine una volta per tutte e non mi andava di lasciare le cose a metà, anzi, quasi alla fine: pochi esami e la tesi e poi lo scopo per cui ero venuta in Italia sarebbe stato raggiunto. Forse era meglio così: la politica mi aveva distratto troppo dallo studio ed un'eventuale nomina alla camera mi avrebbe definitivamente sottratto ai miei impegni universitari. Perciò prendevo il treno al mattino presto con i miei quaderni per gli appunti in borsetta e mi recavo a San Martino a seguire i corsi delle materie i cui esami avrei dovuto sostenere e delle quali ancora mi mancavano un numero sufficiente di presenze per sostenere l'esame. A volte capitava che ci fossero lezioni pomeridiane ed a quel punto mi fermavo a studiare in biblioteca e tra un ritardo e una chiacchierata con un assistente o un professore perdevo il treno per Savona ed il successivo sarebbe arrivato dopo l'ora di cena.

Dalla stazione mi affrettavo verso casa ed il ticchettio dei miei passi veloci risuonava sotto i portici deserti. Allora rallentavo quasi non volessi molestare con il suono dei tacchi il silenzio della città che sembrava deserta, come se non fosse abitata: le saracinesche abbassate, le luci di negozi e bar spente, il buio tutto attorno ai portici scarsamente illuminati. Venivo colta da una vaga inquietudine, da un tenue senso di oppressione come se fossi lontana da tutto, in un mondo estraneo che non conoscevo, come se fossi addirittura fuori dal mondo in un'altra dimensione, su un altro pianeta molto lontano da tutte le cose che mi appartenevano. Questa sensazione di estraneità mi ha sempre pervaso in Savona tutte le volte che mi ritrovavo sola a percorrere di notte le sue strade. Mi domandai più volte se avrei provato lo stesso turbamento nell'aggirarmi al buio per Kielce pur ammettendo che nulla fosse nel frattempo accaduto. Eppure no, non avevo nostalgia di un tempo andato, della mia vecchia città.

Franco non era nuovamente d'accordo. Dapprima si mostrò ombroso e scontento. Poi mi fece comprendere, con mezze frasi lasciate cadere in mezzo al discorso, che non vedeva l'utilità dei miei studi e se replicavo che il mio obiettivo era la laurea diceva che un medico in famiglia era più che sufficiente, che il mio impegno mi distoglieva dalla famiglia, sosteneva, insomma, gli stessi ragionamenti che mi aveva addotto affinché rinunziassi alla camera dei deputati, senza omettere che un medico mediocre sarebbe stato peggio di un non medico dato che avrei dovuto sempre subordinare la professione al buon andamento della famiglia che volevamo più numerosa.

Vero! La volevamo numerosa, ma questo non avrebbe ostato troppo alla mia laurea. Fatto sta che stavolta litigammo e non solo una volta. In fondo non gli avevo fatto mai mancare nulla ed anche se come casalinga valevo poco, dal punto di vista affettivo o sessuale non aveva di che lamentarsi e non si lamentava. Lidia, poi, era una bambina beneducata e diligente e trovavamo sempre il tempo per stare con lei, per portarla al cinema o per leggerle un libro o recitarle una poesia e farle capire i contenuti nascosti di una morale o di un pensiero. Non avevo nulla di che rimproverarmi.

I nostri litigi non erano mai eclatanti, erano silenziosi, effettuati quasi a bassa voce, senza insulti reciproci che non fossero quelli impliciti in una disamina dei nostri comportamenti. Me ne rendo conto solo adesso: stavamo imparando a conoscerci.

Ora, senza gli affanni di tempi problematici ormai alle spalle, senza più pericoli da evitare, senza l'incalzare di giornate anomale ed inverosimili ci mettevamo a confronto l'un l'altro ed imparavamo a conoscerci. Cominciavamo ad avere paura che qualcosa che avevamo creato tra le difficoltà della guerra potesse rivelarsi un errore nei vantaggi della pace, potesse incrinarsi. Era meglio non litigare troppo e non sollevare completamente quella coperta che avrebbe potuto mostrare quel troppo che avrebbe potuto essere svantaggioso per entrambi. Non posso nemmeno dire che non ci stimassimo l'un l'altro e nemmeno che avessimo posizioni distanti sui principi fondamentali ma mi stavo accorgendo che tutto questo non era sufficiente a saldare assieme due individui: ci voleva qualcos'altro.

Franco non alzava mai la voce, non buttava a terra le stoviglie, non insultava, e non picchiava (non lo ha mai fatto). Ad un certo punto della discussione, del litigio, prendeva il tovagliolo e lo gettava con un gesto deciso e rabbioso alla sinistra del piatto, smetteva di mangiare, si alzava e si ritirava scontroso ed offeso in camera da letto a leggere. Sì, anche offeso per non essere stato compreso. Per due o tre giorni in casa aleggiava un'atmosfera opprimente. Mio padre, a volte, sapeva essere insopportabile, in modo diverso, anch'egli senza violenza, ma più ebreo, assillante, cocciuto, testardo ma pur sempre insopportabile.

Io non sentivo più sul collo il fiato dei miei genitori che mi avevano spedito in Italia con uno scopo ben preciso. Adesso la laurea era un traguardo solo mio e ci tenevo tantissimo e contavo di poter diradare le mie frequenze a lezione. Smettere di studiare non è una decisione assoluta ed irrevocabile ed è proprio questo il tranello nel quale caddi: rimandai a domani e nel frattempo l'ingranaggio si arrugginì, il desiderio si allontanò sinché mi ritrovai in grave ritardo sino a disperare di recuperare il tempo perso. Poi, un giorno, mi accorsi che non era più cosa. Mi accorsi di aver sbagliato.

C'era però qualcosa nelle argomentazioni di mio marito che suonava stonato: perché tanta determinazione grande quanto una disperazione? Perché alludeva da lontano al fatto che non ero mai a casa quasi preferissi la compagnia dei compagni di studio, dei professori, dei compagni di partito, dei pendolari sul treno? Giocoforza che una donna impegnata come ero a quel tempo si ritrovasse a frequentare ambienti abitati soprattutto da maschi. Anche la guerra civile mi aveva gettato in un mondo maschile così come la politica e l'università. Mai che qualcuno avesse osato il benché minimo tentativo di una corte o di complimenti che potessero alludere ad un rispettoso corteggiamento. Il mio atteggiamento, sempre improntato ad una cameratesca amicizia, non era mai stato frainteso come una possibile futura disponibilità. Il mio modo di comportarmi, anche se mai scostante, aveva sempre obbligato il compagno, l'amico, il professore al rispetto. Era proprio questa cameratesca fraternità di idee o di interessi comuni che Franco non riusciva a digerire. Era qualcosa di peggio della gelosia, era una necessità assoluta di senso di possesso che prevaricava ogni logica, ogni sentimento. Insomma, le leggi razziali, la guerra, le vicissitudini avverse, la lingua straniera non erano riuscite a farmi desistere dallo studio quanto ci riuscirono un marito ed una famiglia.

Anche quella volta non seppi trovare le parole giuste, i modi per farlo ragionare e convincerlo delle mie migliori intenzioni anche perché venni a sapere che lui era colmo di buone intenzioni ma non resisteva alle tentazioni della carne. Ebbe qualche storia con le infermiere degli ambulatori nelle fabbriche: una o forse due ed altre ne avrebbe ancora avute, ma erano storie di poco conto, le solite avventure maschili fatte di sesso e senza futuro. Roba che non aveva la forza di compromettere il nostro matrimonio. Roba che ci faceva ritrovare più uniti di prima. Avventurette alle quali, talvolta, ponevo fine io stessa con qualche sberla in faccia alla fortunata e a Franco. Peccatucci perdonabili, considerati normali dalla mentalità dei tempi. Scappatelle che mi lasciavano dentro tanto amaro, tanto sgomento quanto tutte le altre vicende non erano state capaci di farmi provare poiché pensavo che non sarebbe capitato anche a me quello che quasi ogni mia amica era costretta a subire. No, a me non sarebbe successo: Franco, nella mia testa, era diverso dagli altri.

Mi rendo conto di averti fornito una descrizione di Franco molto amara. Non vorrei che tu pensassi male di lui, non devi pensare che fosse un uomo mediocre. Era un uomo che aveva grandi pregi e grandi egoismi, aveva i suoi difetti ma anche tanta generosità, timoroso di cedere parte del proprio prestigio era schiavo del suo carattere chiuso ed introverso che si apriva all'umorismo solo per farne satira nei confronti dell'ambiente nel quale viveva. Il suo maggior pregio era l'intelligenza di saper interpretare il mondo con una critica moderna ed inconsueta per le persone che lo circondavano. L'intelligenza di capire a fondo i problemi per poi portarsi sempre avanti con riflessioni razionali ed all'avanguardia, a volte troppo avanzate per poter convivere con la mentalità e la banalità dei tempi che non si dimostravano ancora solleciti ad un cambiamento futurista ma che, anzi, sembravano cercare un sicuro rifugio nel conformismo. Incoerenza: ecco il suo difetto. L'incoerenza di chi ha un pensiero emancipato e si scontra con la mentalità borghese alla quale devi, purtroppo, render conto. Non era figlio dei suoi tempi fintanto che non doveva concretizzare pensieri troppo emancipati.

Come vedi, avevamo parecchi pregi e difetti in comune. Forse avevo innalzato troppo il piedistallo sul quale l'avevo collocato, senza rendermi conto che non sono necessari i piedistalli nell'amore o forse attribuivo eccessiva importanza al fatto che mi avesse salvato la vita sposandomi. Fatto sta che veder vacillare il basamento sul quale ora si trovava mi persuadeva a rinforzarlo. Oppure è inutile che trovi tante giustificazioni: se avessi voluto veramente proseguire con la politica e con gli studi, se fossi stata ferma sulle mie posizioni il matrimonio non sarebbe naufragato comunque e forse si sarebbe persino arricchito. Questo con il senno di poi.

Finalmente rimasi incinta un'altra volta. Pensavo che non sarei più riuscita ad avere un altro figlio perché lo avevamo programmato per quando ci fossimo trovati in una situazione migliore e non arrivò che dopo cinque anni dalla fine della guerra in una giornata di gennaio fredda, con tanta neve che non smetteva di cadere. Franco sembrava impazzito quel mattino e nella fretta spezzò persino la scopa per accendere il fuoco nella caldaia a carbone. Nemmeno Palmira, la domestica che avevamo allora, si era ancora svegliata. Lo chiamammo Davide, come mio fratello David. Davide nacque in casa sul tavolo di marmo che puoi ancora vedere di là in cucina perché non ci diede il tempo di andare in ospedale né di accompagnare Lidia a scuola.

Ormai potevo considerarmi una vera signora, arrivata e felice, con tante cose di cui occuparmi. Passarono in secondo piano le uccisioni degli operai scatenate dal governo Scelba e le cruente occupazioni di terre da parte dei contadini affamati. Quando una madre allatta il mondo circostante perde importanza e ciò che vede e sente si tinge comunque di rosa. Ma sì, erano anni felici. Ora avevamo anche l'automobile, una normalissima Topolino che ci permetteva di raggiungere Bormida comodamente e dopo pochi anni Franco decise di regalarmi una nuova casa situata molto più in alto di quella della famiglia Siccardi e circondata da molto terreno, scosceso quanto si vuole, ma pur sempre tanto che arrivava sino alla cresta del monte.

Anche noi divenimmo proprietari terrieri senza grandi sforzi perché le proprietà, a Bormida, venivano abbandonate abbastanza spesso e vendute per poche lire anche perché erano considerate zone depresse: zone difficili da sfruttare economicamente e poco redditizie. Franco, invece, aveva grandi idee su come far fruttare quei terreni con la vendita di legna, frutta, carni, latte, lana, castagne ed inoltre avrebbe potuto sfogare la sua passione di contadino senza doversi adattare alle pretese di suo padre Luigi. Vero è che nel frattempo i suoi colleghi continuavano ad acquistare proprietà in Savona ed in riviera per investire i propri risparmi ma noi quattro stavamo costruendoci il nido che doveva essere fatto di poesia e di calore familiare. Ci riuscimmo.

La mia vita non era niente male. A luglio, terminate le scuole, andavo al mare con i bambini, con l'autobus che ci portava ad Albissola, ai bagni Santantonio dove avevamo la nostra cabina per tutto il mese. Lidia chiacchierava con le amiche e faceva lunghe nuotate sotto il mio sguardo preoccupato per la sua incolumità. Davide giocava con gli amici con le biglie dei corridori ciclisti su piste ricurve tracciate con il sedere trascinato del più piccolo dei bambini. Ogni momento mi chiedeva di fare il bagno ma le due ore dal krapfen caldo o dal cocco fresco non passavano mai. Finalmente si trovava un conoscente volenteroso che lo controllava in acqua ma se il mare appena spumeggiava vietavo il bagno ai figli. Chiacchieravo con le amiche senza darmi arie da signora ma stimando di avere il dovere di insegnare qualcosa anche perché chiedevano spesso il mio consiglio. Sul tardi, a volte, arrivava Franco, con il vestito e la cravatta, non si metteva in costume da bagno ma trascorreva pochi minuti con noi e con gli amici. Portava il Topolino nuovo o un giornale o un giocattolo a cui caricava il motore, lo metteva in acqua e questo spariva lontano oltre la boa e non veniva più trovato.

Agosto e settembre li trascorrevo a Bormida nella casa nuova con Lidia, Davide e, più tardi, con i mezzadri ed i loro due figli: la casa era molto grande e poteva ospitare facilmente due famiglie. Ti sto parlando degli anni cinquanta: anni in cui non era semplice per molti sottrarsi alla povertà e alcuni sceglievano di vivere lontano dalle industrie che non offrivano un lavoro lontano dagli inquinamenti dell'ambiente di fabbrica e non solo dentro la fabbrica. Celso e Matilde provenivano appunto da Cengio dove una grossa fabbrica continuava a contaminare le acque del fiume e far ammalare gli operai ed i loro famigliari. Erano arrivati da noi un giorno di primavera ancora molto freddo che a Bormida l'inverno è lungo. Non sapevano neppure loro che cosa volevano chiederci, ma sembrava chiaro che volessero vivere a monte degli inquinamenti ed iniziare una vita contadina. Il figlio maggiore, Vincenzo, poco più grande di Davide, era serio come un adulto, il minore, Osvaldo, aveva una faccia birichina e restava aggrappato alle vesti del padre. Sarebbero stati una compagnia per Davide. Casa nostra rimaneva disabitata per la maggior parte dell'anno, in estate io restavo sola con i bambini senza paura ma anche senza la possibilità di spostarmi in caso di necessità. Così si è fatto presto a decidere di assumerli regolarmente e ad affidare loro la custodia della casa e dei terreni attorno ad essa. In questo modo avremmo potuto tenere degli animali: dalle mucche alle galline e perché no anche le api con i loro alveari. Insomma, aumentavano le potenzialità economiche della nostra fattoria.

La casa era grande, molto semplice e molto antica, con vani piccoli e mura spessissime fatte di pietra e terra anche quelle che separano le stanze che erano una decina. C'era una stalla per le mucche con sopra un fienile. Il pavimento del pianterreno era di semplice terra battuta e prima di spazzarlo era necessario inumidirlo appena per non sollevare troppa polvere e nelle camere al piano superiore era di tavolacce larghe e spesse con ampie fessure dalle quali si poteva spiare ciò che avveniva di sotto. Lo stesso per i pavimenti della soffitta ampia come tutto il resto. Poco distante una porcilaia. Eravamo circondati da alcune sorgenti ma in casa non c'era acqua corrente e nemmeno la luce come nella casa di mio suocero. Eppure ci stavo splendidamente ed anche la sera trovavo romantica la luce delle candele.

Pensavo: *non importa: avremo tempi migliori, più ricchi e questo posto diverrà il focolare dove la famiglia potrà sempre ritrovarsi. Voglio una famiglia grande, sempre unita, tutti sotto lo stesso tetto, un tetto grande e tante stanze come ha questo casolare. A pensarci nemmeno a Kielce, per tutta la mia infanzia, avevamo in casa acqua ed elettricità e quando sono arrivate ho capito che era arrivata una nuova era, che il mondo era mutato e che sarebbe stato più comodo e migliore. Poi non era andata proprio così.*

Non importa: avremo più soldi e riuniremo due o tre sorgenti con vasche che ci porteranno l'acqua corrente. Faremo domanda ed arriverà la luce elettrica, basta aspettare. Ho già sentito dire che vogliono costruire una strada che dalla chiesa salirà su fin sotto casa e proseguirà poi sino ad Osiglia ed al Melogno.

XXXV

Un giorno feci un sogno orribile. Uno di quei sogni che ti lasciano esausta per tutto il giorno. Uno di quei sogni ai quali continui a pensare e sembrano volerti inseguire e perseguitare per non essere abbandonati da sveglia. Quei sogni che, ne ero convinta, avrei ricordato e risognato tutta la vita e così è stato. Eppure mi ero appisolata così bene e così rilassata dopo il pranzo con una serenità che non mi era sempre amica. Il sonno era giunto subito sul divano antico e scomodo, ero così tranquilla. Tranquilla? Ero addirittura felice. Ma il sogno era vivido, reale: ero vecchia in quella stessa grande casa di Bormida ed ero sola. Sola. La mia casa di campagna, lontana dai paesi, lontana dalla gente, persa nel verde e nel silenzio di una collina che quasi è montagna. Mi aggiravo lentamente tra le piccole stanze cercando qualcuno con cui scambiare tre parole ma non c'era nessuno, nessuno. Ed era così da mesi e così sarebbe stato per anni. Anni di silenzio e solitudine di vecchiaia e di tristezza, e la solitudine era pesante, ero disperata. Il sogno confermava in una tutte le mie disperazioni, tutte in una sola paura: rimanere sola.

Per tutto il giorno mi portai dentro il sapore oppressivo dell'incubo mentre, al contrario, era una giornata bella ed anche calda. Agosto, tutta la famiglia unita nel nostro rifugio che invitava alla poesia ed ai bei ricordi. Persino il verde dei castagni brillante contro il cielo terso sollecitava serenità. Il sogno era venuto ad interrompere brutalmente la mia quiete come a volermi far capire che dovevo sempre stare all'erta, come volesse dirmi che non avevo un gran diritto ad una benché piccola felicità. Con il sogno angoscioso tornarono i pensieri molesti a voler ripercorrere tutto ciò che avrebbe potuto esser pensato con soddisfazione.

La guerra era finita ormai da una decina d'anni e mi sembrava ieri. Le corse per boschi e prati con un messaggio con il terrore di essere scoperta, catturata dai fascisti o dai tedeschi e poi… con l'ansia di non sapere se avrei trovato il distaccamento che dovevo informare. L'ansia di non sapere come stesse mia figlia con il senso di colpa per averla coinvolta, così piccola, inerme in quell'avventura alla quale avrei potuto anche sottrarmi. Eppure mi sembrava che tutto fosse accaduto il giorno prima. Se un fatto o un avvenimento ti coinvolgono emozionalmente con una grande densità di vicende rimangono sempre vicini nella memoria.

Lidia! Ero riuscita ad allevare questa bambina ed a trascinarla fuori dalla guerra viva e sana! Forse mio fratello non era vivo ma Lidia sì, Lidia ha un carattere scontroso ma era viva! Forse nemmeno mia madre e mio padre erano vivi ed io attendevo sempre di vederli spuntare tutti e tre improvvisamente sul sentiero che porta a questa casa. Io invece ero viva, viva! E a furia di correre per i prati, di perdermi nei boschi, di chiedere un poco di ospitalità ad una contadina o un pugno di castagne secche a suo marito, sono qui. Non è stato facile minacciare con il fucile una famiglia sulla soglia di una casa affinché ricoverasse un ferito o facesse silenzio. Ci sono riuscita con la forza della disperazione. Con i graffi dei rovi sulle gambe, le braccia affaticate per il peso delle armi o della bambina, con la testa piena di terrore, con il freddo che non ti lascia riposare e la fatica che ti fa accasciare sui ricci delle castagne ce l'ho fatta. Era il mio orgoglio sempre compagno del mio senso di colpa: io stavo bene ma i miei famigliari quasi certamente non c'erano più e non avevo fatto nulla per evitare questa tragedia. Avrei potuto? Avrei dovuto condividere la loro sorte tornando a casa? Invece mi ero costruita un'altra casa, un altra vita. Il prezzo pagato per quella felicità è stato sproporzionato, troppo alto: la perdita di una famiglia e di una casa, di un rifugio sicuro a cui non davo importanza nel mio entusiasmo di ragazzina lanciata nell'avventura di un vita nuova e profondamente diversa."

"Dunque tu continuavi a tormentarti con i ricordi più tristi?"

"Proprio così. Capitava che per mesi stessi bene e vivessi serena con la mia famiglia, poi, all'improvviso, bastava un contrattempo, un dispiacere, una banale preoccupazione e tornavo ad incupirmi con meditazioni tristi e penose che soltanto la vodka o i barbiturici riuscivano ad allontanare."

"Non vorrai dirmi che sei diventata alcolista."

"Questo no, ne abusavo saltuariamente, direi con parsimonia… sì, proprio così: ne abusavo con parsimonia. Ma se c'era qualcosa che mi faceva stare bene, questa era Bormida che imparavo a conoscere e a vedere con altri occhi: gli occhi di chi ci stava immergendoci le radici. Bormida, selvatica e misteriosa, lontana da tutto, perduta nel nulla e capace di riconciliarti con il mondo intero se avevi nell'anima un minimo di sensibilità, di poesia. In ogni caso, nonostante i sogni malvagi o i pensieri tristi, devo dire che ero felice; anzi, dovevo solo pensarlo sottovoce affinché nessuno sentisse perché il destino, io lo chiamo così, è invidioso e vendicativo: pronto a distruggere il tuo star bene.

Voglio descrivertela come la vedevo allora, con le stesse sensazioni, voglio provare a rivivere quei giorni, anzi, meglio, prendimi quel diario che si trova nello stesso cassetto delle lettere, per favore."

"Hai tenuto un diario? E non me lo hai detto?"

"Eh, eh. Solo poche pagine, vedrai che il diario è praticamente vuoto. Ogni tanto ricominciavo a scrivere poi smettevo."

"Hai fatto male. Molto male."

"Me lo ha sempre detto anche mio figlio Davide: *scrivi, scrivi! E se non ne hai voglia metti giù due appunti, un pensiero, un'osservazione; poi ci penso io a metterlo per bene nero su bianco!*"

"E tu non l'hai fatto."

"Io sono una scrittrice di lettere non di resoconti della mia giornata. A voce o in una lettera posso esprimerti ciò che penso, ma in un diario intimo non riesco… Non si tratta di pudore, è qualcosa di diverso, di patologico. Qualche allievo di Freud l'ha descritto nelle persone che hanno subito certi tipi di traumi. Anna Frank ha scritto il suo diario prima di subire ciò che ha subito. Altri sono riusciti a descrivere, finita la guerra, le loro ferite. Io no. Certe tragedie lasciano conseguenze."

"Ecco il tuo diario. Se permetti te lo leggo io, così puoi riposare un poco."

Bormida, Sabato 13 agosto 1955

La nostra casa si trova molto più in alto del paese ed ha un bel panorama sui rilievi di fronte le cui colline continuano ad incrociarsi con linee sempre irregolari sotto il cielo, quando non sono avvolte dalla nebbia che il mare, nascosto, getta su di esse. Intorno a casa c'è un ampio piazzale che si perde immediatamente in ripidi versanti ricoperti di vegetazione. Ci sono alcuni orti sulle fasce sparse qua e là a seconda della presenza di sorgenti ed in prossimità di ognuna un laghetto fornisce una riserva d'acqua. Delle altre abitazioni se ne scorge appena una sottostante alcune centinaia di metri. Le altre si possono soltanto ascoltare nel suono delle falci battute dai martelli nel mese di giugno. In questa valle sembrano esserci solo grandi distese di boschi interrotte da rari prati e poche case lontane. Case di contadini che qui vivono la loro piccola, incerta e secolare vita povera sostenuta dalle castagne, dall'orticello, pochi grandi animali, qualche pecora e le galline. Vivono lontani gli uni dagli altri e tutti lontani dal paese di fondovalle, uniti soltanto da sentieri o ripide strade simili a rittani pietrosi, come i miei Filemone e Bauci con il loro focolare di poesia arcadica, come altri focolari ospitali e generosi ed altri densi di storie di violenza e d'incesti ma pur sempre carichi di suggestione. Eppure le case, anche se rare, sono sparse su tutto il territorio quasi a dire che qui c'è vita, ci siamo anche noi, anche noi che vogliamo sopravvivere in una terra misera ma nostra. La Domenica si ritrovano presso la chiesa: le donne a messa e i maschi in piazza a discutere le solite cose: il tempo, il fieno, gli animali, e chi può permetterselo parla di caccia. Ma la giornata è dura da queste parti e forse qui è ancora più difficile per i contadini. Penso ai bambini in inverno percorrere i sentieri innevati per raggiungere la scuola e tornare a casa per sedere pochi minuti vicino all'unica stufa a legna che scalda la cucina e devi tenere le porte tutte aperte per avere un poco di tepore nelle altre stanze. Ed ogni pezzo di legna che metti nella stufa è costato fatica e tempo ai genitori. In estate ripercorrere le strade con le pecore o le mucche al pascolo con la paura di perdere qualche animale perché i genitori hanno altri impegni. I compiti a casa la maestra non li dà perché non si possono fare anche i compiti e dopo la quinta elementare finisce anche la scuola, se non prima. Gli adulti in estate falciano il fieno nei prati attorno a casa, gli uomini con la falce grande, le donne con quella piccola; poi la cura dell'orto, degli animali, la raccolta delle castagne in autunno, il taglio della legna in inverno, con la cura degli attrezzi e la fabbricazione dei manici in legno. La guerra non ha tolto a loro troppo poiché poco aveva da togliere se non qualche figlio portato via lontano. Sostengono la sopravvivenza con il risparmio e fabbricando carbone con i metodi antichi della legna che si consuma bruciando lenta in una grandiosa piramide conica ricoperta di zolle di terra erbosa.

Domani, probabilmente, sarà una bella giornata ed andremo tutti a fare la gita lunga.

Domenica 14 agosto

Tre candele sotto il pergolato di vite di uva fragola, due sedie a sdraio, un tavolaccio di legno vecchio, il mio bicchiere di vodka, le nostre sigarette senza filtro, poco più in là, a due passi, la casa. Il buio tutt'attorno è intenso come il silenzio, il cielo si distingue dalla terra solo perché è fitto di stelle. Parliamo sottovoce come se fosse un ordine impartito dalla natura stessa dei luoghi e della notte. Tutti dormono, forse soltanto Lidia tenta di leggere un romanzo. Anche le mucche riposano sui loro giacigli di foglie secche. Franco ed io chiacchieriamo ripercorrendo con il pensiero la scampagnata di oggi.

La gita ai tre abeti ha riempito la giornata di stanchezza, di gioia, di sudore ed avventura. Si sale costantemente sempre a mezzacosta, con il monte a sinistra, la valle a destra che non si scorge quasi mai per la densità della vegetazione. Ora si attraversa un bosco, meno spesso si incontra una radura che permette il panorama sino al borgo ormai lontano. Presso una sorgente ci si ferma a costruire, con i rami di faggio o di castagno e un coltellino un mulino che ruota sotto la cascatella d'acqua. Lidia si occupa di intessere, con le larghe foglie di castagno e con pagliuzze d'erba, copricapi indiani con la penna oppure cestini per i mirtilli e per i lamponi che abbondano su certe spianate selvatiche. Franco costruisce per loro dei veri archi con le frecce che serviranno per gare di tiro una volta raggiunta la meta. Davide ha spesso sete ed è rigidamente ripreso dalla sorella che non cessa di essere severa neppure in una giornata di spensieratezza; oppure è stanco e vuole essere portato in braccio ma oramai è troppo pesante sia per me che per Giovanna che è venuta con noi. La boxerina Mirca precede tutti fiutando una selvaggina inesistente o un cinghiale da cui deve proteggere noi e soprattutto Davide del quale è quasi coetanea. Mio marito, ogni tanto, spara una cartuccia con la carabina nel desiderio di offrirci per pranzo una preda che, fortunatamente per noi, si perde nella boscaglia.

Dopo due o tre ore ecco la poderosa foresta di abeti ed al centro di uno spiazzo si elevano forti tre alberi che hanno in comune la base imponente che sembra volerci proteggere invitandoci a sostare nei pressi. È la nostra meta. Classica con la sua suggestione ci induce a fermarci, a costruire un focolare radunando in cerchio due o tre piani di grossi sassi e al suo interno porre foglie secche con legna sempre più grossa per permettere al fuoco di rinvigorirsi sino a scemare in tizzoni per le vivande che poniamo su una fitta rete di ferro: patate, carni, pane. Penso che questo non lo potevo fare in quei due inverni partigiani quando riposavo e volevo scaldarmi ma avevo timore che il fumo tradisse la mia presenza su questi stessi monti che oggi sono la mia tranquillità.

Via i pensieri molesti. Franco e Davide giocano a indiani e cow boys, Lidia si è arrampicata troppo in alto su un abete e forse è in dubbio sulle sue capacità di discesa ma deve dimostrare a se stessa le sue abilità da maschio; Giovanna ed io parliamo sedute con le spalle appoggiate ai tre abeti. C'è stato solo un piccolo incidente: raccogliendo le more ed i lamponi Lidia ha trovato, tra i rovi, un elmetto tedesco e poco più in là due bombe a mano. Franco ha preso l'elmetto ed ha coperto di terra, come poteva, le bombe e dopodomani avvertirà la guardia forestale. Mi domando dove sarà mai quel famoso tesoro nascosto dai nazisti su queste montagne. Ne parlano tutti.

"Chi è Giovanna?"

"Giovanna era la nostra domestica che poi è diventata mia amica, la mia migliore amica. Te ne parlerò più tardi, adesso continua a leggere se c'è ancora scritto qualcosa."

Lunedì 15 agosto

Ferragosto, in queste due settimane c'è anche Franco, innamorato di me e di questa campagna. Lui adora la terra, la vita contadina e tutto ciò che riguarda il lavoro nei campi e nei boschi. E' sempre indaffarato con zappe, scuri, orti e non è mai soddisfatto della crescita delle piante o del tempo. Temo che ami molto di più tale occupazione del lavoro di medico e di radiologo al quale è oramai da tempo avviato. Ora ha sulle spalle la pompa per dare il verderame alle piante da frutto. Come è bello con la canottiera bianca, l'abbronzatura del contadino, muscoloso e con il torace villoso.

Per questo giorno di festa con Giovanna e Matilde abbiamo preparato i ravioli stendendo con la macchina larghe strisce di pasta. Sugo di funghi secchi. Davide ed i suoi amici li divoreranno. Peccato che Franco non sia un buongustaio: non dà alcuna importanza al cibo e neppure al vino.

Riprendo a scrivere nel pomeriggio.

Lidia è un'adolescente che fa i compiti delle vacanze per la terza media, è diligente, studiosa, seria. Forse troppo seria. Piccolina, potrebbe essere anche più carina di quello che già è se soltanto sorridesse più frequentemente. Tutto il suo impegno è rivolto allo studio ed a primeggiare tra i suoi compagni. Chi mai fa i compiti delle vacanze in un giorno come questo. Invece è di là in un'altra sala che ripassa la matematica per cui è meno portata. Non è forse una bambina simpatica ma sa anche essere amabile e gentile. L'educazione che abbiamo voluto impartirle è quella che dà importanza allo studio, alla serietà, all'onestà, all'impegno e all'amore per i libri e pone in secondo piano frivolezze e vanità. Forse abbiamo calcato un po' troppo la mano ma i tempi in cui abbiamo vissuto sono stati talmente carichi di sconcezze che ci hanno costretto a cercare di rendere nostra figlia corazzata alle indecenze di questi tempi. Vogliamo che i nostri figli sappiano sempre dare il meglio di sé ed anche che sappiano essere i migliori in tutto.

Davide è piccolo, ha appena cinque anni, biondo, vivace, gioca con Vincenzo ed Osvaldo, i figli dei mezzadri, con i giocattoli che porta con sé dalla città. In questi giorni si figurano di essere le personalità di spicco in campagna: contadini, carrettieri, conducenti in genere. È tutto un costruire strade nelle scarpate senza erba, con tornanti e salite e discese, carretti di legno, cavallini e camioncini acquistati da mio marito nei negozi di Savona. Essi diventano il carrettiere che discende frenando il carro carico di legna trascinato dalle bestie emettendo suoni gutturali, precisi, compresi bene dai suoi cavalli. Essi sono il camionista che percorre sterrati di fantasia perché in queste colline non ci sono strade e un camion lo hanno visto soltanto a fondovalle ove arriva la strada.

Oggi è una così bella giornata, voglio ricordarmela per sempre. Quando ero bambina in Polonia non ne vedevo tante belle giornate. Voglio svegliare Davide che si è addormentato, dopo i ravioli, tra i giocattoli. Lo prenderò per mano ed insieme, in quattro passi, andremo allo stagno ombroso dove certo avrà dimenticato le barchette con le vele di stoffa e qualche guscio di noce a modo di scialuppe di salvataggio per i naufragi che sempre accadono nei giochi inventati con il padre. Appena sopra il laghetto c'è una sorgente fresca e pura che è la nostra principale risorsa d'acqua. Sotto le zolle di terra che trattengono l'acqua nel lago un tubo con un tappo permette lo svuotamento in un solco scavato nel terreno in discesa. Così irrighiamo l'orticello sotto casa dove stanno i fagioli.

"Che fai, piangi? hai le lacrime agli occhi."

"… Come riesci a vedermi nel buio?… Quanta nostalgia di quegli anni!… Hai proprio una bella voce: è soave, mi piace."

"Dimmi di questa Giovanna."

"Giovanna è un'altra vittima del dopoguerra e della miseria. Aveva alcuni anni meno di me, era più alta, la fronte sempre scoperta, di quella bellezza contadina poco vistosa che scompariva da un momento all'altro portata via da un pensiero per riapparire con il sorriso. Veniva da una famiglia di coltivatori proprietaria di un vasto podere vicino ad Acqui Terme, in quelle terre ricche e fertili che videro le prime fortune di Napoleone. Famiglia poco numerosa per sfruttare appieno le risorse della terra e troppo numerosa per sfamare tutti.

Ti narro ciò che credo di essere riuscita a ricostruire poiché il suo racconto è sempre stato confuso e reticente. Dunque il lavoro nei campi era pesante, la prepotenza dei fratelli a volte inconcepibile e mai capita interamente dal suo animo ingenuo ed innocente. Ecco, ingenua, era veramente un'ingenua e lo sarà per tutta la sua vita. Credo di aver capito che ci sia stata, inoltre, una violenza subita da un conoscente o da un vicino, da un paesano, comunque. Violenza che non aveva trovato consolazioni o spiegazioni né dall'amica più cara né dall'altra amica con la lingua troppo lunga. Solo alcune parole di conforto che non davano un senso a ciò che era successo, non rendevano una ragione profonda, di sostanza tale da permettere persino il perdono. Un consiglio dal parroco senza dirgli troppo, ma con tanti dubbi nella testa e, volendo interrompere il reiterarsi del sopruso o almeno, allontanarne l'occasione, sapendo appena scrivere ed ancora meno fare di conto, il parere che sembrava migliore era quello proposto dalla ferrovia che passava proprio vicino e che aveva suggerito sempre tante evasioni, tante fantasie. E la strada accompagna ed incrocia più volte il treno ed entrambi seguono il fiume e tutti e tre portano già lontano il pensiero. Chissà, forse lontano da tutto anche i pensieri cambieranno, le preoccupazioni sminuiranno e l'amarezza sarà meno molesta. Perciò Giovanna se ne era andata lontano, verso il mare. Ma a vent'anni era ancora una bambina con la guerra in corso anche in Savona e che diventava sempre più intensa e si portava via la gente, gli uomini e le case. Giovanna ammirava quei palazzi dove abitavano le famiglie che la ospitavano in cambio delle faccende di casa anche se erano case povere, abitate da gente semplice, sempre disposta a dare un consiglio ma anche a pretendere di comandare e, i maschi, di ricevere certi servizi che Giovanna non era disposta a concedere. Però le piacevano quei palazzi con i portoni e le scale: erano la sua ambizione, così diversi dalle cascine, così signorili nella sua candida idea di signorilità. Credo che sia stata ospitata da almeno due famiglie in appartamenti piccoli, dove nello stretto si viveva in quattro, dove i viveri erano sempre di meno e sempre di meno si riusciva a sfamare un altro stomaco con la borsa nera.

Non ne so molto: so che a guerra terminata la cacciarono dalla casa che la ospitava e fortuna volle che non finisse nelle grinfie di qualche disgraziato malintenzionato. C'erano in giro uomini che procacciavano ragazze alle case di tolleranza, Giovanna era disperata, affamata, stordita.

Aveva un'amica, una certa Paolina ex collaborazionista, ex fascista, dai modi sfacciati e prepotenti, evitata da tutti come lo era Giovanna ma, a differenza di Giovanna era smaliziata ed esperta. Con Paolina avevamo commesso un grosso errore nell'UDI: non l'avevamo ascoltata, non ci piaceva e l'avevamo trattata come meritava una fascista, non ci siamo accorte che voleva solo chiederci aiuto e non l'abbiamo seguita abbastanza bene. non l'abbiamo capita. Me ne sono sempre pentita in seguito. Era una ragazza che doveva essere recuperata ma temevamo potesse scompaginare la nostra organizzazione o metterci in cattiva luce ed avevamo troppe cose cui pensare e ce la facemmo scappare. Ebbene, questa Paolina ci portò Giovanna.

Giovanna rappresentava il classico tipo di problema femminile di cui l'UDI si occupava. Le fornimmo vitto, alloggio. Io non avevo seguito personalmente il suo caso che mi fu segnalato molti mesi più tardi quando si trattò di trovarle una sistemazione. Palmira se ne era andata e così mi presi in casa Giovanna, regolarmente assunta come donna di servizio, come si diceva allora.

In casa Giovanna aveva la sua camera, si prendeva cura di Davide e delle faccende domestiche, mangiava insieme a noi e ben presto diventò una persona di famiglia e spesso mi ritrovai a chiacchierare con lei. Meno facili furono i suoi rapporti con Lidia con la quale non ci fu mai troppo affiatamento. Con Davide c'è stato subito un attaccamento degno di una madre. Per Davide Giovanna stava diventando quella madre spesso assente, troppo occupata e che diceva troppi no. Davide, i primi tempi, mangiava seduto sulle ginocchia di Giovanna che lo imboccava leggendogli Topolino e con dei trucchetti gli faceva aprire la bocca. Io avevo sempre paura che mangiasse poco, Franco sopportava di mala voglia i vizi elargiti al bambino.

Una volta capitò che Davide e Giovanna fossero affacciati ad una finestra che dava sulla via principale. Guardavano la gente camminare per strada e Giovanna gli commentava i passanti senza accorgersi che mio figlio stava per gettare un giocattolo pesante di sotto. Il giocattolo colpì in piena fronte un passante che rivolse in su lo sguardo imprecando e minacciando denunce. Giovanna scese e senza nemmeno chiedere scusa si fece restituire il giocattolo facendo notare quanto fosse sciocco denunciare un bambino. L'episodio entrò a far parte del nostro repertorio di ricordi. Scusa la digressione.

XXXVI

Come stavi leggendo sul diario, Giovanna ed io eravamo sedute sotto i tre abeti scambiandoci dei piccoli segreti ma io gliene confidai uno grosso:

- Davide è battezzato. -

- Come battezzato? Voi non siete cattolici, non andate in chiesa -

- Lo so, ma la prudenza non è mai troppa. Guarda quanti fascisti ci sono in giro. Adesso si chiamano missini, non siamo riusciti ad eliminarli ed esisteranno sempre, quelli vivono con l'odio dentro contro di noi. Se dovesse mai esserci un'altra guerra rispunteranno fuori più gagliardi di prima. Chissà che cosa combineranno. Davide non è circonciso, quella è una nostra vecchia, barbara tradizione. Ha un certificato di battesimo ed io mi sento più tranquilla. -

- Ma come ha fatto a farlo battezzare, signora? -

- Due anni fa mi sono rivolta ad un prete di Albissola Marina che non si fa troppi problemi e me lo ha battezzato. -

- Lidia ed il dottore lo sanno? -

- Per carità, no! Se mio marito venisse a saperlo mi metterebbe in croce. Mi raccomando: è un segreto! Anzi, devi farmi un favore: il certificato, tienilo tu, tra le tue cose dove non ci guarda nessuno. Il giorno che dovesse servirmi me lo ridarai. Intesi? -

- Certo, signora, certo! Stia tranquilla. - E volse lo sguardo in alto rivolto nel vuoto, pensierosa, le sopracciglia un poco aggrottate. Lidia era riuscita a scendere dall'albero senza chiedere aiuto".

"Bene, tuo figlio non andrà nel Limbo. Se si comporterà bene andrà in Paradiso!"

"Te l'ho detto: certi traumi non si cancellano con una spugna. Non si guarisce mai. Farei qualunque cosa per i miei figli...

Che altro raccontarti; Wanda si era sposata con un dirigente delle ferrovie dello stato ed abitava a Roma, aveva due figli: femmina e maschio. Lilly aveva sposato il suo Ito, militare di carriera, e viveva a Genova senza figli. Zio Adolfo era morto così come mio suocero Luigi. Più tardi morì anche Rosetta ormai quasi completamente cieca ed indovina di che cosa! Di tifo. Quando Franco entrò nella camera di Rosetta morente, in via Caffaro, se ne accorse subito dall'odore, disse che era inconfondibile, disse che avrebbero dovuto consultarlo prima, che con il cloramfenicolo si poteva guarirla facilmente. Clelia si difese dicendo che aveva consultato più medici ma che nessuno aveva mai parlato di tifo così come anni più tardi nessuno avrebbe riconosciuto la malaria di Coppi. Clelia rimase a vivere con Anita, la più affezionata delle impiegate; era quasi completamente cieca in quella grande, triste casa.

Dimenticavo il fratello di Franco, quello americano, con lo stesso nome e che d'ora in poi chiamerò Francesco per distinguerlo da mio marito. Finalmente conobbi Francesco e tutta la sua famiglia pochi mesi dopo la nascita di Davide. L'avventura americana si era rivelata un disastro per Francesco che ritornava in Italia con la sua sposa e ben quattro figli. Avevano viaggiato in nave in terza classe per un mese ed erano sul lastrico, senza il becco d'un quattrino. Li conobbi a Genova, in via Caffaro, dove si erano installati quando Luigi e Rosetta erano ancora vivi. Se in Europa si combatteva anche in Ecuador c'era la guerra con il Perù ed inoltre gli Stati Uniti avevano creato una lista nera di italiani, tedeschi e giapponesi ai quali impediva ogni attività lavorativa: li aveva messi sotto controllo come se fossero al confino. Francesco e la moglie Clara avevano tentato in ogni modo di tirare avanti e di mantenersi lavorando di nascosto e spostandosi a vivere ora in un paesino dimenticato, ora nella capitale Quito, ora in altre cittadine ma avevano dovuto assoggettarsi ad essere mantenuti dal padre di lei ecuadoriano di nascita, proprietario di una grossa segheria. Nonostante mille traversie avevano messo al mondo quattro figli e tutti durante la guerra e che figli: tutti bellissimi, tre maschi scatenati e molto birichini ed una femmina di sei anni splendida che Francesco amava particolarmente. Francesco assomigliava al fratello come una goccia d'acqua, forse era un poco più alto ma aveva gli stessi capelli e gli occhi azzurri.

È un depresso, diceva Franco del fratello che infatti era stato costretto a tornare in Italia perché la salute lo stava abbandonando, logorato dal clima difficile di quelle regioni, a volte inospitale, a volte torrido, ora in altitudine, ora paludoso; logorato dalla vita difficile, con poche soddisfazioni. Infatti era sempre serio, mai un sorriso, lo sguardo basso da uomo vinto, finito. Era un marinaio abituato ad una vita di intense attività e responsabilità che si ritrovava senza nave e con un equipaggio da mantenere. Clara, forse per reazione o per paura di un naufragio completo che avrebbe portato tutta la famiglia al disastro, era invece piena di vita e di energia, forte e decisa, ma lasciava capire che senza l'aiuto di un uomo, del suo uomo, avrebbe potuto rimediare a ben poco. Mi confidò, piangendo, che temeva potesse morire.

Franco visitò il fratello, gli parlò, anche se ormai entrambi si sentivano quasi estranei, e gli prescrisse una cura a base di soggiorno in una località termale di collina da viversi senza pensieri e senza figli. Piazzammo i figli in una collettività scolastica pertinente all'UDI dove potevano studiare e vivere in compagnia di coetanei ed ogni tanto ce li portavamo al Santuario di Savona insieme a Lidia e Davide. Francesco beneficiò della lunga permanenza alle terme e con la moglie tornò a Genova guarito. Pensavamo avrebbe cercato una nave per riprendere il suo vecchio mestiere, magari ricominciando dalla gavetta o che avrebbe lavorato nell'ufficio postale che però stava trasferendo la proprietà allo stato. Invece una mattina disse a Clara di preparare le valigie e di richiamare i figli e volle tornare in Ecuador.

Indovina! Sono diventati ricchi in pochi anni! Ma non ricchi, ricchissimi! Io non so come possano accadere certe ricchezze, un bravo ebreo sa diventare ricco ma lo fa poco a poco. Francesco e Clara avevano segnato il passo per un decennio e nel successivo viaggiavano per tutto il mondo portandosi dietro anche la servitù. Avevano una villa a Guayaquil con piscina e giardino, domestiche nere e giardinieri bianchi, un maggiordomo diligente ed affezionato. I figli frequentavano scuole americane. Se dovevano farsi operare o curare andavano negli Stati Uniti, se volevano acquistare mobilio o corredi per la villa venivano a Genova. Nel cinquantotto, mi sembra, erano ritornati tutti e sei in Italia in vacanza, nostri ospiti a Savona e Bormida e quando se ne andarono ciò che avevano nelle valigie dell'andata ce lo lasciarono, comprese le valigie e ripartirono con bagagli nuovi pieni di roba nuova.

Che cambiamento! Francesco era un altro: spalle dritte, portamento sicuro, sempre sorridente e gioviale. Carlito, il secondo figlio, sembrava un attore del cinema americano: forte, muscoloso ed atletico camminava sulle braccia tese in verticale anche sulle scale. Anna Maria, la più piccola, a quattordici anni non era una ragazzina, era una bambola. E tutti e sei parlavano solo il dialetto genovese.

Avevano messo su, a Guayaquil, una fabbrica che si era ingrandita nel giro di poco tempo e che produceva olio vegetale e manteca, cioè una specie di margarina. Clara aveva resuscitato il marito che si dimostrò un ottimo comandante di fabbrica dove sapeva dare gli ordini giusti ed arrabbiarsi al momento opportuno. Clara gestiva la parte amministrativa ed attendeva che i figli terminassero gli studi per assegnare a ciascuno un compito. In quegli anni, in un paese così arretrato economicamente e culturalmente, creare dal nulla un'azienda come quella significava portare progresso, lavoro e benessere.

Nello stesso periodo la vita per noi proseguiva nel migliore dei modi. Noi non dovevamo creare una nuova nazione dal nulla, dovevamo ricostruirla e rimetterla sui binari che già esistevano da tempo e dai quali era stata fatta deragliare. Eravamo felici nella nostra normalità senza eccessive preoccupazioni e senza quegli impegni ai quali un impresario è costretto da politici e banchieri ed amministratori. Guardavo volentieri come Franco si occupava dell'educazione di Lidia soffermandosi spesso a discutere con lei momenti di storia o passi di letteratura italiana, facendole comprendere che esistevano punti di vista diversi da quelli dei libri di testo che potevano essere ricercati nelle letture dei romanzi o andando a ritrovare le primitive cause di un fenomeno storico. *Non fermarti mai alla prima spiegazione di un fatto, sotto c'è sempre dell'altro, oppure ci sono tante piccole ragioni che hanno fatto agire il personaggio in un modo invece che in un altro. Ti sei mai chiesta perché Annibale si sia fermato a Capua? Vorrai mica credere a Tito Livio! Che pensavano di lui a Cartagine? Le date hanno importanza solo per inquadrare un fatto in un periodo socio-economico. Ricerca sempre l'etimologia delle parole tu che studi greco e latino; l'etimologia ti induce a tornare indietro nel tempo e ti svela il vero significato delle cose e dei concetti.* Le parlava di Darwin e di evoluzione. E così via.

Con Davide giocava con i soldatini di carta che lui stesso, la sera, incollava sui cartoncini della pubblicità dei medicinali e poi ritagliava spargendo carta dappertutto. Poi erano battaglie cruente, con cannoni che sparavano fiammiferi, per l'indipendenza d'Italia o per la gloria di Napoleone. Oppure giocavano con il trenino elettrico Rivarossi tra miniature di locomotive e vagoni costosissimi. Io ascoltavo la radio o guardavo il festival di Sanremo insieme con Giovanna: lei per Tonina Torrielli, io per Nilla Pizzi. Davide aveva i suoi dischi di Fred Buscaglione e Renato Rascel e componeva canzoni dove si cantava di baci e d'amore: ha sempre viaggiato sulla fantasia.

Ogni tanto si andava a Genova la domenica con l'auto o con il treno. Lidia ed io andavamo a teatro solo dopo aver fatto un bel giro alla Rinascente mentre Franco e Davide preferivano la partita di calcio della Sampdoria dopo essere stati al ristorante. Lidia aveva sviluppato una vera passione per il teatro, molto più che per il cinema. Leggeva molte commedie e drammi di qualunque autore, antico o contemporaneo. Era abbonata alla rivista Sipario ed io assecondavo volentieri il suo interesse accompagnandola spesso a teatro. Le piaceva la comunicativa, palese e vivida dei personaggi sulla scena. Finì che lei stessa mise in scena una tragedia greca: l'Alcesti di Euripide in cui si esibì come attrice e regista, con i compagni di classe del liceo a far da attori e coro, con tanto di cartelloni pubblicitari e tre rappresentazioni al teatro di Savona. Fu un successo anche per Davide che ebbe la sua parte come figlio di Alcesti che moriva lasciandolo solo. Le permettemmo di allestire quel grande successo soltanto dopo la promessa che non avrebbe trascurato lo studio e che sarebbe sempre stata tra i primi della classe. Non la prima perché c'era troppa concorrenza valida in quella classe e Lidia zoppicava con i numeri e con l'italiano scritto dove le mancava un po' di fantasia e di invenzione.

- Ti è piaciuta la partita di calcio, Davide? -

- Bellissima ma la Sampdoria ha perso. -

- E il ristorante, com'era? -

- Ci hanno fatto aspettare tantissimo. C'erano solo tre ravioli nel brodo. -

- Erano almeno buoni? -

- Ho mangiato solo un raviolo perché un signore mi ha portato via il piatto. -

- Dovevi protestare! -

- Il babbo ha detto che non sta bene. -

La nostra azienda agricola era in piena attività. I mezzadri non erano sufficienti a coprire tutto il lavoro che essa richiedeva ed eravamo costretti ad avvalerci dell'aiuto di alcuni cottimisti abitanti nei dintorni che guardavano con stupore ed ammirazione i progressi ottenuti e soppesavano quanto sarebbe stato possibile migliorare la vita in quelle zone avare. Coltivavamo ogni appezzamento in piano ed irrigabile con l'unica vera innovazione possibile in quei posti: i tubi da irrigazione in plastica flessibile che noi per comodità chiamavamo gomme. Tutti i lavori erano eseguiti a mano con i comuni attrezzi del contadino: zappe, vanghe, falci e via di seguito. Per seguire e coadiuvare tale intensa attività di produzione mi ritrovai sempre più costretta a prolungare la mia permanenza a Bormida che divenne sempre meno vacanza e sempre più sfacchinaggio: che cosa non si fa per amore.

Riuscivo persino a vendere i prodotti del nostro lavoro: frutta, latte, miele, patate, castagne, lana, eccetera. Ma tu sai quanta fatica e quanto denaro costa produrre un litro di latte? D'accordo, la mucca produce anche letame che poi nei campi fa crescere bellissime patate ed ottimo granturco che le galline si mangiano in un solo giorno, campi che però devi far dissodare con la zappa. Insomma, a novembre mi ritrovavo la schiena rotta e le mani ferite e devastate dalle ustioni che mi procuravo con la preparazione di marmellate e conserve. Finalmente arrivava l'inverno e con esso, a Savona, facevo i conti di quanto ci aveva reso il nostro divertimento. I conti, in famiglia, li ho sempre tenuti io: avevo in mano le redini e la responsabilità dell'andamento economico della famiglia. Franco non ne era capace o non ne aveva voglia tant'è che in banca ci sarà entrato forse una o due volte quanto bastava per aprire il conto o per mettere una firma su un prestito per acquisire un altro terreno e nemmeno si interessava di conoscere l'andamento dei nostri affari. A me era affidata persino la responsabilità fiscale del lavoro di Franco ed il relativo pagamento delle tasse dopo infiniti colloqui con i responsabili dei tributi dai cui uffici uscivo solitamente soddisfatta.

Diligentemente annotavo a sinistra le uscite ed a destra le entrate, tiravo le somme e queste mi dicevano che un anno avevano vinto le cifre di sinistra, di poco, ed un altro anno quelle di destra, di pochissimo. Pensavo che vendevo il latte a quarantacinque lire al litro dopo estenuanti trattative con l'intermediario e dopo enormi fatiche per produrlo e che Franco, con una visita domiciliare mutualistica, guadagnava quanto dieci litri di latte e che lo stesso discorso valeva, su per giù, per tutto il resto. Bene, la nostra era una famiglia diversa, bucolica per gran parte dell'anno, amante della natura. I nostri figli sapevano tosare una pecora e mungere una mucca e le amiche di Lidia si divertivano un sacco a farle compagnia giocando alle contadine per lunghi periodi estivi e la invidiavano. I piedi nella terra e la testa nei libri e nella cultura, nello studio: una famiglia diversa e tale diversità non era niente male ma anche Franco comprese che Bormida non era posto ideale per una fattoria dalle grandi risorse.

Allora ebbe un'altra idea: pini ed abeti. La nostra fattoria avrebbe potuto diventare un enorme bosco di conifere. Mi parlò dei conti che aveva fatto: su undici ettari avrebbero potuto trovare posto almeno ventimila alberi che, una volta cresciuti, avrebbero potuto essere venduti a diecimila lire ciascuno con un ricavo per noi di duecento milioni di lire che a quell'epoca era una somma enorme. Il tutto senza più affannarsi con letame ed animali se non per il nostro piccolo orto. La Forestale sarebbe stata ben contenta di un grandioso rimboschimento nelle montagne italiane ed avrebbe concesso sovvenzioni per i lavori di piantumazione vendendoci le piantine a bassissimo prezzo. E così fu. Per mesi una decina di piantatori si adoperarono a piantare pini piccolissimi su ogni angolo di terreno anche a ridosso della casa lasciando liberi solo il piazzale e l'orto.

Ma mio marito amava sempre meno il proprio lavoro. Che posso dirti: non gli piaceva. Io non so dirti che cosa non gli andasse a genio nella sua professione: se la natura intrinseca della medicina o la relazione con i pazienti, non di certo le responsabilità. Da tempo aveva abbandonato gli ambulatori nelle fabbriche ed al porto per dedicarsi soltanto allo studio medico, situato nel nostro stesso appartamento, ed alle visite domiciliari che lo stancavano immensamente, soprattutto quando doveva fare le scale che per me divennero sinonimo di procacciatrici di malanni. La comodità di avere l'ambulatorio presso la residenza gli evitava continui spostamenti ma ci obbligava ad avere l'ingresso-sala di attesa affollato per parecchie ore al giorno. Giovanna ed io rispondevamo al telefono, situato in cucina, per le visite domiciliari urgenti in quanto Franco odiava il telefono e non l'ho mai visto con in mano la cornetta dell'apparecchio.

In quegli anni le mutue, che erano tante, pagavano il medico a visita: un tanto per quelle domiciliari e molto meno per quelle ambulatoriali. Giocoforza che se avesse voluto guadagnare avrebbe dovuto fare tante visite: doveva lavorare tanto e non trattare male il cliente anche quando questo chiedeva giorni di malattia non dovuti, quando diceva sciocchezze tipo: dottore non avrò la prostata anch'io come mio marito? Non doveva fare subito diagnosi ma dire al paziente di tornare più volte o fargli fare diversi consulti e imporgli di farsi rivedere. Avrebbe dovuto segnarsi qualche visita in più di quelle realmente effettuate, cosa che era, giustamente, contraria alla nostra morale. Insomma, ogni volta che uscivo di casa e, attraversando l'entrata, la trovavo zeppa di gente mi fregavo le mani ed ogni volta che mio marito, rientrando, trovava la sala d'attesa piena sbuffava dentro di sé e veniva a lamentarsi in cucina. La sala di attesa era quasi sempre piena.

- Dovremmo fare come ha fatto mio fratello. - Mi disse un giorno.

- Dovremmo andarcene tutti in America. - Pensavo scherzasse.

- Questo mio lavoro non rende nulla. Dovremmo andare in Ecuador a tentare di far fortuna in qualche altro modo. Mio fratello non fa che scriverci di raggiungerli a Guayaquil. - Io lo guardai sorridendo senza fare ulteriori commenti e senza intavolare una discussione che chissà dove avrebbe portato. Temevo di urtare la sua suscettibilità. Non sapevo trovare per l'ennesima volta le parole giuste per dirgli che il lavoro, se gestito un poco più intensamente e con l'aggiunta di un minimo di carineria ci avrebbe dato molte più soddisfazioni. Tutte cose che poteva benissimo capire da solo e le capiva di sicuro. Sapeva che lui era la nostra sola nostra risorsa e che dovevamo portare i figli, di diciassette e nove anni, sino alla laurea. Eravamo benestanti sul filo di un minimo risparmio per il futuro. Non si potevano fare grandi risparmi o investimenti quando lui tornava a casa ogni giorno con un pacco di libri o di giocattoli nuovi e quando i libri si consumavano per eccesso di lettura venivano rilegati. Il nostro Natale era un tripudio di regali sotto l'albero per la gioia di Davide e Lidia e non c'era solo il Natale ma anche i compleanni e l'Epifania ed infinite altre occasioni. Non importa se ci vestivamo soprattutto con ciò che ci lasciavano i parenti d'America, se la mia pelliccia nera di astrakan proveniva dagli scarti di Clara, tanto non si doveva dar peso alle vanità.

D'accordo, eravamo felici così, non ci mancava nulla, ma tutti i nostri risparmi finivano a Bormida. Ma che potevo chiedere di meglio? Finalmente anche la casa di Bormida era pressoché abitabile come una di città. Era arrivata la corrente elettrica ed un giorno avevamo visto un bel caterpillar con un'enorme pala concava sul davanti farsi strada faticosamente e sbuffando e venir su dalla chiesa tagliando i sentieri e, curvando a gomito, tagliarli nuovamente per portarci la strada fin sotto casa e proseguire sino ad Osiglia ed il Melogno da dove si poteva scendere a Finale e di lì in Francia. Avevamo riunito tre sorgenti in alto con vaschette in cemento e tubature sotterranee convoglianti tutte in una vasca sopra casa che adesso era munita di acqua corrente in cucina e in bagno. Mancavano solo i pavimenti del pian terreno ancora in terra battuta ma ci stavo bene così com'era. Al sabato, verso l'una, Lidia e Davide, appostati sotto un castagno secolare sull'angolo dell'orto a destra della casa, scrutavano la strada lontanissima in basso per vedere la mille cento del padre che portava regalini e Topolino nuovo.

Franco si presentò a casa, un giorno, con in mano quattro biglietti di seconda classe per il transatlantico Amerigo Vespucci diretto in Sud America. Restava da risolvere un solo problema: Giovanna.

XXXVII

Giovanna aveva due corteggiatori: Adriano coi baffi ed Adriano senza baffi, come li chiamava Davide, per distinguerli. Quello senza baffi faceva il commerciante quando non si improvvisava esperto di altri mestieri, era simpatico e sicuro di sé. Adriano coi baffi era un impiegato dello stato con un lavoro ed una futura pensione sicuri. Era serio, insicuro e pieno di dubbi. Entrambi le avevano proposto il matrimonio. Dopo sette anni insieme mi consideravo responsabile di Giovanna che aveva condiviso con noi notti e giorni, problemi e gioie, che era diventata una parte della famiglia più che una collaboratrice, che era una seconda madre per Davide (se non la prima). Spesso mi ritrovavo a discuterne con Giovanna che non sapeva decidersi quale partito prendere e se dovesse prendere un partito ma che comunque doveva scegliere, a trentasei anni, se dovesse preferire una sua vita o continuare a vivere la nostra vita. Era una donna onesta e, anche per mio consiglio, rivelò ai due Adriani di essere una ragazza madre e pensai che si sarebbero involati e che ci saremmo portati Giovanna in America assumendoci un'ulteriore enorme responsabilità. Invece quello con i baffi rimase anche se sempre più pensieroso e pieno di incertezze. Era figlio di una neonata piccola borghesia provinciale che si stava affermando da poco in Savona cercando di cogliere gli insegnamenti più convenzionali e retrivi delle categorie sociali più anziane ed esperte. Adriano coi baffi aveva certe sorelle che si scandalizzavano al pensiero di accogliere in famiglia Giovanna. Re o pezzente, c'è sempre chi storce il naso se porti in famiglia qualcuno di una classe sociale inferiore. Adriano venne da noi e gli parlai. Gli dissi tra le altre cose le parole *le parlo come a un fratello* e fu sufficiente: la sposò due giorni prima della nostra partenza.

Non restava che fare i bagagli, vendere tutto ciò che non avremmo potuto portarci dietro, traslocare il mobilio a Bormida, regalare a Giovanna molte suppellettili, regalare la cagna Mirka, regolare i conti con la banca e con i mezzadri che, comunque, avevano deciso di lasciare il lavoro per realizzare una loro fattoria e feci tutto mentre i figli terminavano la scuola e mio marito lasciava lo studio ad un collega e vendeva l'apparecchiatura radiologica. Per la verità dovetti occuparmene anch'io che, così, dimenticai le certificazioni scolastiche ed universitarie ma, finalmente, nel luglio del cinquantanove, ci trovammo tutti non sulla spiaggia di Albissola bensì su un bel transatlantico alla volta dell'Ecuador. Alla ventura! Così si intitolava il primo numero di una pubblicazione settimanale d'anteguerra che narrava le avventure di tre boy scouts e che Franco era stato costretto ad abbandonare.

Dopo venti giorni di navigazione, costretti in due piccole cabine con bagni in comune con altri passeggeri, giungemmo a Guayaquil, ospiti della famiglia Siccardi ecuadoriana nel loro poderoso villone. Il fratello più anziano voleva che il più giovane proseguisse a Guayaquil la professione di medico ma Franco nicchiava: non gli andava. Eppure sarebbe stata la risoluzione più intelligente in un paese giovane, dove i medici scarseggiavano e quelli che c'erano non erano all'altezza. È anche vero che mancava una numerosa classe media che potesse diventare una potenziale clientela: c'erano alcuni ricchi ed una marea di povera gente relegata nei barrios periferici ma Francesco era convinto che il fratello avrebbe voluto fare il medico ed io richiesi, comunque, a Liliana una marea di certificazioni autenticate e tradotte per convalidare la laurea. Non se ne fece nulla.

Iscrissi Lidia e Davide a scuola dove ben presto impararono la lingua spagnola e divennero primi della classe anche perché non avevano grandi rivali, mentre Franco ed io ci si guardava intorno cercando qualche affare da intraprendere ma non riuscivamo a vederli, eppure c'erano. La vita dei Siccardi a Guayaquil era sfarzosa e ricca di feste e di amicizie altolocate per quanto scarsa fosse la nobiltà in città. La fabbrica, che aveva il nome di Oleica, era costituita da numerosi edifici e continuava ad ingrandirsi con nuovi macchinari italiani acquistati alla fiera di Milano ed ora stava per produrre il primo pezzo di sapone che sarebbe stato celebrato con una grande festa nella villa.

Il clima della costa pacifica ecuadoriana era caldo, afoso, umido, troppo difficile per Franco e me che ci sentivamo spaesati ed alieni ed apparivamo perciò altezzosi e sprezzanti alla cerchia di amicizie di Clara e Francesco. Cerchia che aveva una mentalità profondamente differente dalla nostra. Meglio cambiar clima e città. Andammo a vivere a Cuenca, città sulle Ande a tremila metri di altitudine che per essere vicina all'equatore godeva di una continua primavera: mai troppo caldo, mai troppo freddo, dodici ore di luce e dodici di buio, sei mesi di pioggia e sei mesi di sole e quattro fiumi tumultuosi.

Con grave sfortuna per i ragazzi che si ritrovarono un calendario scolastico sfalsato rispetto alla costa dove la scuola era finita e sulle Ande era appena iniziata. Davide si iscrisse alla sesta primaria e Lidia al primo anno di Medicina e Chirurgia. Noi aprimmo, come d'accordo con i parenti, una succursale di vendita dei prodotti della fabbrica, un negozio-ufficio con una bella saracinesca sulla quale era stampata una conchiglia aperta con dentro una perla. Avremmo potuto vendere o anche importare e vendere qualunque altra cosa, ma che cosa? La Vespa cinquanta? Pochi potevano permettersela. Automobili? Biciclette Bianchi? Franco decise di importare e vendere giocattoli da montare, libri, francobolli, soldatini di carta e di metallo che interessavano soprattutto a lui e che tutti guardavano ma nessuno comprava. Si ritrovava a vendere al dettaglio quei prodotti Oleica che io, che non ho mai imparato a guidare, con l'autista-tuttofare, ed il furgone Volkswagen portavo ai dettaglianti sparsi per tutto il Sud dell'Ecuador, su strade dissestate e pericolose ma dai panorami suggestivi.

Cuenca, Savona, Kielce, tre cittadine della stessa grandezza, che in un'ora giravi dappertutto, dove tutti conoscevano i fatti degli altri, per me che desideravo la grande città con teatri ed università importanti, con una vita attiva e progredita per frequentazioni di persone culturalmente affini. Savona era provinciale, banale, quasi gretta. Kielce mi andava stretta nelle sue piccinerie fatte di rivalità, testardaggini ed odi. Cuenca era senza qualità: semplice, quieta, senza pretese. Era ben diversa da Guayaquil quasi non appartenessero alla stessa nazione: due mondi diversi. Guayaquil era piena di razze diverse, di meticci malviventi, di belle donne, talvolta eleganti, disinvolte, persino sfacciate nelle loro movenze. Cuenca era squadrata come un accampamento romano e racchiusa ai quattro lati da montagne, aveva pochi minuscoli cinematografi ed una piazza sempre quadrata al centro con due pasticcerie dove ad una certa ora la gente bene si incontrava a prendere il the. Nei giorni di mercato le strade si animavano di indios nei loro colorati ponchos e dietro di loro trottavano le mogli cariche come muli con in più il bambino caricato sulla schiena. Tutte con il cappello di paglia o la bombetta inglese (persino i neonati) vestite di lunghe gonne variopinte, scalzi i bambini, erano il colore del paesaggio locale. Gli uomini erano rispettosi, pazienti, umili che quasi non osavano guardarmi in faccia. Camminavo sicura per le strade a qualsiasi ora.

Per i primi mesi ci ritrovammo ad abitare in una pensione umile e dal vitto striminzito che andava bene solo a Franco ed alla mia dieta dimagrante, dato che ero vistosamente ingrassata dalla nascita di Davide. Poi fu la volta di una casa con un grande patio ed infine affittammo una bel villino verde, fuori città, con due domestici, fratello e sorella. Il giardino e l'orto erano grandi ed il terreno così fertile da permetterci, scusami l'esagerazione, di seminare la mattina ciò che raccoglievamo la sera.

Forse, tra tutti, Davide è stato quello che era riuscito ad ambientarsi meglio. Frequentava la scuola statale volentieri seguendo programmi scolastici ben differenti dalla ripetitività di quelli italiani imparando una storia ed una geografia completamente estranee e perciò interessanti. Sperimentava, senza impararlo, il calcio con i compagni di scuola. Imparava a destreggiarsi da solo tra compagni a volte ostili nei confronti dello straniero a cui volevano dimostrare la propria forza ed il coraggio impegnandolo nelle prime sfide a botte che non aveva il coraggio di raccontarci perché sapeva che non eravamo d'accordo con pugni e violenze. Aveva tre amici con i quali trascorreva pomeriggi sui greti dei fiumi a sparare alle lampadine e spararsi tra di loro con fucili ad aria compressa. Franco temeva per la sua preparazione intellettuale che avrebbe potuto diventare sterile come quella delle nostre nuove conoscenze e lo costringeva a leggere testi classici italiani e ad imparare a memoria le poesie della letteratura italiana.

La prima a cedere fu Lidia che si era presa la maturità alla scuola superiore americana e che aveva avuto anche la voglia di lavorare nella fabbrica di Guayaquil presso la zia Clara, tanto per farsi un po' di esperienze. La facoltà di medicina di Cuenca l'aveva profondamente delusa: non si poteva chiamare Università un corso di studi tenuto da semplici dottori che si facevano chiamare professori che, non conoscendo la materia, pretendevano l'anatomia a memoria e che si appoggiavano ad un ospedalino senza pretese. Si era trovata, tra i compagni di corso, il primo fidanzato ma si preoccupava per lo scarso peso intellettuale delle nuove amicizie. Nonostante le novità e la scoperta di questa pur interessante e sconosciuta America aveva paura di trovare il vuoto dinanzi a sé, l'inconsistenza del mondo in cui avrebbe dovuto vivere. Ci fece capire che voleva tornare in Italia nonostante il fidanzato cuencano. Noi le avevamo inculcato certi valori nella testa: l'onestà, la serietà, la cultura e via di seguito ed ora come potevamo replicare adeguatamente alla sua richiesta di una vita consona agli insegnamenti, più impegnata?

Non voglio esprimere giudizi su ciò che era allora quella piccola nazione sudamericana, lungi da me criticarla o giudicarla. Voglio solo dire che per decidere di emigrare così lontano devi partire spinto dalla necessità, dal fatto che non lasci nulla dietro di te e che dentro di te non c'è tanta roba che debba subire un cambiamento. Voglio dire che quando arrivi in un posto così non devi deluderti se non trovi quello che cerchi ma devi prendere ciò che ti si offre ed adeguare la tua vita alle vite altrui senza pretese. Forse, in seguito, con gli anni, ti accorgerai di aver contribuito, con la tua presenza, a migliorare l'ambiente o a cambiarlo, ma nei primi tempi è più facile che sia esso a cambiare te e ad importi le sue stimmate. Questa sensazione divenne il nostro timore soprattutto per Davide.

Era, di per sé, già difficile il clima ed il paesaggio fatto di enormi altezze e di baratri abissali, di piogge inaudite, di fiumi che scorrono veloci ed impazienti tra strettoie e cascate bizzarre come la loro politica che scorreva a singhiozzo tra un presidente pseudo-democratico ed un colpo di stato militare. Con le mentalità della gentie così diverse dalle nostre, diverse, bada bene, non inferiori ma con una cultura ed una storia troppo corta nei suoi cinquecento anni, troppo avara. Avevano idee alte come i loro vulcani o basse e banali come i pendii orientali. Nel timore di apparire mediocre c'era sempre chi aveva un parente che conosceva qualcuno che aveva scoperto una specie di lucertola mai classificata; c'era sempre chi aveva inventato la lampadina due ore prima di Edison; c'era ancora chi faticava ad abbandonare la pomposità spagnola di possedere tre o quattro cognomi tutti in fila separati da altrettante y.

Il secondo a cedere fu Davide con piccole crisi di nostalgia: gli mancavano Giovanna e Bormida, la televisione e Topolino, Tognazzi e Vianello. Franco ed io c'eravamo invece adattati abbastanza anche se non eravamo riusciti a fare grossi affari in due anni né avevamo la prospettiva di farne in seguito. Io, in fondo, mi trovavo bene. Tornammo in Italia alla spicciolata, di nascosto, in silenzio quasi non volessimo dare risonanza al nostro ritorno, quasi fingessimo di esserci presi una lunga vacanza densa di esperienze.

La prima a partire, in avanscoperta, diretta a Genova dalla zia Clelia in via Caffaro fu Lidia che misi sull'aereo preoccupatissima perché allontanavo da me la mia bambina, la Cicci, come io mi ero allontanata dai miei tanti e tanti anni prima. Preoccupata per il suo primo viaggio aereo con quei quadrimotori che arrivavano in Europa con due motori funzionanti. Lidia si iscrisse subito al primo anno di Lettere e Filologia.

Dopo pochi mesi partirono Franco e Davide, il mio bambino, Gigino, su una nave bananiera con servizio passeggeri diretta ad Amburgo. Quindi Davide si fermò, con Giovanna ed Adriano, a Bormida dove sostenne l'esame di quinta elementare: aveva perso un anno ma aveva ritrovato i suoi giornalini. Franco proseguì per Genova in modo da organizzarsi ed iniziare a lavorare aiutato da Lidia. Ma in via Caffaro iniziarono ben presti i dissidi tra Franco e la sorella che rendevano l'atmosfera della casa poco piacevole.

Rimasi sola a Cuenca per sbrigare le ultime incombenze ed per vendere tutto ciò che riuscivo per racimolare quanto più denaro potevo e, naturalmente, ricominciai a scrivere lettere. Mi diedi da fare come una forsennata per diversi mesi, lasciai l'agenzia ai nuovi gestori ed andai a Guayaquil per salutare i parenti che erano realmente desolati per la nostra decisione di tornare in Italia. Mi imbarcai su una nave e mi concessi una ventina di giorni di vacanza obbligata per riposare e ripensare l'avventura. Da sola mi ero resa conto che effettivamente ci stavo bene in Cuenca ed anche l'Ecuador tutto cominciavo ad amarlo. Così ingenuo come quel treno che mi aveva portato a Guayaquil scendendo dalla montagna a zig-zag e che sembrava il trenino Rivarossi di Davide. Sì, proprio così, mi ero affezionata a Cuenca, lassù in cima, lontanissima da tutto, nella sua conca tra le Ande. Vivevo bene tra i suoi abitanti e con alcuni amici semplici e sinceri, forse un po' infantili, forse troppo orgogliosi ma che avevano saputo farsi voler bene. Stavo bene anche con Patricio, il fidanzato di Lidia, studente di medicina, che ora si tormentava per la lontananza dell'amata ma che io confortavo affidandogli qualche incarico nella mia azienda commerciale in via di dismissione. Non mi spiaceva neppure il mio lavoro che era aumentato parecchio e che mi impegnava notevolmente e nel quale mi impegnavo con tanta grinta. Ora mi mancavano le osservazioni del contabile e di Guzman il tuttofare, sempre precisi e rispettosi, ai quali mi ero affezionata così come a Zoila e Luis, onesti domestici indios, che piansero quando mi videro partire.

Mi venne in mente Wolff, il tedesco biondo che aveva un ristorantino senza pretese nel centro di Cuenca dove serviva un piatto unico di patate fritte, cavoli e schnitzel e dove avevamo mangiato due volte. Poteva avere una decina di anni più di me. Lo guardavo con attenzione ogni volta che si avvicinava o che ci serviva al tavolo. Ebbi l'intenzione di parlargli ma rimandavo sempre all'occasione successiva; non ne avrei più avuto la possibilità. Non da molto si era concluso il processo ad Eichmann.

Giunsi a Genova nel dicembre del sessantuno e come vidi la Lanterna pensai: *Casa, sono a casa.* Vennero ad accogliermi tutti e tre al porto e mi condussero orgogliosi alla nuova sistemazione: un appartamento al quarto piano in uno stabile brutto e moderno situato non in Genova ma nella sua periferia: Pra'. Lo avevano arredato in tutta fretta con mobili di formica rossa e poltroncine in similpelle verdi. A fianco del portone, in alluminio e vetro, c'era la targa dorata indicante la presenza del medico convenzionato INAM con gli orari ma di clienti se ne erano presentati solo tre. Lidia frequentava i corsi universitari e faceva da mamma a tutti, Davide era iscritto al primo anno di una scuola media detta avviamento che era l'unica nelle vicinanze e Franco attendeva la clientela, si teneva aggiornato sui progressi della medicina e leggeva.

Ero tornata in Italia con soldi appena sufficienti per rimettere in piedi la situazione. Andai a Savona, affittai un grande appartamento al terzo piano di un vero palazzo, uno di quelli che piacevano a me, costruito prima della guerra, centrale, su una piazza, con un bel portone di legno spesso. Poi andai alla sede del partito, all'UDI, all'associazione partigiani e da alcune fidate amiche a dire che il dottor Siccardi, Ivan, stava per tornare. Iscrissi Davide ad una scuola media statale decente. Con Giovanna, felice per il nostro ritorno e soprattutto per quello di Davide, ci demmo da fare per ripulire per bene l'appartamento che era luminosissimo e per ritraslocare molte suppellettili da Bormida alla nuova sistemazione. Facemmo ancora in tempo a trascorrere il Natale a Bormida tutti insieme, sotto la neve, ed all'ultimo momento arrivò anche Patricio, il fidanzato di Lidia.

Riprendemmo la nostra vita come se nulla fosse successo. Ripensai spesso a quel periodo americano: non compresi mai se avessimo scampato un pericolo o se avessimo mancato di cogliere un'occasione. Finanziariamente era stato un disastro: ci ritrovammo senza una lira. Impossibile fare due conti e mettere in cifre tutto quello che ci avevamo rimesso. Fortunatamente i prezzi non erano molto aumentati e Franco ci mise poco a riappropriarsi della clientela. Se non fosse stata un'enorme sfacchinata avrei potuto anche considerarla una parentesi piacevole. So che in quel tempo mi sentivo brutta, invecchiata ed anche ingrassata: forse mi ero sbattuta troppo, fisicamente e psichicamente e sublimavo nel cibo tutti i miei dubbi.

Quando ne chiacchieravo con i figli saltavano fuori ricordi simpatici, veloci, brevi istantanee gradevoli: *ti ricordi le bombe d'acqua a carnevale? E le negre di casa? Carmen, Cruz e Alba senza una gamba, e tua cugina Anna Maria così bella che l'hanno fatta miss e quando volevo andare a scuola in bicicletta e quando sei caduto e gli eucalipti e l'inno nazionale prima delle lezioni e l'orgullo (orgoglio) e la fronte alta dei bianchi e le spalle curve degli indios e Ataualpa! E quando ti sei tagliato i capelli come l'ultimo dei Mojcani!*... Poi, sempre più spesso, i figli affermarono che era stata un'esperienza positiva, irrinunciabile. Davide, ormai adulto, ebbe parole che mi stupirono: disse che l'avventura lo aveva reso diverso, non migliore, ma più esperto, più pieno, in fondo più felice, che lo aveva fatto crescere, che quell'esperienza gli aveva messo dentro qualcosa di nuovo aumentando la sua sensibilità, la sua voglia di fare nuove esperienze, o forse si trattava solo di romanticismo.

XXXVIII

Davide era molto bravo a scuola ed otteneva dei buoni voti. Aveva un'ottima insegnante di lettere che richiedeva molte poesie a memoria e sapeva spiegare per bene la consecutio temporum ed il latino, ma lui era molto bravo anche con l'algebra e la geometria che in famiglia nessuno aveva mai digerito. Terminò le medie con tutti otto e nove di lingua inglese. Lidia non aveva grandi problemi all'università tranne che con pochissimi docenti parenti di savonesi che nell'ultimo anno di guerra e subito dopo di essa erano rimasti scottati e poi sfavoriti da certi nostri provvedimenti visto che Franco era stato assessore ed io ero stata attivista nell'UDI e nel PCI, partito che amministrava Savona. Lidia si laureò con lode e la facoltà la propose per scambi culturali tra studenti inglesi ed italiani di cui avrebbe dovuto essere organizzatrice oltre che partecipante. Se ne andò a Londra. Abitava nella periferia, presso una famiglia, si manteneva facendo l'aiuto infermiera in un ospedale vicino e, per tre giorni la settimana, si immergeva nella letteratura del seicento inglese ospite dell'università di Cambridge. Patricio se ne era tornato in Ecuador: troppo geloso, lo aveva lasciato. Peccato. Aveva poi lasciato anche un altro fidanzato, quasi medico, ma anche lui troppo geloso e troppo savonese: limitato. Peccato. Lidia era molto indipendente ed attenta alla propria libertà.

Due figli, due esseri profondamente diversi. Lidia piccolina, carina, rossa con i capelli mossi, occhi dolcissimi sinché non divenivano accigliati, tendenzialmente seria, spesso severa con sé stessa e con tutto il mondo, attenta nell'osservazione delle cose e dei fatti e diligente nel ricercare cause ed effetti, propensa allo studio ed al lavoro, fisicamente pigra ma gran lettrice di libri. Davide, otto anni di meno, non alto, biondo con capelli fini, occhi azzurri, sempre allegro, mai serio, propenso alla fantasia ed all'inventiva, incostante, fisicamente sempre attivo, mai stanco, per il momento studioso, ma dormiglione, sapeva coniugare le storie di Topolino e del Corriere Dei Piccoli ai libri di scuola, all'Iliade ed all'Odissea. Le equazioni algebriche erano la sua Settimana Enigmistica. Due figli troppo diversi per età e per indole perché trovassero modo di fraternizzare e di essere complici. Forse non litigarono mai ma rimasero sempre distanti nello spazio e nello spirito.

C'era il boom economico e noi non ce ne accorgemmo, ci lasciammo trasportare dalla sua onda senza approfittarne. Era una vita facile e Franco proseguì nella sua professione con la stessa onestà di prima: dapprima impegnandosi molto nel lavoro poi tollerandolo ed infine sopportandolo senza disinvoltura. Non si chiuse in sé stesso ma progressivamente costruiva un recinto attorno alla famiglia ed ai luoghi che essa frequentava: la casa di Bormida divenne una fortezza dove solo noi quattro avevamo libero accesso e solo Giovanna con il marito erano ben visti. Franco stava difendendo la propria intimità e serenità da ogni possibile infiltrazione. Bormida era la sua domenicale ricarica di energie per riuscire ad affrontare il paziente e le sue idiozie. Nei fine settimana e nei quindici giorni di ferie nessuno poteva accedervi tranne noi che avevamo l'implicito obbligo di assecondarlo nei lavori più pesanti, cosa che rendeva il luogo sempre più odioso ai nostri figli e soprattutto a Lidia che si trovava costretta persino a rinunziare alle attività festive dell'università. Odioso anche se, con un altro mutuo, avevamo ristrutturato per bene tutta la casa che ora aveva pavimenti di piastrelle in graniglia, un'autorimessa con annessi locali per pollaio e conigliere, vasche per l'irrigazione con tubature sotterranee e stufe a legna in ogni camera.

Franco mutò progressivamente anche il modo di porsi con i figli, soprattutto con Davide che affrontava l'adolescenza e non voleva diventasse insipido o vuoto come gli altri ragazzi. Ma Davide non era Lidia, educata nella guerra e dalla guerra plasmata all'obbedienza. Sinché Davide si comportava bene nelle scuole medie non gli rivolse rimproveri e nemmeno complimenti, ma quando fu rimandato a settembre in quarta ginnasio forse ebbe paura che il ragazzo potesse sfuggirci di mano e perdersi.

- Devi metterci amore nello studio, un po' di passione, io disprezzo quegli uomini che si fermano davanti alle vetrine di abbigliamento maschile, voglio che tu porti i capelli cortissimi, domani andrai dal barbiere; gli ho già parlato io! -

Davide cominciava a pensare alle ragazze, cominciava ad innamorarsi, voleva vestirsi con quella moda particolare che osava affacciarsi anche in Savona ed aspettava i soldi che gli regalava lo zio Francesco, quando veniva da noi, per comprarsi qualcosa perché noi non spendevamo per il vestiario. Ascoltava i Beatles ed i Rolling Stones che avevano i capelli non solo lunghi ma coprivano anche le orecchie che Franco voleva ben scoperte. Quando Davide venne rimandato e poi bocciato all'esame di quinta ginnasio fu una tragedia oltre che un disonore. Franco divenne severissimo con lui ed iconoclasta nei confronti di ogni rappresentazione dei suoi idoli. Lo iscrisse in un altro liceo, a Carcare, e lo costrinse a recuperare facendo due anni in uno.

Davide ormai era innamorato di una coetanea e non studiava quasi più niente. Per onestà, devo dire che, al ginnasio, non gli erano toccate delle buone insegnanti e che probabilmente quelle professoresse erano stanche, con problemi irrisolti da una vita che le rendevano ormai apatiche e scoraggiate nell'affrontare i problemi dell'adolescenza. Inoltre, forse, e sottolineo forse, alcune, come il loro preside, si erano scontrate od avevano visto scontrarsi certi loro conoscenti in opposizione alle nostre risoluzioni politiche di quindici anni prima. Forse Franco oppure io avevamo commesso qualche parzialità o non avevamo valutato correttamente il caso di una persona che si doveva aiutare e non trascurare. Mi riferisco a persone come quella Paolina, amica di Giovanna, o tanti altri ed altre come lei che dopo la guerra vagavano sbandati. Nella confusione di quegli anni era facile commettere errori e alcuni ne avevamo commessi. Quanto al vendicarsi sui partigiani per esserlo stati voleva dire che Franco ed io avremmo dovuto gestire con maggiore perspicacia atti che avrebbero potuto ritorcersi sui nostri figli in momenti che non lasciavano sufficiente tempo per ragionare. Colpire i comunisti perché i figli non frequentavano le lezioni di religione? Fatto sta che l'insegnante di matematica di Davide era una anziana zitella grassa che tutte le mattine, prima di entrare in classe, entrava in duomo a pregare. Quella di inglese era giovane, esaltata ed irascibile mentre la professoressa di lettere, china sul bastone e sulla zoppia di una antica poliomielite, ciclostilava le lezioni e le versioni di greco.

Davide era innamoratissimo come un adolescente e non studiava nulla ma mi appariva sospetto l'averlo rimandato di tre materie per poi bocciarlo. Aveva sette in condotta e sapeva rendersi sgradevole agli insegnanti. Ma il sospetto che fosse una bocciatura anche politica, non mi abbandonò mai. Mea culpa: non ho saputo affrontare l'adolescenza di Davide e neppure mi ero mai posta il problema che potesse esistere una problematica adolescenziale, tantomeno maschile. Per me si trattava di distogliere l'adolescente da ogni possibile distrazione che lo allontanasse dai suoi doveri sorvolando su ogni pulsione o passandoci sopra come un maccadam che schiaccia ogni sassolino e quelli più grossi li spiana a rendere la strada agevole. Come quella volta che sorpresi mio figlio seduto alla scrivania che disegnava una figura femminile nuda invece di studiare. Allora frequentava le medie e studiava anche tanto ma io mi infuriai e gli chiesi se non si vergognasse e gli dissi tante altre cose rinunciando, per il momento, alle mie idee scientifiche e progressiste.

Quante occasioni mi sono persa di essere un'educatrice moderna, all'avanguardia. Più tardi, quando mi resi conto delle sue gravi difficoltà scolastiche, volli fargli capire che doveva mettere ordine nel suo cervello: che ogni cosa andava messa al suo posto, nel suo cassetto come le mutande tutte insieme e le calze idem. Parole inutili con Davide che mescolava tutto assieme in un minestrone dove ogni verdura perdeva il proprio sapore in una confusione di stivaletti alla moda e di Promessi Sposi di Satisfaction e di consecutio temporum.

Sia Franco che io perdemmo le occasioni per sederci a fianco dei figli e mostrarci comprensivi e persino simpatici. Sedersi a fianco e tradurre insieme una versione o commentare una poesia o meglio farci spiegare ciò che loro provavano alla lettura di un brano o ciò che provavano tutti i giorni nel loro animo. Franco addirittura smise di farli ragionare: adesso erano diventate importanti anche le date nella storia e questo divenne un problema famigliare a causa della difficoltà di evitare ogni riferimento a fatti storici che avrebbero potuto rovinare una cena o un viaggio in automobile. Nessuno sapeva quando fosse stata combattuta la battaglia di San Quintino ed era un dramma: nuvoloni neri oscuravano il neon circolare sopra la tavola ma non bastava, nessuno sapeva i motivi della battaglia e questo era troppo. Franco si alzava da tavola, con un gesto brusco buttava il tovagliolo a fianco del piatto e si ritirava in camera. La serata era svilita, annegata nell'ignoranza. Se succedeva in auto andando a Bormida era ancor peggio: calava il silenzio nell'abitacolo, un silenzio pregno di colpevolezze. All'arrivo Franco prendeva un'accetta ed andava nel bosco, lontano, dove non avrebbe avuto bisogno dei figli talmente vuoti ed ignoranti. Era la riprova di un fallimento. Una domenica stavamo tornando da Bormida tutti e quattro spensierati tanto che persino Lidia, seduta dietro accanto a Davide, accennò a canticchiare un motivetto allegro. Raramente la sentivo cantare, ne provai piacere e nell'incoraggiarla usai toni enfatici e sdolcinati: *canta, Lidia, canta.* Venne giù una grandinata di recriminazioni e *cantalidiacanta* entrò nel repertorio dei nostri ricordi classici. Questi erano i nostri viaggi brevi, puoi figurarti quelli lunghi, a Londra.

Il primo viaggio a Londra lo facemmo nell'estate del sessantasette con la Giulietta milletre. Andavamo a trovare Lidia ed a conoscere la nostra prima grande metropoli. Davide ne rimase entusiasta e non sembrava per nulla preoccupato per l'esamone che lo attendeva a settembre per fare due anni in uno. Fu un bel viaggio. Londra era al centro dell'attenzione dei giovani e Davide ne rimase entusiasta: conosceva finalmente la città di Scherlock Holmes, la sotterranea, la National Gallery e Carnaby Street ed il suo vestire. Lidia, finalmente sorridente, era piena di vita e di energia e ci rendemmo conto che conosceva poco la città indaffarata com'era tutti i giorni con l'ospedale e le attività culturali di Cambridge. Tornò a Bormida insieme con noi per una breve vacanza e quindi ripartì perché aveva in mente grandi idee.

In breve, con l'aiuto di un socio italiano, mise su un piccolo istituto di scambi culturali italo-britannico. Cominciò così un intenso scambio epistolare esattamente come c'era stato tra me e mia madre: anch'io avevo una figlia lontana che intraprendeva una vita diversa. Forse un poco mi assomigliava. Man mano che l'istituto cresceva sentivo che l'entusiasmo di mia figlia aumentava come se avesse centrato il suo obiettivo più intimo, realizzato il sogno della sua esistenza. Mi sentivo felice quando mi scriveva che l'istituto stava crescendo, che ora si chiamava Italian Centre e che dispensava cultura ad una frotta di londinesi assetati di poesia e di teatro italiano, desiderosi di imparare la lingua, in cerca di libri, appassionati alle conferenze su Boccaccio e Chaucer. C'era una libreria e la nuova sede era nientemeno che in Kensington High Street.

Lidia viveva in affitto in un bell'appartamento nei pressi di Regent's Park ed ogni mattina alle sette prendeva la metropolitana ed alle otto, a testa bassa, si impegnava nel lavoro a lei più consono: insegnare. Laddove le date si dilatavano in ere, nelle quali la critica letteraria affondava le radici per esporre al sole foglie di interpretazioni nuove, profonde. Solo una breve pausa per un tramezzino e poi giù, di nuovo a testa bassa nel lavoro sino a tarda sera con il suo rientro a casa, sola e pensierosa su come rendere le lezioni migliori.

- Come sta mia sorella? - Ci chiedeva Davide al ritorno dai nostri viaggi estivi.

- Sta molto bene, lavora, lavora tanto, forse troppo. Lidia lavora.-

- Guadagna molto? -

- Non so, lei non ci pensa ai soldi. Pensa ad ingrandire la scuola. L'appartamento dove abita è già in pessime condizioni perché non è mai a casa. Il suo cane le rosicchia qualunque cosa. -

- Avrà almeno un uomo! -

- Io credo di sì. Credo che con il socio ci sia del tenero: quando ne parla si sente che lo stima molto e mi sembra, dalle sue parole, che traspaia un certo affetto. È più vecchio di lei di una ventina d'anni, è uno serio, colto, che ama la letteratura e l'insegnamento ed è molto esigente. Non abbiamo avuto occasione di conoscerlo perché lui si occupa delle pubbliche relazioni, degli editori italiani per i quali traduce romanzi e trattati. È sempre in giro per l'Europa. - Questo lo dicevo per far capire a Davide che mi aspettavo anche da lui un simile stile di vita.

- Perché non te ne vai a trovare tua sorella prima che la scuola ricominci? L'anno prossimo avrai la maturità: devi riposarti ora, poi sarà dura. Puoi prendere il treno ed in ventiquattr'ore sei a Londra. -

Lidia ci chiese di prestarle o di regalarle sette milioni di lire che noi non avevamo. Il nostro conto in banca era costantemente in pareggio e se recuperavamo un centomila ce lo spendevamo in Bormida con tubature, motozappe, conigli ed affini, fiduciosi nei nostri pini alti già più di mezzo metro. Dal ritorno dall'America avevo smesso di andare al mare a luglio: se non avevo bambini da portarci non mi interessava la spiaggia ed il mio lusso era permettermi una donna a ore che mi aiutasse nei lavori di casa. Non si trovavano più quelle ragazze, fidate come Giovanna, che diventavano parte della famiglia.

I soldi ce li prestarono Giovanna ed Adriano che era un gran risparmiatore: lira su lira stava acquistando l'appartamento dove vivevano in Savona ed anche un'altra proprietà. Adriano era diventato quel piccolo borghese che ambiva a diventare. Era rimasto pauroso ed indeciso ed aveva la qualità di essere senza qualità. Non gli interessava nulla: non i romanzi o il cinema, non la musica o le arti, né la radio o la televisione. Diceva che anche le previsioni del tempo erano cose inutili e si limitava a prendersi una settimana di vacanza sulla neve in bassa stagione o aiutava le sorelle nello stabilimento balneare che avevano in concessione nei pressi di Savona. Il resto del tempo lo trascorreva in ufficio o a grattarsi per ore la testa con lo sguardo perso nel vuoto. Giovanna non si trovava male con lui anche se non ebbero figli. Era comunque un uomo onesto e pronto a prodigarsi per noi. Per ringraziarli regalammo loro un piccolo lotto di terreno affinché ci costruissero una villetta non troppo distante da casa nostra a Bormida.

Lidia ed il suo uomo, il socio, Italo, non vivevano insieme ma contavano di farlo al più presto. Non poteva essere che un uomo speciale, diverso dagli altri, migliore degli altri. Lo conobbi durante un ulteriore viaggio e ci invitò a cena al Play Boy Club con le coniglietta che ci servivano l'aperitivo. Un vero intellettuale, serio, piccolo, nero di capelli con il viso affilato e le sopracciglia folte, gli occhi sottili indagatori. Conosceva tante lingue, si esprimeva in modo elegante con una certa arguzia ed infinite citazioni letterarie. Ci assicurò che l'Italian Centre, con l'impegno di Lidia e la sua gestione oculata sarebbe cresciuto oltre ogni previsione. Quanto avrei voluto che Davide gli assomigliasse! E gliene parlai ancora, affinché capisse! L'Italian Centre, anche grazie al nostro prestito, era diventato una grande scuola ed ora si apprestavano ad acquistare i locali per non dover più pagarne l'affitto. Vi lavoravano parecchi insegnanti di lingua madre ed i frequentatori erano moltissimi per lezioni singole o in classi limitate.

Come ti ho detto, Lidia ci insegnava dalla mattina alla sera e se Franco ed io andavamo a trovarla sul lavoro abbozzava un breve sorriso nascondendo il fastidio per l'interruzione inopportuna. Aveva troppo da fare e quando, la sera a casa in Lambolle Road, le chiedevo come andasse economicamente mi rispondeva che non aveva preoccupazioni visto che riusciva a mantenersi da sola senza negarsi nulla e nulla poteva chiedere poiché impiegava tutta la sua giornata nel lavoro: non aveva tempo per pensare ai guadagni. Non le chiedemmo mai conto dei soldi che le avevamo inviato che erano stati utilizzati, insieme con il lavoro che svolgeva, ad entrare nella società che era stata regolarmente registrata. A noi due non restava altro da fare che bighellonare per Londra al passo di Franco, estremamente signorile, lento e stancante, alla ricerca di soldatini e giocattoli e non solo per Londra ma anche attraverso Parigi tra Notre Dame, il Louvre e la fabbrica di soldatini Historex.

Facemmo il viaggio di ritorno estremamente soddisfatti e felici di avere una figlia diversa da tutte le altre ragazze: una piccola londinese caparbia, intelligente, lavoratrice che non si era banalizzata dietro una cattedra italiana. Non ci restava che badare a Davide che non era certo come la sorella impegnato com'era tra i suoi molteplici amori, le ragazze, gli amici, le canzonette, la pittura, la lettura, la Sampdoria e poco studio. Dopo il primo anno, già pensava a cambiar facoltà perché non voleva più far l'antropologo ma il medico. Quando si stufava di tutto prendeva il treno e se ne andava per un mese a Londra dalla sorella.

Lidia ci chiese altri soldi, almeno venti milioni. Ci scrisse una lettera disperata in cui riferiva la situazione fallimentare della sua scuola che aveva accumulato debiti e mancati pagamenti. Noi avevamo da poco restituito ad Adriano il prestito. Così scrissi in Ecuador a Clara e Francesco, sempre più ricchi, una lettera in cui domandavo aiuto per mia figlia in difficoltà. Clara si stupì molto per la disavventura di Lidia che con lei si era sempre dimostrata una ragazza intelligente e volenterosa e le spedì la somma richiesta. In seguito anche Davide si recò presso l'Italian Centre per verificare che cosa stesse effettivamente succedendo ed in una occasione fu costretto persino a prendere a botte Italo che fece una grande scenata con urla che richiamarono la polizia che fu sul punto di arrestare entrambi. Italo sparì nel nulla, nessuno ne seppe più nulla.

Nell'agosto del settantadue Franco ed io tornammo a Londra. L'Italian Centre non esisteva più, fallimento fraudolento. Lidia se l'era cavata da ogni accusa dimostrando di essere parte lesa allo stesso modo di una sedicente principessa vietnamita in esilio che era stata amante di quell'Italo che in un primo momento era stato arrestato per essere poi scarcerato in attesa del processo. Italo era abbastanza conosciuto dalla polizia inglese come truffatore ed anche dalla polizia in Italia dove aveva commesso alcune frodi forse anche ai danni dell'Antoniano di Bologna dove lo conoscevano ma non sapevano dove si trovasse. Così almeno mi disse Franco che successivamente si era recato Bologna per avere informazioni. Lidia, saldati quanti più debiti poteva ed impegnata a saldarne altri, insegnava in una scuola privata di Londra e non aveva alcuna intenzione di tornare in Italia. Non sembrava comunque molto preoccupata e nemmeno troppo infelice: una bella corazza.

XXXIX

Noi, invece, tornavamo in Italia tristi e sconsolati: era stata una bella fantasticheria, per me, il crogiolarsi in pensieri ambiziosi su una figlia così capace. Non voglio dirti che, dopo la fine dell'Italian Centre, la stimassi di meno. Lidia per me era ed è una persona intelligente ma a quel tempo aveva solo trent'anni e lavorava a testa troppo bassa per accorgersi di quel che le stava succedendo attorno. Aveva gestito la faccenda con un'ingenuità notevole frastornata dalla nostra educazione volta all'ammirazione per la cultura ed all'abnegazione per l'impegno. Durante il viaggio di ritorno la mia delusione era dolorosa e Franco già pensava che per parecchio tempo non avrebbe potuto uscire di casa alle dieci e rientrare alle sei di sera ma che avrebbe dovuto sopportare e lavorare quanto mai per appianare i debiti.

Come ciliegina sulla torta, a Calais, decidemmo di allungare, e di parecchio, il ritorno passando dalla Polonia che aveva un poco allentato i suoi confini comunisti e che ora permetteva l'ingresso ai turisti muniti di passaporto. Le strade tedesche erano ampie e percorse da automobili velocissime. Foreste e campi percorsi da trattori, alberghetti puliti, semplici ed a buon prezzo e poi la Polonia con le cicogne a volare basse e poi posarsi sui tetti, su una povertà che sembrava non aver fine. Rientravo a Kielce circa quarant'anni dopo averla lasciata e non la riconobbi, quasi non mi provocava alcuna emozione rivedere il ghetto piccolo e cadente. Forse il recente dolore soverchiava ogni altra commozione rendendomi capace di sopportazione. Volli rivedere la casa di Poniatowskiego e riuscii a sopportare lo sdegno di vederla popolata da estranei.

In municipio mi fecero capire che sarebbe stato molto meglio non mi fossi ostinata a rivendicare assurde e vecchie pretese poiché il regime comunista non tollerava lo straniero occidentale e reclamante. In un ufficio disadorno un funzionario in maniche di camicia dozzinale, calvo, con occhiali spessi, dall'aspetto dimesso che poteva benissimo mascherare un agente della polizia politica mi permise di compilare un modulo che sarebbe stato vagliato dalle autorità competenti. Ci disse comunque che era molto difficile venire a sapere che cosa fosse mai successo dei venticinque mila ebrei di Kielce. Moltissimi erano stati uccisi nel quarantadue nel ghetto e nell'ospedale che era stato abbattuto e gli altri erano finiti a Treblinka. I tedeschi avevano regalato le case degli ebrei deportati ai polacchi. Più volte volle sottolineare che parecchi erano stati i polacchi uccisi dai tedeschi. Gli dissi che parecchi non era uguale a venticinque mila, ma era stato, in fondo e a modo suo, gentile con noi e non sembrava ansioso di congedarci. Lo salutammo stringendogli la mano ed a quel punto ci chiese come si viveva in Italia. Bene, meravigliosamente gli risposi anche se Franco, a causa della lingua, non poteva apprezzare la mia piccola, nascosta perfidia. Sulla porta, a bassa voce, con la sua mano che ancora stringeva la mia, guardandomi negli occhi mi disse che dovevamo usare una certa cautela nel muoverci e nel fare domande in giro. La guerra era finita da meno di un anno che la popolazione di Kielce aveva linciato, in via Planty, quarantadue ebrei sopravvissuti ai campi di concentramento che rivendicavano le loro cose e le loro vecchie case. Gli ultimi ebrei se ne erano definitivamente andati.

Ce ne andammo anche noi, non ci sentivamo a nostro agio. Rividi volentieri Cracovia, immutata nei colori ed in una giornata piovosa arrivammo ad Aushwitz dove probabilmente i miei non c'erano mai stati. Visitammo le baracche. Inutile descriverti i sentimenti di una figlia, di una sorella di fronte ai forni crematori che avrebbero potuto contenere i corpi dei genitori e del fratello. Vedevo e mi sentivo immersa in quelle che erano state le loro ultime giornate. Mi sentivo insieme a loro sperando che fossero state poche giornate. Speravo fossero stati giorni caldi, senza gelo. Poi cumuli, montagne di capelli, di valige, scarpe, spazzole, scodelle, protesi, denti, vestiti, occhiali... Il viso di mia madre che sopportava. Gli occhi di mio fratello che aveva fame. La dignità di mio padre vilipesa. Che sarebbe diventato David se gli fosse stata concessa la possibilità di crescere? Basta, andiamo via.

Seduta a fianco di Franco che guidava sulla via del ritorno ripensavo ai cumuli di oggetti:... un furto,... nient'altro che un immenso, gigantesco furto. I tergicristalli giocavano a scoprire e a nascondere il paesaggio e, con esso, le idee confuse dei filosofi e degli storici impegnati a ricercare le cause, i perché, i veri motivi, le definitive finalità di quella guerra. La verità non ha mai fine: c'è sempre un risvolto non considerato, un punto di vista diverso come in certe cartoline confezionate a fisarmonica che mostrano tutti i paesaggi della stessa città. Visioni inutili dello stessa città che appare sempre diversa.

Ladri, nient'altro che comunissimi ladri. Avevano rubato tutto quello che potevano rubare e ciò che non potevano portar via lo avevano lasciato all'ultimo dei vinti. Capelli, spazzole, valigie, materassi al soldato semplice; denti d'oro, peltri, vasellame ai sergenti; argenterie, cristalli, candelabri ai tenenti; Gioielli, lingotti, opere d'arte direttamente in Germania, da spartirsi tra generali e ideatori del grande furto. Ideologia, razzismo, religione, Nietzsche, Wagner, crisi economica? Disquisizioni, dibattiti, diatribe: tuttavia Aushwitz mi parlava e mi raccontava bene l'intima essenza del nazismo, di quella guerra e forse di tutte le guerre:... il furto.

Non so ciò che tu pensi a riguardo, io sono convinta che il furto è il più grave dei peccati, anzi, è l'unico peccato: quello da cui derivano tutti gli altri. Il ladro, quello che entra in casa tua, quello che vuole appropriarsi delle tue cose, quello che non ha rispetto per ciò che ti sei conquistato, il pigro che vuol risolvere in fretta i suoi problemi, l'assassino che ammazza per rapina, il bugiardo che sottrae beni altrui. Posso capire lo stolto, l'ottuso, l'ignorante: mi fanno pena. Mi fa paura la massa credulona indottrinata dall'uomo forte. Ma il ladro non lo assolvo. Mai."

"C'è chi ruba per fame."

"Eh eh, no, non mi lascio abbindolare dal tuo filosofare; chi ruba per fame non è un ladro: non ha l'anima del ladro. Chi ruba per mangiare ruba per sopravvivere. È uno al quale hanno rubato la vita e che vuole riprendersela."

"Eppure, ci sono tanti punti di vista differenti come nelle tue cartoline. Posso dirti che desiderare la roba altrui è connaturato in voi e che persino gli animali rubano: quando eravate poco più che animali rubavate le carogne."

"Se io tirassi fuori di me tutto ciò che è nella mia natura sarei la peggiore tra gli esseri viventi, ma mi tengo dentro quello che posso."

"Allora farò l'avvocato difensore del ladro. Tu dici che la guerra è una questione di ruberie, io sono convinta che la guerra sia stata introdotta nella specie umana per limitare il numero degli individui. Pensa in quanti sareste se non vi ammazzaste volentieri tra di voi."

"Introdotta da chi?"

"Più che introdotta è insita nelle leggi che governano la vita su questo pianeta e forse anche su altri pianeti."

"Secondo te le cose stanno così e non c'è modo di cambiarle."

"Cambiarle. È la povertà che tu non concepisci perché ne hai sperimentata poca. Povertà di spirito e di intelletto. È la miseria che crea ignoranza e questa genera altri mali. Con ciò ti dico che tu ce l'hai con i poveri, in fondo."

"Tu non fai altro che criticarmi!"

"Bada Janina, o Barbara se preferisci, chi ti loda si accontenta di incoraggiarti; chi ti critica ti fa un immenso regalo se sai giovartene. Va pure avanti."

"Il furto!..."

"Lidia ebbe poi un altro fidanzato..."

"Mi parli solo di Lidia."

"Eh eh, che vuoi che ti racconti, delle ragazze di Davide? Ragazze che a me non sono mai piaciute. Delle estati a Bormida insieme a lui? Dei suoi amici? Giocava a pallone e studiava poco. Frequentava l'università a Torino ma poi si trasferì a Genova per frequentare una corsia di medicina interna che Franco gli aveva consigliato. Era sempre indietro con gli esami e saperlo a Genova ci confortava abbastanza perché il timore che non riuscisse a laurearsi era grande. Anzi, per parecchio tempo pensammo che davvero non ce l'avrebbe fatta. Eravamo diventati allergici alle delusioni che potevano provenire dai figli. Da un momento all'altro temevo che mi avrebbe informato della sua rinuncia: *non ci riesco, sono troppo indietro con gli esami, meglio che mi trovi qualcosa da fare, non è vero che ho già dato neurologia e clinica medica.* Sapevo solo che era molto in ritardo e la mia paura era così grande che temevo persino di intavolare il discorso, magari chiedendogli di vedere il libretto degli esami. Io speravo che Franco gli insegnasse a studiare o almeno come affrontare lo studio delle malattie e non si limitasse a temere il peggio insieme a me.

- Chissà se sarà mai in grado di fare una diagnosi differenziale! -

Invece un giorno Davide venne a Savona con una montagna di pagine scritte a mano contenenti elenchi lunghissimi e grafici e ci chiese i soldi per sistemare e stampare la tesi di laurea. Bene, tre anni alla pensione di Franco, una clientela da ereditare, qualche sostituzione ed il gioco era fatto. Ma Davide ripartì, dopo l'estate, per Torino, dove c'era una ragazza che l'aspettava ed una specialità da scegliere.

Come vedi non c'è molto da raccontare. Con questo non voglio dire che tenessi più a Lidia che a Davide, ma con Lidia c'era un altro rapporto. Lidia era la figlia che avevo tirato su in guerra e con la quale mi sentivo più in sintonia per quanto fosse diversa da me. L'istinto di proteggerla non mi ha mai abbandonato mentre con Davide non era necessario. Cercavo di imbastire una certa complicità con Lidia, una comunione di sentimenti, una comunicazione di intimità oltre che di realtà concrete; volevo ancora esserle buona consigliera. Sapevo bene che non era fragile o indifesa e che era in grado di cavarsela da sola ma sospettavo la sua vulnerabilità. Tutte cose che con Davide non era il caso di pensare perché da una parte erano inutili, dall'altra c'erano già. Tutte cose che con Lidia erano molto difficili dato il suo carattere che si apriva solo a tratti, quando si sentiva in armonia con le persone intorno. Perciò, nei rari giorni che eravamo vicine, a Londra o a Bormida, spesso sbagliavo l'approccio e tendevo a soffocarla con buone intenzioni di vicinanza; oppure cercavo la chiacchierata serena e non trovando la chiave giusta la mettevo in polemica che diventava sempre più aspra sino a pentirmene. Cose che con Davide non capitavano: troppo simile a me nell'indole, quasi identico. Lidia simile a Franco, troppo seria, troppo chiusa, tanto che in Ecuador le avevamo insegnato a fumare per permetterle una certa disinvoltura e concederle almeno un vizio, un difetto per uscire da quell'aura di ragazza eccessivamente virtuosa.

Anche questo nuovo uomo di Lidia era speciale, diverso dagli altri e, soprattutto, diverso da mia figlia ed era giusto quello che ci voleva per vivacizzarla un po', meglio delle sigarette. Qualche anno più di lei, alto, bello, forte, intelligente e soprattutto simpatico, cordiale, divertente e traboccante allegria. Infatti Lidia si mostrò sorridente e disinvolta con noi quando tornammo a Londra. Vivevano insieme nell'attesa di sposarsi. Alfredo, così si chiamava, era davvero un buontempone e ci stupì una volta che finse di uscire di casa per rientrare di nascosto perfettamente camuffato da arabo. Quando venne a Bormida con Lidia in vacanza si mostrò entusiasta e meravigliato che potesse esistere un posto talmente bello e particolare con la casa sommersa da alti abeti di ogni tipo e pini ancora più alti tutt'intorno.

Mia figlia era raggiante e mi fece un sacco di confidenze. Mi raccontò di come Alfredo l'avesse aiutata a tirarsi fuori dalla crisi in cui era piombata a causa del disastro dell'Italian Centre, di come l'avesse risollevata presentandole un mondo diverso, di come l'avesse risvegliata, anche sessualmente. Ora vedeva tutto con occhi assai differenti, la vita le era apparsa per quello che doveva essere: anche piacevole. Era una donna diversa. Alfredo lavorava all'Alitalia di Londra e spesso era in viaggio ma quello era solo un lavoro di copertura: la vera occupazione, Lidia me lo disse in gran segreto, era lo spionaggio. Era un agente segreto che stava lasciando lentamente l'attività per occuparsi soltanto della compagnia aerea. Se eccedeva un poco con l'alcol era perché un po' gli spiaceva lasciare un impiego così interessante.

Anche Davide si era unito a noi con la sua ragazza e per la prima volta, dopo tanto tempo, eravamo tutti riuniti a Bormida dove c'era anche Giovanna con il marito nella loro casa finalmente terminata. Come ti ho già detto: speravo in una grande famiglia: tutti insieme, ed era ancora possibile. Era tornata la felicità. Franco era sorridente e soddisfatto mentre rispondeva alle battute di Alfredo o commentava tranquillamente l'ultimo romanzo letto o i libri di Indro Montanelli e già pregustava l'estate successiva perché sarebbe andato in pensione. Aveva grandi idee: avremmo vissuto a Bormida accanto alla stufa a legna muniti di un piccolo spazzaneve che avrebbe risolto i problemi di isolamento. Un hippy, un vero hippy anche se lui non sapeva di esserlo e non li stimava per nulla."

"Perché hippy?"

"*Un figlio dei fiori non pensa al domani* diceva una canzone che Davide canticchiava spesso e mio marito non ha mai pensato al proprio ed al mio futuro, non si era mai preoccupato di fornire una solidità finanziaria, anche piccola, al nostro domani. Possedevamo solo la casa di Bormida, pochissimi risparmi e la pensione non sarebbe stata generosa. Però era ridiventato democratico e tollerante, meno tiranno."

"Ma non era comunista come te?"

"Certamente, ma fu tra i primi ad amareggiarsi per gli errori commessi che a me erano meno evidenti. Forse fu la delusione che lo aveva reso intollerante ed anche un po' dispotico, ma restò sempre antifascista e contrario alla violenza."

"Chi più chi meno, c'è un poco di fascismo in tutti voi, persino nel più democratico."

"Le stesse parole di Franco, diceva proprio così. Diceva che il comunismo era bello ed inapplicabile, troppo lontano dall'animo umano, che per attuarlo dovevi imporlo il che è un controsenso; che il fascismo era molto più vicino alla nostra natura e che per questo era così difficile da estirparsi. Forse ha trascorso tutta la vita nel tentativo di toglierselo da addosso lasciandolo riaffiorare saltuariamente per riannegarlo come un vero figlio dei fiori. Mah! Ed io che avevo visto quel popolino togliersi dalla fame e sulla scia di un fragile benessere allontanarsi dalla voglia di rivoluzione ed incanalarsi nel menefreghismo di chi sta bene e si accontenta?

Anche quell'estate trascorse, Lidia ed Alfredo tornarono a Londra ed io ricominciai a scriverle. Vollero sposarsi e lo fecero. Noi la sconsigliammo ma Lidia ed Alfredo si mostravano irremovibili nelle loro intenzioni."

"Perché non eravate d'accordo con il matrimonio?"

"Perché lui si dimostrava sempre più irrequieto: voleva lasciare anche il lavoro in Alitalia, vendere la casa che erano riusciti a comperare ed andare per il mondo in cerca di un nuovo lavoro e di avventura e poi si era messo a bere sempre di più. Poi mi preoccupavano i suoi anni trascorsi come agente segreto. Era stata troppo bella, per me, quell'estate ed in quella successiva, era il settantanove, sei arrivata tu e mi hai portato via Franco, così, inaspettatamente, solo per motivi di salute e nel giorno stesso in cui riceveva il suo primo assegno di pensione. Ero ormai convinta che non bastasse la cattiva salute per morire, ma che ci volesse qualcos'altro: una raffica, un incidente, invece era stata sufficiente una pressione malcurata.

Dopo i funerali, la sera in cui i miei figli mi lasciarono fu la prima sera che trascorsi da sola in quella grande casa; ero troppo stordita per provare tristezza o dolore. La seconda sera pensavo già che cosa mai ci stessi a fare sulla faccia della terra. Davide aveva il suo lavoro in ospedale a Torino, aveva un'altra ragazza: questa non solo era bellissima, era un gioiello come madre natura ne crea pochissimi. Capelli neri, sempre silenziosa, indecifrabile nella mia paura di tutti quelli che si avvicinavano ai miei figli. Lidia, sposata, era tornata a Londra per vendere casa e trasferirsi a vivere con il marito anch'essi a Torino dove lei aveva trovato subito lavoro in una scuola statale come insegnante. Nell'estate successiva, maledette estati, Alfredo si tolse la vita gettandosi dal terzo piano della casa in cui abitavano togliendo Lidia da un complicato rapporto fatto di alcol, droghe, insoddisfazioni, disoccupazione, pigrizia, servizi segreti e future violenze. Macché spia, mi diceva Davide tra una corsa in bicicletta ed l'altra, quello è sempre stato un ubriacone. L'affermazione non mi impedì di frugare tra le loro carte, appena ne ebbi opportunità, per cercare segretamente ciò che la sedicente spia nascondeva. Non trovai mai nulla.

Pensavo, forse inconsciamente speravo, che due recenti vedove potessero convivere piangendosi addosso ma Lidia era sempre più convinta di voler raggiungere il suo ideale, la meta suprema di ogni sua ambizione, la terra promessa che non era Bormida: era Israele. Tanto, troppo le avevo parlato dei miei tormenti, delle ingiustizie subite, di Anna Frank, dell'olocausto senza rendermi conto che le avevo fornito le basi di un'appartenenza, le avevo stimolato l'odio per vendicare l'affronto sofferto contro nemici differenti. A lei che poco aveva dell'ebreo se non la testardaggine e la perseveranza. Da una parte ero contenta che perseguisse certi ideali di riaffermazione di una stirpe di cui mi sentivo parte, dall'altra ne avvertivo la distanza concreta che mi avrebbe allontanato da lei. Nell'estate successiva, maledette estati, se ne andò a vivere a Tel Aviv. Nel giro di poco tempo, insegnando le lingue ed imparandole, mise su casa e divenne una perfetta israeliana. A me non rimase che abbreviare l'inverno con viaggi aerei per rivederla e per tentare una breve convivenza non sempre facile. Tentavo di aiutarla e lei si ritraeva, cercavo di consigliarla e si schermiva, le dicevo che non doveva continuare ad ingrassare e lei mi aggrediva ed ogni anno era sempre più difficile instaurare una discussione. Nei primi tempi mi portava spesso in giro in automobile fiera di farmi conoscere i progressi della sua nuova nazione e mi fece anche soggiornare sul Mar Morto per i fanghi, nelle oasi per vedere i kibbutz.

Al museo dell'Olocausto facemmo insieme inutili ricerche sulla sorte toccata ai suoi nonni e a suo zio probabilmente deportati a Treblinka e spariti nel nulla insieme a milioni di altri esseri umani anonimi perché di loro non ci sarebbe mai più stata traccia, come non fossero mai esistiti. Un giorno, a Tel Aviv, andai con Lidia nello studio del legale che l'aveva assistita nelle prime formalità di richiesta di cittadinanza e poi per l'acquisto della casa. Il notaio aveva all'incirca la mia età e l'unica lingua che permetteva a tutti e tre di comunicare era lo spagnolo dato che il notaio proveniva dall'Argentina. Poco dopo apparve sulla porta dello studio un vecchio alto ed elegante con una grande barba bianca che si appoggiava al bastone di legno ed allo stipite.

- Chiedo scusa, ma ho sentito parlare di un viaggio in treno nel trentaquattro. Ho sentito bene? - Mi chiese in buon tedesco, guardandomi dritto negli occhi, come tentasse di indagare i miei lineamenti.

- Io sono Leopold Grossman e forse abbiamo fatto un tratto di viaggio insieme. In fondo sono passati solo cinquant'anni. Com'è andata l'avventura italiana? - Quant'è piccolo il mondo.

XL

Lidia non volle cimentarsi ulteriormente con l'amore, lo mise da parte e dedicò tutta sé stessa al lavoro. Testa bassa e lavorare. Che fa Lidia? *Lidialavora* era un altro nostro classico adagio familiare. Insegnava per il ministero della difesa israeliano ed ogni settembre tornava a Bormida per una ventina di giorni di riposo. Nei primi anni ci veniva volentieri perché sapeva che vi avrebbe incontrato il fratello che aveva messo su famiglia con la sua bellissima donna facendo due figlie. Poi, con il passare degli anni, veniva a trovarmi sempre meno volentieri: Bormida le andava stretta, non vi trovava nulla di interessante, non amava passeggiare, né lavorare nell'orto, né stare con me, con Giovanna e tantomeno con Adriano. Allora partiva e se ne andava a Londra dove girava per la città e si godeva due tragedie di Shakespeare, poi tornava da me, litigava un poco, tanto per sport, per fare qualcosa e se ne tornava giù in Israele. Lei diceva giù. Devo confessarlo: un po' assomigliava a Clelia (deceduta da qualche anno).

Io non andavo solo in Israele: spesso Davide mi invitava a Torino dove trascorrevo una settimana con le nipotine che per me rappresentavano il perpetuarsi di ciò che il nazismo aveva tentato di sopprimere per sempre e non c'era riuscito. A ben pensarci, che brutta figura (come avrebbe detto Liliana che purtroppo era morta): aver montato su tutto quell'ambaradan, aver ammazzato sei milioni di ebrei e non essere riuscito a completare l'opera. Scusa la digressione.

Davide però abitava sempre in campagna, fuori Torino, ed io non sapevo che fare senza poter girare per la città. Poi non volevo disturbare: mi ero messa in testa che Davide non andava disturbato. Lui era impegnato in qualcosa di grande, di importante: mettere su una famiglia dove tutti e due lavoravano ed avrebbero avuto preoccupazioni che io non dovevo aumentare.

Due figli, due misure: con Lidia, che viveva sola, mi sentivo in diritto di impicciarmi della sua esistenza; con Davide sentivo la necessità di non intromettermi nella sua vita per non sviarne l'impegno o disturbarne il riposo. Sbagliavo?"

"*Est modus in rebus*, come diresti tu. Non ci hai saputo fare come ti dico io. Come sospettavo sin dall'inizio del nostro discorso sei una persona particolare, non inquadrabile."

"Troppi errori, troppe valutazioni sbagliate, ma come ti ho detto l'eccesso di dolori subiti ha disturbato il mio pensiero."

"Io credo che tu sia partita molto bene ma, in seguito, non hai saputo trovare un tuo spazio: ripensa a come hai sempre saputo cavartela bene riportando la tua famiglia sul binario giusto. Tu avresti dovuto lavorare e non accontentarti di fare la madre di famiglia. Te la sei sempre cavata molto bene in un ufficio postale, in un'azienda sudamericana, persino con il fisco o con gli uffici burocratici italiani talmente ostici con le loro contraddizioni. Tu avresti dovuto lavorare in ospedale assumendoti responsabilità che non ti avrebbero allontanato dalla famiglia, anzi, ti avrebbero permesso di osservarla meglio, con un distacco che ti avrebbe reso più obiettiva."

"Me lo dici adesso? Non potevi dirmelo prima?"

"Non è il mio mestiere. Tuo marito avrebbe dovuto sfruttare meglio l'occasione, la fortuna che gli era capitata. Invece di approfittare delle tue capacità fisiche ed intellettuali si è limitato a godere della tua compagnia imponendoti il suo possesso."

"Non avrei dovuto lasciare la politica."

"La politica? No, quella hai fatto bene ad abbandonarla. Quella è fatta per gente inutile che non sa combinare nulla nella vita."

"Marx ti sembra uno stolto? Ha cambiato il mondo!"

"Marx era un filosofo, non un politico. I politici non cambiano il mondo ed il vostro progresso: lo intralciano. In politica ti saresti trovata come Temistocle: esiliato dopo aver salvato la Grecia."

"Ti piace proprio filosofeggiare. Non so che cos'altro raccontarti. Ah, sì, non viaggiavo solo verso Israele: andavo anche in Ecuador da Clara che intanto era rimasta vedova. Ti sei data un gran daffare con i miei congiunti! Clara mi invitava e mi pagava i viaggi, poi mi portava in giro da gran signora e mi diceva dei figli e dei tantissimi nipoti che quasi non riusciva a riconoscerli tutti. Mi consolava dicendomi che anch'essa, così attenta ed oculata, era stata truffata dal proprio contabile che si era appropriato di grosse somme. Persino nella specializzata Svizzera erano riusciti a farle perdere tanti soldi.

Poi me ne tornavo a Savona ed a Bormida dove l'inverno aveva punito la mia lontananza abbattendo con la neve la metà dei pini ormai altissimi ma incapaci di resistere al peso del clima. Tronchi enormi, radici rivolte all'aria giacevano sul fogliame secco vittime della ottusa burocrazia che li voleva lì, incapaci di essere trasportati via. La mia ricchezza svaniva ogni inverno di più. Ma c'era Giovanna a farmi compagnia e spesso anche Wanda con figli e nipoti.

Se ne andarono così gli anni ottanta. I successivi dieci li vissi nell'attesa: attesa di raggiungere o di essere raggiunta dai figli, di una telefonata, leggendo e rileggendo, tentando di non pensare, parlando con gli studenti che le associazioni partigiane mi mandavano affinché spiegassi che cosa era stata la guerra civile. Il mese di settembre era quello che attendevo particolarmente perché Davide veniva a Bormida, per una quindicina di giorni, con le sue figlie in attesa dell'inizio delle scuole. Ecco che quella casa lontano da tutto, con la sua classicità selvatica, riacquistava una voce potente, che usciva dal profondo dell'anima, dalle pieghe nascoste dei sentimenti e tornava a cantare il suo inno potente.

Il vento tira forte stanotte
che poi io in fin dei conti volevo finire a Bormida
in quella casa che marcisce ogni giorno
in quella casa che puzza di millepiedi ed è sporca

ed è brutta e la lavatrice di trent'anni fa
che non funziona e gli scoiattoli fanno ogni notte
la danza tribale in mansarda
ma cari miei una via lattea così voi non l'avete mai vista
l'odore di Bormida mi vien da piangere solo a pensarci
di libri gialli umidi di foglie di castagno di polvere e millepiedi
profumo di nuvole appena strizzate
di armadio vecchio e di maglioni indossati
Bormida senza speranza Bormida alle cavallette
nei ricordi delle pedalate
morirà tra gli abeti e di fronte alle ortensie
l'unica croce che abbia mai baciato
sta lì sopra che di partigiani
ne son morti tanti in mezzo a quei boschi
e di funghi ne nascono altrettanti
oggi si va via e non si torna più
si risale quel sentiero nascosto e impervio
solo per tenersi aggrappati
tenersi aggrappati all'odore dei millepiedi
a quel cielo che lascia la gola secca
gli americani si son presi il posticino dove nascono i mirtilli
però a noi importa poco scavalchiamo il filo spinato
e se ci beccano la parola d'ordine rimane sempre la stessa
ma non ve la dico che una volta ho visto la Corsica
ma era di quelle giornate che sono un premio
che non succedono più
ma Bormida è la mia casa anche se non ci ho vissuto mai
e quegli abeti sono fratelli miei
e se ritrovo le due pistole me le porto giù
che se io sono qui adesso è perché anni fa
con il mio accento piemontese
giravo per i prati con due pistole infilate nei jeans

È una poesia di mia nipote, quella più grande. Per dirti il fascino che riusciva ad avere quel posto. L'ho trovata nascosta in un cassetto e me la sono letta tutti i giorni, da impararla a memoria. Sapessi quanti amici venivano a Bormida e se ne innamoravano, soprattutto gli amici ed i colleghi di Davide ed i suoi parenti torinesi. Per Davide, poi, era un posto affascinante e misterioso dove riviveva volentieri l'infanzia, le vecchie letture ed i giochi. Ci portava le figlie ed era un ritorno ai giocattoli antichi, ai vecchi Topolino, ai soldatini di carta e poi tornavamo tutti in gita sugli stessi sentieri per fare grigliate nei prati, oppure se ne andava con le figlie e le biciclette su percorsi che la sera mi raccontava e che io gli tacevo. Preparava la cena infilando un pezzo di carne coperta di alloro nel forno della stufa a legna dove poi metteva anche le mele con il vino e lo zucchero.

Anche Giovanna ed Adriano partecipavano alle gite ma Adriano accettava l'invito solo dopo la quarta insistenza: come si conviene al buon savonese. Lidia rifuggiva dal camminare troppo e dallo stancarsi ma non potevo dirle che doveva muoversi e dimagrire perché avrei rovinato la giornata. Poi Davide vinse un concorso in un paese lontano centinaia di chilometri da me ma continuò a passare i suoi settembre a Bormida ora con una figlia ora con l'altra poiché le ragazze si impratichivano con i primi viaggi nel mondo. Infine non lo rividi che da solo e soltanto una volta l'anno.

Giovanna morì nel duemila lasciandomi completamente sola. Era era il mio unico filo conduttore che mi ricordava di essere viva. Persa lei perdeva senso tutta la mia esistenza. Adriano, dopo poco tempo, si risposò inaspettatamente con la donna che da molti anni era la sua segreta amante. Poi divenne arteriosclerotico, ma forse lo era da prima, e morì lasciando tutto ciò che possedevano alla nuova moglie. Tutta una vita dedicata al risparmio.

Quando Giovanna mi lasciò fui così sciocca che non volli avvertire Davide, che per lei aveva un affetto particolare, né della malattia, né della morte, né dei funerali. Non gli facevo sapere se ero ammalata o come mi curassi, non gli telefonavo di venire subito a Bormida che stavano nascendo tanti funghi: non volevo distrarlo dai suoi problemi di lavoro. Ormai non viaggiavo più e la morte di Giovanna mi lasciò angosciata. Non avevo più nessuno attorno e divenni apatica. Volevo una grande famiglia ed ero sola come in quel sogno sognato tanti anni prima. Allora mi aveva atterrito ora si era avverato. Apatia, il contrario di ciò che ero sempre stata. Non mi interessava più nulla. A che mi sarebbe servito aumentare il mio sapere dal momento che non avrei avuto occasione di comunicarlo a nessuno.

Nel duemilasei, mi sembra, presi una decisione insolita per una quasi novantenne: in ottobre decisi che non sarei rientrata nella casa di Savona per l'inverno, decisi che ti avrei aspettato lì, a Bormida. Avevo un cane troppo maleducato che non riuscivo a tenere a freno nelle passeggiate mentre in campagna avrei potuto lasciarlo libero di rientrare quando volesse. Ti aspettavo, tu non arrivavi, l'unico aiuto me lo prestava una ragazza che era venuta ad abitare nella casa che era stata di Giovanna. Nevicò due, tre volte, poi ininterrottamente sinché la neve superò l'altezza della porta di casa cosicché Puccio, il cane, a stento usciva per fare i suoi bisogni e tu non avresti mai potuto raggiungermi.

Ti parlavo. Lo sai? parlavo con te molto prima di conoscerti personalmente. Parlavo con te e con Puccio, il cane."

"Mi spiace, non ti ho sentita."

"Meno male! Te ne ho dette di tutti i colori per tutti quegli anni spesi in un inutile guardare la vita che scorreva per gli altri, vedendo i miei figli creare altre vite, costruirsi un' esistenza lontano da me che potevo solo scrutare senza nulla dare, senza lasciare se non un piccolo segno del mio pensiero, della mia esperienza. Guardare da lontano, aspettare, abbassare lo sguardo con un sospiro, raccogliere un ultimo pezzo di legna e metterlo nella stufa per la notte. Quanto freddo ho sentito ugualmente nonostante la legnaia zeppa di buon castagno, quanto gelo nel cuore, quanti pezzi di legna ho consumati, quanti passi cercando con lo sguardo un'emozione e trovando soltanto ricordi! Quanta voglia di incontrarti! Ti parlavo per farti capire che non potevo continuare a vivere senza dare, senza offrire un pezzo di me a qualcuno. E tu non ascoltavi!"

"Che vuoi che ti dica, ho sbagliato. Capita. Nessuno mai mi cerca, nessuno mi desidera."

"E mi hai lasciato sola ad ammuffire. Hai preferito guardarmi vivere tutto questo tempo da sola con i miei pensieri, sola come non avrei mai voluto, sola ed inutile vanificando persino la mia vanità di sacrificio. Mi guardavi mentre vagavo per le stanze di questa casa ed interrogavo le spesse mura, le librerie, le vecchie fotografie, i panorami delle finestre spalancate sul verde in estate sul bianco in inverno. Cercavo una risposta e trovavo solo domande."

"Adesso però sono qui per portarti via."

"Alla buon ora!... Ma Franco me lo hai portato via troppo presto. Troppo presto mi hai reso solitaria ed inutile."

"Ho fatto ciò che dovevo fare. Ho regole che devo rispettare: se non le rispettassi sconvolgerei tutto il sistema. Regole, non ordini."

"E che cos'è questo tuo sistema?"

"Stai andando sul complicato. Il sistema è tutto ciò che esiste... Poi, in ogni caso, ti ho evitato una pesante schiavitù. La tua era *cupidigia di servilismo*."

"Mi hai evitato una schiavitù non pesante alla quale mi ero abituata ed ormai le mie capacità intellettive se ne erano andate a forza di sottomissioni, di rinunzie, di annientamento della mia personalità in favore del buon vivere e, intendi, dico buon vivere e non quieto vivere. Avevo bisogno solo di trascorrere alcuni anni in tranquillità con il mio uomo. Alla fine di tutti i travagli, al termine di ogni preoccupazione, con i figli avviati su una strada sufficientemente buona, quando ormai non dovevo più temere le tentazioni di una carne ormai sazia di avventure, avremmo potuto spendere le nostre piccole risorse davanti ad un focolare in inverno e sotto la luna nelle sere d'estate, parlando o in silenzio senza nemmeno pensare e sempre circondati dai nostri libri. Sì, era un uomo con il quale si poteva discutere, si poteva pensare; egli ragionava pur se frenato da molti pregiudizi, non era convenzionale e tantomeno conformista ed aveva una cultura non contaminata dal luogo comune. Il libro letto insieme a lui diveniva diverso, la poesia diventava lirica.

Quante debolezze aveva, quante viltà nascondeva sotto una veste severa e dignitosa! Ma era il mio uomo e tu me lo hai portato via con cattiveria quasi che io fossi in debito con te mentre sono in credito. Me lo hai preso proprio tu, unica donna che lui non avrebbe mai amato. Penso che tu sia avventata, sbadata, sgraziata: lavori senza la dovuta attenzione, forse per stanchezza, forse sei stanca anche tu come me. Mi accusi di cupidigia di servilismo, parole già tante altre volte riesumate da me, comunista delusa. Ora che il mio pensiero è nitido, ammetto di aver sbagliato, ma nel mio errore c'è la vanità, nel mio errore ho vissuto con il mio uomo pienamente e, in fondo, ho passato bene il tempo trascorso con lui. Avrei voluto solamente qualche anno in più, solo pochi spiccioli che a te non sarebbero costati nulla. Quindici anni avresti potuto togliere a me e regalarli a lui. Quindici anni di più per lui e quindici anni in meno per me e poi andarsene via insieme come nel mito di Ovidio, sempre quello, sempre Filemone e Bauci. Che c'è di meglio?"

"Sono costretta a dirti che hai ragione. Sì, sono stanca anch'io. Se ho sbagliato, ti chiedo scusa... Mi hai rivolto accuse pesati. Devi essere veramente arrabbiata con me. Ti farò un regalo. Però hai avuto una vita intensa, almeno sino ad un certo punto."

"Amica mia, mi sono lasciata trasportare dallo sconforto. Non voglio le tue scuse. Tu non hai colpe. È giusto questo il punto: una vita intensa seguita da una vecchiaia vuota. Se guardo indietro vedo una vita buona ma difficile. Mi hai fatto comprendere le mie contraddizioni: quanto è difficile vivere senza stampelle!"

"Stampelle?"

"Cara amica mia, nel tuo mondo non so, ma presto lo saprò, ma nella vita di noi umani quasi tutti hanno due stampelle per affrontare ogni dolore ed ogni difficoltà: una, sotto il braccio sinistro, è le morale comune, quella piatta, semplice, fatta di quel buon senso che è parente del conformismo. Morale costruita sui luoghi comuni, di una banalità piatta, guida precisa, una bussola che ricerca la rotta facile con modi comuni a tutti quanti, con maniere sperimentate da tempi immemorabili e che non espone a critiche perché percorsa da ognuno. Sotto il braccio destro c'è la fede. Mentre la prima ti mostra un percorso con le indicazioni per non commettere troppi errori la seconda ti offre le consolazioni necessarie per affrontare le conseguenze degli errori tuoi ed anche di quelli altrui. La fede dona il conforto ed il coraggio per compiere un passo dopo l'altro, offre una spalla per piangere quando non c'è nessuno cui rivolgersi. La fede è madre caritatevole e benigna che sempre accoglie e sempre consola. Il suo aiuto è una prodigiosa forza per ricominciare a vivere dopo le sventure, dopo i disastri, il dolore. Essa è una meta e per il piccolo essere umano è importante avere un traguardo, uno scopo. Già soltanto sapere di avere un qualcosa da raggiungere rende più facile il cammino e meno faticoso superare gli ostacoli e giustifica anche le manchevolezze e gli errori e le colpe. Per me il fine non ha mai giustificato il mezzo e se talvolta mi è successo il contrario non mi sono giustificata, almeno dentro di me. Posso aver ammesso, tra me e me, che esistono eccezioni alla regola, ed esistono le eccezioni perché la vita si presenta con miriadi di sfaccettature diverse ed in momenti diversi mi sono anche assolta di fronte ad una responsabilità che mi risolveva una circostanza particolarmente penosa. Ma ogni volta che mi assolvevo dentro di me qualcosa continuava a rodermi, continuava a rendermi inquieta e non avevo una fede alla quale aggrapparmi ed in quali tempi! Per lo meno il mio fine non è mai stata la ricchezza, non ho mai sacrificato il mio prossimo in favore del mio benessere personale.

Ho voluto, mi sono sforzata di vivere senza stampelle e non sempre ci sono riuscita e quanto è stato difficile! Ho provato a precorrere il tempo senza preconcetti e spesso inciampavo rendendomi conto di andare controcorrente spendendo grosse risorse fisiche e intellettuali con il timore di sbagliare. Ho provato a vivere senza fede e non mi rendevo conto che stavo sostituendo questa con la dedizione ad un ideale politico, rimpiazzandola con l'ideologia. Non sono mai riuscita a farmi un buon esame di coscienza.

Fede e morale comune sono come la corrente lenta di un grande fiume nel quale ho provato a nuotare verso la sorgente non volendo finire nel mare con tutti gli altri. Finché nuotavo vigorosamente vedevo cambiare un poco le rive e mi si offrivano altre visioni ed altre aspettative ma quando, stanca, mi fermavo a concedermi un po' di riposo la corrente mi riportava indietro ed era quasi un invito carezzevole nuotare in favore della spinta dell'acqua. Il paesaggio mutava più velocemente, vedevo altri approdi sicuri, altre possibilità di uscire dall'acqua, altri lidi più facili da raggiungere. Ti rendi conto soltanto dopo che stai nuotando insieme a tutti gli altri, ognuno a cercare qualcosa di diverso, ma tutti nella stessa direzione: quella più semplice anche se non sempre più facile. E intuivo inoltre che si nuotava a gruppi: gruppi più o meno numerosi ma nessuno da solo; c'erano gruppi piccolissimi e più spesso stormi immensi ai quali dovevi fare attenzione per non essere travolta annegando, portata giù a fondo da migliaia di gambe che sbattevano nell'acqua, senza poter vedere il cielo oscurato da milioni di braccia agitate. Qua e la la corrente si fa più o meno intensa e più invitante là dove c'è qualcuno che non nuota affatto. Forse questa corrente è in noi dalla nascita, forse non possiamo contrastarla perché equivarrebbe ad andare contro la nostra stessa natura. O forse sbaglio e la nostra natura ci invita soltanto a risparmiare energie.

Tu sai perché ho tentato di fare a meno delle stampelle?"

"Certo che lo so, ti ho capita, sai? Tu vedi in esse le armi dei tuoi nemici."

XLI

Cominciai a bere, non dovevo neppure nascondermi tanto ero isolata. Proseguii a bere sempre di più senza rendermi conto di ciò che stavo combinando al mio cervello. Stavo meglio comunque, sopportavo la solitudine senza avvertirne il peso. Pian piano i miei pensieri si velavano senza sparire, poi svanivano vagando liberi senza che io potessi riannodali insieme e dar loro una forma logica. Passavano davanti agli occhi e si susseguivano incoerentemente come immagini di fotografie in disordine nei tempi e nei luoghi. Poi, come la macaia che arriva dal mare e fa smarrire la strada nel bosco, arrivava la nebbia nei miei pensieri. Al mattino ero nuovamente me stessa e preparavo il caffè girando in cucina appoggiandomi ai muri che le gambe non erano sicure ed anche la testa vacillava. Non c'erano più pensieri molesti, solo visioni fugaci. Sapevo chi ero o dove mi trovavo, ero consapevole di Davide e di Lidia lontani ma non sapevo contare i mesi che ci separavano e non provavo sconforto. Non stavo male: stavo.

A volte vedevo il viso di Franco, improvvisamente quello di Giovanna o di Wanda che sparivano. Tentai di ricordare il volto di mio padre e di mio fratello David e non li rammentavo. Allora cercai le foto antiche che li ritraevano ma non le trovai. Poi, una sera d'estate, rividi mia madre. Stava lì, sulla porta della cucina, ferma, immobile, in piedi guardava me seduta accanto alla stufa mentre accarezzavo il cane. Alzai lo sguardo e la vidi seria con gli occhi pieni di rimprovero. Sparì ed allora bevvi ancora un bicchiere di vino prima di andare a letto. Quando mi svegliai c'erano Davide e Lidia. Erano proprio loro in carne ed ossa, ma non era la mia solita camera: ero in ospedale non so bene dove. Mi riportarono a casa ed accanto a me c'era una donna indiana che doveva badare a me. Sono passati altri anni, tutti uguali, con tutti i giorni identici alle notti che erano identiche all'autunno, identico alla primavera, identica a me che non pensavo più anche se continuavo a sapere chi ero."

"Vieni, vieni con me. Guardami negli occhi, non distogliere lo sguardo. Dammi le mani, stringile… Che provi?"

"Vedo il nulla… Riesco a comprenderlo. Il nulla. Non ha posto, non ha pensiero non c'è. Lontano, lontano da tutte le stelle dove non esistono stelle è sonno senza sogni, senza tempo, senza confini non finisce non comincia, senza materia. Il nulla senza vento o colore, senza luce o buio. Eppure lo concepisco, lo provo."

"Addio, Janina. Grazie per questa notte."

"Mia carissima amica, quanto sei bella!"

INDICE

Youcanprint
Finito di stampare nel mese di febbraio 2021

Printed in Great Britain
by Amazon

63977077R00241